ERNST VON XYLANDER

LEHRGANG DER ASTROLOGIE

Die älteste Lehre vom Menschen
in heutiger Sicht

5. NEU BEARBEITETE AUFLAGE

ORIGO VERLAG BERN

ISBN 3-282-00025-1

Der erste Eindruck, den man von der Astrologie erhält, ist meistens der, daß sie ein zusammenhangloses Gebilde aus wirren, einander widersprechenden Behauptungen sei. In diesem Buch will ich zu zeigen versuchen, daß in Wahrheit ihr ganzes System nach einer zwar eigentümlichen, aber doch klaren Logik zu verstehen ist.

Obwohl ich, nach früherer Gegnerschaft, die Astrologie bejahe, geht es mir nicht darum, blindgläubige Anhänger für sie zu gewinnen. Ich wende mich an Leser, die sich aus eigenem kritischem Denken ein Urteil über dieses vielbesprochene Thema bilden wollen. Sie sollen erfahren, was die Astrologie über Welt und Menschen sagt, um es dann an Horoskopen nachzuprüfen, die sie selbst errechnen und deuten.

Nach drei Jahrzehnten lege ich dieses Buch in überarbeiteter Fassung vor. Für wertvolle Anregungen danke ich insbesondere Frau Gret Baumann-Jung in Zürich, Herrn Fritz Riemann in München, Herrn P. Werner Schlepper SJ in Frankfurt am Main, Herrn Dipl.-Phys. Dr. phil. Paul v. Hoyningen-Huene in Zürich und Frau Henny Rückert in München. Mein Dank gilt auch dem Verleger, Herrn Alexander Wild in Bern.

Vieles kann ich nur knapp und andeutungsweise schildern. Trotzdem hoffe ich, daß sich ein Bild der astrologischen Lehre ergeben wird, das zur Orientierung über deren Wesen genügt und vielleicht manchen Leser zum eigenen Weiterdenken anregt. Darin sehe ich die Aufgabe meiner Darstellung.

Wilhelm-Düll-Straße 32
D-8000 München 19

Dr. phil. Ernst von Xylander
Diplom-Psychologe

INHALT

EINLEITUNG

Wer den Streit um Wert oder Unwert der Astrologie verfolgt, der gerade in unseren Tagen wieder mit Heftigkeit geführt wird, kann kaum zu dem Eindruck kommen, als sei hier jemals eine vernünftige Lösung zu erwarten. Zu offenkundig sprechen beide Parteien ganz verschiedene Sprachen, und darum kann keine ihre Gegner verstehen, geschweige denn widerlegen. Man redet aneinander vorbei und steigert sich allmählich in einen leidenschaftlichen Eifer hinein, der niemandem nützt und der Sache nur schadet.

Denn was niemand mehr zu wissen scheint: es geht in diesem Streit um ein sehr ernsthaftes Thema. Man macht es sich zu leicht, wenn man die Astrologie nur als ein kurioses Überbleibsel längst überwundenen Aberglaubens bezeichnet. Aber man irrt sich auch, wenn man sie für eine selbstverständliche Wahrheit hält, der nur oberflächliche oder gar böswillige Menschen sich verschließen könnten. Es gilt vielmehr, sich vorurteilsfrei mit den Grundlagen auseinanderzusetzen, auf denen einmal ein Gedankengebäude wie das der Astrologie entstehen konnte, und andererseits zuzugeben, daß diese Grundlagen im Sinne moderner Wissenschaftlichkeit sehr problematisch sind.

Astrologie und Naturwissenschaft lassen sich nicht vereinigen. Sie sind grundverschiedenen Wesens. Es ist darum töricht, wenn manche Astrologen meinen, die Anerkennung ihrer Lehren durch die Naturwissenschaftler nach und nach erzwingen zu können. Ebensowenig werden freilich auch die Anhänger der Astrologie jemals durch naturwissenschaftliche Argumente zu überzeugen sein, daß sie sich in einem Irrtum befänden. Und gerade so ist es recht.

Wer nämlich den Kampf aus einigem Abstand betrachtet, kann sehen, daß hier zwei Weltbilder einander begegnen, von denen jedes eine alte, wohlbegründete Tradition hat. An jedem haben bedeutende Geister durch viele Jahrhunderte gearbeitet. Und damit, daß sie sich nicht verständigen können, ist nicht gesagt, daß ihre Auseinandersetzung wertlos bleiben müßte. Sie wird sogar gerade dadurch für uns interessant.

Ein heutiger Mensch staunt ja meist, wenn man ihm sagt, die Naturwissenschaft, wie wir sie kennen, habe bestimmte weltanschauliche Voraussetzungen. Sie scheint ihm doch gerade der Inbegriff einer »voraussetzungslosen

Wissenschaft« zu sein. Und doch ist das nicht richtig. Gewiß will jeder Forscher die Wirklichkeit so erkennen, wie sie ist, und nicht etwa eigene Vorstellungen in sie hineinlegen. Aber ohne daß er es wüßte, ist schon der Ausgangspunkt seines Forschens durch eine Grundauffassung von der Welt bestimmt, die er in sich selber trägt. Er bemüht sich, auf die Fragen, die er an die Natur richtet, klare Antworten zu erhalten. Aber er vergißt, daß man vielleicht auch noch ganz anders fragen könnte, und daß demgemäß auch die Antworten dann ein wesentlich anderes Bild ergäben.

Als Goethe die Darstellung seiner Farbenlehre mit heftigen Angriffen gegen die moderne Physik verband, als deren prominenten Vertreter er Newton sah, wunderte sich manch einer über die Schärfe der Polemik, die ein sonst so konzilianter Geist hier mit einemmal zeigte. Man verstand nicht, daß es in diesem Streit um Wesentlicheres ging als um die Ergebnisse einiger Experimente. Auch in ihm begegneten sich zwei Weltauffassungen. Nicht die Antworten wichen voneinander ab, sondern schon die Fragen. Wenn Goethe sah, was Newton über die Natur des Lichtes geschrieben hatte, und es mit dem verglich, was er selbst darüber hatte erfahren wollen, dann war es nicht anders, als hätte er auf die Frage nach dem Weg in die nächste Stadt zu hören bekommen, wieviel Uhr es sei. Es war kein Wunder, daß ihn das ärgerte.

Ebenso geht es aber, wenn Naturwissenschaftler und Astrologen miteinander zu debattieren beginnen. Zweifellos sagt jeder von seinem Standpunkt aus das Richtige. Nur weiß der andere niemals, was damit überhaupt gemeint sein soll, denn er hat ja gar nicht nach den Dingen gefragt, die ihm da ausführlich erklärt werden. Und das eigentliche Thema des Streits bleibt unberührt, denn keiner kommt auf den Gedanken, daß es gerade dort liegen könne, wo es für ihn nur »Selbstverständlichkeiten« gibt.

Nach den stillschweigend gemachten Voraussetzungen müssen wir also fragen und nicht nach den Thesen, die laut verkündet werden. Dabei ist es nicht notwendig, daß wir uns entscheiden, welche Partei nun recht habe und welche im Irrtum sei. Es könnte sein, daß beide für sich einen Teil der Wahrheit gefunden hätten. Jedenfalls täten sie beide gut daran, genau zu prüfen, ob das, was ihnen als so »selbstverständlich« gilt, nicht auch eine andere Betrachtung vertrüge. Das könnte ihnen zumindest helfen, den eigenen Standpunkt besser zu begründen.

Ich selbst bin früh in den Konflikt zwischen beiden Arten der Weltbetrachtung hineingezogen worden. Als Gymnasiast – wie fast alle Menschen meiner Zeit in dem Glauben aufgewachsen, daß es eigentlich nur das naturwissenschaftliche Denken geben dürfe – habe ich mich für die Erkenntnisse der Astronomie begeistert. Ich wollte mich damals in die Dimensionen des Alls hineinfühlen und suchte am Nachthimmel den Andromedanebel, um mir schaudernd vorzustellen, daß der 2,5 Millionen Lichtjahre von uns entfernt sei. Dabei genügte meine Phantasie nicht, um mir auch nur ein einziges Lichtjahr – fast zehn Billionen (zehn Millionen Millionen) Kilometer – anschaulich zu machen. Immer mehr erlebte ich mich als ein winziges Staubkörnchen auf dem Staubkorn Erde inmitten eines fast völlig leeren, aber riesenhaften Weltraums. Allmählich dämmerte mir jedoch, daß ich dadurch alle Maßstäbe zu verlieren begann, die ich eigentlich für mein Leben als Mensch gebraucht hätte. Mir wurde immer unheimlicher zumute, während ich weiter fasziniert nach den Sternen Ausschau hielt.

Zu jener Zeit fiel mir auch das Buch »Umstrittenes Weltbild« von Robert Henseling in die Hände. Zunächst wunderte ich mich darüber, daß es sich vor allem – ablehnend – mit der Astrologie beschäftigte. Hätte ich diese doch gar nicht mehr für »umstritten« und jedenfalls keiner ernsthaften Kritik für wert gehalten. Im Grunde war auch Henseling dieser Meinung. Er sagte aber – und das machte mich stutzig – sinngemäß etwa: »Wir Heutigen wissen es ja viel besser. Wir können genau sagen, wie alle diese scheinbaren Bewegungen am Himmel entstehen. Aber unsere Vorfahren, die das nicht wußten, konnten eigentlich nur zu Auffassungen wie denen der Astrologen kommen. Sie mußten meinen, der Mond habe mit Wandel, Wechsel und Entwicklung zu tun, Mars sei ein Gestirn des Kampfes und Wettkampfes usw.« Insofern unterschied Henseling sich von den meisten seiner Kollegen, die bis heute in der Astrologie nur sinnlose Willkür und unbegründeten Aberglauben sehen. Er verstand sie als eine Art der Erscheinungsdeutung, freilich als eine irrige, längst überwundene.

Diese Gedanken trafen bei mir nun mit den Zweifeln zusammen, die mir wegen meines menschlichen Daseins inmitten der astronomischen Entfernungen gekommen waren. Und ich begann mich zu fragen, ob die Sterne wirklich für uns schweigen müßten, nur weil Kopernikus gesprochen hatte. Gab es wirklich nichts mehr zu deuten, seitdem wir wußten, daß die Erde mit den anderen Planeten um die Sonne kreist? Ich zweifelte nicht daran, daß Kopernikus recht habe. Ich fragte mich nur, ob nicht zugleich auch die Alten recht gehabt haben könnten, aber in anderen Zusammenhängen. Konnte es nicht zweierlei Wahrheiten, zweierlei Gesetzmäßigkeit und zweierlei Logik in der Welt geben? Je länger ich darüber nachsann, um so wahrscheinlicher kam es mir vor. Immer wieder begegnete ich ja der Tatsache, daß ich für mein Menschsein andere Maßstäbe brauchte als die makro- oder mikrophysikalischen. Und bis heute fällt mir das auf.

Auch ich weiß, daß die Sonne nicht in Wahrheit auf- und untergeht. Trotzdem verwirrte es mich, wenn jemand mir allen Ernstes nicht mehr sagte: »Heute habe ich einen wunderschönen Sonnenaufgang gesehen«, sondern etwa: »Heute habe ich gesehen, wie infolge der Achsendrehung des Planeten Erde, auf dem ich mich befand, ein gelber Zwergstern der Spektralklasse K, auch Sonne genannt, für mich allmählich sichtbar wurde, wobei ich diesen Vorgang samt seinen meteorologischen Begleiterscheinungen ästhetisch als sehr ansprechend empfand.« Astronomisch hätte dieser Mensch zweifellos recht. Warum hielte ich ihn aber trotzdem für verschroben bis verrückt (schizophren)?

Ein paar Jahre später erfuhr ich, daß ich nach astrologischer Lehre nicht nur ein »Steinbock« sei, wie ich das immer gehört hatte, sondern zugleich ein »Krebs«, vom Aszendenten her. Der Widerspruch zwischen beiden Bildern begann mich zu interessieren, kannte ich ihn doch schon als einen echten Widerspruch in mir selbst. Und es gefiel mir, daß die Astrologie mich offenbar doch nicht nur in ein einziges Typen-Kästchen sperren wollte, wie das zu jener Zeit auch die wissenschaftliche Psychologie tat, sondern daß ich zugleich »introvertiert« und »extravertiert«, »schizothym« und »zyklothym« sein durfte. War so nicht tatsächlich jeder Mensch in seinem Widerspruch?

Nochmals dauerte es eine Weile, bis ich selbst lernte, wie man Horoskope berechnet und deutet. Das brachte mir nun endlich die Erfahrung, die für jeden anderen Anhänger der Astrologie die erste ist und auch die letzte bleibt: die Erfahrung, daß Horoskope wirklich stimmen. Ich merkte – und ich merke das bis heute immer wieder –, wie ich bei Menschen, die ich kannte, wohlvertraute Eigentümlichkeiten auf einmal im Zusammenhang mit anderen sehen konnte, die ich bisher auch schon entdeckt, aber nie gründlicher beachtet hatte.

Doch diese Erfahrung war eben nicht die erste, sondern schon die zweite für mich. Hinter ihr tauchten meine früheren Gedanken über die Notwendigkeit menschlicher Maßstäbe für unser Dasein auf. Und Robert Henseling hatte mich gelehrt, daß die Astrologie eine uralte Erscheinungsdeutung sein müsse. Ich kam also nie in die Gefahr, mich nur auf Bücher oder auf andere Astrologen zu verlassen. Für mich gab es bis heute nie eine andere »Autorität« als die Erscheinungen am Himmel. Ich vergewisserte mich zuerst, daß sie nicht nur für jene paar Beispiele galten, die Henseling erwähnt hatte, sondern daß die ganze Astrologie sich von ihnen herleiten ließ. Und nun hat diese Lehre in all ihrer Tiefgründigkeit und Hellsichtigkeit mich nie mehr losgelassen. Ich blieb Astrologe, auch als ich später Psychologe wurde. Denn was mich eigentlich interessierte, waren nicht die Sterne, sondern die Menschen. Und die Astrologie ist eben eine Lehre vom Menschen.

Ich hatte noch das Glück, zu der Zeit studieren zu dürfen, als in München eine Richtung herrschte, die man damals »geisteswissenschaftliche« oder »phänomenologische Psychologie« nannte. Heute, da sie in Amerika neu entdeckt worden ist, würde man sie als »humanistische Psychologie« bezeichnen. Ich konnte noch (1956) über die Frage promovieren, ob zur Persönlichkeitsdiagnostik nicht nur ein naturwissenschaftliches Denken, sondern auch z.B. die Kategorie der »Entsprechung« zwischen verschiedenen Erscheinungen und inneren Erlebnissen des Menschen erforderlich sei. Damals glaubte ich schon, auch die Anerkennung der Astrologie durch die Wissenschaften sei nicht mehr unendlich weit von uns entfernt.

Seither ist allerdings auch in München ein Wandel der wissenschaftlichen Mode eingetreten. Heute dürfte ich nicht mehr – oder noch nicht wieder – Psychologie studieren und zugleich Astrologe sein. Aber das bekümmert mich wenig. Ich weiß ja, daß der Fortschritt der Wissenschaft nicht nur in einer einzigen Richtung vor sich geht. Heute kommen die Gedanken der »humanistischen Psychologie« allmählich zu uns, und morgen wird man vielleicht wieder von der Astrologie als einer alten phänomenologischen Lehre reden dürfen, ohne sich nur lächerlich zu machen. Wer sich mit einer so alten Theorie befaßt, darf es ja nur nicht zu eilig haben und nicht alle Erfolge noch bei seinen Lebzeiten erwarten. Ein paar Jahrhunderte mehr dürfen ihm nichts ausmachen. Die Eile überläßt er anderen Wissenschaften.

Freilich muß ich auch jenem Autor (H. Frh. v. Klöckler) widersprechen, der eines seiner Bücher »Astrologie als Erfahrungswissenschaft« benannte. Denn jede Erfahrungswissenschaft verlangte Sachverhalte, die sich eindeutig und rasch bestimmen ließen. Die diagnostischen Aussagen der Astrologie (von ihren Prognosen halte ich ohnehin nicht viel) sind dagegen subtil, kompliziert und zuweilen mehrdeutig, wie alle Aussagen über seelische Sinnzusammenhänge. Man braucht mitunter Jahre, bis man erfährt, ob man recht hatte oder nicht. Und sie beziehen sich durchwegs nur auf das, was Alexander Pfänder den »Grundcharakter« des Menschen genannt hat. Von diesem aus bis zum »empirischen Charakter«, der allein sich jetzt und hier ermitteln ließe, ist oft noch ein weiter Weg, auf dem mancherlei Einflüsse von außen oder innen her sich bemerkbar machen können.

Ganz undenkbar erschiene es mir schließlich, daß die Astrologie von Anbeginn als eine »Erfahrungswissenschaft« im heutigen Sinne entstanden sein sollte. Ebensogut könnte ich mir vorstellen, daß man ein mehrstöckiges Haus durch ungezielte Steinwürfe errichtet hätte. Nein, das »Haus« stand zweifellos schon, als es von den Astrologen bezogen und dann im Laufe der Generationen immer wieder umgebaut wurde. Sein Fundament war jene Überzeugung, die uns Heutigen fremd geworden ist, unseren fernen Vorfahren aber als selbstverständlich richtig galt: die Überzeugung, daß alles um uns, was wir wahrnehmen können, ob kausal erklärbar oder nicht, zu uns spreche und daß wir seine Sprache verstehen könnten, sei es mit wachen Sinnen oder auch ganz unbewußt, durch unser bloßes Menschsein.

Dieses Fundament ist freilich schon lange von den Astrologen selbst vergessen worden, die sich lieber in den höheren Stockwerken ihres Lehrgebäudes aufhielten. Heute sieht vollends fast niemand mehr, auch kein Astrologe, wie die Sterne sich am Himmel bewegen. Sogar ich kann nicht mehr allabendlich mit der Sternkarte hinausziehen, um mich am Himmel zu orientieren. Die hohen Häuser ringsum, die Dunstglocke über unserer Großstadt und die Straßenbeleuchtung haben auch für mich die Sterne unsichtbar gemacht. Ich muß in die Ephemeride schauen, um zu wissen, wo die Planeten gerade stehen. Für die übrigen Astrologen war das noch nie anders.

Man begann deshalb schon früh, nach anderen Fundamenten Ausschau zu halten, um die Astrologie auf sie zu begründen. Man redete von »Einflüssen« oder »Wirkungen« der Gestirne, ohne zu merken, daß man dadurch in ganz andere Kategorien – nämlich die kausalen – hineingeriet. Man schämte sich, Sonne und Mond noch als »Planeten« zu bezeichnen, weil die Astronomie diesen Begriff anders definiert hatte, obwohl man doch die älteren Rechte auf ihn besaß und die Erscheinungen sich nicht geändert hatten. Heute vermeidet man vielfach sogar den Namen »Astrologie« und redet lieber von »Kosmobiologie« oder »Kosmopsychologie«, um so insgeheim bei irgendwelchen anerkannten Wissenschaften Unterschlupf finden zu können.

Ich muß gestehen, daß ich mir von solchen Anpassungsversuchen wenig erhoffe. Meiner Ansicht nach sollte die Astrologie ruhig zugeben, daß sie uralt ist, und nicht mit den Naturwissenschaften kokettieren, als ob sie sich dadurch verjüngen könnte. Ich glaube auch, daß neue Lehren in der Astrologie keineswegs besser sein müssen als die alten. Ganz im Gegenteil gilt mir Alter hier als ein Wert und Neuheit eher als problematisch. Ich denke auch nicht daran, von mir aus neue Weisheiten zu verkünden oder die Einfälle irgendwelcher anderen Astrologen möglichst rasch zu übernehmen, vor allem wenn es sich um Rechenkunststücke handelt, die sich vom Erscheinungsbild wegbewegen. Beispiele dafür brauche ich wohl nicht zu nennen.

Überhaupt wende ich den Begriff der »Erfahrung« in der Astrologie nur mit großer Vorsicht an. Ich weigere mich, in dem, was einzelne Astrologen (ich selbst nicht ausgenommen) erfahren haben wollen, mehr als bloße Hypothesen zu sehen, die erst jahrhundertelang geprüft und immer wieder geprüft werden müßten, ehe wir sie als neue Erkenntnisse gelten lassen dürften. Ich halte auch die Statistik für keinen sicheren Weg zu unumstößlich gewissen Einsichten, weil mir in der Astrologie jene relativ einfachen Sachverhalte zu fehlen scheinen, die sich quantitativ behandeln ließen, ohne möglicherweise grob verfälscht zu werden. Zu viele abenteuerliche Fehlentwicklungen sind meines Erachtens schon durch das Liebäugeln mit den Naturwissenschaften und deren eigenen Methoden entstanden.

Sollte die Astrologie jemals wissenschaftlich anerkannt werden, dann wird sie sicher nicht unter die Natur-, sondern nur unter die Geisteswissenschaften aufgenommen werden können. Denn sie beschäftigt sich ausschließlich mit Sinnzusammenhängen, und ihr Verfahren ist das der Deutung, des

Erhellens und Verständlichmachens, kurz der Hermeneutik. Mit den Naturwissenschaften, die vor allem auf kausale Gesetzmäßigkeiten (Ursachen und deren Wirkungen) abzielen und Sinnfragen zurückweisen müssen, hat sie nichts zu tun. Lediglich die Sachverhalte, die sie deutet, läßt sie astronomisch bestimmen.

Es fragt sich allerdings noch, ob die Astrologie den alten hermeneutischen Grundsatz: »Sensus non est inferendus, sed efferendus« (der Sinn darf nie hineingelegt, sondern nur herausgeholt werden) korrekt genug beachtet. Legt sie nicht doch menschliche Erlebnisse in die Erscheinungen am Himmel hinein? Oder liest sie aus ihnen heraus, was die Planeten als Bestandteile des von uns erlebten äußeren Kosmos (des Makrokosmos) uns als in dieser Welt lebenden (mikrokosmischen) Wesen wirklich sagen wollen und können? Sind nicht die immer wieder »stimmenden« Horoskope doch ein Hinweis darauf, daß ein gemeinsamer Sinn Sternenwelt und Menschen verbinden könnte?

Warum sollten aber gerade die Sterne uns so besondere Dinge zu sagen haben? Ganz einfach: weil sie das einzige uns unmittelbar (ohne Hilfe von Instrumenten) sichtbare Phänomen sind, das uns eine so strenge, unveränderliche Gesetzmäßigkeit zeigt, wie diese sonst in der »sublunaren Welt« (der Welt unter dem Mond) nirgendwo anzutreffen ist. Wenn uns etwas über den gleichermaßen gesetzmäßigen, unveränderlichen Anteil unseres Wesens, über unseren »Grundcharakter«, Auskünfte geben soll, so können das nur die Gestirne sein.

Warum haben wir uns heute aber darauf eingestellt, die Botschaft, die uns die Sterne eventuell vermitteln könnten, für bedeutungslos zu halten oder sie nur dem Aberglauben zu überlassen? Weil wir uns unter dem Einfluß der exakten Naturwissenschaften daran gewöhnt haben, bloße Information für wichtiger zu halten als die lebendige Wirklichkeit. Wir meinen alles Wissenswerte über die Planeten zu wissen, seitdem wir die Kenntnis von ihren Bewegungen um die Sonne haben. Und wir vergessen, daß wir als Menschen auch noch berechtigt, ja verpflichtet sind, uns selbst als Erlebende im Mittelpunkt unserer eigenen Welt, unseres Mikrokosmos, zu sehen. Uns zu dieser Besinnung wieder zu verhelfen, scheint mir die wichtigste Botschaft zu sein, die uns das astrologische Schauen und Denken vermitteln könnte. Ich sehe in ihm das wirksamste Gegenmittel gegen den heute so verbreiteten Irrglauben, daß seit dem Überhandnehmen von Naturwissenschaft und Technik alles sinnlos geworden sei und alle Fragen nach Sinnmöglichkeiten fortan verboten bleiben müßten.

Wer sich unter diesem Blickwinkel mit der Astrologie beschäftigen will, dem möchte ich hier die Voraussetzungen zeigen, unter denen diese uralte Erscheinungsdeutung vorzeiten entstanden ist. Was wir hier vor uns haben, ist ja nicht weniger als die Summe aller der Erfahrungen, die man in vielen Jahrhunderten über den Menschen gesammelt hat. Selbst wer die Gültigkeit des individuellen Horoskops anzweifeln mag, kann etwas gewinnen, wenn er sich mit den astrologischen Grundgedanken befaßt. Er ist darum zu unserer Beschäftigung mit der Astrologie ebenso eingeladen wie jemand, der später die Deutung von Horoskopen praktisch betreiben will.

Und nun soll eine erste Umschau in der Welt uns helfen, die Logik der Bilder zu verstehen.

ERSTE ASTROLOGISCHE ORIENTIERUNG

Zu Anfang müssen wir noch einmal die Grundsätze wiederholen, die für die Astrologie gelten und durch die sie sich von der Naturwissenschaft unterscheidet. Ohne sie kann nämlich nichts von all dem, was folgen wird, verstanden werden:

1. Die Welt gilt für das astrologische Denken als ein Kosmos, also ein in sich geordnetes sinnvolles Ganzes, innerhalb dessen es nichts geben kann, was ohne Sinn wäre.
2. Das Ganze spiegelt sich in jedem einzelnen seiner Teile. Jeder Beobachter ist also berechtigt, seinen persönlichen Standort als den Mittelpunkt anzusehen, von dem aus er seine Orientierung vollzieht.
3. Das, was sich uns als Augenschein bietet, ist nicht nur ein trügerisches Phänomen, sondern gültiges Bild einer in der Wirklichkeit bestehenden Ordnung.
4. Ein Denken, das dieser Ordnung und damit auch dem inneren Wesen des Menschen angemessen sein soll, muß als assoziatives Denken so vorgehen, wie es der Logik der Bilder entspricht. Es darf sich nicht in abstrakten Begriffsbildungen verlieren.
5. Innerhalb dieses bildhaft-anschaulichen Denkens gibt es ähnlich klare Maßstäbe des Richtigen und Falschen wie innerhalb der begrifflichen Logik. Es gibt also eine Art von »exakter Phantasie«. Entscheidend ist dabei der Bezug auf das Ganze des Kosmos.
6. Die noch so vollständige kausale oder mechanische Erklärung eines Vorganges sagt nichts über dessen Sinn und Bedeutung aus. Die Problemstellungen der Astrologie beginnen erst dort, wo die Naturwissenschaft zu fragen aufhört. Sie beziehen sich immer nur auf das Sinnhafte. Auf Kausalbeziehungen dürfen sie nicht angewendet werden.

Auf der Grundlage eines solchen Denkens sind außer der Astrologie noch einige andere Gedankensysteme entstanden. Zu ihnen gehört etwa die Alchimie, von der manche Menschen heute noch meinen, es habe sich bei ihr nur um die Kunst des Goldmachens gehandelt. In Wahrheit suchte sie nach dem geheimen Wesen des stofflichen und damit auch wieder des menschlichen Mikrokosmos. Es bedurfte erst der modernen tiefenpsychologischen

Forschung, ehe man von dieser Bedeutung wieder etwas zu ahnen begann.

Uns beschäftigt aber hier nur die Astrologie. Deren Thema ist, wie das jeder Wissenschaft, genau begrenzt. Sie fragt nach der Stellung des Menschen innerhalb der kosmischen Ordnung, so wie sie ihr durch den Lauf der Sterne dargestellt erscheint.

Sie mit der naturwissenschaftlichen Astronomie zu vergleichen, ist schon deshalb ganz abwegig, weil es der Astrologie ja letztlich nicht um die Sterne, sondern um den Menschen geht. Man hat in neuerer Zeit für sie auch gerne den Ausdruck »Kosmopsychologie« gebraucht, der ihren Inhalt eigentlich besser bezeichnet und der auch helfen sollte, sie von dem Treiben der Jahrmarktswahrsager zu unterscheiden. Uns mag aber die alte Benennung hier genügen, wenn wir nur wissen, was wir unter ihr zu verstehen haben.

Die Astrologie handelt also vom Menschen. Das bedeutet, daß sie auch die Welt so sehen muß, wie der Mensch sie sieht. Sie kann sich nur nach dem sogenannten ptolemäischen Weltbild orientieren, nicht nach dem kopernikanischen. Darum behält Kopernikus zwar doch recht, soweit er nämlich bei seinem Thema bleibt: der Erklärung der Planeten-Mechanik. Nach dieser ist aber in der Astrologie nicht gefragt.

Wir müssen uns also wieder daran gewöhnen, den naiven Augenschein sprechen zu lassen. Er sagt uns, daß die Erde sich als eine flache oder doch kaum merklich gewölbte Scheibe um uns ausbreitet, und daß über ihr der Himmel steht. Wir selbst befinden uns im Mittelpunkt. Unser Gesichtsfeld wird in der Waagerechten durch den Horizont, nach oben hin durch das Himmelsgewölbe begrenzt (Abb.1).

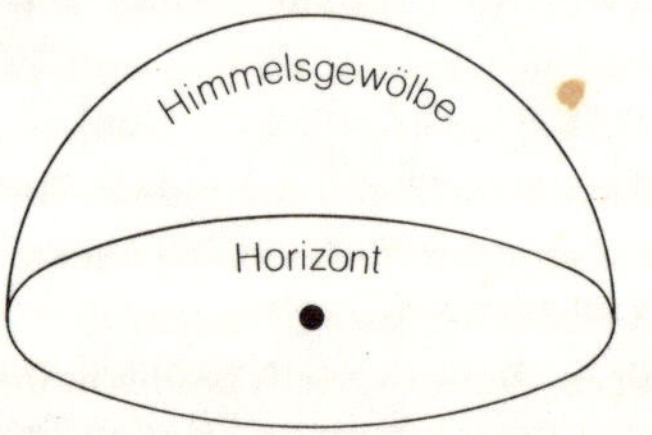

Abb. 1 Das astrologische Weltbild, in dessen Mittelpunkt der Mensch steht

Es dauert nicht lange, bis wir – besonders bei nächtlicher Beobachtung – erkennen, daß der ganze Himmel in langsam drehender Bewegung ist. Immer neue Sterne kommen im Osten herauf, während andere am westlichen Horizont verschwinden. In 24 Stunden ist eine ganze Drehung vollzogen. Es zeigt sich also, daß der Himmel, den wir immer nur als eine Halbkugel sehen können, doch eine ganze Kugel ist, die unsere Welt nach allen Seiten umschließt.

Das erste Weltbild, das wir gewinnen, ist also denkbar einfach. Es zeigt uns auf einer waagerechten Ebene stehend, die inmitten der Himmelskugel liegt und diese in zwei Hälften teilt. Eine davon können wir sehen, die andere ist uns verborgen. Im Schema (Abb. 2) zeichnen wir die Himmelskugel als Kreis, die Ebene des Horizonts als Gerade.

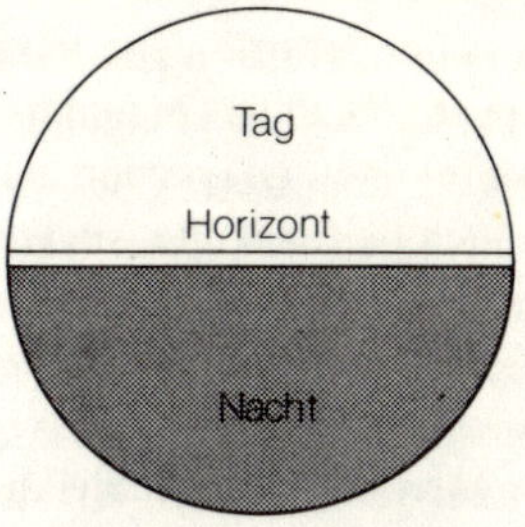

Abb. 2 Die Himmelskugel, durch die Ebene des Horizonts in Tag- und Nachthälfte geteilt (schematische Darstellung)

Und nun stellen wir uns eine erste Frage, die es selbständig zu beantworten gilt. Diese Frage lautet:

Was können, wenn wir eine Bild-Entsprechung voraussetzen, diese beiden Hälften des Himmels, die obere und die untere, im menschlichen Sinne bedeuten?

Wir sollten uns darüber eigene Gedanken machen, bevor wir weiterlesen. Wir brauchen ja nur das Bild ruhig betrachtend auf uns wirken zu lassen: Man fühlt doch, daß es zwei gegensätzliche Welten sind, die sich da am Horizont scheiden?

In die obere Himmelshälfte schauen wir hinein. Ihr Inneres bietet sich als eine weite, mächtige Wölbung dar, die zugleich unerreichbar fern von uns ist. Ihre geometrisch klare Halbkugelgestalt weckt den Eindruck eines festen, kristallisch harten Gefüges. Daher spricht man von ihr ja auch als vom »Firmament«. Gleichzeitig ist dieses Gefüge aber, weil wir es ja nicht greifen können, gewissermaßen immateriell, also von höchster Leichtigkeit. Auch die lautlosen Bewegungen, die wir dort beobachten, lassen es uns so empfinden.

Demgegenüber ist die Erde, die ja die untere Hälfte dieses Welt-Bildes begrenzt, uns nah und vertraut. Wir können sie fassen, können auf ihr ruhen. Sie selbst ist der Inbegriff des Schweren und Unbewegten. Was unter ihr liegt, ist geborgen, aber auch verborgen. Vielleicht ist es das noch Ungestaltete, das erst emporkeimen will, vielleicht auch das Abgestorbene, das wieder hinabgesunken ist.

Alles Lebendige ist nun zugleich nach diesen beiden Hälften der Welt hin orientiert. Wir sehen das schon an jeder Pflanze, deren Samenkorn nach unten zu einen Wurzelsproß treibt, während nach oben sich der Lichtsproß mit Blättern und Blüten ausbreitet. Ebenso kann man bildlich vom Menschen sagen, daß er mit seinem »Lichtsproß« der Tagwelt, mit seinen »Wurzelsproß« der Nachtwelt angehöre.

Von dem, was zwischen beiden Hälften geschieht, gibt uns der alte griechische Weltschöpfungsmythos, den Hesiod erzählt, ein großartiges Bild. Danach war anfangs nur das wüste, ungestalte Chaos. Dann entstanden aus ihm der Gott Uranos (der Himmel) und die Göttin Gaia (die Erde). Vom kosmischen Eros bewegt, umarmten sie einander, und Uranos zeugte, Gaia gebar alle die vielgestaltigen Wesen, die Götter und Menschen.

Es braucht wohl kaum gesagt zu werden, daß dieser Mythos nicht eine physikalische Theorie der Weltentstehung, nach Art der sogenannten Kant-Laplaceschen etwa, geben will. Er schildert auch kein Ereignis, das nur irgendwann einmal gewesen sei, sondern eines, das man täglich und stündlich neu erleben könne und solle. Der Mythos wendet sich nämlich an uns selbst. Auch wo er von Vergangenem zu reden scheint, meint er die Gegenwart. Das unterscheidet ihn (und ebenso die Astrologie) von aller kausalwissenschaftlichen Betrachtung.

Nun können wir auch noch deutlicher angeben, was die beiden Hälften der Welt in unserem Bild zu bedeuten haben. Sie sind Erlebnisbereiche des Menschen.

In der Nachtwelt, der mütterlichen Gaia, sind wir verwurzelt. Unser ganzes materielles Sein stammt aus ihr und wird von ihr erhalten. Es ist der Bereich des Erbes, durch das wir mit der Vergangenheit verbunden sind. Die Urbilder früherer Lebensformen ruhen dort und bestimmen uns, ohne daß wir von ihnen wüßten. Wir dringen zu dieser Welt vor, indem wir uns nach innen wenden (uns er-innern) und auf das lauschen, was von da heraufdringt. Es sind ebensosehr vitale Kräfte wie Stimmungen und Werte des Gemüts. All das ist zunächst mehr oder weniger unbewußt.

Die Tagwelt dagegen gehört dem schöpferischen, zeugenden Geist an; dem Uranos des Mythos oder dem »creator spiritus« in christlicher Sicht. In ihr leben wir bewußt und setzen uns mit dem auseinander, was nicht unser eigenes Wesen ist. Es ist die Sphäre des immateriell, also geistig, Bewirkenden und Bewirkten. Hier regiert die objektive Gesetzmäßigkeit der Welt, doch auch wir selbst stellen Gesetze auf, denen wir objektive Geltung geben wollen. Wurden wir im unteren Bereich von Urbildern bestimmt, so wählen wir uns hier im Bewußtsein unser persönliches Leitbild, das uns in die Zukunft weisen soll. Ihm sind wir aus freier Entscheidung verpflichtet.

Wir können den Gegensatz von Tagwelt und Nachtwelt also auch als den von väterlichem und mütterlichem Prinzip, von Außenwelt und Innenwelt, von klarem Bewußtsein und unbewußter Tiefe, von überwölbendem »Oberbau« und tragendem »Unterbau« unseres Daseins oder von materieller Gebundenheit und geistiger Gesetzmäßigkeit verstehen. Immer folgen wir dabei nur der Logik des Bildes selbst.

Im Sinne der alten chinesischen Weltbetrachtung, wie sie im »Buch der Wandlungen« (I Ging) dargestellt ist, können wir oben »Yang« sehen, das Starke, Helle, Schöpferische, Väterliche, das alle Bewegungen hervorruft und alles Leben zeugt, während unten »Yin« steht, das Dunkle, Weiche, Mütterlich-Empfangende, sich Hingebende, aus dessen Schoß das Leben geboren wird. In der Polarität dieser beiden Prinzipien sahen die Chinesen das Wirken des »Tao«.

Es steht uns frei, ob wir uns die Welt so vorstellen wollen, daß sie auf ihrer unteren Hälfte ruhe und von dieser getragen werde, oder so, daß sie von der oberen umfaßt sei und gewissermaßen an ihr hänge. Beides entspräche dem Bild. In der Wahl, die wir treffen, zeigt sich vielleicht nur ein wenig von unserer eigenen Einstellung.

Nun soll jedoch unsere erste Frage noch einmal formuliert werden – diesmal so, daß sie noch deutlicher auf den einzelnen Menschen hinzielt:

> Wie müßte ein Mensch, der ganz oder vorwiegend in der »Tagwelt« lebte, sich von einem anderen unterscheiden, der nur nach der »Nachtwelt« hin orientiert wäre?

Es ist doch immerhin vorstellbar, daß es diese beiden Typen von Menschen gäbe. Wir wollen allerdings vorläufig noch nicht fragen, ob man ein sicheres Mittel finden könne, sie im einzelnen Fall zu bestimmen. Nur die Phantasie soll sich mit ihnen beschäftigen.

Sicher wird der »tagbetonte« Mensch, wie wir ihn auch nennen können, stärker im Bewußtsein leben als der »nachtbetonte«. Er tritt, ob als Erkennender oder als Handelnder, der Welt selbständig gegenüber und will sich mit ihrem objektiven Sosein auseinandersetzen. Bindungen an Vergangenheit und Tradition beachtet er kaum. Sein Blick geht über die kleine Alltagswirklichkeit hinaus auf das, was künftig werden soll. Das Leben, als bloße körperliche Existenz betrachtet, ist ihm der Güter höchstes nicht. Er sucht höhere, geistige Maßstäbe zu gewinnen und verlangt, daß auch die Welt sich nach diesen Maßstäben richte.

Sein Gegentyp, der »nachtbetonte« Mensch, lebt nach innen und vom Inneren her. Wo der andere von »hohen Zielen« und »obersten Werten« spricht, ist seine Dimension die Tiefe, sein Reich das Seelische. Vom Lebensgrund her empfängt er Antriebe unbewußter Art, und dort erlebt er auch die Bestätigung dafür, ob er mit sich selbst im Einklang ist oder nicht. Alles Äußere hat für ihn nur insoweit Bedeutung, als es sich in seiner inneren Welt widerspiegelt und sich dort »verarbeiten« läßt. Sein Handeln nach außen hin ist nicht von klaren Zielvorstellungen bestimmt, sondern stellt nur den Vollzug einer inneren Notwendigkeit dar. Er fühlt sich dem Leben in seinem stofflichen Gewachsensein verbunden und verpflichtet.

Damit haben wir nun die Bedeutung von Tag- und Nachtwelt ungefähr beschrieben. Beide stehen in einem polaren Gegensatz zueinander. Das wollen wir auch in der Darstellung unseres astrologischen Weltbildes (Abb. 3) da-

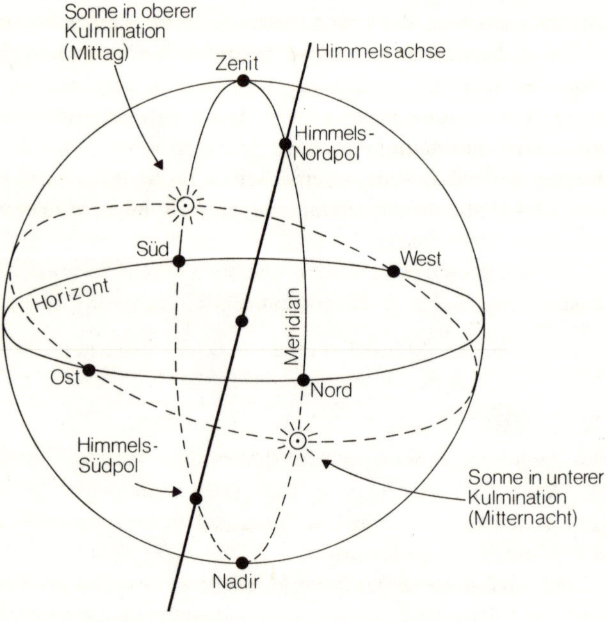

Abb. 3 Horizont und Meridian

durch ausdrücken, daß wir ihre beiden Pole, den höchsten und den tiefsten Punkt des Himmels, besonders bezeichnen. Senkrecht über unserem Scheitel ist der *Zenit,* ihm entgegengesetzt zu unseren Füßen der *Nadir.* Aber diese beiden Punkte allein genügen noch nicht. Wir befinden uns ja innerhalb einer Kugel, und Sonne und Planeten, die wir später betrachten wollen, stehen in unseren Breiten niemals in voller Höhe des Zenits. Also müssen wir auf dem Horizont, der eine Ebene ist, noch eine zweite, senkrecht stehende Ebene errichten. Das ist der *Meridian.* Er geht vom Himmelsnordpol aus über unseren Zenit, von da zum südlichen Horizont, zum Südpol des Himmels, zum Nadir und über den Nordhorizont wieder zum Nordpol (Abb. 3). Auf ihm erreichen die Gestirne ihren höchsten und tiefsten Stand, die obere und die untere Kulmination.

Allerdings stelle ich hier, wie ich zugeben muß, die Dinge etwas einfacher dar, als sie sind. In Wahrheit steht der Meridian nicht immer senkrecht zum Horizont. Nur zweimal im Jahr, zur Tagundnachtgleiche, und (ohne Sonne) zweimal täglich gilt, was Abb. 3 zeigt. Sonst wandert der Aufgangspunkt bis weit nach Nord- oder Südosten, der Untergang entsprechend nach Süd- oder Nordwesten. Und als Astrologen werden wir nicht nach dem Tageslauf der Gestirne fragen, sondern stets von der Jahresbahn der Sonne und der übrigen Planeten ausgehen, der sogenannten Ekliptik. Deren höchster Punkt liegt aber durchaus nicht immer genau im Süden. Vorläufig wollen wir jedoch annehmen, er liege dort. Es geht uns ja noch nicht um eine vollgültige Orientierung im Raum, sondern wir wollen zunächst die allgemeinen Symbolbedeutungen verstehen lernen.

Gehen wir wieder zur schematischen Darstellung in der Fläche zurück (Abb. 4), so haben wir die Figur eines Kreises, dem ein Kreuz eingeschrieben

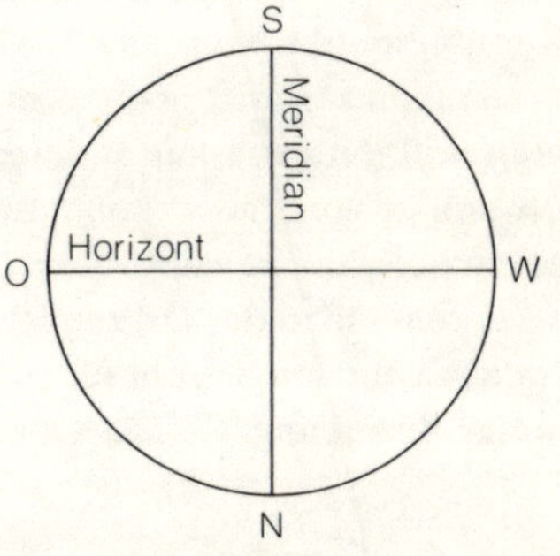

Abb. 4 Das Horoskop-Schema im Grundriß

ist. Wir können nun erwarten, daß auch die Richtungen nach links und rechts auf der Waagerechten, nicht nur die nach oben und unten, etwas zu bedeuten haben. Das wird sich bestätigen.

Wir brauchen ja nur »im Bilde zu bleiben«. Haben wir von unserem Standort aus zuerst betrachtet, was über uns und unter uns geschah, so blicken wir jetzt geradeaus in die Ebene. Da kann es wohl sein, daß wir unseresgleichen sehen: einen anderen Menschen, der auf uns zukommt. Und schon ist uns damit die Bedeutung der Ebene klar: Sie ist der Ort der Begegnungen von Menschen untereinander. In jeder solchen Begegnung liegt aber ein doppeltes Gewahrwerden: das des »Ich« und das des »Du«. Darum werden jetzt die beiden Pole in der Waagerechten als »Pol des Ich« und als »Pol des Du« bezeichnet.

Das muß noch erklärt werden. Man wird annehmen, daß ein Punkt des »Ich«, wenn es ihn überhaupt geben sollte, nur in der Mitte der ganzen Darstellung sein könnte, wo eben wir selbst stehen. Nun aber unterscheidet die Astrologie, nicht anders als die heutige Tiefenpsychologie, sehr deutlich zwischen dem »Ich« und dem »Selbst«. Nur daß sie noch klarer – nämlich bildhaft – herausstellt, was mit beiden gemeint sein soll.

Astrologisch gesehen, bedeutet ja die Darstellung des Menschen inmitten der Sternenwelt nicht etwa, daß man ihn als Objekt im Brennpunkt sähe, während von außen, vom Firmament her, Strahlen aus verschiedener Richtung auf ihn einwirkten. Das hieße die Astrologie physikalisch mißdeuten. Vielmehr gilt für uns der ganze Umraum selbst als ein Gleichnis des Individuums. Alles, was dort sichtbar ist, gehört uns auch innerlich an. Jedem Ort am Himmel entspricht ein Bereich unseres eigenen Erlebens.

Und nun hat jeder Mensch, einfach kraft seiner Geburt, ein besonderes Ich. Es ist das, was ihn schon rein körperlich anders aussehen läßt als irgendeinen anderen Menschen; seine individuelle Prägung und angeborene Eigenart. Diese Eigenart ist ihm keineswegs bewußt. Sein Ich ist der »selbstverständlich« gegebene Ausgangspunkt, von dem er seine Wanderung in die Welt antritt. Er kann diesen Punkt vorerst noch nicht auf seine Lage und Besonderheit hin betrachten und ihn etwa mit anderen Punkten vergleichen. Das wird erst möglich, wenn er von anderswoher zu ihm zurückkommt.

Das Ich wird seiner selbst nur dann bewußt, wenn es sich einem Du gegenüber erlebt. Und ebenso erkennt man das Du zunächst nur als das Nicht-Ich oder Gegen-Ich. Zwischen Ich und Du besteht für den Menschen eine unverrückbar gültige, notwendige Beziehung. Keines kann ohne das andere erfahren werden.

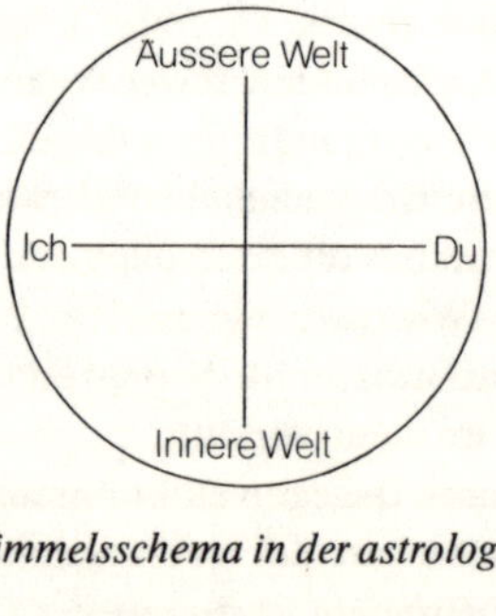

Abb. 5 Das Himmelsschema in der astrologischen Deutung

Darum werden auch im Horoskop das »Ich« und das »Du« als zwei ergänzende Pole einander gegenübergestellt. Und zwar wird dem »Ich« die Seite der aufsteigenden Sonne zugewiesen, also der östliche Horizont (in unserer Zeichnung links), während das »Du« im Westen (also rechts) gesehen wird

(Abb. 5). Das wird später, wenn uns weitere Zusammenhänge bekannt sind, noch besser zu verstehen sein.

Wenn aber in einer solchen Darstellung irgend etwas die Mitte selbst einnehmen kann, so ist es nur der letzte, innerste Kern der Persönlichkeit. Dieses ruhende Zentrum seiner selbst ist dem Menschen nicht ohne weiteres zugänglich. Wäre er dort, so hätte alles Äußere seine Fremdheit oder Sinnlosigkeit verloren. Gewöhnlich lebt er aber mehr an der Peripherie: beim Ich, beim Du, in der inneren oder äußeren Welt, aber nicht im Ganzen. Den wahren Mikrokosmos in sich muß er erst entdecken. Darum bleibt der Mittelpunkt unserer Darstellung offen. In ihm wäre der Ort des eigentlichen Selbst zu suchen, zu dem wir am Ende des langen Weges vom Ich her vielleicht gelangen könnten.

Es bleibt uns nun noch die praktische Aufgabe, auch die beiden neu gewonnenen Hälften des astrologischen Schemas, die östliche und die westliche – die des »Ich« und die des »Du« – in unmittelbarer Anwendung auf den Menschen zu deuten:

> Wie wäre ein Mensch, der ganz nach der Ost-Seite (der Ich-Seite) hin lebte, von einem ganz nach Westen (auf das »Du«) bezogenen zu unterscheiden?

Nicht als wäre der eine vielleicht »egoistisch«, der andere »altruistisch«! So einfach darf man sich die Deutung nicht machen. Es geht ja nicht um Schlagworte, sondern um Bilder.

Von dem »ostbetonten« Menschen kann man nur sagen, daß er seinem Ausgangspunkt, der angeborenen Eigenart, näher bleibt und alle Erlebnisse auf sein Ich zurückzuspiegeln sucht. Auch die Begegnung mit anderen Menschen wird er wesentlich nur als ein Tun oder Leiden dieses Ich, als dessen Bereicherung oder Verlust, empfinden. Zwei Wege können ihn zum Du hinüberführen: entweder (im Tag-Quadranten dieser Hälfte) die Gemeinsamkeit geistiger Konzeptionen, die ideale Freundschaft, oder (im Nacht-Quadranten) die mehr unbewußte Verbundenheit der Glieder eines Kollektivs miteinander, also das »Ur-Wir«, wie ein neuerer Psychologe (F. Künkel) es nennt. Aber auch dabei muß das fremde Wesen erst in jene Welt eintreten, in der er selbst lebt und die er nicht verläßt.

Der »westbetonte« Mensch dagegen steht immer in der Beziehung zu anderen. In der persönlichen Auseinandersetzung mit ihnen erlebt er alles, was für ihn entscheidend ist. Er braucht Partner, um sich mit ihnen im Kampf zu messen oder ihnen seine Liebe zu schenken. Immer müssen Menschen dasein, die er lieben, hassen, pflegen, heilen, formen, bilden, belehren, erziehen, mit denen zusammen und für die er arbeiten kann, an denen er Glück, Enttäuschung, Tragik erfährt, auf die er wirkt und die wieder auf ihn wirken.

Sein Ich findet er nur auf Umwegen, die entweder über die innerliche Verarbeitung des Du-Erlebnisses führen können (im Nacht-Quadranten) oder über dessen bewußte Klärung (auf der Tag-Seite).

Mehr soll und kann einstweilen über diese Typen von Menschen nicht gesagt werden. Wahrscheinlich erschien schon das Bisherige neu und fremd genug. Man hat von der Astrologie meist ganz andere Vorstellungen. Im allgemeinen ist von ihr nichts bekannt als die Typisierung nach Tierkreiszeichen, wie man sie oft grob nach dem Geburtstag eines Menschen durchführt. Auch sie gehört freilich zur Astrologie; aber wir werden erst viel später von ihr sprechen und die – immerhin nur begrenzte – Bedeutung zeigen, die sie hat. Hier geht es gerade darum, einmal ganz andere Aussagemöglichkeiten darzustellen, die es für uns gibt. Nur wer sie in ihrer Gesamtheit versteht, kann über Wert oder Unwert des Horoskops urteilen.

Und noch an eines muß ich erinnern: Die vier dargestellten Typen der Tag-, Nacht-, Ost- und Westbetonung sind nicht so aufzufassen, als müßten sie sich bei jedem Menschen deutlich zeigen. Es gibt sogar nur verhältnismäßig wenige, die einen von ihnen klar repräsentieren. Schon in der zeichnerischen Darstellung überschneiden sich ja die vier Typenbereiche. So hat man meist an allen vieren zugleich Anteil. Wir sprechen darum nur von einer »Betonung«, nicht von einer ausschließlichen Festlegung. Wenn sich nach diesem Schema allein nicht genug Bezeichnendes aussagen läßt, haben wir immer noch eine Fülle weiterer Möglichkeiten. Die Astrologie kann unvergleichlich feinere Nuancen berücksichtigen als irgendein anderes charakterologisches System.

Sie hat nämlich dadurch, daß sie seitens der Wissenschaft von vornherein nicht ernstgenommen wird, auch einen großen Vorteil. Sie darf ungestört so denken, wie es ihrem Wesen entspricht, also nach der bildhaft-anschaulichen Methode, die nur Ganzheiten und Sinnzusammenhänge kennt. Sie braucht nicht begrifflich isolierte Einzelstückchen zu sammeln, um so allmählich das Gebäude ihrer Deutungen aufzuführen. Die Psychologie dagegen steht heute noch ganz unter dem Einfluß der Naturwissenschaften und versucht deren Methoden nachzuahmen, auch um den Preis, daß sie sich selbst alle Fragen verbieten muß, die nicht »exakt«, d.h. nicht mathematisch, zu beantworten wären. Dem fällt insbesondere jeder Gedanke an Sinn oder Bedeutsamkeit im persönlichen Erleben zum Opfer. Die Astrologie jedoch beschäftigt sich gerade mit solchen Gedanken und nimmt es lieber hin, daß sie als »vor-« oder gar »unwissenschaftlich« abgeurteilt wird. Sie hat deshalb, wenn es um Sinnprobleme geht, ein viel leichteres Arbeiten.

Wir wollen uns mit diesen Arbeiten auch weiterhin befassen. In dem bisher Dargestellten haben wir ein Grundschema gewonnen, an dem wir uns vorläufig orientieren können. Zugleich hat dieses Schema aber auch symbolischen

Gehalt. Seiner Form nach besteht es aus dem Kreis und dem aufrechten Kreuz darin. Das Kreuz ist seit jeher – nicht erst seit dem Christentum – das Symbol dessen, was dem Menschen auferlegt ist: seines Schicksals und aller der Konflikte und Leiden, die ihm durch dieses Schicksal in der Welt erwachsen. Dagegen gilt der Kreis als Sinnbild der Totalität, des in sich geschlossenen Ganzen.

Man mag darum beim Betrachten dieser Figur an das Christuswort denken: »Wer mir aber nachfolgen will, . . . der nehme sein Kreuz auf sich und folge mir nach!« – Die Astrologie will uns helfen, daß wir unser Kreuz erkennen und es auf uns nehmen können. Die Nachfolge Christi selbst, also der eigentlich religiöse Weg, liegt außerhalb ihres Bereiches. Sie beschäftigt sich nur mit dem Menschlichen. Zwar setzt sie Religiosität als Grundhaltung voraus, aber sie ist mit keiner einzelnen Religion spezifisch verbunden, so wie sie auch keiner widerspricht. Niemals will sie eine Ersatzreligion sein.

Wer das Schema (Abb. 5) genauer überdenkt, wird außerdem noch erkennen, daß der Gang durch den Kreis vom »Ich« -Pol aus in linksläufiger Richtung (gegen den Uhrzeigersinn) eine Entwicklung und Differenzierung des Ich darstellt, wobei immer Fremderes mit hereingenommen wird. Die eigene Innenwelt birgt schon manches Seltsame; im Du tritt uns der ganz andere Mensch gegenüber, der aber immer noch unseresgleichen ist, und die objektive Außenwelt schließlich folgt ganz ihren eigenen Gesetzen.

Darin deuten sich schon weitere Beziehungen an. Sie werden später im System der Häuser und im Tierkreis näher ausgeführt werden.

Denn was wir bis jetzt dargestellt haben, ist nichts anderes als das Horoskop in seinem Grundriß. Wir sind damit in das Gedankengebäude der Astrologie eingetreten.

SONNE ☉

Hier ist nun die Bühne aufgerichtet, auf der das Schauspiel vor sich gehen wird. Die handelnden Personen können sie betreten. Es sind die Planeten, zu denen wir uns jetzt wenden.

Im astrologischen Sinne werden alle Himmelskörper »Planeten« genannt, die nicht der Fixsternwelt angehören, also auch Sonne und Mond. Um zu verstehen, welche Bedeutung man ihnen zuschreibt, müssen wir, wie immer, von der Anschauung ausgehen. Wir betrachten darum zuerst die Sonne, weil sie uns am besten bekannt ist.

Der Bewohner nördlicher Breiten erlebt die Sonne vor allem als eine wärmende, belebende Kraft. Er hat sich vielleicht selbst schon als »Sonnenanbeter« bezeichnet, wenn er sich sommers ohne Kleidung den Sonnenstrahlen aussetzte und dabei ein starkes vitales Wohlgefühl verspürte. Sicher kennt er auch den Jubel, mit dem man die Sonne begrüßt, wenn sie nach einer langen Nacht oder zwischen Wolken hindurch zum erstenmal wieder sichtbar wird.

Man weiß aber auch, daß die Sonne glühen, sengen, ausdörren und damit töten kann. In tropischen und subtropischen Ländern ist sie mehr gefürchtet als geliebt. Schwache und kranke Menschen meiden sie.

Betrachtet man diese doppelte Wirkungsmöglichkeit genauer, so scheint es, als hinge sie im Guten wie im Bösen davon ab, welche innere vitale Kraft das einzelne Wesen von sich aus der Sonne entgegenzustellen hat. Diese zeigt sich dann als eine Macht, die das Lebendige noch in seiner Lebendigkeit steigert, das Kränkliche und Absterbende aber vollends tötet. So färbt sich die Haut des gesunden Menschen unter der Sonneneinstrahlung tiefer und dunkler, während die Wäsche gebleicht, also entfärbt wird.

Wir erleben also die Sonne nicht nur aus sachlicher Perspektive als den Zentralkörper des kopernikanischen Planetenkarussells. Ihr Tageslauf vom Aufgang bis zum Untergang ist ebenso eine bestimmende Wirklichkeit für uns wie das Größer- und Kleinerwerden ihrer täglichen Bahnen im Lauf des Jahres. Wir selbst können uns diesem Rhythmus ebensowenig entziehen wie Tier oder Pflanze. Alles Lebendige zeigt in den Äußerungen seiner Vitalität eine Beziehung zur Sonne.

Auf diese Beziehung aber kommt es uns an. Setzt sie doch voraus, daß in dem Lebewesen selbst etwas vorhanden sei, das durch die Sonne gleichsam angesprochen werde und ihr in seiner spezifischen Weise antworte. Das ist der astrologische Grundgedanke. Nicht die physikalische Energiezufuhr ist mit ihm gemeint, sondern die Tatsache, daß eine eigene Kraft im Organismus wirkt, die mit der Sonne am Himmel in Korrespondenz steht, ohne nur kausal von ihr abhängig zu sein.

Auch diese innere Kraft des Lebewesens, und nicht nur den Himmelskörper Sonne, bezeichnen wir darum als Astrologen mit dem »Sonne«-Symbol: einem Kreis mit darin eingeschlossenem Punkt (⊙). Dieses Zeichen steht nun für alles, was wir im Wesen des Menschen als »Sonnen-Entsprechung« wahrnehmen.

Körperlich bedeutet es also besonders die innere Aufbaukraft, aus der sich unser vitales Sein in seiner Eigenart und Eigengesetzlichkeit erhält. Es ist die aristotelische »Entelechie«, das gestaltbildende Prinzip im Organischen, durch das allein es ein Lebendiges im Gegensatz zum Unbelebten überhaupt gibt. Seit alters setzt man es in Beziehung zum Herzen, und die Blutwärme des lebenden Organismus wird als seine Äußerung angesehen.

Wo dieses Prinzip in seiner Reinheit wirkt, bedeutet es nicht nur leibliche Gesundheit, sondern noch eine über den Körper hinaus strahlende Kraft. Sie kann als Heilkraft spürbar werden oder auch als zeugenwollende Potenz. In dem lateinischen Wort »genius« liegt dies als Urbedeutung.

Im Seelischen entspricht der Sonne ein überschwengliches Kraftgefühl. Es äußert sich im Mut, der keine Gefahren kennt und der sich zum Heldentum erhöhen oder zur Hybris übersteigern kann; ebenso im Stolz, im Ehrgefühl und in dem, was wir irrtümlich »Selbstbewußtsein« nennen. Echte Sonnen-Entsprechungen sind dem Träger selbst niemals bewußt, ebensowenig wie es uns möglich ist, direkt in die Sonne zu schauen. Wo Bewußtsein an die Stelle des Sonnenhaften tritt, entsteht nur das, was die Engländer viel richtiger als »self-consciousness« bezeichnen, nämlich Befangenheit und Scheu.

Auch die seelische Kraft will ausstrahlen. Sie will höchste Intensität des Daseins, Erfüllung des Augenblicks. Das kann im Rausch eigenen Genießens erlebt werden, strömt aber auch als Herzenswärme und Liebeskraft auf den anderen Menschen über. Es wird daraus, was Nietzsche »die schenkende Tugend« nannte: das Spenden-Müssen aus innerer Überfülle, das den Beschenkten selbst gar nicht beachtet, sondern immer nur den eigenen Reichtum loszuwerden trachtet. Höchste Liebeserfüllung, die den Gegensatz von Ich und Du aufhebt, beglückend und gefährlich zugleich, gilt uns in dieser Weise als »solar«.

Das gleiche Erlebnis ist im geistigen Bereich der Rausch des Schaffens, in dem man sich von seinem »Genius« getragen fühlt. – Nietzsche hat im »Ecce homo« diesen Zustand des enthusiastischen Ergriffenseins mit Meisterschaft geschildert. Er nennt ihn » . . . eine Glückstiefe, in der das Schmerzlichste und Düsterste nicht als Gegensatz wirkt, sondern als bedingt, als eine notwendige Farbe innerhalb eines solchen Lichtüberflusses; ein Instinkt rhythmischer Verhältnisse, der weite Räume von Formen überspannt – die Länge, das Bedürfnis nach einem weitgespannten Rhythmus ist beinahe das Maß für die Gewalt der Inspiration, eine Art Ausgleich gegen deren Druck und Spannung . . . Alles geschieht im höchsten Grade unfreiwillig, aber wie in einem Sturme von Freiheits-Gefühl, von Unbedingtsein, von Macht, von Göttlichkeit . . .«

Darin ist zugleich noch ein besonderer Zug des solaren Erlebnisses dargestellt: die Vereinigung von Freiheit mit Unfreiwilligkeit. – Das Sonnenhafte in uns verfügt selbstherrlich über alle Kräfte des Organismus, ordnet sie seiner zentralen Leitung unter und tritt so der anorganischen Weltgesetzlichkeit mit seinem Eigen-Sinn gegenüber. Es ist das Gegenprinzip zu Saturn (♄), den wir später kennenlernen werden, als den strengen Hüter der Ordnungen, Notwendigkeiten, Grenzen und Gesetze der materiellen Welt.

Die Sonnenkraft im Menschen erkennt nicht an, daß es Grenzen geben könne. Sie überwältigt den Saturn auch da, wo er als Chronos, die Zeit, auftritt. Der ganz vom Liebes- oder Schaffensrausch Erfüllte kennt kein Zeitempfinden mehr. Er erlebt, soweit das im Diesseits möglich ist, die Ewigkeit.

Und doch ist hier, wo es keine äußeren Einschränkungen mehr gibt, keine Wahl und also auch kein eigentliches Wollen. Die Freiheit ist zugleich eine Notwendigkeit – aber eine solche, die von innen heraus kommt –. Man erfüllt seine persönliche Sendung und folgt damit einem »Leitbild« von sich, das man nicht erst gesucht hat, sondern das einen mit Gewalt ergreift. Es ist eben der »Genius«. Auch wenn man nun mit völliger Unbedenklichkeit seine eigenen Ordnungen und Werte setzt, für die man bedingungslos eintritt, so ist das nicht eigentlich Willkür. Man handelt da, wie Nietzsche es an einer anderen Stelle sagt (in dem Gedicht »Sanctus Januarius«) »frei im liebevollsten Muß«. Und man empfindet ein Gefühl der Dankbarkeit, von dem man gar nicht weiß, was es ist und wem es gelten soll.

Stellt man sich einen Menschen vor, der sehr stark von der Sonnen-Entsprechung bestimmt ist, so fällt an ihm etwas Großartiges, Machtvolles in Zügen und Haltung auf. Er hat die sichere Ungezwungenheit des Sich-Gebens, die Ernst Jünger einmal die »Désinvolture« nannte. Durch sie ist er überall der Führende und Herrschende. Er vermag andere für sich zu begeistern und sie durch sein bloßes Gegenwärtigsein zur Gefolgschaft zu zwingen.

Ein solcher Mensch kennt nur ein einziges Ethos: das seiner persönlichen Ehre. Bindungen, Maße und Pflichten kennt er nicht, und für fremdes Daseinsrecht fehlt ihm jedes Gefühl. Er vertritt das, was Nietzsche die »Herrenmoral« nannte, und auch das moralisch vielleicht Bedenkliche tut er mit überzeugender Selbstverständlichkeit. Aber er muß dabei die Achtung vor sich selbst bewahren können. Er darf nichts tun, was seiner nicht würdig ist. Kleinliches, berechnendes, egoistisches Verhalten würde ihn vor sich selbst erniedrigen, und das wäre ihm unerträglich.

Der solare Lebensstil verlangt die Entfaltung von Macht und Luxus. Man muß immer die Möglichkeit haben, zu verschwenden. So wurde früher bei königlichen Festen Gold unter die Menge geworfen, und aus den Brunnen mußte Wein fließen.

Im Künstlerischen zeigt das gleiche Element durch eine ungebändigte Fülle von Formen und Farben, durch ein stolzes Pathos und den Zug ins Monumentale. Architektonische Gesamtanlagen, die von einem zentralen Punkt auszustrahlen scheinen, wie man sie bei Schlössern der Renaissance- und Barockzeit kennt, zeigen diesen Stil besonders deutlich. Immer ist es ein ganz persönlicher, einem Menschen allein zugehöriger Stil. Es ist etwas Geniales oder auch nur – im Sinne der Anmaßung – etwas »Genialisches« darin. Einzigkeit und Einmaligkeit des Werkes sind besonders betont.

Was hier nun als Entsprechung aus dem Symbol der Sonne abgeleitet wurde, ist aber nicht nur der Astrologie bekannt. Wir finden es überall dort wieder, wo sich die Bilderwelt der menschlichen Seele spiegelt: in Traum, Mythos, Märchen, Sage, Fabel und Legende. Die Sonne ist hier das, was die Psychologie C. G. Jungs als einen »Archetypus«, als ein Urbild aus dem Seelischen, bezeichnet.

Da treten solare Erscheinungen als Helden, Könige, Übermenschen, strahlende Götter auf. Im persönlichen Erlebnisbereich zeigen sich väterliche Gestalten; bei der Frau wohl auch das Bild des Mannes als des Gatten, oder das sonnenhafte Kind.

Von der Mythologie wollen wir nur die uns vertrauteste Welt, die der griechischen Gottheiten, betrachten. Dort stellt sich das Sonnen-Prinzip in zwei sehr verschiedenen Göttern dar:

Apollon ist gewissermaßen der Gott der Sonne in der Tagwelt. Er ist der Träger ihres Lichtes in dessen mitleidloser Klarheit, Helligkeit und Reinheit. Auch die Heilkraft dieses Lichtes gehört ihm zu. So ist er der Vater des Asklepios (Aesculap). Ebenso leuchtet er klärend in die menschlichen Verhältnisse hinein. Er ist der Schutzherr des Delphischen Orakels. Mit seinen Waffen, den Strahlenpfeilen, tötet er dunkle Wesen der Unterwelt wie den Giganten Tityos oder den Drachen Python. Aber auch Menschen, die sich gegen seine absolute Herrlichkeit aufzulehnen wagen, trifft sein Zorn. So straft er den Marsyas, der sich mit ihm in den Künsten messen wollte, indem er ihm die Haut abzieht. (Uns kann er ähnliches tun, wenn wir uns im Sommer gar zu leichtsinnig seinen Strahlen aussetzen.) Als Gott des genialen

Schaffensimpulses ist Apollon auch der Anführer des Musenchores; der Lorbeer als Zeichen des Ruhmes ist ihm heilig.

Sein Gegenbild ist der geheimnisvolle *Dionysos* als Gott der berauschenden, aus der Tiefe dringenden Vitalität. Ihn begleiten die wilden, bocksfüßigen Satyrn, in denen sich animalische Urkraft verkörpert, und die Silene, die aus ebendieser dunklen Kraft tiefere Weisheit schöpfen. Im Meer sind die übermütig springenden Delphine seine Vertrauten. Sein Kult wird von Mänaden (Bacchantinnen) im rasenden Überschwang der Leidenschaftlichkeit gefeiert, ist aber auch der Zugang zu tiefen Mysterien. Die Tragödie, für die Griechen der Ausdruck höchster Lebensbejahung, gehört zu den Festen des Dionysos. – Ihm verwandt ist auch der große *Pan*, der als Gott der überstarken Sonnenglut den Wanderer in der Mittagsstille verwirrt und ihm den »panischen Schrecken« einjagt, sowie *Priapos* als ein urtümlicher Gott der Zeugungskraft und der Fruchtbarkeit.

Für die Sonne als Trägerin des gleichmäßigen, lebensbestimmenden Rhythmus kannten die Griechen auch noch *Helios*, den Lenker des Sonnenwagens. Dessen Sohn, von einer sterblichen Mutter geboren, ist *Phaeton*, in dessen Schicksal der Mythos uns wieder den Menschen zeigt, der allzusehr auf das Sonnenhafte in sich vertraut und den sterblichen Anteil seines Wesens vergißt. Phaeton maßt sich nämlich an, den Wagen seines Vaters einen Tag lang selbst führen zu können. Helios, durch ein Versprechen gebunden, muß ihn gewähren lassen. Doch der Jüngling verliert die Herrschaft über die Rosse, die Zügel verwirren sich, und er stürzt zur Erde.

Ganz ähnlich ergeht es nach einem anderen Bericht auch dem *Ikaros*, der in gleichem jugendlichem Überschwang zu weit emporfliegen möchte. Auch ihn straft die Sonne selbst, der er zu nahe kommt, und läßt ihn niederstürzen.

Wenn uns der Mythos ein solches Bild gleich in zwei Gestalten zeigt, will er damit sicher etwas Wichtiges sagen. – Wir denken zum Vergleich nur an das Schicksal dessen, den wir zum Thema »Sonne« schon zitiert haben: Friedrich Nietzsches. Dieser war ja, obwohl selbst keineswegs ein sonnenhaft vitaler Mensch, mit einer grandiosen Einseitigkeit auf das solare Prinzip hingewandt. Alle Schlagworte, die von ihm bekannt wurden, wie »Übermensch«, »Herrenmoral«, »Jenseits von Gut und Böse«, »Die fröhliche Wissenschaft«, »blonde Bestie« oder »ewige Wiederkehr« (als Ausdruck einer ins Höchste übersteigerten Gegenwarts-Bejahung) entstammen diesem einen Prinzip. Sein »Zarathustra« beginnt und endet mit Anrufungen der Sonne. Aber es erreichte ihn auch das Phaeton-Schicksal: der Sturz durch Verwirrung der Sinne. Im Wahn schrieb er Briefe, die er als »der gekreuzigte Dionysos« unterzeichnete.

Die Sagenwelt zeigt oft das Bild des Helden, der sonnengleich unüberwindlich ist. Wo er den Kampfplatz betritt, ist eigentlich der Ausgang des

Treffens schon entschieden. Der Kampf gibt einem klaren Machtverhältnis nur noch die äußere Bestätigung. So stehen etwa Herakles, Perseus, Theseus oder Achilleus da. Aber auch geschichtliche Persönlichkeiten wurden oft zu gleichen Rang erhoben, wenn sie dem inneren Heldenbild, das jeder in sich trägt, entsprachen. So geschah es mit Alexander, Caesar, Augustus, Ludwig XIV. (dem »Sonnenkönig«) und Napoleon. An Caesars Namen knüpfen sich noch bis heute Benennungen wie »Kaiser«, »Zar«, »Caesarismus«, aber auch »Caesarenwahn«. In dem letzten Wort zeigt sich die Möglichkeit einer sehr negativen Bedeutung des Sonnenhaften. Wo nicht wirkliche, innerlich begründete Macht vorhanden ist, entstehen Anmaßung und Verblendung. Dann kann auch die solare Kraft, die sonst alle Dinge zwingt, sich nach ihr auszurichten, in ihr Gegenteil verkehrt werden. Sie treibt den Menschen zum »Verfolgungswahn«, in dem er alles auf feindliche Weise gegen sich gerichtet sieht.

Besonders tragisch ist auch die Siegfried-Gestalt in der deutschen Sage. Hier ist dem jungen Sonnenhelden sein saturnischer Gegenspieler beigegeben, der finstere Hagen, der nur nach Pflicht und Gesetz handelt. Der Zwiespalt beider, die jeweils nur aus ihren Wertungen heraus leben und denken können und die darum beide subjektiv im Recht sind, muß zum tödlichen Ausgang führen und noch weiteres Verhängnis nach sich ziehen.

Für uns aber gilt es nun, die allgemeine symbolische Betrachtung der Sonne auf den einzelnen Menschen in seiner Besonderheit anzuwenden, so wie es die Astrologie tut.

Wir verstehen, daß die Sonne im individuellen Bereich den Wesenskern darstellt, in dem die vital-schöpferische Kraft der Persönlichkeit konzentriert ist, und von dem der höchste Aufschwung ebenso ausgeht wie das Erlebnis stärksten inneren Erfülltseins. Und nun soll der Versuch gemacht werden, die bisher gewonnenen Anschauungsbilder selbständig miteinander zu kombinieren. Wir beschäftigen uns deshalb mit einer neuen Frage:

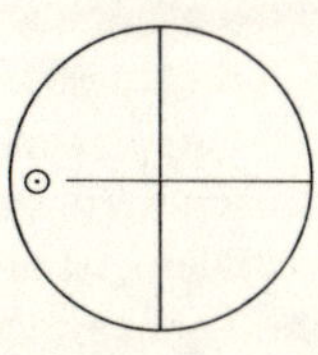

Abb. 6 Die Sonne am Punkt des »Ich«

Wie wäre es zu denken, wenn ein Mensch - auf welche Weise auch immer – eine Signatur für sein ganzes Leben erhalten hätte, die dem Stand und der Sonne am Punkt des »Ich« (dem Ostpunkt unseres Schemas) entspräche?

Wir wollen noch nicht fragen, ob das überhaupt möglich sei und wie es damit allenfalls zugehen könne. Einstweilen geht es uns nur um die phantasiemäßige Vorstellung davon, was ein solches Bild für den Menschen bedeuten müßte.

Es wäre wieder gut, wenn man sich vor dem Weiterlesen hierüber eigene Gedanken zu machen versuchte. Man könnte hierbei prüfen, ob man mit dem »Ich«-Pol unseres Schemas und mit der symbolischen Bedeutung der Sonne schon innerlich vertraut geworden ist. Dann aber mag man etwa eine Darstellung geben wie die folgende:

Die Sonne am Punkte des »Ich« zeigt eine starke, unmittelbare, mit der Geburt gegebene, gleichsam körperliche Selbstgewißheit. Der Mensch betrachtet sich ganz selbstverständlich als den Mittelpunkt seiner Welt, der er allein Sinn und Bedeutung gebe. Er handelt und denkt aus voller, kräftiger Impulsivität heraus, und schon seine äußere Erscheinung bietet ganz den Eindruck des Vitalen, ausstrahlend Herzlichen. Das sichert ihm manchen Erfolg im Leben; besonders da, wo es um das frische, unbedenkliche Anpacken von Aufgaben und um deren eigenwillige Gestaltung geht. Aber er hat auch seine Schwächen. Er ist gewissermaßen zu sehr mit sich selbst identifiziert und kann nur schwer den nötigen Abstand von seinem Ich gewinnen. Darum mangelt es ihm leicht an Selbstkritik. Schwierigkeiten, die ihm begegnen, sieht er nie in sich selbst, sondern nur in den äußeren Verhältnissen begründet. Darum können ihn fortgesetzte Enttäuschungen in eine Haltung der verbitterten Anklage gegen das Schicksal treiben. Es schöpft aus einem reichen Vorrat an vitalen Kräften, ist aber auch sehr an das Körperliche gebunden. So erträgt er Zeiten der Schwäche, des Alters oder der Krankheit nur schwer. Wenn ihn die lebendigen Aufbaukräfte seines Körpers im Stiche lassen, hat er das Gefühl, als würde ihm der Boden unter den Füßen weggezogen. Er gerät so leicht in eine gewisse Hilflosigkeit. Dabei kann er noch bis ins hohe Alter weit gesunder und vitaler sein als mancher andere Mensch. Seine Macht liegt in der Klarheit des subjektiven Impulses.

Man mag zu diesem Bild noch diesen oder jenen Zug aus seiner eigenen Vorstellung beitragen. Sicher trifft man dabei das Richtige, solange man nur »im Bilde bleibt«. Aber es gilt auch wieder einige Vorsicht in der Anwendung. Was wir im Augenblick schildern, ist ja noch nicht ein ganzer Mensch, sondern nur eine Möglichkeit des Sonnenstandes. Also dürfen wir nicht voreilig typisieren.

Wir gehen nun aber weiter und wenden uns zur nächsten Aufgabe, die etwas schwieriger ist:

Was könnte es besagen, wenn einem Menschen in gleicher Weise die Sonne am Punkte des »Du« (dem westlichen Punkt) als Signum gegeben wäre?

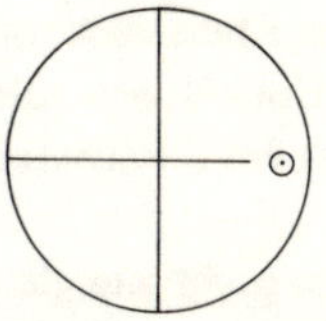

Abb. 7 Die Sonne am Punkt des »Du«

Hier ist die Sonne nicht mit derselben Unmittelbarkeit zu spüren wie bei dem zuerst geschilderten Typus. Der stärkste Impuls dieses Lebens wird auf das Du gerichtet sein. Seine Erfüllung wird man in der Beziehung zu anderen finden. Das kann so geschehen, daß man auf Menschen zu »wirken« sucht – im doppelten Sinne: dem des bloßen Eindruckmachens oder dem des tatsächlichen Führens und Bestimmens –. Was man an Wert und Fülle in sich trägt, muß erst in andere projiziert werden, damit man es in der Spiegelung von ihnen zurückerhält. Als Mann wird man vielleicht einen starken Drang nach öffentlicher Wirksamkeit verspüren und die Dankbarkeit anderer für das, was man ihnen zu geben hat, als schönste Bestätigung seines eigenen Wertes empfinden. Sehr bedeutsam kann dieser Sonnenstand aber gerade auch für die Frau werden. Sie legt in das Bild ihres Partners, des Mannes, alles an Fülle und Vollkommenheit hinein, was ihr Wesen nur zu geben hat. Er muß in ihren Augen ein ganz besonderer Mensch sein, ein Held oder Halbgott. Aber leider vermögen nur wenige Männer so starke Projektionen wirklich zu tragen. Meist ist es ihnen nur unbequem, so vergöttert zu werden, zumal darin ja auch eine sehr betonte Forderung an sie selbst liegt. So ergibt sich für die Frau nur zu oft eine Ent-täuschung im wörtlichsten Sinne, und eine in höchster Begeisterung begonnene Partnerschaft kann in tiefer Verzweiflung enden. Dies um so mehr, als hier alles auf den einen und einzigen gerichtet ist und man nur schwer geneigt sein wird, einen gescheiterten Versuch noch einmal zu wiederholen. Die Unbedingtheit im Verhältnis zum anderen Menschen ist hier Reichtum und Gefahr zugleich.

Um noch eine Illustration zu geben, seien einige historische Persönlichkeiten genannt, in deren Horoskopen wir die Sonne in einer der beiden bisher genannten Stellungen finden können:

Die Sonne am Punkte des »Ich« hatten: Dante, Petrarca, Francis Bacon, Cesare Borgia und sein Vater, Papst Alexander VI., Kurfürst August I. von Sachsen, Königin Victoria von England, die Politiker Gladstone, Lloyd George und Rathenau; Richard Wagner, Anton Bruckner, Arnold Schönberg, ferner Josef Kainz und Eleonora Duse.

Am Punkte des »Du« stand die Sonne etwa bei: Kopernikus, Savonarola, Kardinal Mazarin, Friedrich Wilhelm von Brandenburg (dem »Großen Kurfürsten«), Papst Leo XIII., Cecil Rhodes, Adolf Hitler, Hans Driesch, Gustav Heinemann, Sigmund Freud, C. G. Jung, Alphonse Daudet, Rudyard Kipling, Hans Pfitzner, dem Maler Max Pechstein und der Theosophin Annie Besant.

Natürlich sind diese Beispiele nicht alle gleich charakteristisch. Sie zeigen ja immer nur einen einzigen Bestandteil des Horoskops. Es wäre auch falsch, wenn wir versuchen wollten, aus ihnen die Richtigkeit der Astrologie zu »beweisen«. Dazu wären viel gründlichere Methoden notwendig. Aber man kann sich mit ihrer Hilfe vielleicht doch etwas deutlicher vorstellen, wie sich ein bestimmter Sonnenstand im Wesen und Schicksal eines Menschen zeigen mag. Darum wurden sie angeführt.

Die nächste Frage für uns heißt nun:

Was bedeutet horoskopisch der Stand der Sonne am tiefsten Punkt des Himmels, dem »Pol des Inneren«?

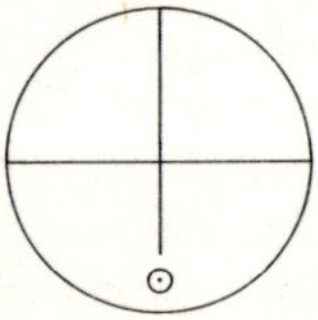

Abb. 8 Die Sonne in der Himmelstiefe

Das ist wieder leichter zu sagen. Wir erwarten hier einen Menschen, dessen ganze Erlebniswelt nach der Tiefe, der Innerlichkeit hin orientiert ist. Um Eigenes zu schaffen, wird er, wie Faust, zu den »Müttern« hinabsteigen und aus der Bildwelt des Unbewußten schöpfen. Als Beispiele mögen uns Matthias Claudius, Marcel Proust oder Rainer Maria Rilke dienen, die auf ganz verschiedene Weise zu Dichtern einer gemüthaften Innerlichkeit geworden sind, vorwiegend auf Vergangenes, Traditionelles bezogen. Aber nicht jeder wird zum Dichter. Auf der Ebene des Alltäglichen bedeutet ein solcher Sonnenstand die starke Hinwendung zum mitgebrachten Erbe, die Auseinandersetzung mit Familie und Tradition und den Wunsch, selbst ein Heim zu gründen, das man gemäß seinem persönlichen Stilwillen gestaltet. Oftmals zeigt man sich zu einer patriarchalischen Lebenshaltung geneigt. Der Herrschaftsanspruch wird im Kreis des Zuhause ausgelebt. Man ist nicht auf das »Ich« und nicht auf das »Du«, sondern auf das »Wir« eingestellt. Die äußere Welt mit ihren Aufgaben und den Ehren, die sie zu bieten hat, gilt wenig. Am liebsten lebt man in traulicher Zurückgezogenheit, und man begrüßt das Alter, in dem man zu ihr die willkommene Ruhe findet. Man hat gewissermaßen den Schwerpunkt seines Wesens unten; darum gerät man, wenn nicht sehr störende Kräfte wirken, weniger leicht aus dem inneren Gleichgewicht als mancher andere Mensch.

Als historische Beispiele seien hier noch genannt: Kaiserin Elisabeth von Österreich, der Maler Pablo Picasso und der Komponist Paul Graener. Sonderbar kommt es uns vielleicht vor, daß zwei so verschiedene Politiker wie Maximilien Robespierre und Matthias Erzberger die Sonne in der Himmelstiefe stehen hatten.

Und schließlich bleibt uns die letzte Frage dieser vier zu beantworten:

Wie deutet man den Stand der Sonne am höchsten Punkt des Himmels, also am Pol der »äußeren«, der »Tagwelt«?

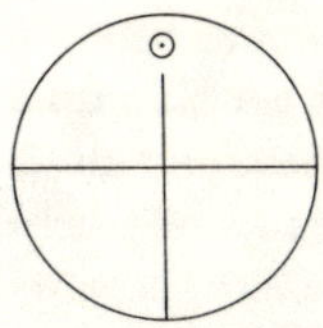

Abb. 9 Die Sonne in der Himmelshöhe

Hier sehen wir den Menschen, der ganz mit seinem Auftrag, mit seiner Sendung in der äußeren Welt identifiziert ist. Er sieht sich als den Berufenen, der zu wirken und zu gestalten habe, weil gleichsam das Weltgesetz selber in seiner Person verkörpert sei. Um das leisten zu können, wozu er sich fähig weiß, braucht er eine Position, die ihm Macht und Möglichkeiten gibt, und er besitzt meist auch Ehrgeiz und Tüchtigkeit genug, um sie zu erringen. Sein Beruf bedeutet ihm nicht nur eine Beschäftigung, sondern eine Lebensaufgabe. Er will sich durch eigene Tätigkeit über die Masse der Menschen herausheben, aber an dem erreichten Gipfelpunkt auch für alle sichtbar sein. Von oben her tritt er selbstherrlich richtend und wertend der Welt gegenüber. Er verlangt unbedingte Anerkennung, die aber eigentlich nicht ihm selbst gelten soll, sondern dem Prinzip, das er vertritt. Jedoch kann er diesen Unterschied selbst nicht immer klar erkennen, und darum wirkt sein Verhalten auf andere oft herausfordernd arrogant, wenn er sich nicht durch wirkliche Leistungen legitimieren kann. Sein Lebensgefühl verlangt nach der Betätigung in einem möglichst großen Rahmen. Daß er Erfolge haben müsse, ist für ihn selbstverständlich. Auch sein persönliches Dasein betrachtet er als eine Aufgabe, die es aus klarer Überschau bewußt und planmäßig zu gestalten gelte. Er lebt in seinem Werk.

Auch für diesen Stand der Sonne finden wir viele historische Horoskop-Beispiele. Ich nenne nur (wobei ich zwei verschiedene Konzeptionen der Himmelshöhe zusammenfasse, die wir später noch besprechen werden):

Ludwig XIV. (Le Roi Soleil), Kardinal Richelieu, Friedrich den Großen, Samuel T. Coleridge, Woodrow Wilson, Paul v. Hindenburg, Erich Ludendorff, Friedrich Ebert, Aristide Briand, Torquato Tasso, Albrecht Dürer. J. W. v. Goethe, Honoré de Balzac, Thomas Mann, Alfred de Musset, Marie Curie, Karl Ludwig Schleich (Arzt und Verfasser des Buches »Besonnte Vergangenheit«), Königin Elisabeth von Rumänien (»Carmen Sylva«), Robert Louis Stevenson, Ernst Jünger und den Komponisten Nikolaj Rimskij-Korsakow.

Die bisherigen Übungen werden, wie ich hoffe, schon eine ziemlich klare Vorstellung davon gegeben haben, nach welcher Logik die Astrologie denkt. Sie sieht das, was immer wieder am Himmel geschieht, und das, was immer wieder in der menschlichen Natur zu beobachten ist, in einer wechselseitigen Entsprechung. Die Frage aber, wie sie dazu komme, ihre Deutungen auf das einzelne Individuum zu beziehen, und ob sie damit recht habe, können wir jetzt noch nicht beantworten. Jeder mag sich darüber vorläufig seine eigenen Gedanken machen. Es muß ja nicht alles so sein, wie es die Astrologie behauptet, aber es könnte doch vielleicht so sein. Zunächst genügt es, wenn wir die Deutungen so betreiben, als wären sie nur ein Spiel der Phantasie. Wir werden dabei immer mehr die Möglichkeit bekommen, den tieferen Ernst zu entdecken, der doch in diesem Spiel verborgen ist. Und wenn wir wissen, um welche Fragen es letztlich geht, können wir erst über Richtigkeit oder Unrichtigkeit der Behauptungen zu entscheiden versuchen.

Nun aber wollen wir mit dem Mond ein weiteres Stück astrologischer Symbolik betrachten.

MOND ☽

Schon beim Gedanken an den Mond werden ganz andere Stimmungen in uns wach, als wenn wir uns etwa die Sonne vorstellen. Hier ist nichts von Glut und Helligkeit, sondern etwas Sanftes, Mildes, Seelenvolles. Es mögen uns lyrische Gedichte einfallen, wie Goethes »Füllest wieder Busch und Tal ...« oder das Abendlied von Matthias Claudius: »Der Mond ist aufgegangen ...« Seit jeher ist der Mond ein besonderer Freund der Dichter und der romantischen Träumer.

Sein Reich ist nicht der Tag, sondern die Nacht. Er ist nur dann voll und rund, wenn er im Abenddämmer aufgehen und so lange am Himmel bleiben kann, bis die Sonne wieder erscheint. Aber er läßt die Nacht auch nicht zur völligen Finsternis werden, sondern erhellt sie mit einem sanften, traulichen Schein

> »... gleich einer stillen Kammer,
> da ihr des Tages Jammer
> verschlafen und vergessen sollt ...«

Die Sonne ist immer von gleichem Wesen und gleicher Gestalt. Nur ihre Position am Himmel ändert sich. Der Mond dagegen ist auch in sich selbst bewegt. Er wächst und nimmt ab, wobei sein Bild mit jedem Tag anders wird. Das macht ihn auch in unserer Betrachtung zum Symbol für das, was immerfort im Wandel und Wechsel begriffen ist: das natürliche, ungeformte Leben in seinem ewigen Dahinfließen.

Im Mond-Bereich leben wir nicht als eigenwillige Persönlichkeiten, sondern haben auf unbewußte Weise an einem geheimnisvollen Prozeß des Werdens und Vergehens teil. Wir fließen in einem dunklen Strom mit, der ohne Namen und Gestalt ist, aus dem aber immer wieder Gestaltetes hervortritt, das seine Zeit besteht und dann wieder untersinken muß, während der Strom selbst zeitlos und unhörbar dahingleitet.

Am deutlichsten ist diese lunare Welt in Goethes Fragment »Die Natur« geschildert:

»Natur! Wir sind von ihr umgeben und umschlungen – unvermögend aus ihr herauszutreten, und unvermögend tiefer in sie hineinzukommen ... Wir leben mitten in ihr, und sind ihr fremde. Sie spricht unaufhörlich mit uns, und verrät uns ihr Geheimnis nicht. Wir wirken beständig auf sie, und haben doch keine Gewalt, über sie ... Es ist ein ewiges Leben, Werden und Bewegen in ihr, und doch rückt sie nicht weiter. Sie verwandelt sich ewig, und ist kein Moment Stillestehen in ihr ... Alles ist neu, und doch immer das Alte ... Sie ist ganz, und doch immer unvollendet ...«

Dem Mond entspricht also das vor-individuelle, unbewußte Leben in uns. Es ist das, was niemals zur Ruhe kommen kann, denn sein Stillstand wäre der Tod. Es ist auch das, was keine Besonderung kennt, vielmehr nur die allseitige Abhängigkeit der Teile voneinander, den immerwährenden Austausch von Kräften und Substanzen zwischen ihnen. Die primitiven Notwendigkeiten der Ernährung, des Wachstums und der Fortpflanzung spielen sich in diesem Bereich ab. Eine biologische Entsprechung ist beim Menschen auch die mondperiodische »Regel« der Frau.

Den Unterschied zwischen Sonne und Mond machen auch die beiden Zeichen deutlich, die wir für sie gebrauchen. Das für die Sonne ☉ versinnbildlicht durch den Kreis die in sich vollkommene, geschlossene Persönlichkeit, die in einem innersten Punkt zentriert ist und deren Kräfte von dort ausstrahlen. Dagegen besteht das Mond-Symbol ☽ aus zwei Halbkreisen. Während der Kreis immer für die Totalität des Geistes steht, wird der Halbkreis, der sich wie eine Schale öffnet, als das Bild der Seele genommen. Das Zeichen ☽ ist also nicht nur eine Wiedergabe der Mondsichel. Die beiden offenen Halbkreise weisen zugleich sinnbildlich darauf hin, daß der Mensch im lunaren Bereich in doppelter Weise geöffnet ist: nach außen und nach innen.

Das Offensein nach außen besagt, daß man allem, was um einen geschieht, in völliger Passivität hingegeben ist. Man gestaltet nicht die Welt nach seinem Sinn, sondern wird selbst von ihr geformt. Die innere Struktur ist so weich, daß alles von außen Kommende auf sie im wörtlichsten Sinn »Ein-druck« machen kann. Die eigentümliche Aktivität des Mond-Prinzips besteht nun darin, daß die Eindrücke in das ständig weiterfließende Leben mit einbezogen, also (wieder im wörtlichsten Sinne) »er-lebt« werden. So ergibt sich der Wandel und das immerwährende Neugeborenwerden in der Entwicklung.

Der lunar betonte Mensch ist kein kraftvoll imponierender Willenstyp. In Bewegungen und Gesichtszügen erscheint er schlaff, ungeformt und übermäßig weich. Es ist, als warte er immer auf irgend etwas Neues, Unbekanntes, das ihn wieder umformen und verwandeln solle. Er selbst spürt das im Gefühl der ziellos schweifenden, schwärmerischen Sehnsucht. Bleibt diese Haltung im Oberflächlichen, dann ist sie nur die Bereitschaft, sich überall einzufügen und anzupassen, also eine Schwäche des Charakters. Wird das Erlebte aber wirklich in die Tiefe der Seele aufgenommen, dann bereichert es sie und läßt sie reifen. Schon den Griechen galt das »Staunen« (θαυμάζειν) als der Anfang aller Weisheit.

Wer auf den Anruf der Welt lauscht, der wird ihn auch vernehmen. Er steht mit dem, was draußen ist, in dauernder seelischer Kommunikation. So erleben die Kinder solche Dinge, die wir nur in sachlich-nüchterner Zweckhaftigkeit kennen, noch als lebendige, beseelte Wesen. Sie sind ihnen aber nicht nur traulich nahe, sondern können durch sie auch geängstigt werden; mehr als wir Erwachsenen das verstehen. Das Offensein macht ihnen ja unmöglich, einen herankommenden Eindruck abzuweisen, auch wenn er als fürchterlich empfunden wird.

Wie man sich jedoch nach innen öffnet, das erleben wir täglich, im Einschlafen. Da entspannt sich der Körper, die Willensimpulse hören auf, und ebenso die Empfindungen von Lust und Schmerz. Man verzichtet auf das bewußte Werten und Urteilen, wie es die Tagpersönlichkeit übte, und läßt statt dessen träumend die Bilder des Unbewußten heraufdringen.

So sind wir über das Lunare in uns mit den Quellen der Phantasie verbunden. Auch die Instinkte, die uns ohne unser Zutun leiten, wirken von dorther.

Der stark mondbestimmte Mensch erscheint immer wie ein Schläfer oder Träumer. In ihm wechseln oft wunderliche Stimmungen miteinander ab, die wir als »Launen« bezeichnen. Dieses Wort ist von »luna« = Mond abgeleitet. Seine Steigerung gewissermaßen ist das englische »lunacy«. Es bezeichnet die Verwirrung der Sinne und den Verlust der Persönlichkeit, die eintreten, wenn die unbewußte Welt übermäßig stark wird und das Bewußtsein hinwegschwemmt. Dann kann auch der Anspruch des Gemüts krankhaft überwuchern und zur Plage werden, wie wir das in der Hysterie finden.

Durch sein Offensein ist der Mensch den Gefahren des Lebens ausgeliefert. Er bedarf immer des festen Haltes und Schutzes von außen, aber auch der wärmenden Herzlichkeit anderer Menschen. Gerne möchte er der rauhen Wirklichkeit entfliehen, zurück in die intime Geborgenheit des Kinderdaseins. Die Teilhabe an der ganzen Atmosphäre des elterlichen und familiären Lebens, die »participation mystique« des Kindes, erscheint ihm als schönste Lebensform. Daher neigt er auch so sehr zum Heimweh und kann es so schwer ertragen, unter fremden, gleichgültigen Menschen zu sein.

Das innige Vertrauen dessen, der sich geborgen weiß, wird im religiösen Bereich zur schlichten Frömmigkeit und äußert sich in der demütigen Hinwendung des Betenden zu Gott. So empfängt Maria die Verkündigung mit dem Wort: »Siehe, ich bin des Herrn Magd; mir geschehe, wie du gesagt hast . . .«.

Aber aus dem eigenen Bedürfnis nach Schutz entspringt zugleich die Bereitschaft, anderen Geborgenheit zu geben. Die höchste Entsprechung des Lunaren liegt in der *Mütterlichkeit*. Das Leben, das immer weiterfließen will, gibt den Wunsch, ein Kind zu empfangen, und der Instinkt des Verbundenseins miteinander läßt es dann hegen und umsorgen. Niemand weiß so wie eine Mutter, was dem Kind gut ist und seiner Wesensart entspricht. Darum geschieht die eigentliche Erziehung, die auf das Unbewußte des Kindes wirkt, nicht durch den sonnenhaft autoritär wirkenden Vater, sondern in der Stille des seelischen Einsseins von Mutter und Kind.

Auch dem fremden hilfsbedürftigen Wesen gegenüber, mit dem man innerlich mitempfindet, kann der Instinkt des Pflegens und Betreuens wach werden. Er wertet und fordert nicht, sondern ist immer in stiller Weise gegenwärtig.

Man wirkt und gestaltet hier nur, um atmosphärische Werte des Gemüts zu realisieren. Der Sinn für das Gemütliche und für feine Stimmungsnuancen ist sehr ausgeprägt. Aber es fehlt der klare Stil- und Formwille, und so neigt man leicht zum Kitschig-Sentimentalen.

Der lunare Mensch geht ganz in der Gebundenheit an Familie, Sippe, Heimat, Volk und Menschheit auf, soweit sie ihm seelische Werte sind. Er wird mehr von ihnen her gelebt, als daß er eigentlich selbst lebte. Der passive Charakter des Mond-Prinzips läßt es auch zum Träger dessen werden, was man als die Volks- oder Massenseele versteht. Dabei zeigen sich vor allem seine negativen Eigenschaften: die Unfähigkeit zu unterscheiden, die Blindheit gegenüber allen geistigen Werten, die Primitivität und das Ausgeliefertsein an wechselnde Stimmungen des Augenblicks.

Wie sich das Bild des Mondes jeden Tag wandelt, so sind auch die Gottheiten, die es im Mythos repräsentieren, vielgestaltig. Man kann sie in ungefährer Zuordnung mit den einzelnen Phasen des wachsenden und wieder abnehmenden Mondes vergleichen.

Dann entspräche *Artemis*, die mädchenhafte, jungfräuliche Göttin, etwa der ersten schmalen Mondsichel. Nicht umsonst ist sie die Schutzherrin des scheuen Wildes, das vor dem Jäger flieht. Im Grunde entspricht es noch dem gleichen seelischen Urbild, wenn der kölnische Karnevalssänger unserer Tage sein Mädchen besingt: »du munteres Rehlein, du!« Begleiterinnen der Artemis (Diana) sind die *Nymphen*, wie sie als Wald-, Quell- oder Bergnymphen (Dryaden, Naiaden und Oreaden) die unberührte Natur beleben und beseelen. Auch die Nymphe Echo, die ganz passiv nur widerhallt, was man ihr entgegenruft, gehört zu ihnen. – Artemis selbst ist die Behüterin jungfräulicher Reinheit, aber auch die gebärenden Frauen rufen zu ihr um Beistand. Noch deutlicher zeigt sich der Doppelsinn ihres Wesens im Bild der »großen Artemis« von Ephesus. Dort ist sie gar nicht mädchenhaft-zart dargestellt, wie sonst, sondern als gewaltige Mutter mit vielen schwellenden Brüsten. Sie ist also, wie viele der Mondgöttinnen, Jungfrau und Gebärerin zugleich. In ihrer Gestalt vereinigen sich zwei Bilder, zwei Phasen des weiblichen Lebens, die innerlich verwandt sind: Kindsein und Muttersein. Die sonst zwischen beiden liegende Epoche der persönlichen Begegnungen und der Liebe zum Manne ist weggelassen, weil sie einem anderen als dem lunaren Bereich angehört. Wir werden über sie später beim Symbol der Venus zu sprechen haben. Noch im christlichen Raum kennen wir als zuhöchst vergeistigte lunare Gestalt die jungfräuliche Gottesmutter. Sie wird in alten Darstellungen oft auf der Mondsichel stehend gezeigt.

In Entsprechung zum Vollmond sei *Hera*, die Göttin reifer Mütterlichkeit, genannt. Als Gattin des Zeus deutet sie auf die herrschende Stellung der Frau innerhalb ihrer Welt. Sie schützt die Häuslichkeit und wacht streng über der familiären Ordnung. Ihrem Bild verwandt ist das der Urmutter *Rhea*, der Gemahlin des Chronos, deren Kult später mit dem der kleinasiatischen »magna mater« *Kybele* verschmolz. Rhea selbst ist eine Tochter der Gaia, der gebärenden Erde.

Dem abnehmenden Mond mag *Persephone* (Proserpina) zugeordnet werden. Wie der Mond in dieser Phase auf die Vereinigung mit der Sonne zueilt, so als würde er von ihr angezogen, so wird Persephone (die auch Kore = »das Mädchen« heißt) von dem männlichen Gott Hades geraubt. Durch Zauber ist sie ihm verfallen. Das zeigt, ebenso wie die verzweifelte Suche der Mutter Demeter nach ihr, im Symbol das ratlose Nichtverstehenkönnen des rein lunaren Wesens gegenüber der männlichen Forderung. Auch die Angst der Mutter ist darin, sie könnte ihr Kind an den fremden Mann verlieren. – Beschützerin des häuslichen Herdes ist die keusche Göttin *Hestia*, die Apollon und Poseidon als Freier abwies. Ihr entsprach wieder die *Vesta* der Römer. Auch deren Priesterinnen, die Vestalinnen, die das heilige Feuer hüteten, mußten dem Manne entsagen und jungfräulich rein bleiben. Ihr Symbol, der verhüllende Schleier, ist noch im Christentum das Zeichen der weiblichen Entsagung: der Armut, Demut und Keuschheit. Die Griechen begannen jedes Opfer mit einer Anrufung der Hestia und ehrten damit die Anfänge des Lebens, die im lunaren Bereich liegen.

Zum Neumond schließlich gehört *Hekate*, die finstere Mondgöttin der unerhellten Nacht. Sie weckt das Grauen vor gespenstischen Bildern, die aus dem Unbewußten aufsteigen und den Menschen ängstigen. Spuk, Dämonie und Zauberei sind ihr Werk. Fürchterliche Gestalten, wie Mormo, Empusa und Lamia, die in Alpträumen erscheinen, sind ihr untertan. Besonders Lamia ist dabei durch ihr Schicksal symbolisch. Man sagt, sie sei eine schöne Königin und glückliche Mutter gewesen, die von den Göttern all ihrer Kinder beraubt worden sei und sich dann in ein höhlenbewohnendes Ungeheuer verwandelt habe, das kleine Kinder zu sich heranlocke und fresse. So ist die gefährlichste Entartung des lunaren Prinzips angedeutet: der Neid, der aus einer unerfüllt gebliebenen oder schmerzlich enttäuschten fraulichen Empfindung erwachsen kann. Er sucht alles unschuldige Lebendige gierig an sich heranzusaugen, um es zu vernichten und sich seine Kräfte anzueignen. Dem Bild der Lamia sind auch die Hexen- und Stiefmuttergestalten des Märchens eng verwandt.

Als besonders vom Mond bestimmte Menschen nennt uns der Mythos etwa die *Amazonen*, deren Schutzherrin Artemis ist. Bei ihnen ist der mädchenhafte Instinkt des Sich-rein-Bewahrens zur wilden, feindseligen Abwehr alles Männlichen übersteigert. Der Sohn einer Amazonenkönigin ist *Hippolytos,* der sich ganz dem Dienst der Artemis weihen will und darum kein sterbliches Weib zu lieben bereit ist. Durch die Schuld der sinnenhungrigen Stiefmutter Phaidra geschieht es, daß ein Gott die Rosse seines Wagens durchgehen läßt (man versteht das Bild!). Er verwirrt sich in die Zügel und wird zu Tode geschleift.

Aber es gibt auch einen versöhnlichen lunaren Mythos. *Endymion* ist ein so schöner Jüngling, daß sich die Mondgöttin Selene in ihn verliebt und nachts, als er schläft, herniedersteigt, um ihm einen zarten, gelinden Kuß auf die Stirne zu drücken. Dadurch fühlt sich Endymion so beseligt, daß er Zeus um die Gnade bittet, immer ein Jüngling bleiben und immer nur schlafen und träumen zu dürfen. Zeus lächelt und gewährt ihm den Wunsch.

Die ganze Welt des *Märchens* gehört zum Mond-Bereich. Darum sind Kinder und Träumer ihre Lieblinge, wie Hans im Glück oder das demütig-hingebende Mädchen aus den »Sterntalern«. Feen, Elfen und Geister spielen eine große Rolle. Die selbstverständliche Art, in der sich Verwandlungen vollziehen und wobei selbst der Tod als nichts Endgültiges aufgefaßt wird, entspricht ganz dem lunaren Lebensgefühl. In vielen Märchen, wie etwa in »Aschenputtel« und »Allerleirauh«, tritt auch die Mond-Welt sehr schön als Welt der armen Leute, der Köhler im Walde, der Taglöhner und der kleinen Bauern, einer anderen gegenüber, in der Könige und Prinzen leben und eine sonnenhafte Pracht sich entfaltet. Auch die Wildnis, in die etwa Schneewittchen verstoßen wird, ist die gleiche, in der Artemis-Diana, die Jägerin, und ihre Nymphen hausen. Zwischen Märchen und Mythos bestehen ja immer sehr enge Beziehungen.

Zur praktischen Anwendung wollen wir nun noch, ebenso wie das bei der Sonne geschehen ist, den Mond an den vier »Eckpunkten« unseres Horoskop-Schemas betrachten. Dazu sollen diese aber zunächst ihre in der Astrologie üblichen Namen zugeteilt bekommen.

Der Punkt, den wir als »Pol des Ich« bezeichneten, heißt künftig »*Aszendent*« (AS). Er ist, astronomisch gesehen, der Teil des Tierkreises, also der jährlichen Sonnenbahn am Himmel, der jeweils gerade im Osten über den Horizont aufgeht. Ihm kommt im Horoskop eine große Bedeutung zu. Der gegenüberliegende Punkt im Westen, der Pol des »Du«, heißt entsprechend »Deszendent« (DS), also Niedergangspunkt.

Der südliche Kulminationspunkt, der dem Mittagsstand der Sonne entspricht, heißt »*Medium Coeli*« (MC), was auf deutsch »Himmelsmitte« bedeutet. Man darf ihn nicht etwa mit dem »Zenit« verwechseln, wie das sogar manche Astrologen tun, die damit freilich ihre Unkenntnis im Astronomischen verraten. Der Zenit ist senkrecht über uns, das Medium Coeli dagegen je nach der Zeit und der geographischen Breite des Ortes mehr oder weniger weit von ihm entfernt. Nur in den Tropen kann die Sonne im Zenit stehen. – Der Punkt der unteren Kulmination im Norden, unser Pol der »Nachtwelt«, heißt »*Imum Coeli*« (IC) oder »untere Himmelsmitte«. Dort steht die Sonne um Mitternacht. Im äqualen Häusersystem, das wir später noch besprechen werden, sind ferner der höchste und der tiefste Punkt der Ekliptik zu beachten, die im rechten Winkel zur Horizontebene stehen und »Himmelshöhe« bzw. »Himmelstiefe« genannt werden. Ihre Bedeutung ist ähnlich der von MC und IC. Wir werden auf sie bei den Häusern näher eingehen.

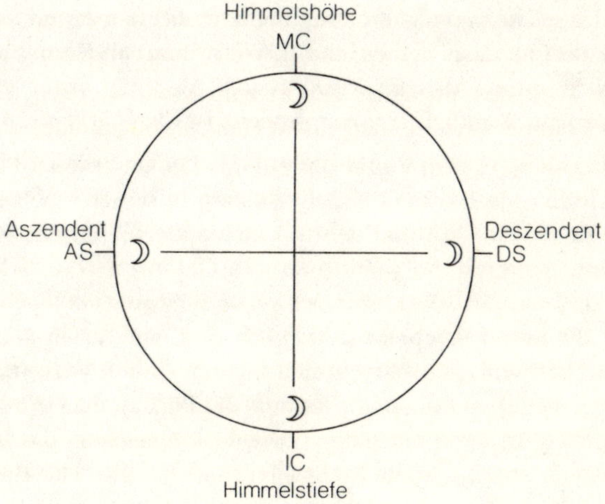

Abb. 10 Der Mond an den vier Hauptpunkten des Horoskops

Stellen wir uns nun also wieder die Frage:

Was bedeutet jeweils der Stand des Mondes an einer der vier »Ecken« des Horoskops; also an Aszendent, Deszendent, Imum Coeli und Medium Coeli? (Abb. 10)

Nach allem voran Besprochenen sollten wir die Antwort schon selbständig finden können. Es hat ja nur das Wert, was wir aus eigener Schau erkennen; bloß eingelernte Regeln (die berühmten »Kochrezepte«) helfen in der Astrologie gar nichts. Ich will aber diesmal noch einige Fingerzeige geben:

Ein Mensch, bei dem der Mond am Aszendenten, also beim »Ich«, steht, wird schon äußerlich, physiognomisch, viel vom lunaren Wesen erkennen lassen. Er hat die weichen, ungerichteten Bewegungen, die wie zufällig wirken, und das wenig geformte, aber sehr ausdrucksfähige Gesicht, in dem sich innere Stimmungen und äußerlich empfangene Eindrücke gleich lebendig widerspiegeln. Dem entspricht auch seine innere Haltung, die sehr von Gefühlsregungen bestimmt ist und leicht ins Träumerische geht. Sein Schicksal ist es, daß er sich immerfort wandeln und entwickeln muß. Das kann er selbst als Schwäche empfinden und sich statt dessen mit allen Kräften bemühen, doch Halt und Festigkeit zu gewinnen, was ihm aber dann nicht so ganz überzeugend gelingt. So versuchte Nietzsche, die Anfälligkeit und Sensibilität seines Aszendent-Mondes durch ein ganz auf das Solare zielendes Ethos zu übertönen. Besser ist es aber, wenn man die Möglichkeiten dieses starken Mondstandes selbst zu realisieren sucht. So tut es etwa der Künstler, der aus ursprünglicher Phantasie heraus schafft. Wir nennen als Beispiele Lewis Carroll, den Dichter der »Alice im Wunderland«, Marcel Proust oder O. J. Bierbaum. Natürliche Echtheit des Empfindens ist die Stärke dieses Typus.

Am Deszendenten, dem Punkt der auf das Du gerichteten Projektionen, färbt der Mond jede Partnerschaftsbeziehung in seiner weich-gefühlvollen Weise. Man will keine konflikthaften Auseinandersetzungen, sondern inniges Zusammengehören. So wählt man sich Gefährten, die vielleicht etwas schwächer sind als man selbst, aber sich gerne ein wenig umhegen und umsorgen lassen, die auch hingebend anhänglich sind. Sie dürfen dafür ruhig ein wenig launenhaft sein; ja man freut sich sogar, an ihnen Verwandlungen und Entwicklungen erleben zu können. Kommt der Partner dem Wunsch nach Intimität entgegen, so kann ein sanftes Eheglück entstehen, das mitunter fast schon ein wenig kitschig wirkt. Steht allerdings das eheliche Barometer auf »vorwiegend bewölkt« oder »Depressionen«, so wird man auch das sehr stark empfinden. Über die Bindung an den einzelnen Partner hinaus sucht man sich auch in die Seelen vieler verschiedener Menschen einzufühlen. Man hat gerne ein wenig Popularität und gewinnt sie auch, weil man sich instinktiv auf fremde Gemütsbedürfnisse, besonders auf die der einfachen Leute, einzustellen weiß. So mögen wir diesen Stand des Mondes etwa in den Horoskopen Hindenburgs oder des Königs Georg V. von England deuten. Man sehnt sich hier danach, für jede nur mögliche Stimmung seines eigenen Inneren das Echo einer mitfühlenden Menschenseele zu finden.

Jeder Punkt des Horoskops läßt sich ja in doppelter Weise betrachten: Man empfängt dort etwas und gibt auch etwas von sich aus her. Beim Deszendenten ist das gerade besonders deutlich. So bedeutet der Mond hier, daß man dem Partner mit eigener seelischer Offenheit entgegentritt, aber auch gleiche Offenheit von ihm erwartet; daß man sich ihm gegenüber launenhaft gibt, aber auch seine Launen zu verstehen bereit ist. Ebenso gilt vom Aszendenten, daß man dort Kräfte aus seinem Ich empfängt und sie zugleich wieder nach außen wirken läßt. Es wird auch gesagt, der Aszendent sei das Fenster, durch das wir in die Welt schauten, durch das die Welt aber auch uns zu sehen bekomme. Im Imum Coeli oder der Himmelstiefe steigt man ebenso nach unten, wie man von unten herkommt. In der Himmelshöhe erhält man Aufträge und Verpflichtungen, man führt aber auch aus, was einem durch sie gesetzt ist. Dieser doppelte Sinn ist bei der Deutung stets zu beachten.

So sehen wir es auch bei dem Menschen, dessen Mond am Imum Coeli oder in der Himmelstiefe steht. Für ihn ist der Zugang zur unbewußten Seelenwelt seines Inneren offen, aber auch er selbst kann sich nicht dem verschließen, was von dort aus zu ihm heraufströmt. Wenn er auch mit anderen Seiten seines Wesens aktiv der Außenwelt zugewendet ist, bleibt in ihm doch ständig ein Gefühl, als höre er den Grundwasserstrom in der Tiefe rauschen. Er wird nie die Verbindung mit der Kinder- und Märchenwelt ganz verlieren. Früheste Lebensschicksale, Einflüsse der häuslichen Umwelt und Kräfte des familiären Erbes formen ihn mehr als alles Andere. Es bleibt, wie man fast sagen kann, immer noch etwas Ungeborenes in ihm. Die »große Mutter«, die Natur, läßt ihn nicht ganz von sich fort. Es wundert uns nicht, diesen Stand des Mondes gerade bei C. G. Jung zu finden; aber auch viele andere historische Persönlichkeiten hatten ihn. Genannt seien nur Leonardo da Vinci, Torquato Tasso, Kopernikus, Goethe, Mozart, Knut Hamsun, Hans Pfitzner, Franz Marc, Hermann Hesse, der Komponist Paul Graener, der Schriftsteller Jack London, der »Geisterseher« Emanuel Swedenborg, Oswald Spengler und die Theosophin Annie Besant. Es scheint, als entspräche dieser Stand in der Himmelstiefe dem Wesen des Mondes eigentlich am meisten.

In der Himmelshöhe oder am Medium Coeli bestimmt der Mond die geistige Haltung des Menschen. Man lebt nicht mit zielklarer Bewußtheit seiner Mission, sondern träumt von ihr in unbestimmten Gefühlsvalenzen. Darum fällt es schwer, eine konsequente Linie der Lebensplanung durchzuhalten. Man schwankt zwischen Berufungen, die einen dahin und dorthin führen. Auch auf Standpunkte, Prinzipien und Weltanschauungen legt man sich nicht gerne fest. Gerade dadurch, daß man sie wechselt, vollzieht sich die geistige Entwicklung. Oberflächlich gelebt, kann das bedeuten, daß man sein Mäntelchen immer nach dem Wind hängt. Als reife Haltung heißt es, daß man für das natürliche Daseinsrecht des Lebendigen anstelle kalter Abstraktionen eintritt.

Die Berufswahl wird oft zu einem schwierigen Problem, weil sie mehr nach Stimmung und Gemüt als nach sachlichen Erwägungen geschieht. Man ist immer auf dem Wege, aber man hat kein Ziel.

Wir finden Beispiele für diesen letzten Stand des Mondes in den Horoskopen der Dichter Dante, Heinrich v. Kleist, Friedrich Schnack und Bert Brecht, der Komponisten Franz Schubert, Richard Wagner, Max Reger und Nikolaj Rimskij-Korsakow, des Malers Sir Joshua Reynolds, des Kurfürsten August I. von Sachsen sowie der Politiker Benjamin Disraeli, Léon Gambetta, Georges Clemenceau, Woodrow Wilson, Aristide Briand und Wladimir Iljitsch Lenin.

DIE ASPEKTE

Dadurch, daß uns nun schon zwei planetare Symbole, nämlich Sonne und Mond, bekannt sind, ergeben sich neue Möglichkeiten und Probleme. Wir haben besonders markante Stellungen der Sonne und des Mondes besprochen. Nun finden sich aber beide Gestirne zugleich in jedem Horoskop, und sie können sich dort an jedem beliebigen Ort aufhalten. Es kann also sein, daß wir ganz widerspruchsvolle Aussagen erhalten, wenn wir sie zusammen betrachten. Derselbe Mensch muß vielleicht nach dem Stand seiner Sonne als wirklichkeitszugewandt und aktiv gelten, während sein Mond auf eine ganz innerliche, verträumte Natur schließen läßt. Wie ist das zu vereinigen?

Man weiß allerdings, daß es solche Widersprüche nicht nur in unserer Phantasie oder im Horoskop gibt, sondern daß sie sich wirklich bei vielen Menschen vorfinden. Das macht es ja so schwierig, einen Menschen charakterologisch eindeutig zu bezeichnen. Kaum hat man ihn mit Mühe einem »Typ« zugeordnet, so zeigen sich schon wieder andere Eigenschaften bei ihm, die zu diesem Bild gar nicht passen wollen. Geht man allen Einzelheiten nach, so wird die Aussage wieder dermaßen kompliziert, daß man jede Übersicht verliert. Es ist noch mit keinem psychologischen Verfahren möglich, jeden kleinsten Charakterzug eines Individuums in seiner besonderen Eigentümlichkeit zu schildern und doch zugleich sicher anzugeben, wie er als sinnvoller Bestandteil in die Ganzheit dieses Menschenwesens einbezogen sei. Gerade das aber will die Astrologie erreichen.

Ihr Gegenstand ist also nicht nur das Typische und Auffallende, sondern der ganze Mensch in seinem Widerspruch. Der Typus ist immer uninteressant. Im Widerspruch liegt die Problematik unseres Daseins. Wer ein klarer Typus wäre, könnte genau nach einem bestimmten vorgezeichneten Schema leben, ohne daß er je in Konflikte käme. Wer Widersprüche in sich trägt, muß sie auf eine Weise lösen, die es in dieser Besonderheit nur einmal, für ihn nämlich, gibt. Dazu muß er sie aber zuerst, soweit das möglich ist, erkennen. Das Horoskop will ein Mittel zu solcher Selbsterkenntnis sein.

Darum beschäftigt sich die Astrologie ganz besonders mit der Frage, wie die einzelnen unter sich verschiedenen Charaktereigenschaften des Menschen innerhalb des Ganzen zueinander stehen. Das heißt, im kosmischen

Bild betrachtet, wie die Planeten zueinander stehen. Man gibt nicht nur jedem seine Bedeutung für sich, sondern faßt auch die Verhältnisse zwischen ihnen noch einmal als besondere Wirklichkeiten auf. Das ist der Inhalt unserer Lehre von den *Aspekten.*

Aspekte sind Winkel, die sich zwischen den Planeten ergeben, wenn wir sie von unserem Standort aus betrachten. An jedem Schenkel des Winkels steht also ein Planet; im Scheitel stehen wir selber. Das Grundschema, wie wir es bisher verwendeten, spielt dabei keine Rolle. Der Winkel wird einfach für sich charakterisiert, wo er sich auch bilden mag.

Wir wollen nun versuchen, eine solche Betrachtung von Winkeln als Kräfteverhältnissen auch in unserer eigenen Phantasie zu vollziehen. Dazu stellen wir uns die folgende Frage:

> Was bedeutet es, wenn zwei beliebige Planeten einander genau gegenüberstehen, im Unterschied zu einer Konstellation, in der sie zusammen einen rechten Winkel (90°) bilden? (Abb. 11)

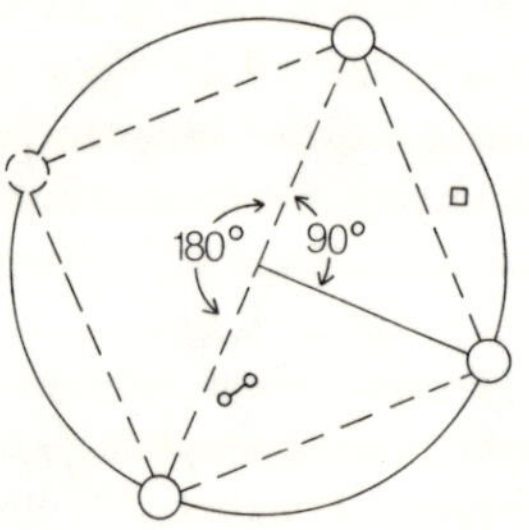

Abb. 11 Quadrat und Opposition

Es kommt uns also nicht darauf an, welche zwei Planeten das gerade sind und an welchen Orten des Horoskopschemas sie stehen. Nur die Winkel selbst interessieren uns.

Der Einfachheit halber seien gleich die astrologischen Fachausdrücke für die Winkel eingeführt. Der Gegenüberstand heißt *Opposition* und ist damit schon recht anschaulich benannt. Vom rechten Winkel spricht man als von einem *Quadrat*, weil hier die Planeten wie an zwei Eckpunkten eines dem Kreis einbeschriebenen Quadrates stehen. Man gebraucht auch die Abkürzungszeichen »☍« für die Opposition und »□« für das Quadrat. Der Stand zweier Planeten am gleichen Ort, also der Winkel von 0°, wird als *Konjunktion* ☌ bezeichnet.

Was ist nun also der Unterschied von Opposition und Quadrat? – Beide werden in der Astrologie als »disharmonische« Aspekte bezeichnet, und wir verstehen gut, daß man bei ihnen an eine Spannung oder an einen Kampf zwischen den beteiligten Kräften denken kann. Doch sind sie unter sich auch sehr verschieden. Betrachten wir darum zunächst die Opposition!

Hier sieht jeder der beiden Partner ständig den anderen sich gegenüber. Beide sind denkbar weit voneinander entfernt, stehen aber doch in einer fortwährenden Auseinandersetzung. Sie fixieren sich Auge in Auge, wie zwei Gegner im Turnier oder im Duell. Jeder ist bereit, auf die Aktion des anderen sofort mit einer Gegenaktion zu antworten. Dadurch entsteht ein starkes Spannungsfeld zwischen ihnen. Jeder sucht seine eigenen Kräfte aufs äußerste zu steigern, um dem beharrlichen Widerspruch des Gegenüber gewachsen zu sein. Der Mensch inmitten dieser Polarität fühlt deutlich die zwei Seelen – ach! – in seiner Brust. Er kann ihren Streit nicht schlichten. Die Spannung bleibt immer gegenwärtig. Es wäre auch ganz falsch, wenn er etwa versuchen wollte, für einen der beiden Kämpfenden Partei zu ergreifen. Der andere würde in der Unterdrückung (psychologisch sagt man: in der Verdrängung) nur um so heimtückischere Waffen schmieden und den vermeintlichen Sieger damit in Angst und Schrecken halten. Viel richtiger ist es, wenn man an das Bild der entgegengesetzt geladenen Pole einer elektrischen Stromquelle denkt. Man kann die Spannung zwischen ihnen benutzen, um Kraft zu gewinnen, wenn man sie nur in die richtigen Bahnen leitet. So zeigt sich die Opposition sehr oft als ein schöpferischer Konflikt, aus dem große Leistungen hervorgehen können.

Ein ganz anderes Bild gibt das Quadrat. Hier sind die Gegner nicht, wie in der Opposition, zu einem ritterlichen Kampf angetreten. Sie blicken einander nicht ins Auge, sondern liegen im Hinterhalt bereit, um plötzlich hervorzubrechen und dem Gegner, der ihnen etwa in die Quere kommen sollte, den Weg zu vertreten. So kann es geschehen, daß beide Angst voreinander bekommen und sich gar nicht mehr aus ihren Behausungen hervorwagen. Das Quadrat wird als ein »Hemmungs«-Aspekt bezeichnet, weil es immer die freie, dynamische Entfaltung innerhalb der Persönlichkeit stört. Das Einander-Durchkreuzen beider Kräfte kann dazu führen, daß Verklemmungen und Verkrampfungen entstehen, oder schließlich das, was man in der Psychologie einen »Komplex« nennt. Um im Bildlichen zu bleiben: Es ist so, als wären zwei Boxer, anstatt auf die richtige Distanz ihre Schläge auszutauschen, in den »Clinch« geraten. Sie müßten erst wieder getrennt werden, was aber gar nicht so leicht ist, wenn der Kampf sich im Horoskop abspielt.

Man kann sich auch vorstellen, daß der Mensch in das »Kreuzfeuer« zweier im Quadrat zueinander stehender Planeten gerät. Wohin er sich auch wendet, tritt ihm einer entgegen, oder einer verfolgt ihn. Und sucht er einen Weg zwischen beiden hindurch, so nehmen sie ihn in die Zange. Der Quadrataspekt kann im Menschen leicht das Gefühl einer völligen Ausweglosigkeit wecken.

Und es gibt auch eigentlich, wenn man ihm entrinnen möchte, nur den einzigen Weg: sich einer höheren, freieren Dimension zuzuwenden. Man löst den Konflikt, indem man sich über ihn erhebt. Quadrate verlangen immer eine Bewußtmachung. Der Mensch muß über die Begrenztheit in sich selbst hinauswachsen, wenn er ihnen nicht erliegen will. Damit können sie auch zum wertvollen Ansporn werden, gerade in der Richtung zum Geistigen hin. Das Horoskop, in dem sie ganz fehlten, wäre wie eine Speise ohne Salz.

So stellen sich die beiden Aspekte dar, wenn man sie für sich allein betrachtet. Unsere nächste Aufgabe ist es wieder, das Allgemeine auf den besonderen Fall anzuwenden. Wir fragen also:

> Wie ist es zu deuten, wenn Sonne und Mond zueinander in der Opposition (180°) oder im Quadrat (90°) stehen?

Diese Frage soll nun aber jeder Leser aus eigener Überlegung beantworten. Ich zeige nur noch, in welcher Weise man dabei vorgehen kann.

Das Deuten einer bestimmten Konstellation oder eines ganzen Horoskops geschieht in drei Stufen, die jeweils ihre eigenen Probleme haben. Erst muß man das Bild, so wie es sich am Himmel bietet, möglichst klar vor sich sehen. Dann muß man es aus dem gewissermaßen mythologischen Bereich in den menschlichen hereinholen und in sich selbst nachzuerleben versuchen, wie einem Menschen wohl zumute wäre, der in einem solchen Widerspiel der Kräfte stünde. Und schließlich muß man das so Gesehene in möglichst klare Begriffe übertragen, um das Ergebnis auch dem zu berichten, der das Bild selbst nicht verstehen könnte.

Die dritte Stufe ist, wie sich zeigen wird, die schwierigste. Denn auch was als inneres Bild ganz deutlich vor einem steht, läßt sich nicht ohne weiteres in abstrakten Begriffen ausdrücken. Bei unserer jetzigen Aufgabe können wir uns dadurch helfen, daß wir uns zur Übung eine möglichst lange Liste von Begriffspaaren aufstellen, die zusammen dann ungefähr den Unterschied wiedergeben, der zwischen Sonne und Mond besteht.

Das mag etwa so anfangen:

SONNE:	MOND:
Geist	Seele
Einheit	Mannigfaltigkeit
Väterlichkeit	Mütterlichkeit
Erwachsensein	Kindsein
Freiheit	Abhängigkeit
Stolz	Demut
Klarheit	Innigkeit
Erfüllung	Sehnsucht
Individualität	Entwicklung
Aktivität	Passivität

In ähnlicher Weise mag die Liste noch lange fortgesetzt werden. Je mehr Begriffe wir finden, um so leichter wird uns später die Deutung.

Vor dem Begriff aber steht das Bild. Wir müssen erst alles deutlich sehen können, ehe wir uns daranmachen, es in Begriffe zu übersetzen. Und noch eines ist wichtig: Ein Aspekt wird immer von zwei Planeten gebildet. Man muß ihn von jedem der beiden aus deuten, um ihn ganz zu verstehen. Es genügt also nicht, wenn man nur fragt: »Wie wirkt das Quadrat des Mondes auf die Sonne?«, sondern man muß danach ebenso gründlich untersuchen, wie sich das Quadrat der Sonne beim Mond spürbar macht.

Damit ist eine Aufgabe gestellt, mit der wir uns lange beschäftigen könnten. Wollte man alle Erlebnismöglichkeiten darstellen, die sich aus Oppositionen und Quadraten zwischen Sonne und Mond ergeben, so müßte man allein darüber ein umfangreiches Werk schreiben. Das Begriffspaar »Kindsein« – »Erwachsensein« etwa kann uns darin erinnern, daß es hier sicher Entwicklungskrisen geben wird – vor allem während der Pubertät, aber auch während des ganzen übrigen Lebens –. Es ist sehr interessant, darüber nachzudenken, wie sich diese Krisen unterscheiden müssen, je nachdem, ob sie von der Opposition oder vom Quadrat herrühren.

Bei Sonne und Mond haben wir noch darin eine Anschauungshilfe, daß ihre Aspekte uns ohnehin schon gut bekannt sind. Es sind ja die *Phasen des Mondes*. Sagten wir von der Opposition, daß sie eine Steigerung bedeute, so wird uns das durch den *Vollmond* gut illustriert. Wer aber diesen Stand irrtümlich als ein Entweder-Oder auffaßt, in dem er sich entscheiden müsse, wird immer dazu neigen, das Lunare in sich zu unterdrücken, also den astronomischen Sonderfall der Opposition, die Mondfinsternis, zu leben versuchen. Das geht aber nicht lange gut, sowenig wie eine Mondfinsternis lange dauern kann.

Die *Neumond*stellung, also die Konjunktion von Sonne und Mond, läßt das Unbewußte (den Mond) meist ganz in der Hingabe an das zentrale Ich (die Sonne) aufgehen. Mitunter kann es aber auch dieses selbst überdecken, wie das der Bedeckung der Sonne bei einer Sonnenfinsternis entspräche (Abb. 12).

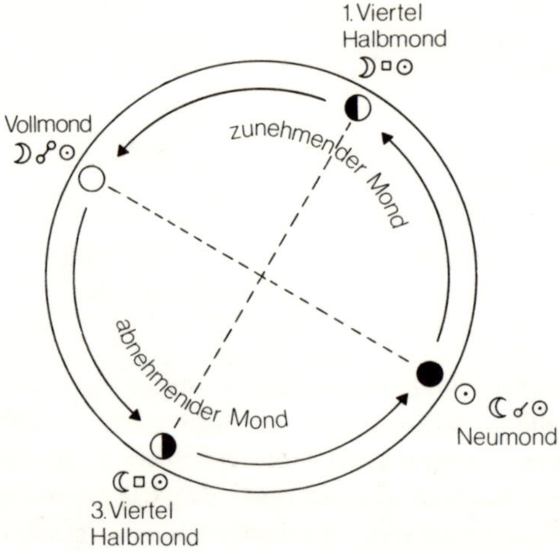

Abb. 12 Der Umlauf des Mondes und die Mondphasen

Auch für den Unterschied des Quadrats gegenüber Opposition und Konjunktion haben wir ein anschauliches Bild. Auf der Erde hängen ja die Meeresgezeiten vom Stand des Mondes ab. Zugleich kann aber auch die Sonne sie verstärken oder abschwächen. Bei Konjunktion und Opposition (Neumond und Vollmond) vereinigen sich die Flutwellen, und es entsteht die »Hochflut« oder »Springflut«. Bei der Quadratstellung (1. und 3. Viertel) schwächen sie sich gegenseitig, und es kommt nur die »Nippflut« zustande. Ähnlich deuten wir ja auch im Horoskop das Quadrat als hemmend, während wir Konjunktion und Opposition, jede in ihrer Weise, als Kraftquellen betrachten können.

Neben Quadrat und Opposition als den »unharmonischen« Aspekten gibt es aber – gottlob! – auch noch andere, die »harmonisch« genannt werden (Abb. 13). Zu ihnen gehört vor allem das *Trigon* (△), der Winkel von 120°. Hier stehen die Planeten an den Eckpunkten eines gleichseitigen Dreiecks, und dieses gilt ebenso als Symbol des Harmonischen, Ausgewogenen, wie das Quadrat oder Kreuz als das des Belastenden, Hemmenden. Bei einem Trigon des Mondes zur Sonne erwarten wir also einen ursprünglich gegebenen Einklang dieser beiden Sphären im Menschen. Krisen und Spannungen werden aus ihrem Bereich nicht entstehen. Es kann sogar, wenn in einem Horoskop die Trigone allzusehr überwiegen, zu einer gewissen Bequemlichkeit und damit zur inneren Stagnation kommen.

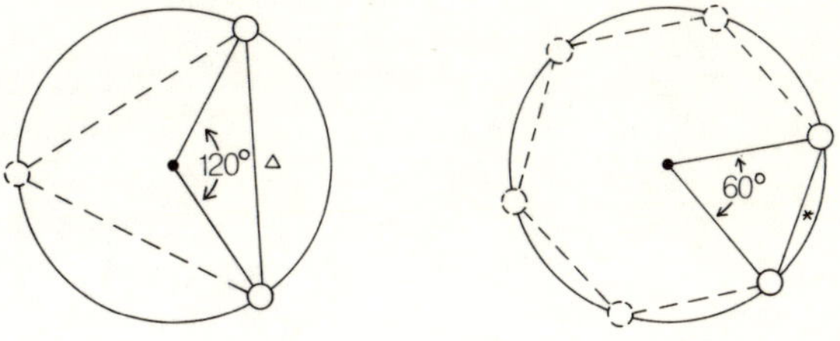

Abb. 13 Trigon und Sextil

Dem Trigon ähnlich, aber ein wenig schwächer als dieses, ist nach astrologischer Anschauung das *Sextil* (⚹), also der Winkel von 60°. Bei ihm handelt es sich nicht mehr so sehr um den dauernden, unbedingten Einklang, sondern eher um die Freundschaft zweier Kräfte, die einander von Fall zu Fall unterstützen. Aber auch dieser Aspekt ist harmonisch.

Die *Konjunktion* (☌) wird weder als harmonisch noch als disharmonisch bezeichnet, sondern kann jedesmal nur gesondert betrachtet werden. In ihr konzentrieren sich die Kräfte, und dadurch kann eine starke Wirkung entstehen. Aber die Nähe macht auch, daß eines durch das andere beeinflußt wird und etwas von dessen Natur annehmen muß. Das kann, bei sehr verschiedenen Substanzen, hochexplosive Mischungen geben. Ballungen vieler Planeten auf sehr engem Raum lassen sich auch mit einer übervölkerten Wohnung vergleichen, in der dauernd kleinere oder größere Reibereien vorkommen. Meist liegen in einer Konjunktion Anziehung und Abstoßung zugleich als Möglichkeiten gegeben. Es entscheidet sich im einzelnen Fall, was man daraus machen kann.

Wir kennen nur die fünf wichtigsten Aspekte und wollen sie noch einmal in einer einfache Tabelle zusammenstellen:

Zeichen	Name	Winkel	Ungefähre Bedeutung
☌	Konjunktion	0°	»Koppelung« (verschieden)
☍	Opposition	180°	»Spannung« (disharmonisch)
□	Quadrat	90°	»Hemmung« (disharmonisch)
△	Trigon	120°	»Einklang« (harmonisch)
⚹	Sextil	60°	»Unterstützung« (harmonisch)

Außer diesen Aspekten gibt es noch einige sogenannte »kleine«, die meist durch Halbierung oder Addition der »großen« entstehen. Wir wollen sie aber erst später besprechen, um hier das Bild nicht unnötig kompliziert zu machen. Ihre Bedeutung innerhalb des Horoskops ist gering.

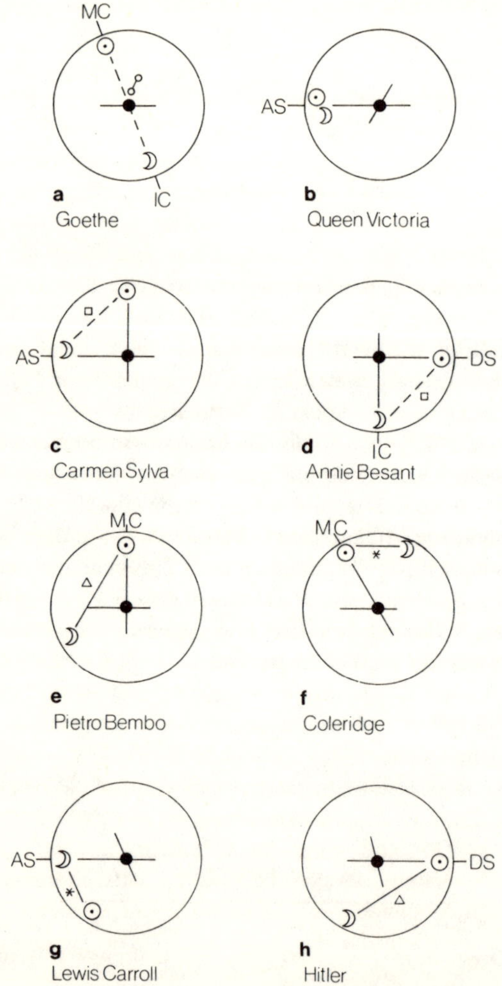

Abb. 14 Konstellationsbeispiele

Nun sollen jedoch, damit wir alles bisher Gelernte zusammen anwenden können, noch einige Beispiele von Aspekten zwischen Sonne und Mond in Verbindung mit den Hauptpunkten des Horoskops gegeben werden. Außer MC und IC sollte man übrigens auch den höchsten und den tiefsten Punkt der Ekliptik beachten (Himmelshöhe und Himmelstiefe im äqualen Sinne), die jeweils rechtwinklig zur Horizontebene (AS-DS) stehen und etwa dieselbe Bedeutung haben wie MC und IC. Alle Konstellationsbeispiele sind den Horoskopen geschichtlicher Persönlichkeiten entnommen.

a Die Sonne kulminiert in Opposition zum Mond, der am IC steht (J. W. v. Goethe).

b Sonne und Mond stehen in Konjunktion am AS (Queen Victoria).

c Die kulminierende Sonne steht im Quadrat zum Mond am AS (Carmen Sylva, die Königin und Romanschriftstellerin).

d Die Sonne am DS wird von einem Quadrat des Mondes am IC getroffen (die Theosophin Annie Besant).

e Die kulminierende Sonne erhält ein Trigon des Mondes aus dem Raum zwischen AS und IC (Kardinal Pietro Bembo, Humanist und Dichter).

f Die Sonne steht am MC mit einem Mond-Sextil aus dem oberen westlichen Quadranten (S. T. Coleridge, der englische Dichter und Philosoph).

g Der Mond am AS hat ein Sextil der Sonne (Lewis Carroll, der Dichter von »Alice's Adventures in Wonderland«).

h Sonne am DS mit einem Trigon des Mondes, der in einiger Entfernung vom Imum Coeli steht (Adolf Hitler).

Natürlich ist hier nirgends das ganze Horoskop gegeben, sondern immer nur ein kleiner Ausschnitt, der aber da oder dort charakteristisch erscheinen mag. Es zeigt sich dabei auch, daß harmonische Aspekte, für sich allein betrachtet, weit seltener entscheidende Wesenszüge erkennen lassen als etwa Quadrate oder Oppositionen. Gerade die schwierigen Anlagen, die einem Menschen mitgegeben sind, führen ihn auf den Weg der Selbstverwirklichung, auf dem er entweder scheitern oder aber sein Bedeutendstes leisten wird.

MERKUR ☿

Bis hierher sind wir gekommen, indem wir nur die wohlbekannten Dinge näher in Augenschein nahmen: Himmel und Erde, Sonne und Mond. Nun aber müssen wir zu den anderen Planeten weitergehen. Von ihnen weiß der normale gebildete Mensch unserer Tage entweder gar nichts oder doch nichts, was wir hier brauchen könnten. Man schaut ja höchstens noch gelegentlich und flüchtig zum Himmel empor, ohne daß man dabei mehr als eine flache ästhetische Bewunderung empfände. Darum bleibt uns das eigentümliche Wesen der Planeten fremd. Um es kennenzulernen, müßte man nämlich lange Zeit hindurch Nacht für Nacht seine Beobachtungen anstellen.

Dann allerdings könnte man erkennen, daß jeder Planet sich durch sein Licht und durch die Art seiner Bewegungen am Himmel als eine besondere Individualität erweist und von allen anderen deutlich unterschieden ist. Daran denken wir für gewöhnlich nicht, wenn wir uns, dem Kopernikus zuliebe, nur ein monotones Kreisen um die Sonne vorstellen. Wir vergessen, wie lebendig und dramatisch sich das Schauspiel von unserem eigenen Standort aus darbietet. Davon wird aber nun einiges zu erzählen sein, wenn wir die Deutung verstehen wollen, die man den einzelnen Planeten gibt.

Diese Deutung geht mit strenger Konsequenz nur von den Erscheinungen aus, die wir am Himmel sehen. Sie betrachtet Färbung und Lichtstärke eines jeden Planeten, vor allem aber seine Bewegungseigentümlichkeiten, die stets auch in ihrer proportionalen Beziehung zu anderen Planetenbewegungen gesehen werden. Diese Deutungselemente genügen der Astrologie. Aus ihnen sucht sie eine Wesensformel (besser: ein Wesensbild) für jeden Planeten abzuleiten, um seine makrokosmische Erscheinung als Symbol für den Mikrokosmos, den Menschen, verstehen zu können. Die Natursymbolik der irdischen Dinge bleibt außer Betracht.

Das erscheint vielleicht zunächst als eine merkwürdige Beschränkung, ist aber doch wohl gerechtfertigt. Die Astrologie will ja gerade eine Symbolik des Ewigen und Unveränderlichen im Menschen geben, der geistig begründeten Sinngesetze in seinem Wesen und Schicksal. Darum können hier, wie schon in der Einleitung gesagt wurde, alle die Erscheinungen nicht herangezogen werden, die dem Wechsel und der Veränderung unterworfen sind. Von allem, was wir in der Welt wahrnehmen, sind nur die Sterne in ihrem Bild und ihrem Lauf immer gleich, seitdem es Menschen gibt, die sie beobachten können. Sie sind daher die deutlichsten Repräsentanten einer höheren Ordnung, die nicht durch menschliches Wollen oder Tun zu beeinflussen ist. Eine Lehre, die sich mit dem jeweils aktuellen Erleben beschäftigen wollte, müßte allerdings von anderen Natursymbolen ausgehen. Für die Astrologie dagegen gilt nur das unbedingt Dauernde im Makrokosmos, und das sind eben die Sterne.

Hier beschäftigen wir uns nun zunächst mit *Merkur*, dem sonnennächsten Planeten. Er ist dies auch im Sinne unserer Betrachtung. Wir sehen ihn nur selten, wenn er sich etwas weiter von der Sonne wegbegibt, ganz schwach am Aufgangs- oder Untergangshorizont leuchten. Sonst ist er für gewöhnlich in den Sonnenstrahlen verschwunden. Er begleitet die Sonne treulich auf ihrem Weg, das ganze Jahr hindurch, und erreicht keinen größeren Abstand von ihr als etwa 28°. So kann er auch keine anderen Aspekte zur Sonne bilden als die Konjunktion und (angenähert) das ziemlich bedeutungslose »Halbsextil«. Seine Bewegung ist rasch, so als liefe er geschäftig hin und her. Er ist auch nur klein und leuchtet mit schwachem Licht, das in seiner bleichen Färbung an Saturn erinnert. Es sieht so aus, als habe sich die Sonne einen kleinen, dienstbaren Bruder des Saturn zur Begleitung herangeholt, oder als sei ihr der von Saturn als Aufpasser mitgegeben worden.

Diesem Bild entsprechend, betrachtet man Merkur auch seit jeher als den schnellfüßigen Götterboten, der zwischen den Planeten vermittle, besonders aber zwischen Sonne und Saturn. Den Gegensatz dieser beiden Mächte deuteten wir ja schon an. Es ist der von organischem Leben und anorganischem Sein, von dynamischer Freiheit und statischer Gesetzmäßigkeit oder von Geist und Materie. Hier hat nun Merkur die Aufgabe, die geistig-vitalen Impulse im Rahmen der Naturgesetzlichkeit zu verwirklichen, die Materie aber den Zwecken des Lebendigen nutzbar zu machen. Er eilt zwischen den einzelnen Schichten und Bereichen des Wesens hin und her als einer, der überall und nirgends zu Hause ist. Darum ist auch sein Symbolzeichen ☿ aus allen drei Bestandteilen zusammengesetzt: dem Kreuz (für das Materielle), dem Kreis (für das Geistige) und dem Halbrund (für das Seelische). In all diesen Bereichen hat er zu tun.

Im Materiellen entspricht ihm die Fähigkeit, sich äußerlich gegebenen Situationen mit möglichst geringem Kraftaufwand zweckmäßig anzupassen. Oder auch, anders gesehen, die rationale Ausnutzung der Naturkräfte und Naturgesetzlichkeiten (♄) für den Organismus (☉). Er arbeitet da, wo es fremde Stoffe in den Körper einzubeziehen gilt, wie in Atmung und Verdauung, und besonders ist ihm die rasche Vermittlung von Reizen und Signalen im Nervensystem übertragen.

Gegenüber der Sonne, die immer nur verschwenden will, ist Merkur auf Sparsamkeit bedacht. Er will nicht, daß lebendige Kraft dort eingesetzt wird, wo man auch die Natur selbst für sich arbeiten lassen könnte. So erfährt schon der primitive Mensch, daß er etwa einen Faustschlag viel wuchtiger führen kann, wenn das Gewicht und die Härte eines Steines dabei helfen. Noch besser ist es, wenn man den Faustkeil an einem Stiel befestigt; denn dann werden auch noch die Hebelgesetzte mit ausgenützt. Und am Ende einer langen Entwicklung steht die automatisch arbeitende Maschine, die man mit einer Schalterbewegung in Tätigkeit setzt.

Dabei wird die entscheidende Leistung immer mehr aus dem Wesenskern herausverlegt und der toten Materie übertragen. Das bedeutet eine Erleichterung und Vereinfachung des Lebens. Merkurs Ideal wäre es, für jede nur mögliche äußere Eventualität eine Spezialfunktion herauszuarbeiten, die ganz automatisch das jeweils Zweckmäßige bewirkte. Immer geht es ihm darum, mit möglichst kleinem Kraftverbrauch den höchsten »Nutzeffekt« zu erreichen. Dem entspricht auch, daß er an Zeit spart und alles so schnell zu erledigen sucht, wie es nur irgend geht. Jede Steigerung der Geschwindigkeit ist für ihn Gewinn. Schließlich darf auch kein Material verschwendet werden. Mit nüchterner Präzision wird alles Überflüssige vermieden.

Dadurch bindet Merkur aber gleichzeitig das organische Leben (☉) immer fester an die Materie (♄). Zuletzt »klappt« dann zwar alles vorzüglich, aber das Leben selbst ist im Gewirr der automatischen Zweck-Mechanismen zugrunde gegangen. Der Organismus hat sich überdifferenziert und überspezialisiert. Diese Gefahr ist immer nahe, wo Merkur nicht mehr im Dienst der anderen Mächte steht, sondern sich zum alleinigen Herrscher aufwirft. Unsere Zeit weiß davon zu berichten.

Ähnlich sind Nutzen und Gefahr des Merkur auch im Geistigen. Ihm entspricht das Denken, das sich auf gesetzmäßige Abläufe einstellt. Es entdeckt, daß es unter den Dingen in der Welt viele ähnliche gibt, die sich miteinander vergleichen oder gar gleichsetzen lassen, und kommt so zur Einteilung und zur Orientierung. Es entdeckt ferner, daß vieles Geschehen sich wiederholt, so daß sich Regeln aufstellen lassen und man mit einer gewissen Wahrscheinlichkeit auch das Künftige vorausberechnen kann. Schließlich dringt es, nach genauer kritischer Prüfung, zu den geltenden Gesetzen der Natur selbst vor.

Das Erkannte muß formuliert werden; ja es ist schon seinem Wesen nach selbst Formel und Begriff. Das Wort »Begriff« kommt von »greifen«, und so ist eigentlich alles merkurische Denken ein Hand-Werk im Geistigen. Seine Werkzeuge sind Worte, Begriffe, Zahlen, Formeln, Abkürzungen, Regeln, Methoden, Schemata, Registraturen, Karteien, Statistiken, Versuchsanordnungen, Apparate und Systeme. Diese Werkzeuge müssen immer sauber gehalten werden, und dazu dient die unermüdlich beobachtende Kritik. Aber es wird ihnen auch immer mehr Arbeit übertragen, bis schließlich der Geist selber sich im Arsenal seiner Hilfsmittel nicht mehr zurechtfindet.

Alle merkurische Abstraktion will ursprünglich den Nutzen des Lebendigen. Sie möchte helfen, die einzelnen Situationen genau zu analysieren, damit man mit eigener List der »Tücke des Objekts« zu begegnen vermöge. Dabei gilt es, sich von wacher Skepsis und dem Prinzip des »nil admirari« leiten zu lassen. Nicht zuletzt fordert Merkur auch die Selbstkritik.

Ebenso wie dem Geist dient er der Seele als ihr Führer zur materiellen Wirklichkeit hin. Er lehrt, durch Versuche das zweckmäßige Verhalten in vielerlei Lagen auszuprobieren und sich so die nötige Lebenstechnik zu erwerben. Die gefundenen Möglichkeiten werden als »Erfahrungen« fixiert und liegen dann bereit, um in ähnlichen Situationen jederzeit wieder automatisch hervorgeholt zu werden. So gewinnt die Seele Schutz gegen das allzu Neue, Überraschende. Aber sie gerät auch in die Gefahr der nüchternen Routine, des liebeleeren Raffinements. Zivilisation und praktische Zwecke des Ich erfordern, daß man Masken anzunehmen und sie gelegentlich zu wechseln lernt. Wenn aber berechnender Egoismus sich dessen bedient, so wird Lüge und Verstellung daraus. Auch Seelenblindheit und frivole Oberflächlichkeit entstehen, wo die »Lebenstechnik« übersteigert wird.

Vor allem aber können auch die vermeintlich gemachten Erfahrungen selbst falsch sein. Dann wird statt zweckmäßigen Verhaltens ein krankhafter Mechanismus eingeübt, den man »Neurose« nennt. Das kann besonders leicht während der frühen Kindheit geschehen, solange Merkur noch ganz im Unbewußten wirkt. Der erwachsene Mensch ist dann in einem Teufelskreis sinnloser Symptome gefangen, in dem er nur mehr marionettenartig, automatenhaft agieren kann.

Hier zeigt sich dann freilich auch die Möglichkeit, Merkur durch Merkur selbst zu überwinden. Kann man doch durch systematisches Bewußtmachen der Zusammenhänge den Teufelskreis sprengen und den Menschen zu einem gesunden Leben zurückführen. Das ist ja die Arbeit, die man »Psychoanalyse« nennt. Wie in ihr, spielt Merkur in jeder tieferen, klärenden »Aussprache« zwischen Menschen eine wichtige Rolle als Helfer und Heiler. Er, der sonst mit seinem scharfen Blick für den »Witz« einer Sache leicht boshaft-ironisch wird, kann hier mit dem befreienden Lachen die Lösung eines schweren Konfliktes bringen.

Merkur wirkt immer auf die rasche und leichte Verbindung hin. Sprache, Schrift, Druck, Nachrichtenübermittlung und Verkehr sind ihm anvertraut. Besonders gilt sein Interesse auch der Wirtschaft, dem Handel, dem Geschäfts- und Geldverkehr und der Betriebsorganisation.

Im Geistigen ist Merkur der Lehrer, der Erkanntes klar und faßlich zu übermitteln weiß. Seine Gebiete sind Methodik und Didaktik des Unterrichts, sein Ziel ist die nützliche Spezialausbildung. Durch immer wiederholtes Üben des Gleichen kommt er zur Fertigkeit und zur Beherrschung des Stoffes.

Besonders wichtig ist er auch als Träger des künstlerischen Ausdrucks. Hier vermag er das Materielle am stärksten zu beseelen oder zu vergeistigen. Dabei ist immer etwas Handwerkliches, und so ist es ganz verständlich, daß man in früheren Zeiten zwischen Künstler und Handwerker nie begrifflich unterschied. Ein künstlerisch empfindender Mensch ohne starken Merkur wäre nur ein Ästhet, aber kein Künstler. Auch die scheinbar immateriellste Kunst, die Musik, verlangt ausdauerndes Üben der Hände oder der Stimmwerkzeuge und das Vertrautsein mit streng mathematischen Gesetzmäßigkeiten. Übersteigert freilich, wird die Beherrschung der Mittel zur Ausdrucks-Spielerei, zur kalten Virtuosität.

Merkur ist von sich aus wertblind und freut sich deshalb auch am Ersatz. Dem Einmaligen, Besonderen zieht er das Genormte, Typisierte vor, mit dem es sich viel praktischer »arbeiten« läßt. Statt des Dinges läßt er den Begriff gelten, statt der konkreten Ware das Geld, statt der natürlichen Nahrung Konserven und Vitaminkonzentrate und statt der eigenen geistigen Orientierung in der Welt die leicht zu übernehmende, vorgeformte »Weltanschauung«. In der merkurischen Zivilisation ist nichts mehr echt, aber alles sehr praktisch.

Beispiele dafür brauchen wir nicht erst in Amerika zu suchen, wo freilich die Entwicklung bis nahe ans Extrem gegangen ist, sondern wir finden sie in unserer eigenen Umwelt zur Genüge. Wo Merkur herrscht, anstatt zu dienen, und wo gültige Werte fehlen, da bleibt nur ein sinnlos klappernder Mechanismus bestehen. In ihm sind wir heute gefangen.

Aber Merkur dient ebenso gerne dem Hohen wie dem Niederen. Er lehrt mit der Kunst des Gestaltens auch die Kunst des Lebens; und sogar noch die Lebensüberwindung in den Atem- und Meditationsübungen östlicher Weiser ist merkurischer Art.

Unser Zeitalter freilich leidet an einer Überfunktion alles dessen, was dem Merkur entspricht. Doch auch für uns gilt die Regel, daß man Merkur nur durch Merkur selbst bekämpfen kann. Erst wenn durch klares Denken erkannt ist, was falsch gemacht wurde, vermag man sich umzustellen und neu zu beginnen. Die Einsicht muß immer der Heilung vorausgehen.

Von Merkur, der im Griechischen *Hermes* heißt, weiß uns auch der Mythos manches Charakteristische zu erzählen. Der Hermesknabe ist so frühreif, daß er, kaum geboren, schon aus den Windeln schlüpft und naseweis auf sein erstes Abenteuer auszieht. Er stiehlt mit großer List die Rinder des Sonnengottes Apollon und verbirgt sie geschickt. Selbst als er ertappt wird, weiß er sich schlau herauszulügen. Schließlich überläßt ihm Apollon sogar einen Teil der

Herde im Tausche gegen die Kithara, ein Musikinstrument, das Hermes ebenfalls an diesem Tag erfunden hat. Es entsteht eine dauernde Freundschaft zwischen den beiden Göttern.

Hier ist im Bild schon deutlich das gegenseitige Verhältnis von Sonne und Merkur dargestellt. Merkur entwendet zwar der Sonne heimlich etwas von ihrem Reichtum, gibt ihr aber zugleich auch die Möglichkeit des Instrumentalen, durch die der Geist erst wahrhaft zum Gestalter werden kann.

Wie die Erfindung der Kithara, so wird auch manches andere nützliche Werk dem Hermes zugeschrieben. Bekannt ist, daß er als Schutzgott der Handwerker und Kaufleute ebenso wie der Redner, Gaukler, Lügner und Diebe gilt. Als Bote der Götter wird er oft mit Flügelhut und Flügelschuhen abgebildet. Er geleitet (unter dem Namen »Hermes psychopompos« oder »psychagogos«) die Seelen der Abgeschiedenen in die Unterwelt, jeweils an den Ort, an den sie ihrem Erdenleben gemäß zu kommen verdienen. So realisiert er nur ein Schicksal, das sich der Mensch im Grunde selbst bereitet hat.

Hermes ist auch der Ergründer verborgener Dinge und wird deshalb als »Hermes trismegistos« (dreimal-allerhöchster Hermes) von Zauberern und Adepten verehrt. Auch in der Magie geht es ja darum, mit kleinen Ursachen – nämlich der richtigen, geheimen Formel – Großes zu bewirken. Letzten Endes stammt noch die Technik unserer Tage aus der ins Rationale übernommenen magischen Sehnsucht der Menschen.

In der Fabel, die etwa den Löwen als das sonnenhafte Tier kennt, wird das Merkur-Prinzip durch den Fuchs, den Affen oder die Maus vertreten. Auch hier findet sich eine schöne Illustration der Sonne-Merkur-Beziehung in der Fabel vom Löwen und der Maus. Der Löwe schont das kleine, krabbelnde Wesen mit stolzer Verachtung. Er wird aber hilflos, als er in die Netze gerät, die ihn beengen und die er mit einfachem Kraftaufwand nicht mehr zerreißen kann. Da befreit ihn die Maus, indem sie Masche für Masche durchnagt.

Auch im Märchen finden wir viele Gestalten, die dem Merkur entsprechen. Wir erinnern uns etwa der Heinzelmännchen von Köln oder der Kobolde, wie Rumpelstilzchen einer ist. Gerade bei ihm ist schön zu sehen, wie der anfangs gutwillige Helfer zum bösen Dämon wird, wenn man allzuviel von ihm verlangt, und wie das Aussprechen seines Namens Gewalt über ihn gibt. (Man kann sagen, Rumpelstilzchen werde »weganalysiert.«)

Eine besonders ergötzliche Märchenfigur ist aber das tapfere Schneiderlein. Schon wie ihm bei seinen »Sieben auf einen Streich« die Zahl selber genügt, ohne daß er nach Art und Größe dieser »Sieben« fragte, ist echt merkurisch. Noch mehr die andere Szene, in der er, voller Angst auf dem Baum sitzend, nur durch das Herabwerfen kleiner Steinchen die beiden gewaltigen Riesen dazu bringt, sich gegenseitig totzuschlagen, so daß er über sie triumphiert. So werden die großen Kriege in der Welt nicht von Helden entfacht, sondern von untergeordneten Funktionären und Propagandisten.

Auch der junge Bursche, der auszieht, das Fürchten zu lernen, gehört hierher. Er ist so hellicht wach und so wundervoll respektlos, daß ihm kein Spuk etwas anhaben kann. Ja, er rationalisiert sogar noch das Gespensterwesen und dreht die Totenschädel in der Drehbank rund, damit sie beim Kegeln besser »schüppeln«. Er freilich lernt später doch noch das Gruseln, und zwar – wie könnte es anders sein! – von der Frau. Daß sie ihm gerade im Schlaf einen Eimer Wassers mit Fischen darin über den Kopf gießt, ist auch symbolisch recht bedeutungsvoll.

Die vielerlei Diebe und Schelme des Märchens, ebenso wie die Zauberformeln und -geräte (Tischlein deck dich, Siebenmeilenstiefel, Sesam öffne dich, Aladins Wunderlampe usw.) sollen uns, obwohl auch sie zum Merkur-Prinzip gehören, hier nicht mehr beschäftigen.

Dagegen müssen wir wieder einen Blick in die astrologische Praxis tun. Die Stellung des Merkur an den Hauptpunkten des Horoskops können wir inzwischen schon selbst deuten. Sie sind eigentlich nur dann besonders charakteristisch, wenn Merkur allein, etwas von der Sonne entfernt, sich an einem solchen Punkt aufhält.

Mit der Sonne kann Merkur, wie wir hörten, nur den einzigen »großen« Aspekt der Konjunktion bilden. Wird diese zu eng (bis etwa 4° Abstand), so spricht man von einem »verbrannten Merkur«. Wie bei dieser Stellung, je nachdem, Merkur oder Sonne Schaden leiden können, wird man wohl selbst herausfinden. Ich gebe nur wieder einige Stichworte:

SONNE:	MERKUR:
Verschwendung	Sparsamkeit
Begeisterung	Nüchternheit
Einmaligkeit	Routine
Ganzheit	Vereinzelung
Zentralisierung	Differenzierung
Selbständigkeit	Dienstbarkeit
Schaffen	Arbeit
Stil	Technik
Großzügigkeit	Genauigkeit
Herzlichkeit	Berechnung

Überhaupt sind Konjunktionen mit Merkur, auch für andere Planeten, ein bedenkliches Ding. Der Mythos erzählt, daß schon der kleine Hermes der Aphrodite, die ihn auf den Schoß nahm, den Gürtel gestohlen habe, dem Ares das Schwert und Vater Zeus selbst den Donnerkeil. Jeden beraubte er also seines wichtigsten Attributs, mit dem er selber gar nichts anfangen konnte, und gab ihm dafür vielleicht etwas von seiner gar nicht so sehr erwünschten Intellektualität. Ganz ähnlich, sagt man, mache er es oft auch im Horoskop.

Quadrate und Oppositionen sind dagegen, von ihm aus gesehen, gar nicht so unbedingt nachteilige Aspekte. Sie geben ihm sogar oft Anregungen, die ihn fördern, und lassen ihn auf originelle Einfälle kommen. Merkur muß ja immer irgend etwas zu »verarbeiten« haben, und wenn es auch das Disharmonischste wäre. Ob allerdings auch der andere betroffene Planet von einem solchen Merkur-Aspekt Nutzen haben werde, bleibt noch zu fragen.

Zwischen Mond und Merkur sind wieder alle Aspekte möglich, von der Konjunktion bis zur Opposition. Auch hierfür wieder einige Hinweise in Stichworten:

MOND:	MERKUR:
Seele	Intellekt
Natur	Zivilisation
Unbewußtheit	Bewußtheit
Phantasie	Nüchternheit
Eindruck	Ausdruck
Erlebnis	Begriff
Entwicklung	Übung
Instinkt	Routine
Empfänglichkeit	Kritik
Frömmigkeit	Skepsis

Und zum Schluß seien wieder einige Beispiele von Konstellationen gegeben (Abb. 15).

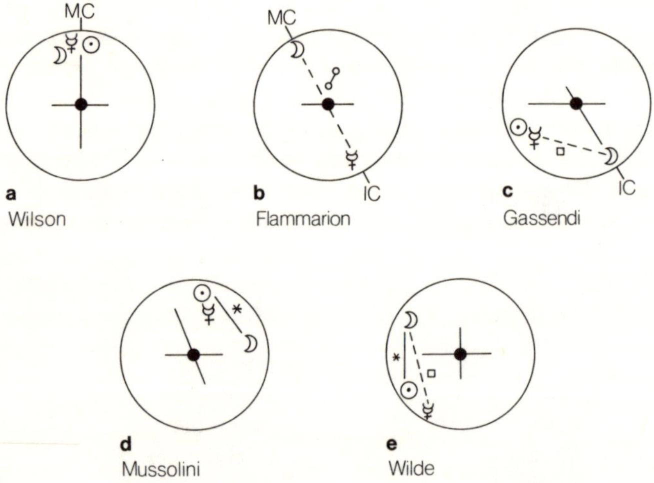

Abb. 15 Konstellationsbeispiele

a Sonne, Mond und Merkur stehen gemeinsam am MC (Präsident Woodrow Wilson).

b Mond am MC und Merkur am IC stehen in Opposition zueinander (der französische Astronom Camille Flammarion, der auch mehrere volkstümliche Bücher über die Astronomie verfaßte).

c Die Konjunktion von Sonne und Merkur nahe dem AS hat ein Quadrat auf den Mond am IC (der Mathematiker, Physiker und Philosoph Pierre Gassendi).

d Nahe der Himmelshöhe Sonne und Merkur; auf sie wirft der Mond nahe dem DS ein Sextil (Benito Mussolini).

e Der Mond empfängt ein Sextil der Sonne und zugleich ein Quadrat von Merkur (Oscar Wilde).

VENUS ♀

Venus ist uns als Planet schon wieder ein wenig besser bekannt als der unscheinbare Merkur. Fast möchte ich sogar hoffen, daß die große Mehrzahl meiner Leser nicht mehr »Morgenstern« und »Abendstern« für zwei verschiedene Sterne hält, sondern darüber Bescheid weiß, daß beides die Venus ist, die nur einmal der Sonne vorausgeht und ihr das andere Mal im Untergang nachfolgt. Auch Venus ist ja, wie Merkur, einer der »inneren« Planeten, die innerhalb der Erdbahn um die Sonne kreisen und darum auch aus unserer Sicht immer in deren Nähe bleiben müssen.

Doch bietet Venus ein ganz anderes Bild als Merkur. Ihr Licht ist nicht blaß wie seines, sondern hell und freundlich. Es wirkt menschlicher, wärmer und schöner. Sie ist auch nicht so eng wie Merkur an die Sonne gebunden, sondern entfernt sich immerhin bis auf etwa 48° von ihr. So kann sie zuweilen als Morgenstern schon früh vor der Sonne aufgehen oder als Abendstern noch lange am dunkel werdenden Himmel leuchten.

Einige Besonderheiten aber lassen sich erst bei lange anhaltender Beobachtung des Venuslaufes erkennen. Venus ist nämlich (wegen ihrer fast genau kreisförmigen Bahn) von allen Planeten der, dessen Bewegungen sich am gleichmäßigsten vollziehen. Das war schon in uralten Zeiten bei so weit voneinander entfernt lebenden Völkern wie den Babyloniern und den mittelamerikanischen Mayas bekannt. Dank dieser Kenntnis konnte man dort die Zeitmaße, vor allem die Länge des Jahres, genau ermitteln. So wurde Venus zum Gestirn des Gleichmäßigen und Wohlgeordneten.

Noch eigentümlicher empfand man aber das besondere Zahlengesetz, das Venus in ihren Bewegungen zeigt. In 8 Jahren nämlich vollbringt sie 13 volle Umläufe um die Sonne. Für uns aber kommt sie während dieser Zeit 5 mal in die gleiche Stellung zur Sonne, etwa in die »untere Konjunktion«. Hier ergeben sich also die Zahlenverhältnisse 3:5, 5:8 und 8:13, und dies sind, wie man sich vielleicht erinnern wird, jedesmal in Annäherung die Verhältnisse des »Goldenen Schnitts« – jener Proportion also, die als der Inbegriff des Harmonischen gilt und sich überall dort nachweisen läßt, wo wir die Empfindung des Schönen haben –. So ist Venus schon durch das Zeitmaß ihrer Bewegung mit dem Gesetz der Schönheit verbunden.

Zeichnet man etwa die Punkte ihrer »unteren Konjunktionen« mit der Sonne während der 8 Jahre in den Tierkreis ein, so erhält man das Bild des Fünfecks oder Pentagramms, das seit Pythagoras' Zeiten als Glückszeichen bekannt ist (bei uns unter dem Namen »Drudenfuß«).

Auch die Deutung der Venus ergibt sich aus dem, was man an ihr gesehen und erfahren hat. Sie ist eine Begleiterin der Sonne, wie Merkur. So sagt man auch von ihr, daß sie Beziehungen herstelle zwischen dem zentralen Kern der Persönlichkeit und dem, was außerhalb seiner ist. Aber sie kennt eine Voraussetzung, von der Merkur noch nichts weiß: das Gesetz der Harmonie, wonach zusammengehört, was miteinander wahlverwandt ist. Für Merkur gibt es nur Fremdheit und nüchterne Zweckbeziehungen, die möglichst rasch »erledigt« werden müssen. Venus dagegen will immer den Zustand eines schönen Gleichgewichts herstellen und ihn, solange es nur irgend geht, genießen. Sie wählt aus, was zueinander paßt, und fügt es zu einem in sich harmonisch gerundeten Ganzen, das unseren Sinnen wohlgefällt. Darum steht auch in ihrem Symbolzeichen ♀ der geschlossene Kreis über dem Kreuz der feindlich auseinanderstrebenden materiellen Kräfte.

Der äußeren Gestalt des Körpers gibt Venus die anmutigen Proportionen und weichen Rundungen. Im Inneren regelt sie das Zusammenspiel der Funktionen so, daß alles ruhig und harmonisch aufeinander abgestimmt ist. Sie prüft, was dem Körper zuträglich ist, und sondert das Fremde, Unwillkommene ab. Darum werden unter den Sinnen besonders die »Nahsinne« – Geschmack, Geruch und Tastsinn – der Venus zugeordnet, so wie ihr auch die Tätigkeit der Nieren und mancher anderen Drüsen entspricht.

Von »Geschmack« spricht man auch noch in einer anderen Bedeutung und meint dann eine Fähigkeit des Wertens nach ästhetischen Maßstäben. Im Venus-Bereich gelten ja nicht strenge, objektive Gesetze, sondern es entscheidet das eigene Empfinden für das Harmonische und »Passende«. Man urteilt nach Sympathie und Antipathie, nach »schön« und häßlich«.

Immer gilt es dabei, das rechte Maß einzuhalten, damit das Gleichgewicht des Inneren bestehen bleibt. Denn wer die Kunst des »μηδέν ἄγαν« (»nichts im Übermaß«), der »maze und staete« besitzt, der ist nicht nur mit sich selbst im Einklang, sondern auch mit der Welt. Diese ist für Venus ja nicht nur ein toter Mechanismus, sondern wird mit dem griechischen Wort »Kosmos« bezeichnet, das zugleich »Welt«, »Ordnung«, »Regel«, »Gleichmaß«, »Wohlgeordnetheit«, »Stil«, »Schmuck«, »Zierde« und »Schicklichkeit« bedeutet. Für die Griechen hatten eben alle diese Begriffe einen gemeinsamen Inhalt. Auch die chinesischen Philosophen, wie Kung-tse und Lao-tse, dachten nicht anders.

Während Merkur nur hastig und ruhelos erwirbt, vermag Venus sich des Besitzes zu freuen. Für sie hat ja jedes Ding seinen ganz persönlichen Bedeutungswert. Man empfindet nicht nur, daß es einem gehöre, sondern daß es einem zugehöre. Auch den Ort, an dem man sich aufhält, wählt man nach seinem Gefallen. Das ist noch in dem sprachgeschichtlichen Zusammenhang der Wörter »Wohnen« und »Wonne« ausgedrückt. Auch die »Gewohnheit« (ebenfalls dem Wortstamm nach mit »Venus« verwandt) ist nicht nur ein eingefahrener Mechanismus, sondern etwas, das man immer wieder gerne tut. Werden der »lieben Gewohnheiten« freilich gar zu viele, so kann man durch sie auch »verwöhnt« werden, was dann eine ungesunde Steigerung der »Wonne« bedeutet.

Im Venus-Bereich liebt man, was einem »gemäß« ist, weil es dem inneren Maß entspricht. Danach wählt man nicht nur die Dinge aus, die man in seinen Besitz aufnimmt, sondern man prüft ebenso auch die Menschen, die einem begegnen, bis man seine »Auserwählte« oder seinen »Auserwählten« findet. Man sucht im anderen die Ergänzung des eigenen Wesens und möchte mit ihm den harmonischen Zusammenklang der Gemüter erleben, bei dem auch die kleinste Einzelheit noch zu einem Erlebnis wird, das beglückt. Venus erfüllt sich im anmutigen Wechselspiel von Schenken und Empfangen, Versagen und Gewähren, Spannung und Lösung. Ganz anders als Mars, der ohne Umschweife ans Ziel kommen will, erfreut sich Venus gerade am Liebes-Spiel und sucht es durch tausend neue Abwandlungen, Verzögerungen, Umwege und Verstecke immer wieder zu verlängern. Der Reiz der Begegnung soll bis ins Feinste ausgekostet werden.

So erhebt Venus das rein triebhafte Aufeinander-Bezogensein zur »ars amandi«, zur Liebeskunst. Sie lockt durch die Schönheit und verspricht den Genuß. Dem dienen nicht zuletzt auch Künste wie Mode und Kosmetik.

Man darf Venus aber nicht so mißverstehen, als zielte sie nur auf die Koketterie, den Flirt, die verspielte Liebelei. In ihr liegt ja gerade auch der Wunsch nach Dauer, nach dem Bestehenbleiben des einmal gewonnenen Einklangs. Jede wirkliche Trennung wäre für sie Verlust. Darum ist die Ehe als freie Konvention, die zwei Menschen nach ihrer Wahl eingehen, eine viel bessere Venus-Entsprechung als die aus Schwäche und Unrast geborene »freie Liebe«.

Venus will ja auch, daß man sich an dem einmal gefundenen Glück genügen lassen solle. Wie uns die Sprache mit feiner Bedeutsamkeit lehrt, kann aus solchem Genügen schon durch eine kleine Steigerung das »Ver-gnügen« werden. Nur wo das Gleichgewicht noch nicht hergestellt ist, läßt Venus uns das zur Abrundung, zur Zufriedenheit noch Fehlende herbeiwünschen. Dieses Wünschen ist von der unbestimmten lunaren Sehnsucht deutlich unterschieden.

Zugleich mit der Lust ist allerdings auch der Schmerz, mit der Freude auch die Leidensfähigkeit gegeben. Durch die allgemeine Verfeinerung der Sinne, die Venus anstrebt, werden auch sie verfeinert. Man spürt dann selbst noch die leisesten Disharmonien geradezu körperlich schmerzhaft, und sucht sie darum zu meiden, wo es nur möglich ist.

Auf niederem Niveau kann das ein genüßlich-bequemes Dahinleben bedeuten. Aber auch alles, was als ästhetisch begründete Kultur unser Leben verschönt, stammt von daher. Nicht nur die Kunst, die Gemälde, Bauwerke und Symphonien schafft, sondern auch jene andere, die das Zusammenleben der Menschen selbst schöner macht: Geselligkeit, Sitte und Konvention.

Deren Hüterin ist ganz besonders die Frau. Sie weiß, daß zum Kontakt unter Menschen auch der Takt notwendig ist und daß es immer darauf ankommt, *wie* man die Dinge sagt und tut. Begriffe wie »Manieren«, »Comment«, »Lebensart«, »Artigkeit« oder auch »Mode« bezeichnen ja nichts als ein solches »Wie«. Sie wollen auch nicht als starre Gesetze verstanden sein, sondern als Mittel einer leichten und heiteren Lebenskunst. Gehört es doch auch zum Glück einer Liebe, daß man miteinander viele kleine zärtliche Konventionen erfindet. Ins Größere, Gesellschaftliche übertragen, liegt darin die Klugheit der Frau. Mit ihr zähmt sie das wilde Menschen- und Männerwesen (auch die Wörter »zähmen« und »sich ziemen« sind eines Stammes!) und stellt immer wieder den friedlichen Ausgleich her.

Allerdings können statt ruhiger Vereinbarungen auch faule Kompromisse geschlossen werden, wie man, anstatt etwas zu verschönern, es auch beschönigen kann, oder der ästhetische Sinn nur gar zu leicht mit oberflächlicher Eitelkeit verwechselt wird. Wo Venus nicht ihre eigentlichen Kultur-Aufgaben erfüllen darf, sinkt sie leicht zu den Niederungen des Gemeinen ab.

Auch der Mythos zeigt uns Venus-Aphrodite in doppelter Gestalt: Als »Aphrodite urania« oder »Anadyomene«, die aus dem Schaum des Meeres Geborene, gehört sie einer höheren, als »Aphrodite pandemos« der niederen Welt an – den beiden Möglichkeiten der Liebe entsprechend –. Gegenüber den jungfräulich-reinen oder mütterlichen Mondgottheiten stellt sie jene Phase des weiblichen Lebenslaufes dar, in der die Begegnung mit dem Manne geschieht. Ihr Gebiet ist nicht, wie das der Artemis, die freie Natur mit ihren primitiven Lebensformen, sondern die Kulturlandschaft, in der man Gärten anzulegen und Tiere zu zähmen weiß. Im Unterschied von der lunaren Träumerei und Schwärmerei lehrt sie bewußt und klar das Schöne auszuwählen, also »elegant« zu sein. Auch Eros, ihr männlicher Begleiter, ist doppelter Herkunft: Als »kosmischer Eros« war er schon im Anfang aller Zeiten da; als »irdischer Eros« gilt er als von Ares (Mars) und Aphrodite gezeugt. Sein Bruder, unzertrennlich von ihm, ist Anteros, die Gegenliebe.

Attribute der Venus sind der Gürtel – Symbol einer Liebe, die gerade bei aller sinnlichen Hingabe doch in einem höheren Sinne keusch ist – und der

Spiegel, der nicht nur als Spielzeug der Eitelkeit gelten darf, sondern zugleich das Sich-Spiegeln im ergänzenden Du andeutet. Von den Tieren sind ihr Tauben und Katzen geweiht.

Aphrodite wird von den drei *Chariten* begleitet, die wir mit ihrem lateinischen Namen als »Grazien« kennen, sowie von den drei *Horen*: Eunomia, Dike und Eirene – Ordnung, Recht und Friede –.

Die doppelte Erscheinung des Planeten Venus als Morgen- und Abendstern ist in den Göttern *Phosphoros* und *Hesperos* dargestellt. Die Sonne selbst symbolisiert ja die letzte, höchste Liebeserfüllung, den Rausch der Vereinigung. Phosphoros, der Morgenstern, geht ihr voraus, als das zärtliche Liebesspiel, das zur Begegnung hinleitet. Man sieht das deutlich vor sich, wenn Venus in der Konjunktion mit Mars am Morgenhimmel steht. Aus dem Dunst des Horizonts auftauchend, wirft sie eine ihrer Nebelhüllen nach der anderen ab, bis sie nackt in ihrer ganzen Schönheit vor Mars steht, der immer blasser wird und wie geblendet zurückzuweichen scheint. Zuletzt verschwinden beide in der Fülle des Sonnenlichts.

Hesperos, der Abendstern, symbolisiert jene andere Art der Liebe, die als stille, fortdauernde Harmonie dem ersten Rausch folgen soll. Darum sagte man von ihm, daß er die Neuvermählten ins Brautgemach geleite. Das Leuchten des Abendsterns nach dem Untergang der Sonne ist ein ebensolches Sinn-Bild, wie wir es, ohne noch recht daran zu denken, im Ehering besitzen. Dessen kreisrunde Form, Inbegriff des Ruhig-Vollkommenen, ist ja aus dem Sonnen-Metall, dem Gold, gearbeitet. Sie weist darauf hin, daß aus dem solaren Überschwang ein friedliches Gleichmaß des Zueinanderstimmens werden muß, wenn die Ehe ihren Sinn erfüllen soll.

In der Märchenwelt gehören die schönen Prinzessinnen zum Venus-Prinzip. Das Erwecktwerden durch den Mann ist sehr schön im »Dornröschen« dargestellt, während etwa »Aschenputtel« die Wahl der Frau als der im wörtlichsten Sinne »passenden« Gefährtin zeigt.

Ein Problem allerdings muß noch genannt werden: Der Name »Phosphoros« (der Lichtbringer = Morgenstern = Venus) lautet, wenn man ihn ins Lateinische übersetzt, – »Lucifer«! Der Höllenfürst, der oberste aller Teufel, ist also die Venus! Die Bewertung, die hierin ausgesprochen ist, kann die Astrologie freilich nicht ohne weiteres übernehmen. Sie muß zugleich mit den Gefahren immer auch die Möglichkeiten des Wertvollen, Guten und Reinen sehen, die im Menschenwesen liegen.

Uns bleibt nun wieder die praktische Aufgabe, Venus innerhalb des Horoskops zu betrachten. Was ihre Stellung an den vier »Eckpunkten« betrifft, so ist es wohl kaum nötig, daß ich hierüber noch Ausführliches sage. Unsere Übungen dürfen schon gezeigt haben, wie die »exakte Phantasie« arbeitet.

Aspekte der Venus brauchen wir nur dann zu deuten, wenn es sie gibt. Bei einer größten »*Elongation*« (Winkelentfernung von der Sonne) von 48° ist zwischen Sonne und Venus außer Konjunktion (0°) und »Halbsextil« (30°) nur noch das nicht sehr wichtige »Halbquadrat« mit 45° möglich. Weitere Aspekte können hier nicht vorkommen. Einige Stichworte mögen lauten:

SONNE:	VENUS:
Macht	Schönheit
Einzigkeit	Gesellung
Eigenwille	Rücksicht
Überschwang	Zärtlichkeit
Stil	Konvention
Übermaß	Maß
Großartigkeit	Zierlichkeit
Verschwendung	Besitzfreude
Spontaneität	Gewöhnung
Vitalität	Charme

Venus und Merkur können sich immerhin bis auf 76° voneinander entfernen und so noch das Sextil bilden.

MERKUR:	VENUS:
Zivilisation	Kultur
Nützlichkeit	Schönheit
Gewandtheit	Geschmack
Vereinfachung	Verschönerung
Erwerb	Genuß
Arbeit	Spiel
Präzision	Eleganz
Graphik	Malerei
Interesse	Sympathie
Kritik	Hingabe

Zwischen Venus und Mond sind wieder alle Aspekte möglich. Ihre Deutung ist oft sehr interessant, weil sie die beiden Seiten des Weiblichen (auch im Manne) im Einklang oder Widerspruch miteinander zeigt.

MOND:	VENUS:
Natürlichkeit	Verfeinerung
Phantasie	Anschauung

Mütterlichkeit	Eros
Unschuld	Sinnlichkeit
Intimität	Galanterie
Familiensinn	Gattenliebe
Instinkt	Takt
Wandlung	Ordnung
Sehnen	Wünschen
Gemüt	Ästhetik

Und zuletzt seien wieder einige Konstellationsbeispiele gegeben (Abb. 16).

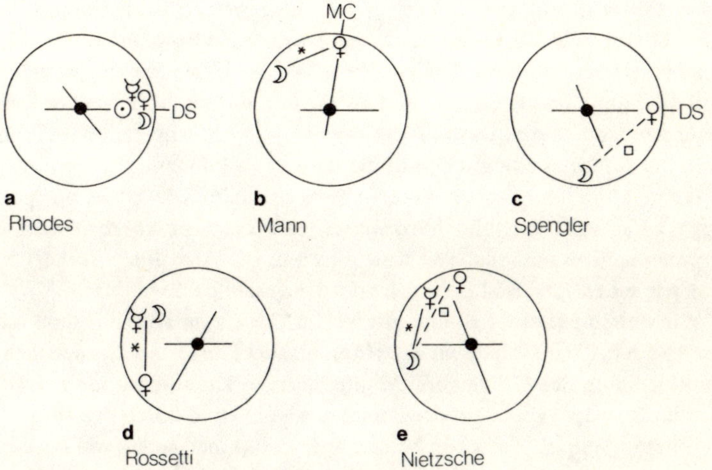

Abb. 16 Konstellationsbeispiele

a Alle uns bis jetzt bekannten Planeten –Sonne, Mond, Merkur, Venus – stehen im Raum über dem DS (Cecil Rhodes).

b Venus steht am MC und hat ein Sextil des Mondes (Thomas Mann).

c Venus am DS mit einem Quadrat des Mondes, der in der Himmelstiefe steht (Oswald Spengler).

d Mond und Merkur in Konjunktion miteinander erhalten ein Sextil von Venus (der englische Maler und Dichter Dante Gabriel Rossetti).

e Der Mond am AS hat ein Sextil zu Merkur, ein Quadrat zu Venus (Friedrich Nietzsche).

ASTRONOMISCHE GRUNDBEGRIFFE

Um die Planetenwelt zu verstehen, müssen wir leider noch einige astronomische Grundkenntnisse erwerben. Seltsamerweise wird ja bei uns, auch in den höheren Schulen, so gut wie gar nichts über die Bewegungen am Himmel gelehrt. Darum weiß für gewöhnlich selbst der Gebildete nur gerade eben, daß die Sonne im Osten auf- und im Westen untergeht. Das aber kann uns nicht genügen. Wir müssen die Bewegungen der Sterne deutlich vor uns sehen, um sie im astrologischen Sinne deuten zu können.

Dabei kann ich es mir wohl ersparen, bei jeder Einzelheit noch auf das kopernikanische Weltbild hinzuweisen und die *Scheinbarkeit* aller dieser Bewegungen zu betonen. Wir wissen ja: Für die Astrologie ist das wirklich, was wir sehen. Das soll darum jetzt kurz geschildert werden.

Wir stehen auf einer Ebene mit freiem Blick zum Horizont und schauen nach Süden. Dann sehen wir die Himmelskugel mit allen Sternen sich langsam im Sinne des Uhrzeigers um uns drehen. Ihre Achse läuft durch den Himmelsnordpol (bei dem der Polarstern steht) und durch den für uns nicht sichtbaren Südpol. Zwischen beiden aber denkt man sich – wie bei der Erdkugel – einen größten Kreis, den Äquator des Himmels. Sein Aufgangspunkt ist genau im Osten, sein Untergangspunkt genau im Westen. Wenn die Sonne genau auf dem Äquator steht – und das ist zweimal im Jahr der Fall, nämlich am 21. März und am 23. September –, dann können wir seinen Verlauf am Himmel sehen. Er wird dann durch die Tagesbahn der Sonne vom Aufgang bis zum Untergang dargestellt (Abb. 17).

An den übrigen Tagen des Jahres aber beschreibt die Sonne ganz andere Bogen am Himmel. Im Sommer rückt sie vom Äquator weg nach Norden. Damit verlagert sich ihr Aufgang immer weiter nach Nordosten, ihr Untergang nach Nordwesten. Sie beschreibt jetzt also keinen größten Kreis am Himmel mehr, sondern läuft parallel zum Äquator, wobei der größere Teil ihrer Bahn über dem Horizont liegt, der kleinere darunter. Am 21. Juni, dem Tag der Sommersonnenwende, steht sie am weitesten nördlich. Das ist der längste Tag und die kürzeste Nacht. Die Bahn, die sie an diesem Tage beschreibt, hat auch einen besonderen Namen. Sie wird der »nördliche Wendekreis« oder »Wendekreis des Krebses« genannt, denn von ihr wendet sich die

Sonne dann wieder nach Süden. Wenn sie am Herbstanfang den Äquator erreicht hat, sind Tag und Nacht gleich. Von da an verläuft ihre tägliche Bahn mehr unter dem Horizont als über ihm, bis sie am 22. Dezember auf dem »südlichen Wendekreis« oder »Wendekreis des Steinbocks« angekommen ist und nun wieder nach Norden hin aufsteigt.

Was wir als das Länger- und Kürzerwerden der Tagbogen im Sommer und Winter erleben, ist also das Wandern der Sonne nach Norden und Süden. Wie erklärt sich dieses Wandern? Wir müssen dazu noch eine andere Bewegung der Sonne betrachten, die uns weniger deutlich auffällt.

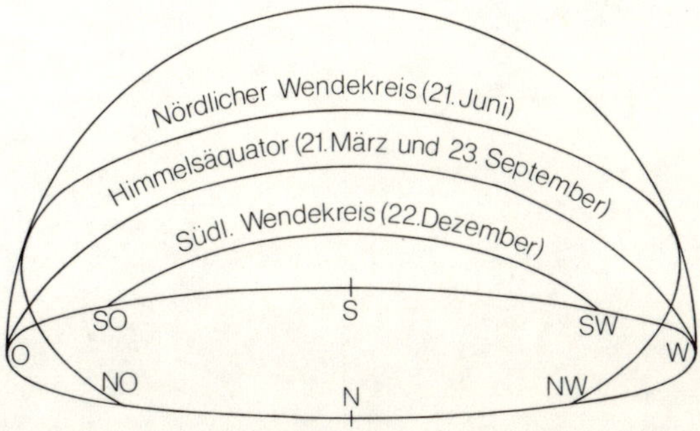

Abb. 17 Himmelsäquator und Wendekreise als Bahnen der Sonne über dem Horizont an verschiedenen Tagen des Jahres

Könnten wir die Fixsterne in der Nähe der Sonne sehen, dann würden wir bemerken, daß die Sonne ihnen gegenüber täglich um ein kleines Stückchen in ihrer Umdrehung zurückbleibt. Sie läuft also langsamer als der Fixsternhimmel und spart sich so im Laufe des Jahres gerade einen Tag. Während die Fixsterne sich etwa 366mal um uns gedreht haben, haben wir nur 365 Tage erlebt. Eine Uhr, die auf »Sternzeit« gestellt wäre, ginge gegenüber unseren normalen, nach der Sonne orientierten Uhren täglich um rund 4 Minuten vor.

Die Sonne bewegt sich also auch noch auf der Fixsternkugel. Und zwar geht diese Bewegung entgegen dem Uhrzeigersinn, linksherum; im Tag ungefähr um 1°, im Jahr um die vollen 360° des Kreises. Welches Kreises? – Nicht des Äquators, sondern eines anderen größten Kreises am Fixsternhimmel, der schräg zum Äquator steht und diesen nur in zwei gegenüberliegenden Punkten schneidet. Dieser Kreis – also die jährliche Bahn der Sonne unter den Fixsternen im Unterschied von ihren wechselnden Tagbogen über unserem Horizont – ist für uns besonders wichtig. Er wird *Ekliptik* genannt (ein griechisches Wort, das als »Ebene der Verfinsterungen« zu übersetzen wäre).

Diese Ekliptik liegt nun zur einen Hälfte nördlich, zur anderen südlich vom Äquator (Abb. 18). Damit wandert die Sonne, die sich auf ihr bewegt, abwechselnd nach Norden und nach Süden und beschreibt so ihre verschiedenen Tagesbahnen.

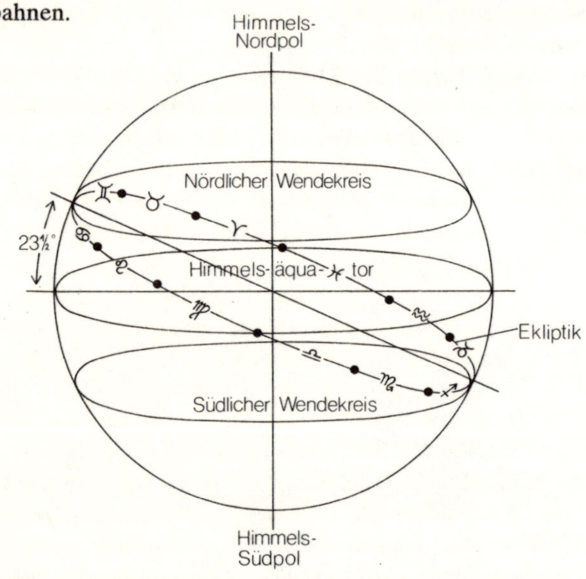

Abb. 18 Äquator, Wendekreise und Ekliptik auf der Himmelskugel

Noch deutlicher können wir diese Bewegungen beim Mond beobachten, der ebenfalls nahe der Ekliptik im gleichen Sinne umläuft. Er bewegt sich aber viel schneller als die Sonne, und so sehen wir ihn von Abend zu Abend gegenüber den Fixsternen um ein beträchtliches Stück, nämlich etwa 12°-15°, zurückbleiben. Steht er an einem beliebigen Tag in Konjunktion mit der Sonne, so ist er schon nach 27,3 Tagen wieder am gleichen Ort des Fixsternhimmels, und nach insgesamt 29,5 Tagen hat er auch die Sonne, die ja inzwischen selbst ein Stück weitergewandert ist, wieder eingeholt. Wir haben also den »siderischen Monat« und den »synodischen Monat« erlebt.

Auf dieser Bewegung linksherum wächst der Mond, solange er sich von der Sonne entfernt, wird voll, sobald er ihr gegenübersteht, und nimmt wieder ab, wenn er der Konjunktion mit ihr, dem Neumond, entgegengeht. Für die erste, ganz schmale Mondsichel, die nach dem Neumond östlich der Sonne sichtbar wird, gibt es sogar ein mythisches Bild, das uns wohlvertraut ist: Es ist Eva, die Frau, die aus der Rippe des Mannes Adam genommen wird.

Der Jahreslauf der Sonne und der Monatslauf des Mondes gelten uns nun, weil sie die größeren Zeitordnungen sind, als der raschen Tagesbewegung übergeordnet. Darum ist auch die Richtung nach *links,* entgegen dem Uhrzeigersinn, für uns in der Astrologie die eigentliche Richtung »vorwärts«. Läuft ein Planet ausnahmsweise *mit* seiner Tagesbewegung, also rechtsherum, so ist er für uns »rückläufig«. Auch die Tierkreiszeichen und Häuser, die wir später besprechen, werden *linksherum* gezählt. An diese Umkehrung der Richtung müssen wir uns also gewöhnen.

Das Horoskop ist nun nichts anderes als eine mathematisch genaue Darstellung des besonderen Himmelsanblicks für eine bestimmte Zeit und einen bestimmten Ort. Und zwar ist diese Darstellung so einfach wie möglich gehalten. Die Fixsterne bewegen sich ja nicht untereinander, brauchen also auch nicht wiedergegeben zu werden. Es genügt, wenn man von der ganzen Himmelskugel nur die Ekliptik aufzeichnet, denn auf ihr oder zumindest in ihrer Nähe spielt sich ja das ganze planetare Geschehen ab. Zur Ortsbestimmung auf der Ekliptik dient seit alters deren Einteilung in zwölf gleich große Teile zu je 30°, die bekannten *Tierkreiszeichen.*

Durch die Darstellung der Ekliptik wird eine Linie gezogen, die den Horizont unseres Beobachtungsortes bezeichnet, sowie eine zweite für den Meridian. Damit sind uns die vier Punkte gegeben, von denen wir schon öfters sprachen: Aszendent (AS), Deszendent (DS), Medium Coeli (MC) und Imum Coeli (IC). Daß sie meist auf der Ekliptik kein rechtwinkliges Kreuz bilden, sondern schief zueinander stehen, hat Gründe, über die wir gleich noch sprechen werden. – Mit ihrer Darstellung ist uns der Anblick des Fixsternhimmels gegeben. Werden in das Tierkreisband nun noch Sonne, Mond und die anderen Planeten eingetragen, so wissen wir alles, was uns als Astrologen interessieren kann.

Um das Verständnis für die eben dargestellten Dinge zu üben, wollen wir uns auch diesmal wieder mit einigen kleinen Denkaufgaben beschäftigen. Nun gilt es aber nicht zu deuten, sondern nur einfache astronomische Tatbestände festzuhalten. In Abb. 19 sind einige Horoskope in der meist gebräuchlichen Darstellungsweise – ohne äquale Häuser – wiedergegeben, wobei von den Planeten nur Sonne, Mond, Merkur und Venus eingezeichnet sind. Es ergeben sich hieraus nun folgende Fragen, die wir beantworten wollen:

1. Für welche Tageszeiten sind die einzelnen Horoskope gestellt? (Nicht die genaue Stunde soll angegeben werden, sondern nur etwa: Vormittag, gegen Mittag, kurz nach Sonnenuntergang usw.)
2. In welcher Phase befindet sich jeweils der Mond? Nimmt er zu oder ab, ist er nahe dem Vollmond, Neumond, 1. oder 3. Viertel?
3. Sind Venus oder Merkur jeweils in der Stellung als Morgen- oder Abendstern? Gehen sie also vor der Sonne auf oder nach ihr unter? Diese Dinge kann man in gleicher Weise bei jedem beliebigen Horoskop ermitteln.

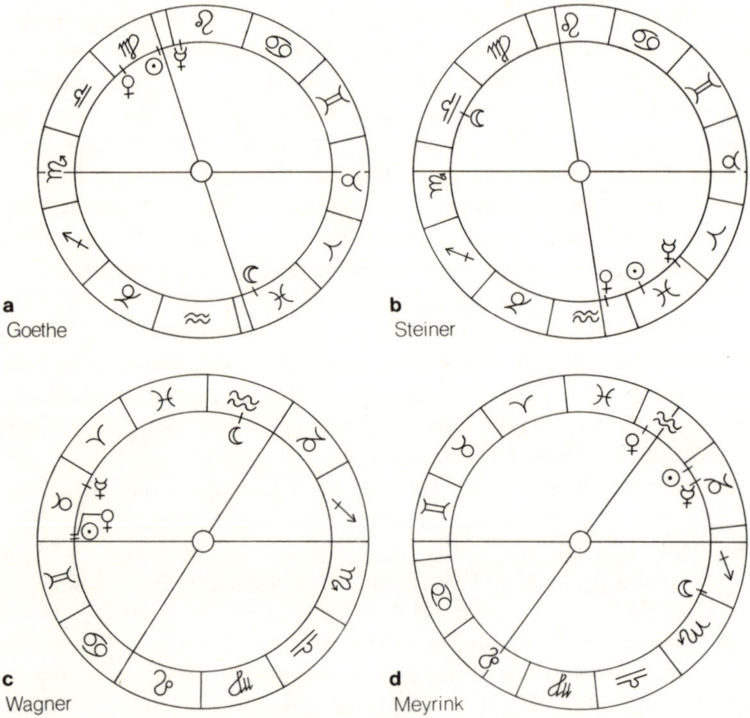

Abb. 19 Horoskopbeispiele zur Erklärung der astronomischen Verhältnisse

a Das Horoskop Goethes gilt für die Mittagszeit bei Vollmond (wie Goethe das ja auch am Anfang von »Dichtung und Wahrheit« erwähnt). Merkur ist Morgenstern, Venus Abendstern. Ein Herbstzeichen (Skorpion) ist im Aufgang. Die Geburt fand im Spätsommer statt.

b Das Horoskop Rudolf Steiners zeigt die Sonne ein Stück vor ihrem Mitternachtsstand, den Mond im Abnehmen zwischen Vollmond und 3. Viertel. Venus ist Morgenstern, Merkur Abendstern. Das gleiche Zeichen wie bei Goethe geht gerade auf. Die Geburt geschah im Spätwinter.

c Das Horoskop Richard Wagners gilt für Sonnenaufgang bei abnehmendem Mond. Venus und Merkur sind Morgensterne. Das Spätfrühlingszeichen Zwillinge, in dem auch die Sonne steht, geht gerade auf. Der Tag dieser Geburt ist der 22. Mai.

d Das Horoskop Gustav Meyrinks zeigt den Himmelsanblick einige Zeit nach Mittag, bei abnehmendem Mond. Merkur ist Morgenstern, Venus Abendstern. Der Aszendent liegt, wie bei Richard Wagner, im Zeichen der Zwillinge. Geburtstag war der 19. Januar.

Daß die Darstellung der Himmelsrichtungen hier anders ist als auf Landkarten, darf uns nicht stören. Wir wissen ja, daß die Sonne im Süden ihren höchsten Mittagsstand erreicht. Darum muß auch in unserer Zeichnung der Süden oben sein.

Nach einiger Übung wird man sicher einsehen, daß die Verhältnisse am Himmel gar nicht einfacher und klarer wiedergegeben werden können, als das im Horoskop geschieht.

Nun aber noch zur Erklärung dessen, daß Horizont und Meridian, wenn man sie auf der Ekliptik einzeichnet, meist schief zueinander stehen! Der Grund dafür ist in Abbildung 20 dargestellt. Die Zeichnungen *a*-*c* zeigen den Tageslauf der Sonne während des 21. Juni, also am Tag der Sommersonnenwende. Dabei ergibt es sich, daß die Ekliptik, die wir ja nicht unmittelbar sehen, sehr verschiedene Stellungen zum Horizont einnimmt. In Zeichnung *a* liegt der Aufgangspunkt weit im Nordosten, der gegenüberliegende Untergangspunkt also viel näher am Meridian, im Südwesten. Dort wird die Sonne ja ein halbes Jahr später, wenn sie ihren kleinsten Tagbogen beschreibt, untergehen. In der Taghälfte des Himmels ist also zur Zeit ein größerer Teil der Ekliptik östlich vom Meridian als westlich von ihm. Das ergibt, wenn wir nicht mehr den Horizont, sondern die Ekliptik zur Grundlage der Darstellung machen, den scheinbar schiefen Stand des Meridians.

In Zeichnung *c* ist die Lage für den Sonnenuntergang des gleichen Tages (21. Juni) gezeigt. Der Punkt, an dem die Sonne am 22. Dezember stünde, geht jetzt gerade auf. Der Meridian hat sich scheinbar nach Osten verschoben. Er steht nur dann »richtig«, wenn, wie am Mittag des 21. Juni (*b*) oder des 22. Dezember (*d*), Aufgangs- und Untergangspunkt genau im Osten bzw. Westen liegen.

Wir können übrigens sogar ohne Kenntnis der Tierkreiszeichen beim Anblick eines so gezeichneten Horoskops schon sagen, ob das Zeichen, das gerade am Aszendenten steht, eines ist, in dem die Sonne sich während des Frühlings und Sommers aufhält, oder eines, in dem sie während des Herbstes und Winters steht. Bei einem »Frühlings-« oder »Sommerzeichen« im Aufgang neigt sich das MC scheinbar nach Westen, zum Deszendenten, während es bei einem »Herbst-« oder »Winterzeichen« umgekehrt ist (Abb. 20, *a* und *c*). Die wirklich gerade herrschende Jahreszeit kann man aber nicht so unmittelbar feststellen. Sie bestimmt sich ja danach, an welchem Ort des Tierkreises die Sonne tatsächlich gerade steht. Das kann aber, je nach der Tageszeit, auch ein weit vom Aufgangspunkt entfernter sein.

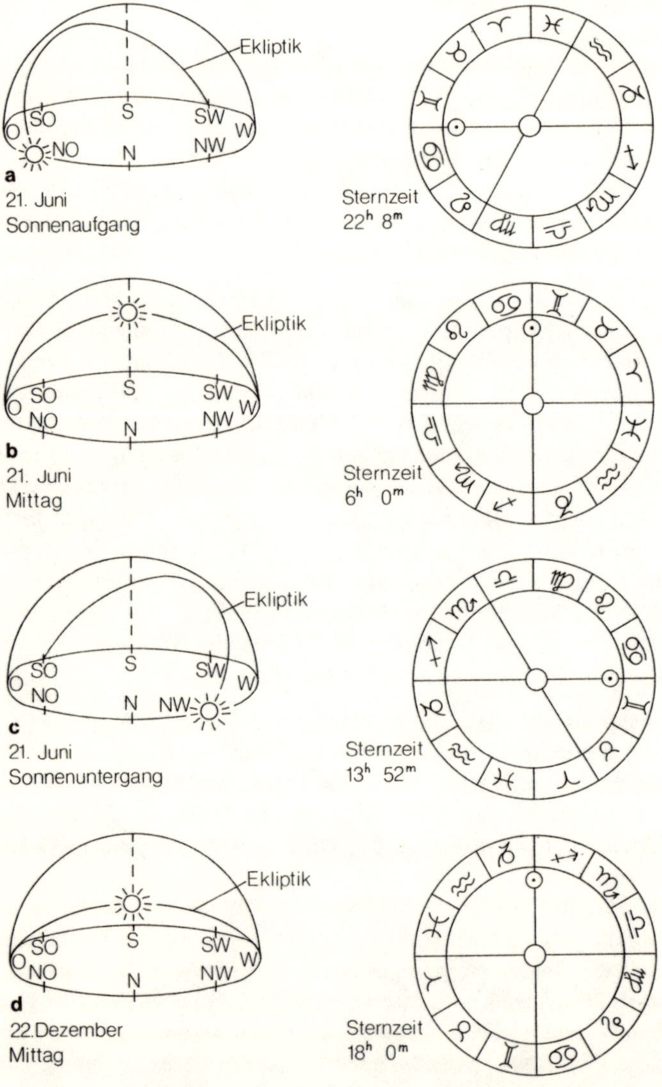

Abb. 20 Verschiedene Stellungen der Ekliptik zu Horizont und Meridian. Ihre Wiedergabe im Horoskop.

Die Abbildungen *a* und *c* zeigen uns auch deutlich, daß das MC keineswegs immer der höchste Punkt der Ekliptik ist, obwohl viele Astrologen das meinen. Es ist in Wahrheit nur ihr südlichster Punkt, an dem jede Tagesbewegung eines Gestirns (die sich ja nicht auf der Ekliptik vollzieht, sondern auf Parallelkreisen zum Äquator, nördlich oder südlich von ihm) ihre obere Kulmination erreicht. Und ich meine, daß wir in der Astrologie nicht von den Tagesbewegungen ausgehen sollten, sondern von den großen Umläufen, die eben auf der Ekliptik oder in deren unmittelbarer Nähe geschehen: in jenem Band, das uns auch als der *Tierkreis* bekannt ist. Immer wenn der Meridian »schief« steht, liegt der höchste Punkt der Ekliptik, des Tierkreises, nicht im MC, sondern genau 90° vom AS bzw. DS, von der Horizontebene also, entfernt. Im äqualen Häusersystem werden wir diesen höchsten Punkt der Ekliptik als »Mitte des X. Hauses« wiederfinden, sein Gegenstück in der Tiefe als »Mitte des IV. Hauses«. Ich bezeichne diese beiden Punkte auch gern als »Himmelshöhe« und »Himmelstiefe«; jedenfalls werde ich es in diesem Buch so halten. Allerdings muß ich darauf hinweisen, daß die meisten Astrologen das MC mit der »Himmelshöhe«, das IC mit der »Himmelstiefe« gleichsetzen. Das kann mitunter zu Verständigungsschwierigkeiten und zu voneinander abweichenden Deutungen führen. Auch ich vernachlässige den Meridian übrigens nicht, sondern sehe in ihm eine Schicksals- oder Individuationsachse, die sich zwischen dem persönlichen Einstieg in die allgemeingültige Wirklichkeit (IC) und den eigenen Zielen (MC) ausspannt, denen man in dieser Wirklichkeit nachstrebt und die man vielleicht auch erreichen wird.

MARS ♂

Wir haben bisher die Welt der »inneren« Planeten durchwandert, zu denen man Sonne, Mond, Merkur und Venus zählt. Und es muß uns fast so scheinen, als hätten wir damit schon alles gewonnen, was zum Bilde des Menschen wesentlich ist. Die Sonne gab die starke Persönlichkeit mit ihrer Schöpferkraft, der Mond verband uns als mütterliches Prinzip mit dem immer weiterfließenden Leben, Merkur ließ uns die nüchterne Alltagswirklichkeit meistern und prägte zugleich den angemessenen Ausdruck für Geistiges, während Venus schließlich alle einzelnen Kräfte zu einem schönen, wohlgeordneten Ganzen harmonisch zusammenfügte. Das Bild entspricht nun wirklich dem Symbolzeichen, das wir für die Venus gebrauchten: ♀. Über dem Kreuz des Materiellen, Disharmonischen steht siegreich der Kreis als Symbol einer geistig begründeten, in sich geschlossenen Ordnung. Es muß uns ein Bedauern darüber ankommen, daß wir in dieser Welt nicht bleiben dürfen. Denn schon das nächste Symbolzeichen, das des Mars, zeigt uns, was weiter geschieht: Das Kreuz verwandelt sich in die dynamische Pfeilspitze, durchschlägt den schöngerundeten Kreis und bricht nach oben und außen aus ihm hervor: ♂. Die Harmonie wird grausam zerstört; eine wilde, fremde Macht offenbart sich. Und doch gilt es zu verstehen, daß auch hierin ein Sinn liegt. Die Welt der »äußeren« Planeten, die wir nun betreten, ist nicht weniger bedeutsam, als es der »innere« Bereich war.

Mars, der uns nächste Planet von denen, die außerhalb der Erdbahn kreisen, fällt unter allen anderen durch seine ganz eigentümliche Bewegung auf. Sein Umlauf am Fixsternhimmel ist langsamer als der der Sonne und dauert ziemlich genau 2 Jahre. Aber er geht nicht etwa so vor sich, daß Mars sich allmählich von der Sonne überholen ließe. Statt dessen geschieht ein geradezu dramatisches Schauspiel am Himmel.

Im ersten Jahr seines Umlaufs steht Mars in der Nähe der Sonne. Sein rötliches Licht ist ihr gegenüber nur ein schwaches Funkeln. Aber es scheint, als bemühe er sich trotz seiner Unterlegenheit mit verbissener Anstrengung, Schritt zu halten. Er läuft schneller voran, als es seiner Umlaufzeit eigentlich entspräche, kann aber doch nicht verhindern, daß die Sonne an ihm vorbeizieht und er immer weiter zurückbleiben muß.

Der Abstand zwischen beiden Gestirnen vergrößert sich immer mehr. Im zweiten Jahr hat man den Eindruck, als müsse Mars nun eingesehen haben, daß er im Wettlauf mit der Sonne nichts ausrichten kann. Diese nähert sich schon der Opposition zu ihm. Da scheint er sich zu sagen: »Wenn es nicht *mit* der Sonne geht – dann eben *gegen* sie!« Er wird langsamer in seinem Lauf und bleibt sogar stehen, wobei er sein Leuchten verstärkt, als sammle er Kraft zum Angriff. Und plötzlich geht er wieder los; diesmal aber entgegen der Sonnenrichtung, in rückläufiger Bewegung. In wilder Wut scheint er sich der weiterrückenden Sonne entgegenwerfen zu wollen, denn sein Licht wird nun zum glühenden Rot und erreicht ein Vielfaches seiner früheren Stärke. Unheimlich drohend beherrscht er den Nachthimmel, wenn er der Sonne gerade gegenübersteht. Aber er schießt über sein Ziel hinaus. Von der Gegenseite kommt ihm die Sonne schon wieder näher, und seine wilde Kraft verbraucht sich allmählich. Er läuft noch weiter zurück, aber diese Bewegung ist eigentlich schon sinnlos geworden. Sein Leuchten läßt nach; er wird langsamer, bleibt stehen, um schließlich umzukehren und während des nächsten Jahres wieder in gleicher Richtung mit der Sonne den aussichtslosen Wettlauf zu versuchen. Ist auch dieses Jahr vorbei, so beginnt im darauffolgenden der Kampf in der Opposition von neuem.

So wird Mars zum Symbol. Er zeigt uns eine ganz neue Möglichkeit der Dynamik. Im stetigen Lauf der Sonne sahen wir das Leben, das sich aus seinen inneren Voraussetzungen mit Selbstverständlichkeit entfaltet. Mars dagegen ist unstet. Er folgt dem Rhythmus der Sonnenbewegung nicht. Aber er ist auch noch nicht, wie es die weiter »äußeren« Planeten sein werden, ganz unabhängig von ihm. Er bleibt auf die Sonne bezogen, aber in der Weise, daß er ihr immer widersprechen muß.

Mars kann etwas, das die Sonne nicht kann: Er kann am Himmel stillstehen. Freilich halten auch Merkur und Venus gelegentlich an – dann nämlich, wenn sie der Sonne zu weit vorausgeeilt sind und nun, als wären sie Kinder, von ihr zurückgerufen werden. Aber das Stillstehen des Mars ist anders. Es geschieht in Entfernung von der Sonne, und mit ihm scheint Mars ein klares »Nein!« gegenüber dem Sonnenlauf auszusprechen. Es ist auch kein einfaches Ruhen, sondern der spannungsgeladene Zwischenzustand, in dem die Kraft zu einem plötzlichen Wechsel der Aktionsrichtung gesammelt wird.

Um das im Menschlichen zu verstehen, müssen wir an die Haltung eines Läufers am Start denken oder an das Kommando »Stillgestanden!«, mit dem die militärische Grundausbildung beginnt. Auch da will man ja nicht stehenbleiben, sondern sich auf ein neues Kommando hin mit verstärkter Dynamik in Bewegung setzen, wobei man eine genau festgelegte Richtung und ein klares Ziel hat. Die Muskeln unseres Körpers (die man dem Mars zuordnet) sind ja auch nur darum ständig aktionsbereit, weil sie sich in einer dauernden leichten Spannung, dem sogenannten Tonus, befinden.

Die Bewegung, die aus einer solchen Spannung heraus beginnt, ist in jedem Fall willensmäßig und damit gewaltsam, nicht frei natürlich. Durch die Absicht, die man mit ihr hat, ist man gezwungen, von sich selbst abzusehen. Man muß alles das überwinden können, was dem Bereich der »inneren« Planeten angehört und von Mars sehr summarisch als »der innere Schweinehund« bezeichnet wird. Es darf keine Schmerzempfindlichkeit, kein Ruhebedürfnis und kein vorsichtiges Bedenken mehr geben.

Dem Sonnenprinzip entspricht der Mut, der keine Gefahren kennt und darum auch gar nicht weiß, was Furcht ist. Mars dagegen ist die Tapferkeit, mit der man trotz Erschöpfung und würgender Angst alle seine Energien zusammenrafft, um das gebotene Ziel doch noch zu erreichen.

Und wir beginnen zu verstehen, welches ganz Neue mit der Welt der »äußeren« Planeten an uns herantritt. Es ist das ethische Gesetz, das sich nicht mit bloßer Selbsterfüllung begnügt, sondern Selbstüberwindung von uns verlangt. In der marsischen Zucht stellen wir uns zum erstenmal einem Maß unseres Lebens, das nicht aus unserer eigenen Individualität stammt. Wir werden so bereit, über uns selbst hinauszuwachsen. Auch das ist mit dem Pfeil gemeint, der aus dem Kreis hervorbricht (♂).

Allerdings geschieht im Mars-Bereich diese Überwindung des Persönlichen noch nicht in bewußter Erkenntnis ihres Sinnes. Es ist nur eine innere Spannung da, die immer mehr anwächst und zu einer Krisis treibt, in der sie sich entladen will. Was dann getan wird, danach fragt Mars nicht. Er will nur, *daß* überhaupt etwas getan wird. Tat und Untat gelten ihm gleich. Er stellt die treibende Kraft und die Kraft der Triebe dar.

Diese Kraft kann nicht, wie die aus der Fülle stammende Sonnenkraft, sich nach allen Seiten ausstrahlend verschwenden. Sie muß genau gerichtet sein, um eine bestimmte Einzelaktion zu vollbringen. Dabei hat sie zwei Möglichkeiten, sich zu betätigen, so wie der Planet Mars zwei Richtungen seines Laufes hat.*

Sie kann mit dem Gegner zusammen auf ein gemeinsames Ziel losstürmen, um ihn dabei möglichst zu überholen. So ist sie das agonale Prinzip, das auf die höchste Leistung hinwirkt. Sie kann sich aber auch *gegen* den anderen wenden und ihn im Kampf niederzuwerfen versuchen.

Dabei braucht Mars den gar nicht zu hassen, der ihm gegenübersteht; ja er kann ihn sogar auf seine Weise lieben. Aber er kennt keine andere Form der Begegnung als die Aggression, das Drauflosgehen. Der andere Mensch ist für ihn nur der Widerstand, an dem es die eigene Kraft und »schneidige« Härte zu erproben gilt. Mars muß immer mit Gewaltsamkeit seinen Willen durchsetzen. Dabei kann auch der spielerisch gemeinte Kampf Verletzungen oder den Tod bringen. Denn wo dieses Prinzip wirkt, da wird es immer »ernst« (dieses Wort bedeutet ja ursprünglich »Kampf«, weshalb wir auch heute noch vom »blutigen Ernst« sprechen).

Wäre nicht Venus die Gegenspielerin des Mars, so gäbe es statt der Liebe nur den rohen Akt der Vergewaltigung, in dem sich eine Triebspannung abreagierte. Der Partner wäre dabei nicht mehr als ein zufällig gefundenes Objekt. Dagegen bliebe Venus, sich selbst überlassen, immer nur an Spiel und Tändelei haften, und der höhere Auftrag, die Zeugung, würde vergessen.

Man hat die Verschiedenheit beider Wesenskräfte sogar in der neueren Psychologie erkannt, als man zweierlei Triebe unterschied, die erst zusammen den Geschlechtstrieb ausmachten: den »Detumeszenztrieb«, der nur einen inneren Spannungsüberdruck loswerden wolle, und den »Kontrektationstrieb«, der die Wesen zueinander hinführe. Die alten Symbole sind nur ein wenig klarer.

Im Mythos ist Ares-Mars der wilde, zerstörerische Kriegsgott. Deimos, die Furcht, Phobos, der Schrecken, Enyo, das Verderben, begleiten ihn. Aber gegen Athene, die als Tochter des Zeus ein höheres Prinzip vertritt, rennt er in seiner blinden Wut vergeblich an. Sie wirft ihn immer wieder zu Boden. Einmal überwinden ihn auch zwei Riesen, die Aloaden, und sperren ihn für zehn Jahre in ein ehernes Faß, bis ihn Hermes-Merkur wieder befreit. Man mag sich dabei erinnern, wie etwa die verstandesmäßige »Aufkärung« es war, die schließlich das Revolutionszeitalter mit seinen Schrecken auslöste.

Die innere Tragik des marsischen Prinzips zeigt sich deutlich in der Sage von *Kadmos*, dem Begründer der Stadt Theben. Als dieser den ihm gegebenen Auftrag erfüllt hat, will er den Göttern ein Trankopfer bringen. Aber ein Drache, der in einem nahen Brunnenschacht haust, verschlingt die meisten seiner Gefährten, die er um Wasser ausgeschickt hatte. Dieser Drache ist dem Ares heilig. Kadmos kommt heran, kämpft mit ihm und tötet ihn auch zuletzt. Aber die marsische Kraft ruht trotzdem nicht. Aus den Drachenzähnen steigen Gewappnete empor, die sich gegenseitig bekämpfen und vernichten. Und schließlich folgt das für uns ganz Unbegreifliche: Kadmos wird von den Göttern dazu verurteilt, die »Schuld«, die er durch die Tötung des Drachens auf sich lud, dadurch zu sühnen, daß er viele Jahre lang dem Ares dient. Zuletzt allerdings bewirkt Zeus die Versöhnung, und Kadmos erhält sogar die Tochter des Ares und der Aphrodite, Hermione (Harmonia) zur Frau.

In diesem Mythos ist die furchtbar ernste Wahrheit ausgesprochen, daß *jede* Tat, auch die sittlich gerechtfertigte, den Menschen in eine Verstrickung von Schuld und Sühne hineinführt und darum auch zu einem Teil Schuld ist. Man denkt hierbei wohl an das Gedicht Goethes:

»Ihr führt ins Leben uns hinein,
ihr laßt den Armen schuldig werden,
dann überlaßt ihr ihn der Pein:
denn alle Schuld rächt sich auf Erden.«

Noch unbegreiflicher fast erscheint uns dann ja das Schicksal eines Nachfahren des Kadmos, des Königs Ödipus. Aber die Griechen schufen aus ihm eines ihrer großartigsten Dramen. Sie verstanden, daß die Schuld aus einer höheren Ordnung stammt als der des menschlichen Wollens und Überlegens und daß der Mensch, der auch die »unverdiente« Sühne auf sich nimmt, dadurch zum Göttlichen selbst emporwächst. Dagegen verrät ein Denken, das die bloße physische Existenz als höchsten Begriff ansetzt, nicht »Ehrfurcht vor dem Leben«, sondern nur Blindheit gegenüber dem notwendig unerbittlichen ethischen Gesetz. Auch der Satz von Schiller:

»Das Leben ist der Güter höchstes nicht;
der Übel größtes aber ist die Schuld!«

ist im Sinne rein marsischen Denkens richtig, so unmenschlich hart er uns Heutigen auch erscheinen mag. Denn Mars ist dem Leben – eigenem wie fremdem – gegenüber gleichgültig; er neigt dazu, die rigorosesten Strafen zu fordern und zu vollziehen. In Athen war der Gerichtshof, der über Tod und Leben zu entscheiden hatte, dem Ares heilig und hieß darum »Areopag«.

Ein sentimentaler Pazifismus kann Mars nicht überwinden, sondern drückt ihn nur in die Verdrängung und damit in Niedrigkeit und Kriminalität hinab. Marsische Probleme löst man nur durch Disziplinierung und durch den Einsatz für echte höhere Werte. Sie wegleugnen zu wollen, rächt sich immer.

In der Fabel und im Märchen ist Mars der böse Wolf, der Drache oder der Eber. Schreckend und ängstigend taucht er plötzlich inmitten der kindlichen Welt auf, wie es »Rotkäppchen« oder »Der Wolf und die sieben Geißlein« zeigen. Jäger, Räuber und Soldaten, aber auch Prinzen und Freier vertreten das Mars-Prinzip. Der Freier kann auch der Be-freier des bisher in der lunaren Welt gefangenen Mädchens sein. Dazu muß dieses aber erst die Angst und Abwehr gegenüber dem Animalischen im Manne überwinden, wie das im »Froschkönig«-Märchen so hübsch gezeigt ist. Auch in anderen Märchen ist das Motiv häufig, daß der Freier von der Tiergestalt erlöst wird, in die ihn ein böser Zauber gebannt hatte, und daß er nun als strahlender Prinz seine Braut heimführt. Hier liegt eine Andeutung dessen, was die echte Liebe vollbringen muß.

Venus wünscht Geschlossenheit, Mars dagegen drängt zum Ent-schluß. Das ist sogar getreu dem Wortsinne in der Sage von Pandora oder im Öffnen des verbotenen Zimmers, etwa im Blaubart-Märchen, wiedergegeben. Immer ist Schuld und Verhängnis die Folge des Entschließens, zugleich ist dieses aber auch notwendig, damit wieder etwas in Bewegung kommen kann. Mars ist der Feind aller Stagnation.

Mars kann, wie alle äußeren Planeten, zu jedem anderen in beliebige Aspektverbindungen treten. Einige Stichworte sollen wieder die Anregung geben, diese Möglichkeiten zu deuten:

SONNE:	MARS:
Geist	Trieb
Selbsterfüllung	Selbstüberwindung
Werk	Leistung
Eigenwille	Disziplin
Schöpfertum	Kämpfertum
Mut	Tapferkeit
Begeisterung	Anstrengung
Selbstverständlichkeit	Absichtlichkeit
Souveränität	Rebellion
Aufschwung	Angriff

MOND:	MARS:
Gemüt	Leidenschaft
Traum	Tat
Lockerung	Straffung
Ergebenheit	Widerspruch
Sanftmut	Gewaltsamkeit
Stimmung	Impuls
Sehnsucht	Begierde
Instinkt	Trieb
Empfänglichkeit	Aggression
Richtungslosigkeit	Zielklarheit

MERKUR:	MARS:
Intellekt	Wille
List	Gewalt
Geschicklichkeit	Energie
Arbeit	Kampf
Werkzeuggebrauch	Waffengebrauch
Kritik	Aggression
Berechnung	Impulsivität
Vorsicht	Entschlossenheit
Nüchternheit	Leidenschaftlichkeit
Bewußtheit	Triebhaftigkeit

VENUS:	MARS:
Spiel	Ernst
Lust	Schmerz
Hingabe	Angriff
Zähmung	Wildheit
Harmonie	Dissonanz
Zufriedenheit	Unrast
Zärtlichkeit	Gewaltsamkeit
Verzögerung	Beschleunigung
Verbindlichkeit	Entschiedenheit
Melodie	Rhythmus

Abb. 21. gibt wieder Beispiele von Konstellationen:

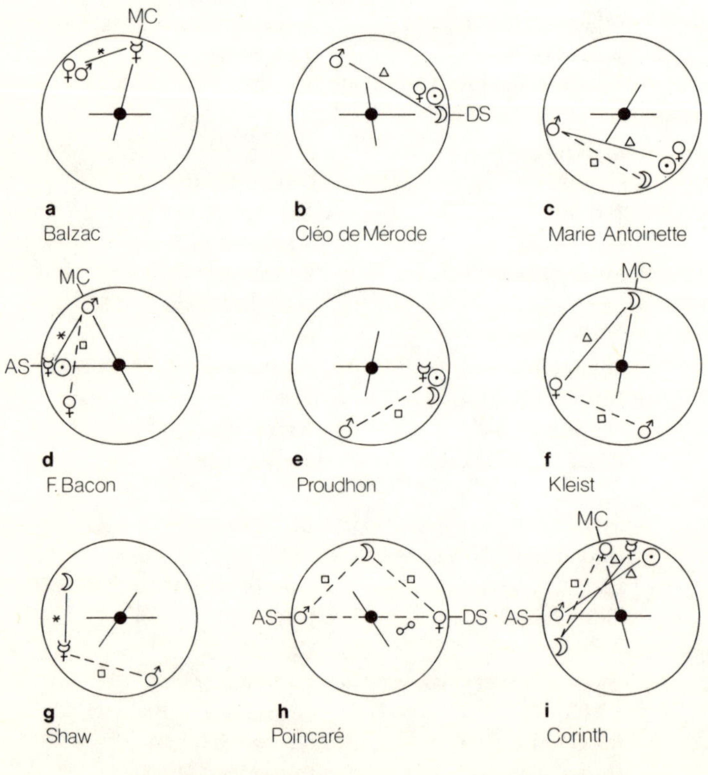

Abb. 21 Konstellationsbeispiele

a Merkur kulminiert mit einem Sextil von Venus und Mars (Honoré de Balzac).

b Der Mond am DS mit einem Mars-Trigon. Nahe beim Mond auch Sonne und Venus (Cléo de Mérode, Tänzerin und Geliebte des Belgierkönigs Leopold II.).

c Mars mit einem Trigon auf Sonne und Venus, aber mit einem Quadrat auf den Mond (Königin Marie Antoinette).

d Mars kulminiert mit einem Sextil zu Sonne und Merkur am AS, aber mit einem Quadrat zu Venus (Francis Bacon).

e Konjunktion von Sonne, Mond und Merkur, auf die ein Quadrat des Mars trifft (Pierre Joseph Proudhon).

f Venus mit einem Trigon zum Mond am MC, aber auch mit einem Quadrat zu Mars (Heinrich von Kleist).

g Merkur mit einem Sextil des Mondes und einem Quadrat des Mars (George Bernard Shaw).

h Mars am AS, Venus am DS, der Mond im Quadrat zu beiden (Raymond Poincaré).

i Trigone zwischen Sonne und Mars, Mond und Merkur. Mond und Venus im Quadrat (Lovis Corinth).

JUPITER ♃

Wenn wir in den Planeten die Götter der alten mythologischen Welt finden, muß uns eines erstaunen: Warum ist bei den Griechen und Römern nicht etwa ein Sonnengott, ein Apollon, der oberste von allen, sondern gerade Jupiter-Zeus? – Nun wissen wir freilich, daß für Mythos und Astrologie die Planeten nicht Kraftquellen sind, wie die Physik sie kennt, sondern Sinn-Bilder innerhalb des Bildes einer kosmischen Ordnung. Das Wesentliche an diesen Bildern ist nicht die Stärke des Eindrucks, den sie momentan auf uns machen, sondern die Tatsache, daß sie immer in der gleichen Weise wiederkehren – als »unsterbliche Götter« –, wobei sie nie die Eigentümlichkeiten der Erscheinung und der Bewegung verlieren, die ihren Symbolcharakter ausmachen. Auch Lichtfülle und Wärme der Sonne sind nur solche Bild-Eigentümlichkeiten. Sie begründen für uns nicht etwa einen absolut höheren Rang der Sonne gegenüber allen anderen Planeten, wie er nach naturwissenschaftlicher Betrachtung selbstverständlich gegeben wäre.

Allerdings nimmt in den Götterlehren mancher Völker wirklich ein Vertreter des Sonnenprinzips die höchste Stelle ein. Die olympische Ordnung der Griechen ist darum jedoch keineswegs sinnlos, sondern sogar von sehr tiefer Bedeutung. Um das zu verstehen, müssen wir aber wissen, welche Bewandtnis es mit dem Planeten Jupiter hat.

Auch er ist ein »äußerer« Planet, wie Mars, aber in seinen Bewegungen viel langsamer als dieser. Liegt doch zwischen beiden die weite Zone der Planetoiden, zahlloser kleiner und kleinster Himmelskörper, die uns, eben ihrer Vielzahl wegen, im astrologischen Sinne nicht interessieren können. Es gibt allerdings auch Astrologen, die einige der größeren (für unser bloßes Auge aber nie sichtbaren) Planetoiden in Horoskope eintragen und deuten. Sie gehen dabei einfach von den Namen aus, die irgendein ehrenwerter Astronom, der sie einst entdeckte, diesen Planetoiden gegeben hat. Ihnen ist nämlich unbekannt oder gleichgültig, daß man die »klassischen« 7 Planeten nicht nach Willkür oder subjektiven Mythologiekenntnissen, sondern nach sichtbaren und immer wieder überprüfbaren Merkmalen ihres Umlaufs am Himmel mit bestimmten Götternamen belegt hat. Für die zahllosen winzigen Planetoiden, denen man neuerdings keine Namen mehr, sondern nur noch Nummern gibt, müßten diese Astrologen wohl die Numerologie, die Kunst der Zahlendeutung, heranziehen. Ich hoffe, man wird verstehen, daß ich dieses Treiben nicht mitmachen kann. Für mich (wie überhaupt für unser unbewaffnetes Auge) ist zwischen Mars und Jupiter nur ein weiter Raum, der uns keine Gelegenheit zu legitimen Deutungen gibt.

So kommt es, daß Jupiter gegenüber der zweijährigen Umlaufszeit des Mars schon eine solche von 12 Jahren hat. Auch die wilde Dramatik der Mars-Oppositionen ist darum bei ihm nicht zu sehen. Sein Gegenüberstand zur Sonne, bei dem auch er rückläufig wird, erweckt eher den Eindruck, als begrüßten sich die beiden Gestirne in würdiger Weise. Auch das Licht Jupiters ist nicht rot und funkelnd wie das des Mars, sondern hell, ruhig und freundlich. Seine Stärke verändert sich nicht wesentlich, während sie bei Mars noch ganz vom jeweiligen Stand zur Sonne abhängig war. Auch astronomisch gesehen ist Jupiter der größte Planet unseres Sonnensystems.

Das alles würde aber noch nicht die besondere Stellung erklären, die ihm der Mythos gibt. Wir müssen darum den Zusammenhang noch genauer betrachten:

In zwölf Jahren, sagten wir, läuft Jupiter einmal über den Fixsternhimmel. Die Sonne hat in dieser Zeit zwölfmal den gleichen Weg zurückgelegt. Zwölfmal stand sie in Konjunktion, zwölfmal in Opposition zu Jupiter. Und dessen langsames Weiterwandern ergab, daß in jedem Jahr die Begegnung beider, ebenso wie die Schleife, die Jupiter während der Opposition beschrieb, in einem anderen der zwölf Tierkreiszeichen stattfand.

Dieses Spiel erinnert sehr an ein anderes, das wir schon im Verlauf eines Jahres beobachten können: an das Zusammenspiel von Sonne und Mond. Der Mond läuft ja ungefähr zwölfmal schneller als die Sonne, so wie Jupiter zwölfmal langsamer läuft als sie. Auch zwischen Sonne und Mond finden, während die Sonne einmal durch den Tierkreis geht, je zwölf Oppositionen (Vollmonde) und zwölf Konjunktionen (Neumonde) statt, die wieder jedesmal von einem Tierkreiszeichen zum nächsten wandern.

So scheint sich das Verhältnis Sonne:Mond, ins Größere übertragen, noch einmal im Verhältnis Jupiter:Sonne zu wiederholen. Man kann den Umlauf Jupiters als ein Jahr im höheren Sinne betrachten, innerhalb dessen unser »bürgerliches« Sonnenjahr nur die Rolle eines Monats spielt.

Die astrologische und mythologische Deutung Jupiters ergibt sich also aus einer Stufenfolge, in der jeweils die Zahl Zwölf (die immer als Symbol der kosmischen Ordnungen angesehen wird) das Verhältnis zweier Glieder zueinander bestimmt. Wir kommen zum jovischen Prinzip, indem wir gewissermaßen die Linie Mond-Sonne in gleicher Richtung verlängern.

Sehen wir die Sonne als das Zentrum der eigenen Persönlichkeit, so vertritt der Mond jene Ordnung des Lebens, die vor dem Ich liegt. Jupiter muß also über das Ich hinaus auf eine diesem wieder übergeordnete Sphäre weisen. Und wie im Sonnenprinzip die reine Gegenwärtigkeit lag (mit der Intensität des Sonnenlichtes), der Mond uns mit Vergangenem verband, so kann Jupiter nur, dem entgegengesetzt, auf das Künftige hin orientiert sein. Er wird zum Prinzip des höheren, überindividuellen Lebenssinnes.

Dieser Sinn aber ist nicht etwa ein starres, anorganisches Gesetz. Von Sonne und Mond als den Trägern des Lebens kann die Stufenleiter nur weiter ins Lebendige führen. Jupiter ist freies Leben in der Idee, nicht deren abstraktes Für-sich-Sein. Die höhere Ordnung, die sich hier zeigt, heißt den Menschen hoffen und vertrauen. Jupiters Herrschaft beruht nicht auf dem Schrecken, sondern auf Verehrung.

Wo wir dieses Prinzip wirken sehen, da führt es über die bloße Alltäglichkeit oder Alljährlichkeit hinaus. Innerhalb der Pflanzenwelt gilt das langsame Wachsen der Laubbäume in die Breite und Fülle als seine Entsprechung, während die sonnenabhängigen Blumen und Kräuter im Lauf eines Jahres heranreifen und wieder vergehen. Im Körper sehen wir das freie Disponieren über längere Zeiträume hin etwa in der Aufspeicherung von Überschüssen als Fett oder im Glykogenhaushalt der Leber.

Wie die Sonne das königliche Prinzip, so ist Juptiter das aristokratische. Konnte ein »Sonnenkönig« sagen: »L'état, c'est moi!«, so steht für Jupiter die Idee eines Gemeinwesens höher als der jeweilige Träger der Macht. Wer diesem Prinzip verbunden ist, strebt nicht persönliche Herrschaft an, sondern will einen höheren Gedanken verwirklichen. Er hat den Sinn für den Sinn.

Dadurch, daß der Mensch in eine überindividuelle Ordnung einbezogen ist und sie repräsentiert, erhält sein einzelnes Dasein eine *Weihe*, die nicht aus ihm selbst stammt. Das Verlangen nach solcher Weihe liegt in unserer Natur. Sie erst läßt uns fühlen, daß unser Tun über seine praktischen Zwecke hinaus noch einen Sinn habe, um dessentwillen es Gott wohlgefällig sein könne. So gibt es überall in der Welt ein Priestertum, das die Menschen in den verschiedenen Stadien ihres Lebens (Geburt, Mannbarkeit, Heirat, Tod) immer wieder »weihen« soll. Wenn auch der König seine Krone aus der Hand des Priesters empfängt, so ist darin das Ordnungsverhältnis angedeutet, von dem wir sprachen.

Der Träger einer Weihe ist durch sie, nicht durch sein eigenes Sein, über die Masse der anderen Menschen erhoben. Er muß auch deutlich spüren, daß es etwas außerhalb seiner selbst ist, das ihn trägt. So ist ein »Ritter« (»cavaliere«, »chevalier«) der Mann, der zu Pferde sitzt. Er kann weiter blicken und sich schneller bewegen als das Fußvolk, ist darum aber auch verpflichtet, dieses zu führen. Wappen und Adelsprädikate wollen ja ebenfalls nicht bloße Zierstücke sein, sondern Zeichen, daß ein Mensch für eine höhere Wirklichkeit zu leben habe und sich nicht an das kleinliche Alltagstreiben verlieren dürfe. Den gleichen Sinn haben alle Orden und Amtsinsignien, ebenso wie die Fahnen, die vor einem Heere wehen.

Das Weite, Wallende und Flatternde, das man hier oft sieht, scheint nicht der Erde und dem Körperlichen angehören zu wollen. Aber es kann sich auch Unechtes dahinter verbergen. Falsches Pathos soll dann nur über die innere Leere hinwegtäuschen. Nur wer mit einer höheren Ordnung wirklich verbunden ist, kann sie auch repräsentieren. Sonst wird er zum Hochstapler oder Scharlatan, wie das bei Jupiter-Entsprechungen auf niederem Niveau leider nicht selten vorkommt. Nur wer innerlich vornehm ist, darf sich auch nach außen hin so geben, ohne als »Snob« lächerlich zu wirken. Nur echte Religiosität überzeugt, nicht heuchlerische Frömmelei.

Es ist also kritisches Unterscheidungsvermögen nötig, damit man sich nicht von falschen Werten blenden läßt. Jupiter braucht stets den wachen Merkur als seinen Gegenspieler. Dann aber kann er zu dessen Analyse auch die Synthese, zur Klugheit auch die Weisheit finden. Er braucht nicht mühsam Bausteinchen und Begriffchen zusammenzutragen, sondern hat unmittelbaren Zugang zu den Ideen, die als höhere Wirklichkeit hinter den Einzeldingen stehen. Er öffnet sich gerade den Fragen nach Sinn und Bedeutung, auch wenn diese gemäß einer rein merkurischen Logik gar nicht zu beantworten und darum, wo man rein naturwissenschaftlich zu denken versucht, praktisch verboten sind. Sein Feld ist die Hermeneutik, auch wenn diese (als »Auslegungskunst«) ursprünglich nach seinem Gegenspieler Hermes (Merkur) benannt worden ist.

In Sonnennähe betrachtet man das eigene Wesen, so wie es ist, als vollkommen und unabänderlich. Dagegen fordert Jupiter, daß der Mensch sich erst vervollkommne und bilde, um den höheren Werten gerecht zu werden. Merkur prüft das zu Lernende nur auf seine praktische Verwendbarkeit; Jupiter sieht es als bildenden Wert im Sinne der Humanität, der höheren Menschlichkeit. So ist etwa der »Realschulgedanke« merkurisch; die Idee des humanistischen Gymnasiums dagegen entspricht Jupiter.

Die Weisheit wird zum Prinzip der Gerechtigkeit, weil sie von einem höheren Standpunkt aus die Dinge und Menschen zu überschauen vermag. So kann sie jedem das Seine zuteilen, nicht nur allen das Gleiche. Sie gibt auch die Toleranz, das Geltenlassen fremden Wesens und fremder Meinungen und damit die heitere Gelassenheit dem Menschlich-Allzumenschlichen gegenüber.

Das darf aber nicht in der Enge und Kleinlichkeit gelebt werden, sonst wird ein behäbiges Spießbürgertum daraus. Wenn wir von »Jovialität« sprechen, meinen wir oft derartiges. Einem Jupiter von geringem Niveau steht die »Maske des Biedermannes« vortrefflich. Er kann als der immer freundliche, gebildete ältere Herr auftreten, in dem jede Frau den ritterlichen Beschützer sieht und der deshalb als Heiratsschwindler große Erfolge hat. Wer das jovische Urbild anzusprechen weiß, das in jedem Menschen liegt, wird immer Vertrauen finden, auch wenn er es nicht verdient.

Wer aber seinen höheren Anforderungen entsprechen kann, dem schenkt Jupiter so viel, daß ihn die alten Astrologen nicht mit Unrecht »das große Glück« nannten. Venus läßt uns ja nur die kleinen Freuden genießen, die nah und sinnlich gegenwärtig sind. Das Gleichgewicht, das sie sucht, wird nur zu leicht von außen her gestört. Dagegen kann Jupiter auch das bejahen, was außen ist. Er erlebt die Welt ohne räumliche und zeitliche Begrenzung als ein dynamisches Ganzes, das einen Sinn in sich trage und auf das man deshalb wohl vertrauen dürfe. Darum kann er ohne ängstliche Vorbehalte sein Leben so führen, wie es idealen Maßstäben entspricht.

Wer das vermag, ist als Weltmann der vollendete Aristokrat, der Gentleman vom Scheitel bis zur Sohle, dessen Vornehmheit niemals anmaßend oder übertrieben wirkt. Als Gottesmann weiß er die echte priesterliche Würde mit weiser Milde und sogar mit feinem Humor zu vereinigen. Die höchsten Vertreter des jovischen Prinzips sind der Edle, der Weise und der Heilige.

Wenn darum die Griechen gerade Zeus-Jupiter zum Herrscher ihrer Götterwelt erhoben, so geschah damit, wie wir jetzt erkennen, ein geistiger Akt von hoher Bedeutsamkeit. Die willkürlichen Maßstäbe, die sich das Individuum setzt, wurden durch die olympische Ordnung überhöht.

Zeus ist der Wahrer des ethischen Prinzips. Als »Zeus horkios« wacht er über der Heiligkeit des Eides, der dem gesprochenen Wort religiöse Bedeutung gibt. Als »Zeus xenios« schützt er den Fremdling und läßt ihn auch dort freundlich aufnehmen, wo er weder Verwandte noch Freunde hat. »Zeus eleutherios« schließlich heißt er, weil er die Freiheit der Völker erhält. Das tut er, indem er auch die Beziehungen zwischen den Staaten einem sittlichen Ethos unterstellt. Die Olympischen Spiele waren Feiern des Zeus. Darum wurden auf ihnen weder Rekorde gemessen noch eine merkurische »Völkerverständigung« im Sinne des Aushandelns von geschäftlichen Einzelvorteilen betrieben. Man machte die höhere Einheit, die man über den verschiedenen Stämmen von Hellas empfand, zum festlichen, weihevollen Erlebnis.

Zeus wacht auch darüber, daß der Krieg nicht zum wütenden Morden und Zerstören ausartet, sondern Gesetzen des ritterlichen Anstandes unterworfen bleibt. Seine Tochter Pallas Athene, die Vorkämpferin (Promachos), zeigt durch ihre Siege über Ares, wie die Kriegskunst des geistig überlegenen Kämpfers auch äußerlich dem bloßen Ansturm wilder Wut gegenüber erfolgreich ist. Auch sonst sehen wir in Pallas Athene das Bild der edlen Frau als einer Trägerin höherer, geistig-ethischer Kultur.

Zeus lenkt als Gott der himmlischen Ordnung auch das Wettergeschehen und offenbart sich den Sterblichen als gewaltiger Blitzeschleuderer und Donnerer. Aber man vertraut ihm, denn auch seine Strafen sind nicht durch grausame Willkür, sondern durch Weisheit und Gerechtigkeit bestimmt. Was er tut, das ist wohlgetan. Noch der christliche Choral stellt das Gottvertrauen durch ein jovisches Bild dar:

»Der Wolken, Luft und Winden
gibt Wege, Lauf und Bahn,
der wird auch Wege finden,
da dein Fuß gehen kann.«

Wer die Wege des Himmels kennt, besitzt, was die Chinesen »das Tao« nennen. Die Japaner unterscheiden für ihn drei Möglichkeiten: »Shin-tô« (Weg der Götter,) »Bushi-dô« (Weg des Ritters) und »Butsu-dô« (Weg des Erleuchteten).

Die vielen Liebschaften des Göttervaters Zeus lassen sich leider nur allzuleicht ins Possenhafte ziehen. Sie sind aber nicht als billige Eskapaden eines ungetreuen Ehemannes zu verstehen, sondern stellen dar, wie sich der Geist immer wieder mit dem Lebendigen verbinden muß, um es zu erneuern und zu erheben. Dabei nimmt Zeus die verschiedensten Gestalten an, je nach den vielen Möglichkeiten der Begegnung. Die Weite seiner Geistbestimmtheit muß ihn aber notwendig in Konflikt mit den urtümlichen Lebensordnungen bringen, wie Hera sie vertritt. Deren Eifersucht darf darum ebensowenig banal aufgefaßt werden wie die Großzügigkeit des Zeus. Beide haben mit der Sphäre alltäglicher Eheirrungen nichts zu schaffen. Und es gilt auch das lateinische Sprichwort, das uns sagt, was Zeus gezieme, sei noch lange nicht dem Rindvieh erlaubt.

Auch in Märchen und Legende finden wir manche Gestalten, die dem jovischen Prinzip angehören: Ritter, Edelleute, Priester, Richter, Weise oder gütige Zauberer. Besonders aber ist da Sankt Petrus zu nennen, der ja im Volksglauben sogar noch als der Wettermacher gilt und den das Märchen vom »Bruder Lustig« recht ergötzlich auf gemeinsamer Wanderschaft mit einem merkurischen Gesellen zeigt. Auch der andere wohlbekannte Heilige, Sankt Nikolaus, der in der Adventszeit die Kinder beschenkt, ist mit ihm wesensverwandt. Wenn er fragt: »Sind's gute Kind? Sind's böse Kind?«, so klingt darin noch etwas von Zeus als dem Wäger und Richter der Menschenschicksale nach.

Wenn wir die Begegnungen Jupiters mit anderen Wesensprinzipien als astrologische Aspekte deuten wollen, können uns wieder einige Stichworte helfen:

SONNE:	JUPITER:
Selbstverwirklichung	Sinnverwirklichung
Ehre	Verantwortlichkeit
Souveränität	Repräsentation
Selbstvertrauen	Gläubigkeit
Eigenwille	Ethos
Wertsetzung	Werterfüllung
Größe	Weite
Macht	Vornehmheit
Schöpfertum	Weisheit
Stolz	Würde

MOND:	JUPITER:
Natürlichkeit	Geistigkeit
Entwicklung	Bildung
Instinkt	Weisheit
Intimität	Weite
Gemüt	Ethos
Schlichtheit	Würde
Volkstümlichkeit	Vornehmheit
Empfänglichkeit	Einsicht
Innerlichkeit	Vorausschau
Kindlichkeit	Überlegenheit

MERKUR:	JUPITER:
Verstand	Vernunft
Analyse	Synthese
Vereinzelung	Gesamtschau
Skepsis	Glaube
Nüchternheit	Weihe
Taktik	Strategie
Zweckdenken	Sinndenken
Ausbildung	Bildung
Eigennutz	Gemeinnutz
Realismus	Idealismus

VENUS:	JUPITER:
Sinnlichkeit	Geistigkeit
Liebe	Glaube
Verschönerung	Veredelung
Anmut	Würde
Kunst	Religion
Eros	Ethos
Gleichgewicht	Dynamik
Geschlossenheit	Expansion
Freude	Heiterkeit
Sympathie	Menschenliebe

MARS:	JUPITER:
Wille	Ethos
Tat	Gesinnung
Aggression	Toleranz
Kämpfertum	Führertum
Nahwirkung	Fernwirkung
Tatkraft	Überlegenheit
Problemstellung	Sinndeutung
Zucht	Veredelung
Leidenschaftlichkeit	Gelassenheit
Impuls	Idee

Auch die Konstellations-Beispiele sollen diesmal nicht fehlen (Abb. 22)

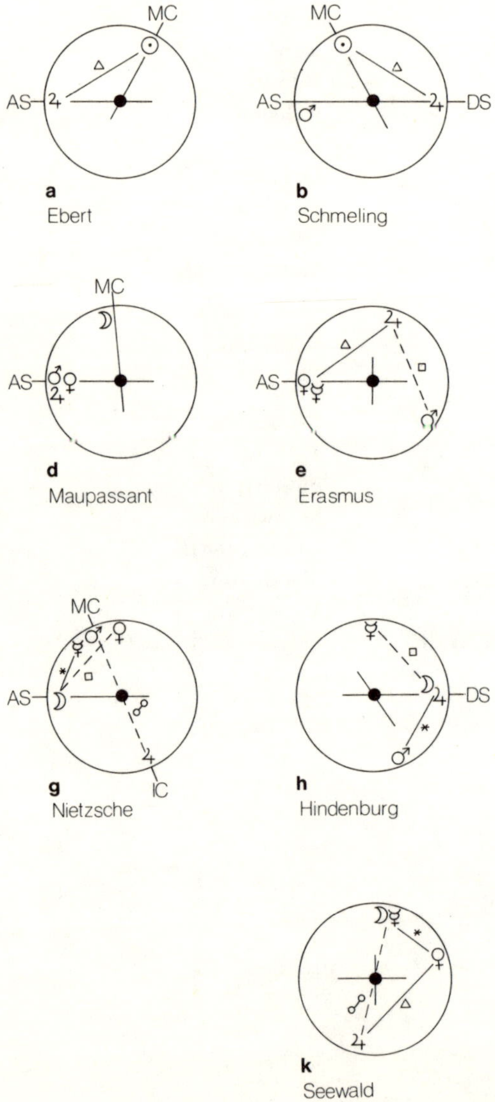

Abb. 22 Konstellationsbeispiele

a Sonne am MC im Trigon zu Jupiter am AS (Reichspräsident Friedrich Ebert).

b Sonne am MC im Trigon zu Jupiter am DS. Mars nahe dem AS (Max Schmeling, Boxweltmeister).

c Jupiter in Konjunktion mit Venus und im Trigon zum Mond. Dazwischen Merkur mit Sextilen zu allen (der Bildhauer Max Klinger).

d Eine Konjunktion von Mars, Venus und Jupiter am AS. Der Mond am MC (Guy de Maupassant).

e Jupiter mit einem Trigon auf Venus und Merkur, die am AS stehen, zugleich mit einem Mars-Quadrat (Erasmus von Rotterdam).

f Merkur kulminiert mit einem Quadrat zu Jupiter am AS. An anderer Stelle Mond und Mars in Konjunktion (Ralph Waldo Emerson).

g Mars kulminiert in Opposition zu Jupiter am IC. Mond am AS mit Merkur-Sextil und Venus-Quadrat (Friedrich Nietzsche).

h Mond-Jupiter-Konjunktion am DS mit Sextil von Mars und Quadrat von Merkur (Paul v. Hindenburg).

i Jupiter kulminiert in Opposition zum Mond am IC. Sonne, Merkur und Venus am AS (die Schauspielerin Eleonora Duse).

k Mond-Merkur-Konjunktion mit Opposition von Jupiter. Venus dazu in Sextil bzw. Trigon (der Maler Richard Seewald).

SATURN ♄

Von den sieben Planeten, die wir mit bloßem Auge am Himmel sehen können, bleibt uns als letzter noch Saturn zu besprechen. Er wurde ja schon gelegentlich erwähnt und dabei als der Wahrer einer starren, unerbittlichen Naturgesetzlichkeit bezeichnet. Nun soll uns sein Wesen noch näher beschäftigen.

Saturn ist der sonnen- und erdenfernste Planet. Für eine Beobachtung, die keine besonderen Hilfsmittel verwendet, ist seine Bahn die Grenze der Planetenwelt gegen den dahinterstehenden, ewig unbewegten Fixsternhimmel. So gilt Saturn seit jeher als der »Hüter der Schwelle«, der den Zutritt zu den jenseitigen Welten bewache und das Lebendige in den Schranken halte, die ihm notwendig gesetzt seien. Auch die Entdeckung neuer Planeten jenseits der Saturnbahn hat dieses Bild für unsere Deutung nicht geändert. Über sie wird aber noch zu sprechen sein.

Langsam, wie mit dem schleppenden Gang eines alten Mannes, bewegt sich Saturn über den Himmel. Sein Licht wirkt kraftlos, matt, kühl und bleiern. Es sieht aus, als käme er nur mühselig voran, wenn er jedes Jahr, gewissermaßen schon nach wenigen Schritten, wieder stehenbleibt, ganz langsam rückläufig wird und eine enge Schleife beschreibt, um dann endlich zögernd ein neues Stück vorwärts zu gehen.

Sein Umlauf dauert 29½ Jahre, während der Mond schon in der gleichen Anzahl von Tagen durch den ganzen Tierkreis geht. Zwischen beiden besteht also noch eine besondere Beziehung. Der Mond stellt das Gesetz des ewig sich wandelnden, ungeformten Lebens dar, aus dessen Mutterschoß wir geboren werden. Saturn dagegen steht am Übergang zu jener Welt, in die wir mit dem Tode eintreten und in der alles in unbewegter Ruhe fortdauert. Etwas von ihrer Gesetzmäßigkeit trägt er auch in die Bereiche des Lebendigen hinein.

Nun hatten wir freilich schon Jupiter als einen Träger überpersönlicher Ordnungen kennengelernt. Auch er lief ja langsamer als die Sonne. Aber Jupiter wird geradezu als Gegenspieler des Saturn betrachtet. Seine Bedeutung gewannen wir ja dadurch, daß wir gleichsam die Linie zwischen den beiden Lebensmächten Mond und Sonne ins Kosmische hinein verlängerten. Das machte ihn zum Symbol des Lebens, das über die Begrenzung im Individuellen hinauswächst. Saturn dagegen tritt diesem expansiven Leben von außen her entgegen, hemmt es und zwingt es überall dort zur Einschränkung, wo ein weiteres Vordringen ins Leere, Uferlose führen müßte.

Auch die Symbolzeichen, die wir für Jupiter (♃) und Saturn (♄) gebrauchen, zeigen uns die Gegensätzlichkeit der beiden Planeten. Beide haben ja dieselben Bestandteile: den Halbkreis für das Lebendige, Geöffnete, Seelische, der dem Kreuz als dem Zeichen schicksalhafter Gesetzmäßigkeiten angefügt ist. Nur geht, wenn wir das Kreuz als Ausgang nehmen, der Halbkreis bei Jupiter nach links, bei Saturn nach rechts. Wir wissen aber, daß die Richtung nach links in der Astrologie Entfaltung und Leben bedeutet, während man die Bewegung im Uhrzeigersinn als hemmend und kontrahierend ansieht.

Beim Zeichen für Jupiter setzt der Halbkreis an dem Punkt des Kreuzes an, der in unserem Schema dem Aszendenten entspricht, und schwingt sich von dort nach aufwärts. Es ist also dabei an eine neue Individuation zu denken, an die Geburt eines höheren Ich aus dem »alten Adam«. Bei Saturn aber führt der Bogen vom tiefsten Punkt des Kreuzes aus nochmals tiefer. Es ist so, als wollte die Seele noch unter die Urgründe ihrer lebendigen Existenz hinab weiterdringen oder – anders gesehen – als träfe sie, von dort kommend, unmittelbar auf das über ihr lastende Schicksal: jene »Moira« oder »Ananke«, die den Griechen als ein Prinzip galt, dem selbst die Götter noch unterworfen seien. So sagen die Planetensymbole, wenn man sie recht versteht, schon manches über das Wesen dessen aus, wofür sie als eine Art von Abkürzung stehen sollen.

Wenn wir von Saturn sagen, er unterwerfe das Leben anorganischen Gesetzen, hemme es und verlangsame seine Funktionen, bis nahe an den Stillstand heran, dann bedeutet das doch nicht, daß er ein Feind des Lebens wäre. Vielmehr ist auch das, was er tut, lebensnotwendig. Etwas von der unveränderlichen Festigkeit mineralischer Stoffe muß in den Organismus aufgenommen werden, wenn dieser nicht ins Formlose zerfließen oder krankhaft wuchern soll. Saturn gibt hier Halt und Schutz zugleich.

So wäre der Lebenskeim in einem Pflanzensamen der Kälte oder Trockenheit draußen hilflos ausgeliefert, wenn er nicht auf engstem Raum zusammengedrängt und mit einer festen, bergenden Hülle umgeben wäre. So schössen auch die Pflanzen rasch aus dem Boden und müßten bald wieder faulen, wenn nicht die Zellwände verholzen und damit formbeständig werden könnten. Nur die Nadelbäume bewahren ihr lebendiges Grün über den Winter, denn sie pressen es in saturnischer Weise ganz fest zusammen und halten die verletzliche Außenfläche so klein wie möglich. Gerade das aber macht sie zu tröstlichen Symbolen des Lebens, und nicht umsonst hat man die Tanne zum lichtertragenden Weihnachtsbaum erhoben. An ihr Bild sollte man denken, um den Saturn nicht als bloßen Verneiner des Lebens zu mißdeuten.

Viele Lebewesen schützen sich nach außen durch mineralisch harte Panzer oder feste Schuppen. Auch das innenliegende Knochenskelett der höheren Tiere und des Menschen dient dazu, dem Körper Stütze und Halt zu geben. Manche Tiere können den Winter nur dadurch überdauern, daß sie alle ihre Lebensfunktionen so weit wie möglich hemmen, sich verpuppen oder in Höhlen verkriechen und in Schlaf verfallen. Der Mangel, der draußen besteht, zwingt das Lebendige, sich von innen heraus der anorganischen Materie ähnlich zu machen.

Wird dieser innere Prozeß allerdings ohne die Nötigung von außen vollzogen, so kann er auch zu ungesunder Erstarrung, Verkalkung und Versteifung führen. Krankheiten werden dann »chronisch« (Chronos = Saturn), und anorganische Stoffe werden in zu großer Menge im Körper angelagert, wo sie schädigend wirken.

Ähnlich ist es im seelischen Bereich. Auch hier muß fester Halt erworben werden, damit die Seele nicht im Strudel der Erlebnisse und Wandlungen hilflos einhertreibt. Sie muß das gewinnen, was man »Charakter« nennt oder was man auch gern bildlich so ausdrückt, daß ein Mensch »Rückgrat habe«. Wenn Hemmungen fehlen und die Kunst des Verzichtens nie geübt wurde, kann der Mensch nicht der Wirklichkeit begegnen, die nun einmal hart ist. Ohne die Einsicht, daß es gültige Gesetze gibt, die uns verpflichten, bliebe man gewissenlos, schwach und oberflächlich. Saturn muß Tiefgang und Gewichtigkeit geben.

Aber auch hier ist es möglich, zu übertreiben. Nur gar zu leicht werden statt notwendiger Einschränkungen gewaltsam hemmende Schranken gesetzt. Um sich vermeintlich zu schützen, läßt man sich in die Enge und damit in die Angst hineintreiben. Die Regungen des moralischen Gewissens werden zu depressiven Schuldgefühlen übersteigert, und es entsteht eine zwanghafte Haltung, die alles Lebendige verbittert ablehnt. Die Seele verarmt und vertrocknet. Ihre kümmerlichen Reste noch durch Askese abtöten zu wollen, stellt kein ethisches Verdienst dar. Man verkriecht sich in sein Einsiedlergehäuse und möchte den Enttäuschungen des Lebens dadurch entgehen, daß man von vornherein auf alles verzichtet. Aber dadurch hat man sich auch vom Wert des Lebens abgesperrt. Wer von der Welt nichts wissen will, zeigt nur, daß er von ihr wirklich nichts weiß.

Der Erkennende aber darf den Saturn nicht mißachten. Er muß ja nach einer festen, unabdingbaren Wahrheit suchen, die sich in Gesetzen offenbart. Das verlangt Ernsthaftigkeit, Konzentration und das Zurückdrängen aller eigenen Stimmungen und Begehrlichkeiten. Gewissenhaftigkeit und Gründlichkeit, ruhige Sachlichkeit und Wahrheitsliebe sind wichtige Tugenden für den Forscher, aber auch für jeden anderen Menschen, der mit geistigen Dingen zu tun hat. Wie die Sprache in der Grammatik, so hat auch das Denken in der Logik feste Gesetze, die man nicht ungestraft übertritt. Und nirgends gibt es eine Freiheit, hinter der nicht die Ordnungen des Notwendigen stünden.

Diesen Ordnungen hat der Mensch sich zwar zu fügen, aber er darf sich nicht etwa mit ihnen identifizieren. Sonst käme die Starrheit eines engen Dogmenglaubens zustande oder der eiskalte ethische Rigorismus, der sich zum Richter über die gesamte Wirklichkeit aufwirft und sie auch jederzeit gleich zu verurteilen bereit ist. Eine pessimistische Grundstimmung wird sich dann gern als »Weltanschauung« verkleiden, und vom Leben bleibt nur noch die bürokratische Erfüllung von Pflichten übrig, die in den Paragraphen irgendeines Kodex festgelegt sind.

Tötet ein derart übermächtig gewordener Saturn alle Herzlichkeit, so ist einer, der in seinen Grenzen bleibt, doch unentbehrlich als Erhalter der menschlichen Lebensformen. Ohne Vorschriften, die jeden gleichermaßen binden, gibt es keine Gemeinschaft. Vor dem »jus aequum«, das Jupiter bringt, steht überall schon das »jus strictum«, das strenge Gesetz, von dessen Wortlaut nichts abzuhandeln ist. So geht auch in der Religion das Alte Testament der christlichen Erlösungsbotschaft voraus.

Würde der einzelne Mensch sich nicht Verbote und Beschränkungen auferlegen, so gäbe es keine Zuverlässigkeit und keine Treue. Eine gewisse Korrektheit des Verhaltens muß von jedem gefordert werden, und auch Pflichten, die keine Freude bereiten, verlangen ihre Erfüllung. Darum ist die innere Zensurbehörde des Menschen, die Freud sein »Über-Ich« nannte, eine sehr wichtige Instanz, solange sie ihre Kompetenzen nicht überschreitet.

Ebenso gäbe es im Leben der Staaten keinerlei Sicherheit und Kontinuität, wenn nicht das beharrende saturnische Prinzip vorhanden wäre, um sie zu garantieren. Sosehr man Konservativismus und reaktionäres Haften an der Tradition verurteilen mag, ist doch nichts für ein Staatswesen gefährlicher als das dauernde Ändern und Herumflicken an seinen Fundamenten. Auch die bestgemeinten Reformen zerstören meist mehr, als sie bessern. Denn sie nehmen den Menschen etwas von dem Sicherheitsgefühl der äußeren Lebensordnung gegenüber, das sie haben müssen, um nicht auch im Inneren in Verwirrung zu geraten.

Saturn hat das mit allen Planeten gemeinsam, besonders aber mit allen äußeren, daß es schwer ist, seinen Forderungen in vollgültiger Weise zu entsprechen. Aber das darf nicht ihm als Schuld angerechnet werden, sondern trifft den Menschen selbst.

Wer es sich gern zu bequem machen möchte, dem begegnet Saturn allerdings mit seiner ganzen Härte. Aber er will ihn ja nicht vernichten, sondern ihn zu der Einsicht führen, mit der er überhaupt erst ins wirkliche Leben eintreten kann. Er stellt uns die anorganische Welt nicht deshalb gegenüber, damit wir an ihr scheitern sollen, sondern damit wir in ihrem Inneren tiefe Geheimnisse und Schönheiten erkennen. Das wußte man noch, als man etwa zur Zeit der romanischen Kunst in schweren Steinmassen das Mittel sah, die geistigsten Wahrheiten des Glaubens darzustellen. Jede spätere Wendung ins Bewegtere und Dramatische zeigt sich letzten Endes doch als ein Nachlassen der ursprünglichen religiösen Kraft.

Saturn, der Hüter der Schwelle, ist auch der Bewahrer aller Schätze, die jenseits liegen. Man kommt an ihm nicht vorbei. Wer ihm aber ohne Furcht ins Auge schaut und in ihm sein Schicksal erkennt, den weiht er in die letzten Geheimnisse ein. Darum wissen auch Mythos, Märchen und Sage immer wieder von den Reichtümern zu erzählen, die tief in Bergschächten ruhen und dort von saturnischen Geistern bewacht werden.

Auch den Griechen galt Chronos (Saturn) als der Herrscher des »Goldenen Zeitalters«. Er gewinnt die Macht, indem er seinen Vater Uranos entmannt, also der unerschöpflichen Fruchtbarkeit des Himmels Grenzen setzt. Aber es ist ihm prophezeit, daß auch ihn einer seiner Söhne entthronen werde. Darum verschlingt er alle seine Kinder gleich nach ihrer Geburt. Er kann sie, die unsterblich sind, dadurch zwar nicht töten, hält aber ihr Leben in Gefangenschaft um seiner eigenen Sicherheit willen. Doch seine Gemahlin Rhea (eine lunare Göttin) vermag ihn schließlich zu täuschen. Sie verbirgt ihren Jüngstgeborenen, Zeus, und läßt ihn heimlich aufziehen, bis er groß genug ist, um dem Vater zu begegnen. In der gewaltigen Titanenschlacht gewinnt Zeus die Oberherrschaft und begründet die olympische Ordnung, mit der das Reich des Chronos sein Ende findet. Auch die Geschwister, die gefangen waren, werden durch ihn befreit.

In Rom bewahrte man im Tempel des Saturnus den Staatsschatz auf. Außerdem kannte man dort den Gott Janus, der auch saturnischen Wesens war und im besonderen als ein Hüter der Schwellen und Durchgänge galt. Darum hatte sein Bild auch zwei Gesichter, mit denen es zugleich nach außen und nach innen schaute.

Im Märchen sind Berge und Felshöhlen die Orte, wo Zwerge als Schatzhüter hausen, aber auch Einsiedler oder böse Zauberer, denen die Kraft des »Bannens« gegeben ist. Die positive Seite des Saturn zeigt sich in den getreuen Dienern, wie etwa dem treuen Johannes oder dem eisernen Heinrich. Letztlich gehört auch Hagen von Tronje, den wir schon als den saturnischen Gegenspieler Siegfrieds nannten, zu ihnen.

Die Fabel kennt alte, weise Vögel, wie Raben, Krähen und Eulen, die aber auch Unglückspropheten sind, als saturnische Tiere; außerdem etwa den Bären oder die Schlange. Der Tod, als Knochenmann dargestellt, trägt das Stundenglas in der Hand, in dem das unerbittliche Verrinnen der Lebenszeit symbolisiert ist. Er kann aber auch als Freund zu dem Menschen kommen, dessen Zeit sich erfüllt hat.

Auch für die Aspekte Saturns zu anderen Planeten seien hier wieder einige Stichworte gegeben. Ich möchte allerdings noch einmal daran erinnern, daß keine Deutung richtig sein kann, wenn sie nicht ursprünglich vom Bild ausgeht. Alles Begriffliche ist in der Astrologie nur etwas Sekundäres.

SONNE:	SATURN:
Freiheit	Notwendigkeit
Schaffen	Erhalten
Eigenwille	Schicksal
Person	Sache
Spontaneität	Pflichttreue
Mut	Ausdauer
Anspruch	Verzicht
Werk	Dienst
Bejahung	Negation
Unbedingtheit	Einschränkung

MOND:	SATURN:
Wechsel	Dauer
Entwicklung	Beharrung
Kindheit	Alter
Intimität	Distanz
Phantasie	Logik
Traum	Wirklichkeit
Improvisation	Systematik
Lockerheit	Beherrschtheit
Beeinflußbarkeit	Festigkeit
Sehnsucht	Resignation

MERKUR:	SATURN:
Beweglichkeit	Festigkeit
Geschicklichkeit	Ausdauer
Zweckmäßigkeit	Sachlichkeit
Nützlichkeit	Wahrheit
Relativierung	Dogmatisierung
Behelfsmäßigkeit	Dauerhaftigkeit
Leichtigkeit	Ernsthaftigkeit

Esprit	Gründlichkeit
Beredsamkeit	Logik
Gewinnstreben	Entsagung
VENUS:	SATURN:
Schönheit	Wahrheit
Konvention	Gesetz
Freude	Pflicht
Genuß	Verzicht
Anmut	Strenge
Höflichkeit	Korrektheit
Geselligkeit	Einsamkeit
Hingabe	Verhaltenheit
Sinnlichkeit	Askese
Harmonie	Sicherheit
MARS:	SATURN:
Antrieb	Hemmung
Wille	Pflicht
Angriff	Abwehr
Energie	Ausdauer
Wagnis	Sicherheit
Zupacken	Festhalten
Wildheit	Starrheit
Leidenschaftlichkeit	Verhaltenheit
Straffung	Haltung
Begierde	Verzicht
JUPITER:	SATURN:
Expansion	Kontraktion
Dynamik	Statik
Vertrauen	Sorge
Heiterkeit	Ernsthaftigkeit
Milde	Strenge
Entfaltung	Erhaltung
Fülle	Kargheit
Gerechtigkeit	Gesetzestreue
Gläubigkeit	Dogmatik
Weite	Tiefe

Diesmal soll eine größere Anzahl von Konstellationsbeispielen dargestellt werden, darunter auch einige schwierigere. Wir müssen ja allmählich den Reichtum an Aussagemöglichkeiten kennenlernen, der sich durch die Kombinationen der sieben Planetenprinzipien untereinander ergibt.

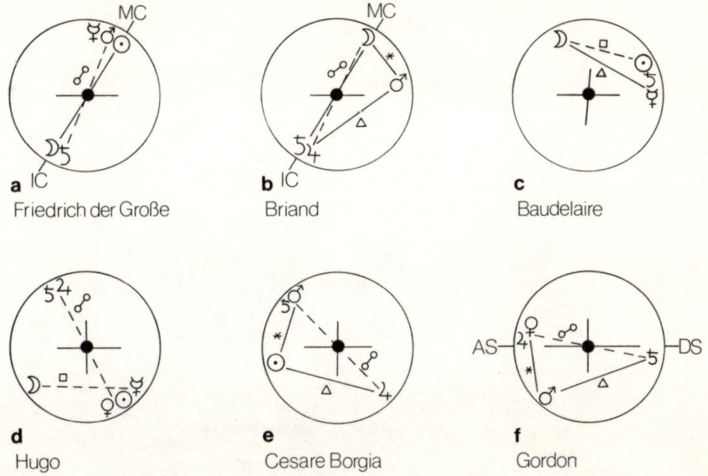

Abb. 23 Konstellationsbeispiele

a Sonne, Mars und Merkur am MC stehen einer Mond-Saturn-Konjunktion am IC gegenüber (Friedrich II., der Große).

b Der Mond am MC in Opposition zu Jupiter und Saturn; darauf Sextil bzw. Trigon von Mars (Aristide Briand).

c Der Mond im Quadrat zur Konjunktion von Sonne und Saturn, zugleich im Trigon zu Merkur nahe am DS (Charles Baudelaire).

d Die beiden Konjunktionen Jupiter-Saturn und Sonne-Venus in Oppositionen zueinander. Ein Quadrat von Mond und Merkur (Victor Hugo).

e Mars und Saturn in Opposition zu Jupiter. Darauf ein Sextil bzw. Trigon der Sonne (Cesare Borgia).

f Jupiter und Venus in Opposition zu Saturn. Darauf Sextil bzw. Trigon von Mars (General Ch. G. Gordon, der Verteidiger von Khartum).

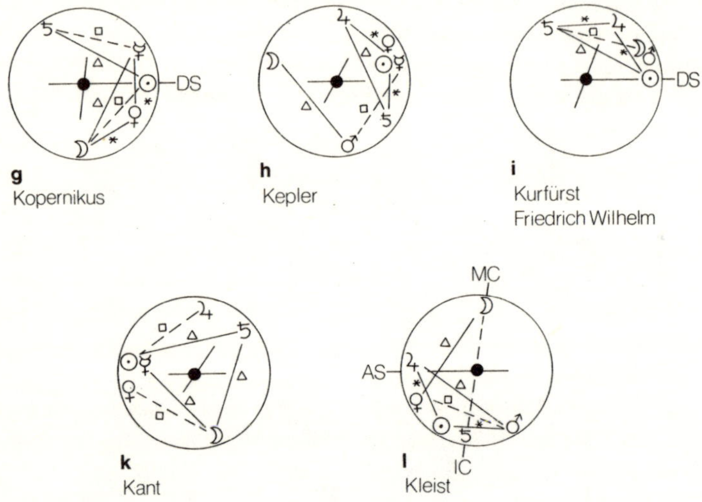

Abb. 23a Konstellationsbeispiele

g Quadrate von Sonne zu Mond und von Merkur zu Saturn. Sonne-Saturn-Trigon und Mond-Merkur-Trigon, letzteres mit Sextilen der Venus dazwischen (Nikolaus Kopernikus).

h Trigon von Jupiter und Saturn; Sonne und Venus dazwischen in Sextilstellung zu beiden Planeten. Mars mit einem Quadrat von Merkur und einem Trigon des Mondes (Johannes Kepler).

i Saturn im Trigon zur Sonne und im Sextil zu Jupiter, aber auch mit einem Quadrat auf Mond und Mars, die in Konjunktion stehen (Friedrich Wilhelm von Brandenburg, der Große Kurfürst).

k Sonne-Merkur, Mond und Saturn bilden zusammen ein geschlossenes Trigon. Sonne und Merkur stehen dabei im Quadrat zu Jupiter. Den Mond trifft ein Quadrat der Venus (Immanuel Kant).

l Zum kulminierenden Mond steht Saturn in Opposition, Venus im Trigon. Venus hat wieder ein Quadrat auf den Mars, der seinerseits mit der Sonne durch ein Sextil, mit Jupiter durch ein Trigon verbunden ist. Sonne-Jupiter-Sextil (Heinrich von Kleist).

DIE TRANSSATURNISCHEN PLANETEN

Saturn beschließt die Reihe der sieben Planeten, die seit den Anfängen der Kultur überall bekannt waren, und auf denen sich auch das System der Astrologie aufbaute. Noch uns Heutigen ist die heilige Siebenzahl aus vielerlei Zusammenhängen vertraut. Wir finden sie immer wieder, ob wir nun an die sieben Tage unserer Woche, die sieben Geißlein oder sieben Zwerge des Märchens, die Siebenmeilenstiefel, den siebenarmigen Leuchter der Israeliten oder die siebentönige Skala der Musik denken. Die 7 ist die symbolische Zahl der im Kosmos wirkenden Dynamik, so wie die 12 (die ja nicht minder oft vorkommt) für die ruhende Ordnung des Weltganzen steht. Die 7 ergibt sich, wenn man die Zahl der »inneren« Planeten – 4 – und die der »äußeren« – 3 – zueinanderzählt; die 12, wenn man beide Zahlen multipliziert. So sah man es seit jeher; so war alles schön und geordnet.

Nun aber entdeckte F. W. Herschel im Jahre 1781 zum ersten Mal einen »neuen« Planeten, der bis dahin nicht bekannt gewesen war. Bis zum Jahre 1930 wurden dazu noch zwei weitere, von uns noch entfernter stehende gefunden. Damit schien für die Astrologie (um die man sich allerdings zu diesen Zeiten gerade nur sehr wenig kümmerte) ein schwieriges Problem aufzutauchen.

Sollte die alte, geheiligte Siebenzahl der Planeten nun auf einmal nicht mehr gelten? Und sollte das Grundprinzip der Astrologie verlassen werden, wonach wir nur das deuten, was wir selbst am Himmel sehen? War an der unendlich langsamen Bewegung ferner Planeten, die nur im Fernrohr überhaupt zu sehen sind, noch irgend etwas für uns »Anschauliches«, das Symbolbedeutungen hätte begründen können?

Aber diese Frage war, wenn man sie recht bedachte, gerade aus den Voraussetzungen der Astrologie klar und einfach zu lösen. Planeten, die existieren, aber uns nur durch besondere Hilfsmittel sichtbar werden, können sehr gut auch als wirkende Kräfte gedacht werden (natürlich nicht im physikalischen Sinn). Nur gehören diese Kräfte dann ebenfalls nicht zum Normalbereich unserer Erfahrung. Man braucht gewissermaßen auch im Seelischen und Geistigen eine Art von besonders geschärfter Optik, um sie überhaupt wahrzunehmen. Sie stammen aus einem eigentlich jenseitigen Gebiet, in dem wir nicht leben und von dem wir im Alltagsverlauf unseres Daseins kaum etwas bemerken, zu dem wir aber unter außergewöhnlichen Umständen in Beziehung treten können.

Die sieben »alten«, »klassischen« Planeten bleiben also in ihrem Recht. Sie symbolisieren die Kräfte, aus denen sich das Lebendige aufbaut und die in seinem normalen Bestand wirken. Mit ihnen ist das eigentlich Menschliche in seiner Ganzheit gegeben. Die »neuen«, transsaturnischen Planeten aber weisen ins Übermenschliche, in die Transzendenz. Sie vertreten Mächte und Möglichkeiten, von denen wir im allgemeinen nichts ahnen, die also für uns »okkult« sind. Nur in seltenen Augenblicken wirken sie auch in unser Dasein hinein. Dann ist solche Wirkung schwer zu fassen und schwer zu verstehen.

Wer stark auf die transsaturnische Welt bezogen ist, kann demgemäß im Diesseits nicht mehr so ganz zu Hause sein. Vielleicht ist er ein Genie, ein Heiliger oder ein Prophet, der alles gemeine Menschenwesen weit überragt und höherer Einsichten teilhaftig ist. Vielleicht aber – und diese Gefahr ist leider nicht gering – bricht nur in seine kleine, enge Welt etwas von jenseits ein, das er gar nicht verstehen und dem er nicht gerecht werden kann, das darum nur sein armes bißchen Verstand verwirrt und dem er als ein »Besessener« hilflos ausgeliefert ist.

Verlangten schon die äußeren Planeten ein hohes Niveau, so setzen die transsaturnischen eigentlich, wenn man ihren Forderungen ganz entsprechen will, einen Ausnahmemenschen voraus, der nicht an das sonst für Menschen Mögliche gebunden ist. Die Gefahr ist ungeheuer groß, die Wahrscheinlichkeit eines guten Ausganges denkbar gering. Der Sprung über den eigenen Schatten ist noch die leichteste Aufgabe, die hier dem Menschen gestellt wird.

Gerade darum aber erfreuen sich die transsaturnischen Planeten so besonderer Beliebtheit, zumal bei Anfängern in der Astrologie. Ist es doch jedem ein Herzensanliegen, daß gerade er ein Ausnahmemensch sein müsse und daß die Regeln, die für andere gelten, für ihn nicht gelten dürften. Deshalb gibt es so viele vermeintliche Adepten, die fest davon überzeugt sind, ihr und der Welt gesamtes Seelenheil hänge von Neptun oder gar von Pluto ab. Sie warten womöglich schon mit Sehnsucht darauf, daß man noch einige weitere Planeten oder die mysteriösen »Dunkelmonde« entdecken möge, in die sie dann vollends hineingeheimnissen könnten, was sie nur wollten.

Der legitime Zugang zur übersinnlichen Welt führt aber nur durch die volle Erfahrung der sinnlich gegebenen, an deren Schwelle Saturn steht. Wer meint, er könne sich an Saturn vorbeischleichen und gleich einen Blick ins Jenseitige tun, wird immer schwer gestraft. Er gewinnt nicht nur drüben nichts, sondern verliert auch noch, was er hier vielleicht besaß.

Die »alten« Planeten geben uns alles, was für unser Leben nötig ist. Die transsaturnischen dagegen sind nur wie Gewürze, die zwar die Speisen köstlicher machen, von denen aber niemand sich ernähren kann. Das muß uns bei der Deutung von Horoskopen, besonders aber bei unserer eigenen praktischen Lebensführung, immer bewußt bleiben.

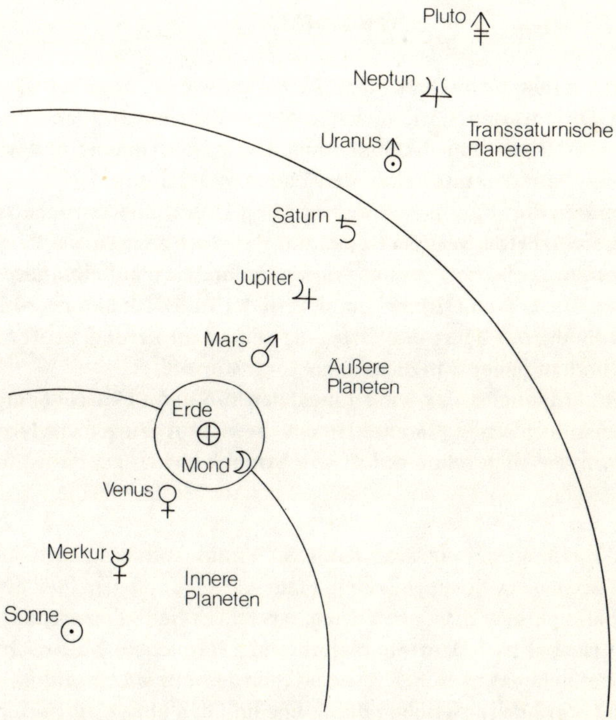

Abb. 24 Schema des Planetensystems (heliozentrisch)

URANUS ⛢

Von den transsaturnischen Planeten haben wir keine unmittelbare Anschauung. Darum können wir auch das Wesen, das sie darstellen sollen, nicht aus sichtbaren Eigentümlichkeiten erkennen, sondern müssen es durch Analogieschlüsse von den uns bekannten Planeten ableiten.

Wir kannten dort bereits den wesentlichen Unterschied zwischen inneren und äußeren Planeten. War die Bedeutung der einen ganz auf das Persönliche oder Vorindividuelle bezogen, so wiesen die anderen auf ein überpersönliches Leben hin, dessen Ordnungen nicht in der Individualität begründet waren. Von ihnen war Mars der erste, der die schön gerundete Venus-Welt sprengte und zu neuen Möglichkeiten voranstürmte.

Es liegt darum nahe, daß wir Uranus, den 1781 von Herschel entdeckten ersten transsaturnischen Planeten, in eine gewisse Analogie zu Mars setzen. Das deuten wir auch schon durch sein Symbolzeichen an, das so aussieht:

⛢

Hier wird nicht nur der einfache Kreis der Venus, sondern gleich die ganze, durch das Sonnensymbol angedeutete Planetenwelt durch den Pfeil gesprengt, der diesmal senkrecht nach oben dringt, also direkt aufs Transzendente zielt.

Uranus ist aber auch dem innersaturnischen Bereich noch am nächsten. Er kann deshalb ebenso zwischen ihm und dem Jenseitigen vermitteln, wie wir Merkur als Vermittler zwischen der Sonne und den übrigen Planeten sahen. Auch eine Analogie von Uranus und Merkur wird also angenommen. Die Eigenschaften des Uranus ergeben sich für uns, wenn wir Merkurisches und Marsisches vereinigen, um es gleichsam in die übersinnliche Potenz zu erheben.

Es sei hier nebenbei erwähnt, daß für Uranus häufig auch noch ein anderes Zeichen verwendet wird, das aber keinerlei Symbolbedeutung hat, sondern nur aus einem Kreis mit darübergestelltem »H«, dem Anfangsbuchstaben des Entdeckers Herschel, besteht: ♅. Bei aller Hochachtung, die wir ihm zollen, werden wir aber Herrn Friedrich Wilhelm Herschel doch nicht gleich unter die Götter aufnehmen wollen. Wir ziehen darum das symbolisch richtige Zeichen vor.

Wenn Mars die Spannungen sammelte und aufstaute, die sich innerhalb der Venus-Welt noch als unlösbar, nicht harmonisierbar erwiesen hatten, so tut Uranus ein Gleiches für die gesamte innersaturnische Welt. Auch dort bleiben ja immer wieder Fragen unbeantwortet und Konflikte unentschieden, vor denen alle normalen Möglichkeiten versagen. Aus ihnen gewinnt Uranus die Kraft, die ihn dann, wenn sie sich plötzlich entlädt, über alle empirische Wirklichkeit hinausträgt.

Gelingt allerdings die richtige Auslösung nicht, so bleibt von dieser kosmischen Unzufriedenheit nur eine unmotivierte Dauerspannung übrig, die kein Ventil findet. Man nennt den Menschen, bei dem das geschieht, darum mit Recht »überspannt«.

Uranus will ja nicht weniger als die Aufhebung aller der Gesetze, die sonst für das lebendige Wesen gelten. Ihn lockt gerade das völlig Unmögliche. Die drei Dimensionen genügen ihm nicht, darum stößt er kühn nach der vierten vor. Jenseits alles dessen, wozu organische Entwicklung führen konnte, will er neu beginnen.

Der Sprung über den eigenen Schatten ist aber auch nur mit der eigentümlichen Dynamik des Uranus möglich. Erst wird alle verfügbare Spannung künstlich bis zu einem Grenzwert gesteigert, und dann folgt eine plötzliche, ruckartige Entladung. Wenn sie vorbei ist, findet sich meist irgend etwas, das bisher in der empirischen Wirklichkeit nicht vorhanden war. Im Körperlichen etwa tritt unvermittelt ein ganz anderes Bild auf, so wie man das bei den »Mutationen« erlebt. Die alte Lehre »Natura non facit saltus« wird für den Einzelfall widerlegt. Oder es bleibt bei einer »Fehlzündung«, durch die entweder gar nichts zutage kommt oder nur ein Zerrbild dessen, was schon da war.

Die Gefahr des Uranus liegt ja darin, daß er die Wirklichkeit als solche nicht anerkennt und keinerlei Grenzen oder Bindungen beachtet. Das läßt ihn, wo er in Aktion tritt, alles lebendig Gewachsene so behandeln, als existiere es überhaupt nicht. Er ist noch um vieles kälter, eisiger als Saturn. Ihm entspricht eine Überdisziplin oder Überaskese, die nicht einmal mehr zum ehrlichen Kampf gegen die Triebe antritt, sondern sich völlig außerhalb aller vitalen Beziehungen stellt. Wer sie übt, erreicht so einen letzten Grad von Gefühllosigkeit und kann seine gesammelten Energien wie von einer weit entfernten Kommandostelle aus blitzartig in den Kampf werfen. Er wird, wie man richtig sagt, zu allem fähig: zum Guten wie zum Schlimmen. Wofür er sich entscheidet, hängt von einer ziemlich irrational gefaßten Konzeption der Dinge ab.

Manchmal bekommen solche Menschen im Leben der Staaten eine wichtige Aufgabe. Sie sind es, die alle Spannungen einer verfahrenen politischen Situation zusammenballen können, um dann mit einem plötzlichen revolutionären Akt das Gemeinwesen neu zu begründen, fernab von allem, was bisher galt. Aber solche Gelegenheiten sind selten, und noch seltener findet sich die menschliche Größe, die ihnen ganz entsprechen könnte. Für gewöhnlich führen die Antriebe, die Uranus gibt, nur in die Übertriebenheit. Seine Exzentrizität hilft nicht ein neues Zentrum zu finden, sondern zielt ins Nichts. Sie wird zum Nihilismus, der aus Lebensfremdheit das Leben zerstört. Das kann im kollektiven Bereich, aber auch innerhalb der einzelnen Existenz geschehen.

Entscheidend für den Wert aller Uranus-Aktionen ist es, ob man im »Drüben« eine wirklich neue Orientierung findet oder nur in ein Vakuum gerät. Die über-marsische Dynamik muß durch eine über-merkurische Geistigkeit bestimmt werden. Deren Inhalt aber ist wieder von dem abhängig, was in der innersaturnischen Welt geleistet wurde.

Ein Denken, das um Wahrheit bemüht ist, muß einmal zu dem Punkt kommen, an dem keine Logik mehr weiterhilft. Und gerade da kann plötzlich eine neue Erkenntnis aufleuchten, von der man nicht weiß, woher sie stammt, die aber sicher nicht durch rationale Überlegung gewonnen wurde. Es ist so, als hätte sich mit einmal eine vierte Dimension aufgetan, in der alles in klarem Zusammenhang miteinander steht, was im dreidimensionalen Raum unvereinbar war. Durch eine geheimnisvolle Intuition ist man plötzlich in den innersten Kern einer Erscheinung vorgedrungen, von der man bisher immer nur die Oberfläche wahrgenommen hatte.

Solche Einsichten kommen aber nicht von ungefähr. Es gibt sogar exakte Methoden, mit denen man sich darin üben kann, sie zu gewinnen. Mit einer solchen sind wir hier gerade beschäftigt. Die ganze astrologische Arbeit zielt nämlich darauf ab, den Blick für ein gewissermaßen vierdimensionales Sehen zu schulen.

Es ist ja wohl schon deutlich geworden, daß sich allein aus den wenigen Elementen des Horoskops, die wir bis jetzt kennen, sehr vielfältige Aussagen machen lassen. Je weiter wir das Bild noch vervollständigen, um so komplizierter wird es natürlich werden. Es werden vor allem in vielen einzelnen Fällen Widersprüche darin auftauchen, die unser gewohntes schematisches Denken als schlechthin unerträglich empfinden muß, auch wenn wir kaum leugnen können, daß es sie innerhalb der menschlichen Natur wirklich gibt. Gerade auf diese Widersprüche müssen wir uns aber bei der Deutung des Horoskops konzentrieren. Sie müssen ganz bewußt gemacht, nichts darf von ihnen um der Einfachheit willen verschwiegen werden. Denn dann entsteht durch sie allmählich eine Spannung in uns, die sich auf rationale Weise nicht mehr lösen läßt. Und es tritt – vielleicht! – jenes besondere Erlebnis ein, um dessentwillen man die Astrologie ja eigentlich betreibt:

Es fällt einem wie Schuppen von den Augen. Man sieht plötzlich, was man vorher nicht gesehen hat, und zwar mit einer Deutlichkeit, die gar keinen

Zweifel zuläßt. Kein Detail fehlt, und doch ist keines da, das nicht zu allen anderen in einer ganz klar einzusehenden Beziehung stünde. Die scheinbaren Widersprüche sind fort. Man steht mit einmal im Mittelpunkt der fremden Erlebniswelt und sieht, daß sie gar nicht so fremd ist. Alles hat in ihr seinen rechten Platz und seinen Sinn. Aus diesem Sinn heraus kann man nun das leisten, was eigentlich mit der »Deutung« des Horoskops gemeint ist. Man hat eine echte uranische Intuition gewonnen. Man sieht als stereoskopisches Bild, was bisher nur als eine verzerrte flächenhafte Darstellung erschienen war.

All das vollzieht sich aber in einem Augenblick. Man kann versuchen, möglichst viel aus dieser Schau in Begriffe zu fassen, aber man kann sie selbst nicht unverändert festhalten. Das wäre auch nicht ihr Sinn. Man soll mit den Einsichten, die man gewonnen hat, wieder in die körperliche Wirklichkeit zurückkehren. Wer »drüben« bleiben wollte, bekäme bald die eisige Kälte zu spüren, die in der Uranus-Welt herrscht. Dort ist ja die gedankliche Nüchternheit des Merkur bis ins Metaphysische gesteigert.

Und noch etwas anderes hat Uranus mit Merkur gemeinsam: Er braucht zu seinem Vorstoß ins Übersinnliche doch immer noch Hilfsmittel, die der materiellen Welt entnommen sind. Das merkt der Astrologe, wenn er Gestirnstandstabellen benutzen oder mathematische Berechnungen machen muß, und ebenso jeder andere, der auf uranische Weise arbeitet.

Uranus ist aber nicht nur Techniker, wie Merkur, sondern Vertreter eines über-technischen Prinzips. Ihm dient das Materielle eigentlich nur dazu, Übermaterielles zu verwirklichen. So ist etwa der Gedanke des Fliegens sicher nicht nur aus merkurischen Nützlichkeitserwägungen entstanden, sondern aus dem Verlangen nach einer Dimension, die dem Menschen bis dahin verschlossen war. Die weitere Entwicklung führt konsequent zum Verlassen der irdischen Atmosphäre überhaupt, zur Fahrt durch den Weltraum.

Auch die Erscheinungen der Radioaktivität und alle Strahlungsvorgänge empfinden wir als Uranus-Entsprechungen, weil in ihnen die Materie gewissermaßen ihre eigenen Grenzen überschreitet. In Analogie spricht man auch von einem »Röntgenblick« des uranisch orientierten Menschen, der die Oberfläche der Dinge überhaupt nicht sieht, sondern geradewegs ins Innere vordringt. Dort kann er allerdings – auch darin ist der Vergleich leider richtig – mitunter schwere Schädigungen anrichten.

Durch Uranus wird die Welt über-technisiert. Man sieht sie als Ganzes vor sich, wie eine fein gestochene Landkarte, aber doch wie aus unendlicher Entfernung. Funkwellen, die sich mit Lichtgeschwindigkeit ausbreiten, können hier allein noch die Verbindungen herstellen. Grenzen, Traditionen und örtlich gewachsene Besonderheiten gibt es nicht mehr. Man geht über sie hinweg und setzt seine utopischen »Reformen« mit einer Unbedenklichkeit durch, als operierte man im luftleeren Raum. Das 20. Jahrhundert hat schon fast zur Genüge die Gefährlichkeit solcher »Weltanschauungen« erfahren, die von jenseits des Lebens stammen. Für sie ist alles, was sie auf der Welt vorfinden, nur Werkzeug zum metaphysischen Zweck.

Auch ein einzelner Mensch kann sein Leben nach solchen Perspektiven einrichten. Dann wird er sich Uranus zum »Seelenführer« erwählen, so wie in den normalen Bereichen Hermes-Merkur dieses Amt innehat. Uranus bringt ihn mit jenseitigen Welten in Verbindung, von denen aber nicht unbedingt gesagt ist, daß sie auch wirklich »höher« wären. Häufiger als die echten Lösungen von Grenzsituationen sind leider die seelischen Kurzschlüsse, durch die anstelle einer Klärung nur Verwirrung entsteht. Es ist eben doch sehr leicht, sich zu versteigen, wenn man über die Wirklichkeit hinaussteigen will. Und ein überscharf gewordener Geist kann Liebe und Leben töten, auch wo seine ursprünglichen Einsichten richtig waren. Für ihn wird alles Menschliche nur mehr zum transzendentalen Rechenexempel. Wir kennen solche Haltungen nicht zuletzt aus manchen Werken moderner Künstler.

Wie aber Merkur die Heilmittel für Krankheit, die er verursacht hatte, selbst anbot, so tut dies auch Uranus. Wen er überspannt, verkrampft, exaltiert, gefühlsfremd, lebensblind und neurotisch macht, dem gibt er doch vielleicht noch einmal die Möglichkeit (wenn etwa ein heil gebliebener Jupiter hilft), den ganzen Komplex seiner Irrungen wie von fern zu sehen und über ihn hinaus zu neuen, diesmal gültigen, Ordnungen vorzudringen.

Uranus kann der große Befreier sein, wenn einmal die Grenzsituation erreicht ist, von der im »normalen« Bereich kein Weg mehr weiterführt. Dann wirft er Bindungen ab, die beengend geworden sind, und gibt geniale Einsichten in die letzten Hintergründe der Welt. Aber man muß sich erst innerhalb seiner Alltäglichkeit das Recht erworben haben, so weit voranzukommen. Und man muß innerhalb der Saturn-Grenze seine planetaren »sieben Sachen« so in Ordnung haben, daß man den Impuls des Uranus verarbeiten kann. Dann gerät man nicht ins Leere, sondern gewinnt echte geistige Überlegenheit, das Beste, was Uranus geben kann.

Die Kombinationen von Uranus mit den einzelnen Planeten im Horoskop lassen sich wohl auch deuten, wenn ich sie nicht sämtlich genau kommentiere. Ich gebe darum nur ein paar Stichworte für Uranus allein, die seine Entsprechungen im positiven und im negativen Sinne andeuten sollen:

URANUS:

+	–
Originalität	Exzentrizität
Geistesklarheit	Gefühlskälte
Neuorientierung	Desorientierung
Überlegenheit	Lebensferne
Intuition	Nihilismus
Gedankenblitz	Gedankenkurzschluß
Grenzüberschreitung	Negation
Neuschöpfung	Leere
Über-Dynamik	Über-Technik
Genialität	Zersetzung

Zur Illustration sollen in Abb. 25 auch wieder einige Konstellationen dargestellt werden, an denen Uranus beteiligt ist.

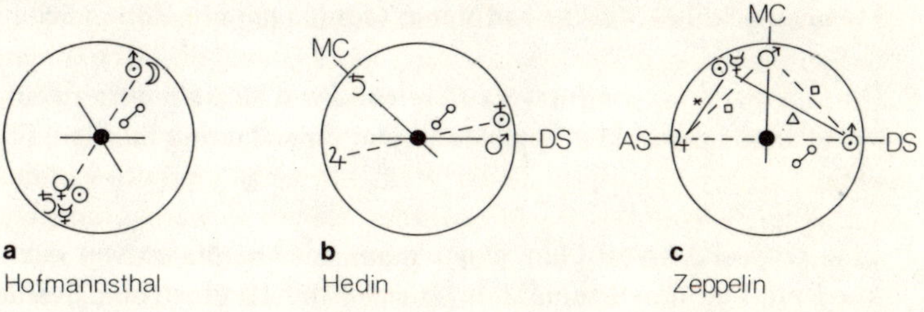

Abb. 25 Konstellationsbeispiele

a Die Konjunktionen Mond-Uranus und Sonne-Merkur-Venus-Saturn in Opposition zueinander (Hugo von Hofmannsthal).

b Mars am DS, in der Nähe Uranus mit einer Opposition von Jupiter. Saturn in oberer Kulmination (Sven Hedin).

c Die gleiche Jupiter-Uranus-Opposition, diesmal mit Quadraten des Mars vom MC und zugleich mit Sextilen bzw. Trigonen von Sonne und Merkur (Graf Zeppelin).

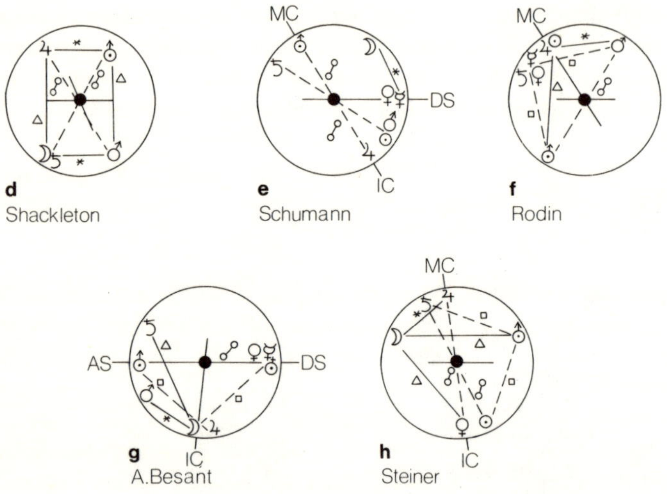

Abb. 25a Konstellationsbeispiele

e Uranus in Opposition zu Jupiter; Sonne und Mars in Opposition zu Saturn. Mond im Sextil zu Merkur und Venus (der Komponist Robert Schumann).

d Die Oppositionen von Jupiter zu Mars und von Mond-Saturn zu Uranus in harmonischen Aspekten zueinander (der Polarforscher Sir Ernst Shackleton).

f Eine Opposition von Mars und Uranus mit Quadraten von einer Merkur-Venus-Saturn-Konjunktion; zugleich mit Trigonen bzw. Sextilen von Sonne und Jupiter, die gemeinsam kulminieren (der Bildhauer Auguste Rodin).

g Uranus am AS in Opposition zu Sonne, Merkur und Venus am DS. Der Mond in Konjunktion mit Jupiter quadriert diese Opposition, erhält aber ein Sextil von Mars und ein Trigon von Saturn (die Theosophin Annie Besant).

h Zwei Oppositionen, nämlich Jupiter-Venus und Saturn-Sonne, nahe dem Meridian. Uranus im Quadrat zu Saturn und Sonne. Der Mond im Trigon zur Venus und (angenähert) zum Uranus, im Sextil zu Jupiter (Rudolf Steiner, der Begründer der Anthroposophie).

NEPTUN ♆

Neptun, der nächste transsaturnische Planet, wurde auf seltsame Weise entdeckt. Man wußte, wo er stand, ehe man ihn gesehen hatte. Nach Abweichungen des Uranus von der Bahn, in der er eigentlich hätte laufen müssen, berechnete nämlich der Franzose Leverrier den Ort eines neuen Planeten, dessen Masse die Störungen verursacht haben müsse. Er teilte seine Ergebnisse dem deutschen Astronomen Galle mit, der dann auch wirklich, ganz nahe der angegebenen Stelle am Himmel, den neuen Planeten als erster sah. Das war im Jahre 1846.

Es war wohl »Zufall«, daß man bald darauf dem neuentdeckten Stern gerade den Namen »Neptun« gab. Aber daß etwas Zufall ist, heißt ja für uns niemals, daß es darum sinnlos sei. Wir suchen vielmehr den Sinn immer nur da, wo keine kausale Determination besteht. Obwohl also die Astrologen bestimmt keinen Einfluß auf die Benennung Neptuns hatten, hätten auch sie keinen symbolisch richtigeren Namen für ihn finden können.

Mit »Uranus« hatte man ja einfach die mythische Genealogie fortgesetzt. War Chronos (Saturn) der Vater des Zeus (Jupiter), so mußte wieder der Vater des Chronos dem neuen Planeten seinen Namen geben, und das war Uranos. Den aber hatte, wie uns die Göttergeschichte des Hesiod berichtet, das Chaos selbst geboren. Man konnte die Reihe also nicht weiter fortsetzen, sondern mußte einen anderen Götternamen wählen. Und hier kam man auf den des Poseidon-Neptun, der als Bruder des Zeus und als Beherrscher der Meerestiefen zugleich mit dem jovischen Prinzip, dem Element des Wassers und mit dem Chaos verwandt ist.

Denn wie Uranus als ein höherer Mars und Merkur zugleich gedeutet wurde, müssen wir, um derselben Logik zu folgen, Neptun als eine höhere Stufe von Jupiter und Venus zugleich betrachten. Dem entspricht auch das Symbolzeichen, das wir für ihn verwenden:

♆

Es ist, rein äußerlich, der Dreizack des Meeresgotters Neptun. Gleichzeitig kann man aber auch in ihm die Verdopplung des Zeichens für »Jupiter« (♃)

sehen oder ein »Venus«-Symbol (♀), dessen oberer Kreis sich geöffnet und in zwei Halbkreise verwandelt hat. Neptun stellt sich uns als gesteigerter Jupiter oder als verwandelte Venus dar.

In seiner Welt sind wir noch weiter von der empirischen Erdenwirklichkeit entfernt als im Bereich des Uranus. Die Verbindung mit dem Materiellen, die dort immerhin noch bestand, ist nun völlig aufgehoben. Es gibt keine Grenzen in Raum und Zeit mehr, und auch die Naturgesetze haben längst nichts mehr zu besagen. In der Neptun-Welt ist das Wunder zu Hause.

Wies Jupiter schon über den in Einzelheiten verhafteten Merkur hinaus, so hebt Neptun vollends alle im normalen Erdenleben gültigen Besonderungen auf. Dafür lehrt er die universale Verbundenheit aller Wesen in einem transzendenten Zusammenhang erkennen. Die Sinndeutung Jupiters wird hier durch eine mystische Schau nochmals überhöht. Nun ist keine Synthese mehr nötig, denn alles ist von vornherein eins, und eins ist alles. Man braucht nicht mehr zu messen oder zu werten und bedarf darum auch keines eigentlichen Bewußtseins mehr.

Die leibliche Erscheinung ist nur noch ein Gewand, das man nach Belieben abstreift. Als Wesen einer höheren Welt ist man nicht auf die eine Individualität angewiesen, sondern geht durch viele Verkörperungen hindurch, bis man endlich die letzte stoffliche Bindung von sich wirft und in das »Nirwana« eintritt. Zum Gefolge des Poseidon gehört auch Proteus, der wahrsagende Gott, der nie zu fassen ist, weil er sich tausendfach verwandeln kann.

Die sinnlichen Freuden, die Venus gab, sind hier zu übersinnlichen geworden. Man sieht nicht mehr die Schönheit des Leibes in greifbaren Proportionen vor sich, sondern ist von Ahnungen einer jenseitigen Harmonie erfüllt, die durch das Materielle nur wie von fern hindurchschimmert. Man hört die Sphärenklänge statt irdischer Musik. Und während Venus sehr konkrete, sinnenhafte Lust am Körperlichen empfand, ist man im Neptun-Bereich all solcher Erdenschwere enthoben. Man weilt in selig verklärter Betrachtung.

Liebe entsteht hier nicht mehr durch das Entzücken, das man am leiblichen Bild des Gegenüber empfindet. Geheimnisvolle Mächte führen die Menschen zueinander hin und lassen sie, statt körperlicher Vereinigung, den Einklang der Seelen im tiefsten Inneren kosten. Über das Individuelle hinaus führt die Liebe in ein Verbundensein mit der Weltseele selbst.

Auch die neptunische Kunst ist eigentlich jenseits der Sinne. Sie will nicht Bilder schaffen, sondern Symbolzeichen geben, hinter denen man eine höhere Wirklichkeit ahnen soll. Vom Betrachter wird verlangt, daß er sich dem, was er sieht, nicht nur gegenüberstelle, sondern es meditierend in seine Seele aufnehme. Für kritische Bewertung des einzelnen ist hier kein Platz.

Selbstverständlich hat eine solche jenseitige Ästhetik ihre großen Gefahren. Sie läßt ja keine objektiven Maßstäbe mehr gelten, an denen man die

Richtigkeit ihrer mystischen Eingebungen prüfen könnte. So kann auch eine völlig illusionäre Welt hervorgezaubert werden, wie sie etwa die Rauschgiftsüchtigen in ihren Träumen erleben. Und wie es im Mond-Bereich den sentimentalen Kitsch gab (mit Heimatglocken, Elfenreigen und Mutterherz), bei Venus die leere, gefällige Schablone (den Hollywood-Film etwa), so kennt Neptun etwas, das man »esoterischen Kitsch« nennen könnte und wofür der Besucher heutiger Kunstausstellungen bestimmt manches schöne oder minder schöne Beispiel finden wird.

So erdenfern wie Neptun selbst sind ja leider auch die Menschen, die sich zu seiner Sphäre besonders hingezogen fühlen. Es fehlt ihnen jeder Wille, hier, in der konkreten Wirklichkeit, irgend etwas zu leisten oder sich zu bewähren. Und vor allem sind sie unfähig, ein menschliches Verhältnis zu gestalten und in ihm zu verharren. Man nennt sie oft nicht mit Unrecht »asozial« und betrachtet ihre wesenlos schweifende All-Liebe als einen Mangel an echter Liebesbereitschaft.

Der neptunisch bestimmte Mensch kann schon darum nicht zum Du finden, weil er kein Ich hat. Er ist unbegrenzt wandlungsfähig und kann sich jeder beliebigen Umgebung in der Weise anpassen, die man bei Pflanzen und Tieren »Mimikry« nennt. Von ihm selbst ist unter der angenommenen Maske gar nichts mehr zu spüren. Er hat auf geheimnisvolle Weise, durch alles Trennende hindurch, am innersten Seelischen des Partners unmittelbaren Anteil, kommt aber in der realen Welt mit ihm zu keiner echten Auseinandersetzung mehr. Sein Liebesempfinden ist so völlig unklar, daß es sich leicht in alle nur denkbaren abseitigen Gefühle pervertiert.

Die Möglichkeit, sich im Geistigen über alle Standpunkte und Systeme zu erheben, könnte zu einer erleuchteten Reinheit der Betrachtung führen. Die Gefahr ist aber groß, daß irgendein Verführer sich dieser willenlosesten Passivität bemächtigt, um sie für seine Zwecke zu mißbrauchen. So findet sich statt echter mystischer Schau meist nur ein trüber Mystizismus.

Man führt hier sein Leben nicht selbst, sondern weiß sich von einem Jenseits her geleitet. Der Schutzengel, der bekanntlich den Kindern und den Betrunkenen besonders hilft, ist in der neptunischen Welt ganz nahe. Man wird auf übernatürliche Weise berufen, muß Wege gehen und Dinge tun, die für alles menschliche Begreifen sinnlos erscheinen, hat aber doch die Gewißheit, daß man mit einem höheren Sinn im Einklang ist.

Darum entsagt man auch so gerne dem, was für andere »die Welt« heißt. Man fühlt ja, daß man die wirkliche Beglückung nur in einer ganz jenseitigen Sphäre finden könne. Diese Haltung kann ebenso zur Heiligkeit führen wie zur verzückten Schwärmerei. Sie hat eben keine anderen Maßstäbe als die ihres geheimnisvollen Ergriffenseins.

Bedeutete Venus schon die Verfeinerung der äußeren Sinne, so wird im neptunischen Bereich eine allerhöchste Sensibilität erreicht. Die Leidensfähigkeit kann sich zu einem innersten Anteilnehmen an aller Not der Welt vertiefen. Man ist nicht mehr auf die Sinne des Körpers angewiesen, sondern nimmt in visionärer Deutlichkeit auch Dinge wahr, die niemand sonst sieht. Erscheinungen der Telepathie, der Hellsichtigkeit für weit entferntes oder künftiges Geschehen, der Medialität und der Stigmatisation gehören zu Neptun.

Oft aber kommt es nur zur Flucht aus der Welt, ohne daß darum eine andere erreicht würde. Man sucht der Wirklichkeit zu entrinnen, indem man sich in rauschhafte Zustände versetzt. Die Phantasie übersteigert sich zur Halluzination. Die Sinnenfreude wird als zu grob verachtet, und man ersinnt mit dekadentem Raffinement immer neue Wege zu unnatürlichen, krankhaften Genüssen. Neptun gibt keinen Halt und läßt den Menschen darum bis in die schlammigsten Niederungen der Verkommenheit absinken.

Von ihm gilt also ganz besonders, was wir von den transsaturnischen Planeten allgemein sagten: daß sie ein weit überdurchschnittliches Niveau verlangen, um sich im Guten bemerkbar zu machen. Dann allerdings kann Neptun eine höchste Verklärung des Menschlichen und ein unmittelbares Gewahrwerden der tiefsten Geheimnisse bringen. Menschen von niedrigem Rang werden aber nur das andere Extrem neptunischer Wirkung spüren: Wahn, Verwirrung und Auflösung im Chaos. Maß und Sinn des Lebens müssen schon in der konkreten Erfahrungswelt gewonnen sein, ehe man den neptunischen Visionen vertrauen darf.

Auch hier sei wieder eine Zusammenstellung von Stichworten für die positiven und negativen Äußerungen von Neptun-Einflüssen versucht:

NEPTUN:

+	–
Inspiration	Illusion
Mystik	Mystizismus
Verklärung	Verwirrung
Hellsichtigkeit	Wahn
Überwirklichkeit	Chaos
Verfeinerung	Degeneration
Einfühlung	Perversität
Verwandlungsfähigkeit	Mimikry
Visionen	Halluzinationen
Meditation	Süchtigkeit

Die Abbildung 26 zeigt wieder einige Konstellationsbeispiele.

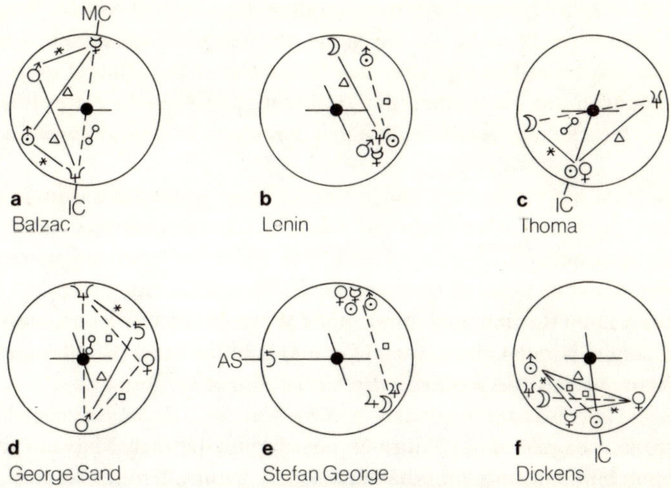

Abb. 26 Konstellationsbeispiele

a Merkur am MC in Opposition zu Neptun, darauf harmonische Aspekte von Mars und Uranus (Honoré de Balzac).

b Eine Konjunktion Sonne-Merkur-Mars-Neptun mit Trigon zum Mond in der Himmelshöhe und Quadrat zu Uranus (Wladimir I. Lenin).

c Sonne und Venus am IC mit Sextil bzw. Trigon zu einer Mond-Neptun-Opposition (der Maler Hans Thoma).

d Neptun in der Himmelshöhe mit Opposition zu Mars. Auf beide Quadrate der Venus nahe dem DS, Trigon und Sextil von Saturn (die Schriftstellerin George Sand).

e Die Konjunktionen Sonne-Merkur-Venus-Uranus und Mond-Jupiter-Neptun im Quadrat zueinander. Saturn am AS (Stefan George).

f Venus-Uranus-Trigon mit Sextilen des Merkur. Venus im Quadrat zu Mond und Neptun, Uranus im Quadrat zur Sonne (Charles Dickens).

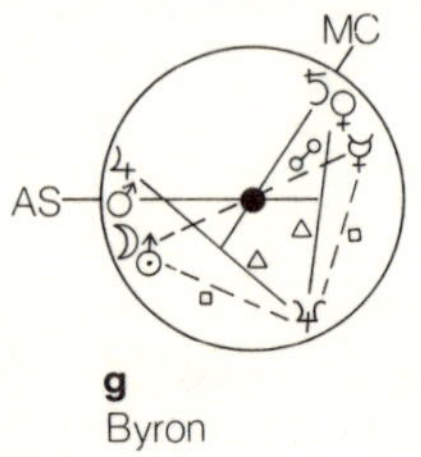

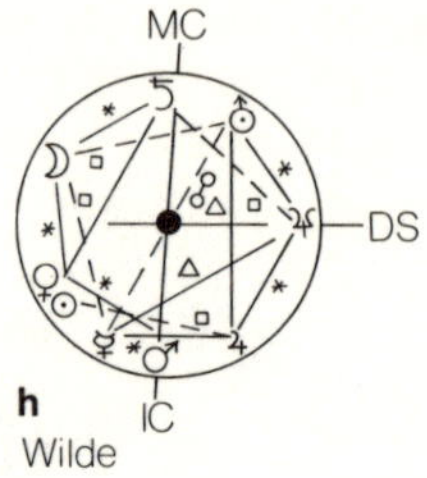

Abb. 26a Konstellationsbeispiele

g Neptun mit Trigonen zu Jupiter und der Venus-Saturn-Konjunktion am MC, zugleich mit Quadraten auf die Opposition von Mond-Uranus zu Merkur. Mars am AS (der Dichter Lord Byron).

h Trigone: Saturn-Sonne, Saturn-Venus, Jupiter-Uranus, Merkur-Neptun. Sextile: Mond-Sonne, Mond-Venus, Mond-Saturn, Uranus-Neptun, Jupiter-Neptun, Venus-Mars. Quadrate: Sonne-Jupiter, Saturn-Neptun. Opposition Merkur-Uranus mit Quadraten des Mondes (Oscar Wilde).

PLUTO ♇

Pluto ist – bis jetzt wenigstens – der letzte Planet, den wir zu erwähnen haben. Er wurde erst im Jahre 1930 auf dem Lowell-Observatorium in Amerika entdeckt. Dann hat man sich mit diesem Planeten kaum mehr beschäftigt (die Astronomen sind heute fast nur noch an Fixsternen und Spiralnebeln interessiert), und so ist einstweilen noch herzlich wenig über ihn bekannt. Man weiß nur, daß er sehr klein ist – wesentlich kleiner als Uranus und Neptun, nur wenig größer als Merkur – und daß seine Umlaufzeit gegenüber den 84 Jahren des Uranus und den 165 des Neptun schon nahezu 250 Jahre beträgt. Es dauerte auch noch etliche Jahre, bis man aus den beobachteten Bahnfragmenten zuverlässig genaue Berechnungen über Plutos früheren und künftigen Lauf zusammengestellt hatte.

Deshalb fehlte Pluto auch bis vor kurzem in den meisten Ephemeriden, und auch in etwas älteren Horoskopen finden wir ihn fast nie. Es fragt sich in der Tat, ob wir ihn wirklich so dringend brauchen, wie das manche Astrologen meinen, die man deshalb ironisch »Plutokraten« oder »Plutomanen« nennt. Er ist ja sehr klein, weshalb es schwerfällt, ihm besonders große Bedeutung für unser Erdenleben zuzuschreiben. Seine Bewegung ist so langsam, daß er mehr als 20 Jahre braucht, um aus einem Tierkreiszeichen in das nächste zu kommen. Wahrscheinlich ist er nur dann für das persönliche Wesensbild von größerem Belang, wenn er sehr genau auf einem der Hauptpunkte des Häusersystems oder in Aspekten mit einem anderen Planeten steht, dessen Intensität er dann spürbar oder gefährlich verstärken dürfte.

Man hat sich auch noch längst nicht darüber geeinigt, welches Symbolzeichen man für Pluto verwenden wolle. Etwa ein gutes Dutzend verschiedener ist in Gebrauch. Ich gebe nur eine kleine Auswahl:

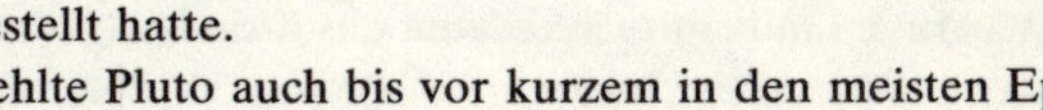

Wenn ich persönlich mich denen anschließe, die das Zeichen ♇ gebrauchen, weil ich es für einigermaßen entsprechend halte, so will ich doch nicht verlangen, daß jeder es ebenso tun müsse. Auf jeden Fall kann man, wenn sich in einem Horoskop ein Planet eingetragen findet, dessen Zeichen man nicht kennt, damit rechnen, daß es Pluto sein soll. Es gibt allerdings manchmal auch ganz besondere Astrologen, die noch gar nicht entdeckte Planeten, wie »Vulkan« oder »Cupido«, in ihre Horoskope einzeichnen. Darüber wollen wir aber mit geziemendem Takt hinweggehen. Wer ganz sicher Irrtümer vermeiden will, kann für Pluto einfach ♇ setzen. In englischen Werken findet man auch L (Lowell). Ich persönlich halte allerdings gar nichts von einer derartigen »Buchstabensymbolik«.

Man wird Pluto wohl, wenn man die bisherige Reihe konsequent fortsetzen will, als eine höhere Stufe des Saturn und Mars bewerten müssen. Er stünde dann für ein Vermögen, in den innersten Kern der materiellen Welt oder der eigenen unbewußten Triebhaftigkeit vorzudringen und die dort ruhenden Energien zu elementaren Wirkungen auszulösen.

Solche Schlüsse zieht man auch aus dem Zeitpunkt der Entdeckung Plutos, der natürlich rein zufällig ist, aber nach astrologischer Auffassung gerade darum etwas bedeuten kann. Folgte seinerzeit der Entdeckung des Uranus (1781) im Politischen das Zeitalter der Revolutionen und der sozialistischen Utopien, in der Technik die Anwendung der Elektrizität; entstanden, als man Neptun gefunden hatte (1846), bald allerlei mystische oder theosophische Richtungen und entsprechende Absonderlichkeiten in der Kunst, so bringt man Pluto (1930) eben mit der technischen Ausnutzung der Atomenergie in Verbindung sowie mit den Ausbrüchen kollektiven Mordwahnsinns, die wir im zweiten Weltkrieg und in der nachfolgenden Zeit erlebt haben. Wer will, kann solchen Beziehungen nachgehen.

Es wäre also anzunehmen, daß Pluto innere und äußere Katastrophen, radikale Umwälzungen und das Losbrechen einer urtümlichen Gewaltsamkeit bedeute. Auch einen Trieb zur Selbstzerstörung könnte man ihm zurechnen. Er müßte magische Wirkungen von unwiderstehlicher Kraft auslösen. Wilder Fanatismus, den einer in sich selbst hätte, könnte sich da auf andere übertragen und sie in einen Rausch des Mordens und Vernichtens versetzen.

Aber am besten halten wir uns auch gegenüber dem Planeten Pluto an eine Regel, die unter Menschen gilt: daß man über einen, den man nicht genau kennt, möglichst nichts Schlechtes erzählen solle. Die Astronomen können Pluto ja nur mit sehr starken Fernrohren überhaupt sehen. So fehlt vielleicht auch uns noch die »innere Optik«, um seine Bedeutungen, unter denen sehr wertvolle sein mögen, richtig zu verstehen. Es werden deshalb auch keine Konstellations-Beispiele für Pluto gegeben. Und sollten sich gar jenseits seiner Bahn noch weitere Planeten aufhalten (es gibt sogar schon »Transpluto«-Ephemeriden, aus der Phantasie jener Astrologen entstanden, denen Leverriers Ruhm keine Ruhe mehr ließ), so könnten sie wohl nur mehr im Rahmen einer esoterischen Astrologie gedeutet werden. Für unsere Betrachtung des menschlichen Einzelschicksals dürften wir auf sie gewiß verzichten.

DIE MONDKNOTEN ☊ ☋

Nun sind uns alle Planeten bekannt. Aber wir finden in vielen Horoskopen (nicht in allen) noch zwei weitere Zeichen eingetragen, die einander genau gegenüberstehen und die gleiche Form haben:

☊ und ☋

Es sind das keine Himmelskörper, sondern zwei mathematische Punkte: die »Knoten« der Mondbahn. Sie gehören zum ältesten Bestand der Astrologie und sollen deshalb auch hier erwähnt werden, obwohl ihre Bedeutung bei weitem nicht an die der Planeten heranreicht.

Die Mondbahn am Himmel läuft mit der Sonnenbahn (der Ekliptik) nicht völlig gleich, sondern ist gegen sie um etwa 5° geneigt. Beide berühren sich also nur an zwei Punkten, die einander gegenüberliegen. Das sind unsere »Mondbahnknoten«. Sie stehen nicht immer am gleichen Ort, sondern bewegen sich langsam rückläufig über die Ekliptik; im Tag etwa um 3°, in 18 Jahren um 360°.

Den Punkt, an dem die Mondbahn, aus Breiten südlich der Ekliptik kommend, nach Norden aufsteigt, nennt man den »aufsteigenden Mondknoten« (☊). Gegenüber liegt entsprechend der »absteigende« (☋). Ganz seltsam aber muten uns die Bezeichnungen an, die man in der Astrologie seit alters diesen beiden Punkten gibt. Der aufsteigende Knoten heißt hier »Drachenkopf« (caput draconis), der absteigende »Drachenschwanz« (cauda draconis). Das müssen wir noch erklären:

Wenn Sonne und Mond gerade auf der Linie der beiden Knoten in Opposition oder Konjunktion miteinander kommen, so entsteht im einen Fall eine Mond-, im anderen eine Sonnenfinsternis. Das deutete man in frühen mythischen Weltbildern so, daß hier die Sonne oder der Mond von einem »Drachen« verschlungen werde, der sich gerade an diesen Orten der Ekliptik aufhalte. Darum wurden die eigentümlichen Namen gewählt.

Was nun die Deutung betrifft, so sagt man, der aufsteigende Mondknoten habe etwa Jupiter-Charakter und bringe im Horoskop Verbindungen, der absteigende sei saturn-ähnlich und bringe Trennungen. Astronomisch haben die beiden Punkte mit Jupiter und Saturn natürlich gar nichts zu tun. Vielleicht können wir aber doch den Sinn finden, der dieser alten Auffassung zugrunde liegt.

Jupiter und Saturn stehen für uns ja beide in zahlenmäßigen Entsprechungen zu Sonne und Mond. Die Stufenfolge Mond–Sonne–Jupiter ist durch die jeweils 12mal größere Umlaufzeit bestimmt, während für Saturn das Verhältnis gilt:

$$\frac{\text{Tageslänge}}{\text{Mondumlauf}} = \frac{\text{Jahreslänge}}{\text{Saturnumlauf}} = \frac{1}{29\frac{1}{2}}$$

Die eine Beziehung übersetzten wir als die Reihe vom vorindividuellen über das persönliche zum überpersönlichen Leben. Die andere mag so gedeutet werden, daß sich das ephemere Leben (Tag) zur unbewußten Lebensgesetzlichkeit (Mond) ebenso verhalte wie das Eigenleben der Persönlichkeit (Sonne) zum notwendigen Ablauf des Schicksals (Saturn).

Nun stellen die beiden Mondknoten im Kosmos ja Berührungspunkte zwischen Mond- und Sonnenlauf dar. Es ist also zu denken, daß man an jeden von ihnen eine dieser beiden Beziehungen über Mond und Sonne hinaus gewissermaßen anschließen könnte. Dann wäre der aufsteigende Mondknoten der Punkt, von dem aus Entwicklungen im expansiven Sinne Jupiters ihren Anfang nehmen könnten. Am absteigenden Mondknoten begegneten wir entsprechend der Notwendigkeit, uns in saturnischer Weise einzuschränken und das Verzichten zu lernen.

Darum nennt man die Linie zwischen den beiden Mondknoten oft auch die »Wunschachse«. Man sagt, der »Drachenkopf« bedeute das, was wir uns als Ideal wünschten, der »Drachenschwanz« das, was wir – leider! – statt dessen erhielten. Man erlebt eben dort den Einklang seiner solaren und lunaren Sphäre mit der jovischen als Wunscherfüllung und erwünschten Kontakt (»Verbindungen«), während hier die Enttäuschung des Wünschens und damit die »Trennung« erfahren wird, weil man an diesem Ort gleichsam seinen privaten Eingang zur saturnischen Unterwelt, zum Hades, hat.

Auch die Umlaufszeit der Mondbahnknoten fügt sich mit 18 Jahren gut zwischen die Zeiten von Jupiter und Saturn ein. Doch handelt es sich bei »Drachenkopf« und »Drachenschwanz« ja nicht um Planeten, also nicht um Kräfte, die im Organismus wirken, sondern eben nur um Punkte, an denen bestimmte Begegnungen stattfinden können. Daran erinnert uns auch schon die Rückläufigkeit der »Wunschachse«. Aus ihrem Stand im Horoskop und aus den Aspekten auf sie werden sich aber mitunter interessante Aufschlüsse ergeben.

INHALT UND BEDEUTUNG DES HOROSKOPS

An dem Punkt, zu dem wir jetzt gekommen sind, müssen wir einhalten, um zurückzuschauen. Wir haben mit der Astrologie eine Gedankenwelt betreten, die in unseren Tagen kaum jemandem näher bekannt ist. Nun sind wir in ihr schon ein wenig zu Hause. Durch Übungen suchten wir uns mit der Art und Weise astrologischen Denkens vertraut zu machen. Zwar können wir noch kein ganzes Horoskop deuten, aber das ist nur eine Frage der Ergänzung und Vertiefung dessen, was bisher dargestellt wurde. Der Leser, der unserer Arbeit aufmerksam gefolgt ist, wird jedoch gesehen haben, daß dabei einige grundsätzliche Fragen auftauchten, die sich auf den Sinn dieser ganzen Arbeit bezogen. Ich will versuchen, diese Fragen schon jetzt, so gut es möglich ist, zu beantworten.

Es wurde gezeigt, wie die Astrologie aus dem Bild, das die Planeten am Himmel bieten, symbolische Bedeutungen ableitet. Wir konnten auch erfahren, daß schon die frühesten Menschen nach ähnlicher Logik gedacht haben müssen. Die Planetenprinzipien, die wir fanden, waren ja bereits in den Göttern des Mythos, ebenso wie in den Märchenfiguren oder in den Tieren der Fabel verkörpert, wobei kein wesentlicher Zug fehlte. Und wer in der Tiefenpsychologie Bescheid weiß, dem ist bekannt, daß es die gleichen Bilder sind, die wir auch heute in den Träumen und Phantasien des menschlichen Unbewußten immer wieder finden und denen man den Namen »Archetypen« (Urbilder) gegeben hat.

Wir sahen auch, wie deutlich diese Bilder und Symbole von den Begriffen unterschieden sind, die wir sonst in unserem Denken zu gebrauchen pflegen. Wollte man mit ihrer Hilfe etwa kausale Vorgänge erklären, so wären sie unbrauchbar. Aber sie bewähren sich dort, wo wieder das naturwissenschaftliche Denken versagt: bei der Schilderung dessen, was in der menschlichen Seele geschieht, ebenso wie bei anderen Betrachtungen, die auf das Wesen des Menschen selbst zielen.

Um hier noch klarer unterscheiden zu können, mögen wir eine Übung versuchen, die auf der Eigenart des symbolischen Denkens beruht:

Wir wählen irgendein Wort, das einen komplexeren Vorgang im Lebendigen bezeichnet, und wandeln seine Bedeutung nach allen Planetenprinzipien ab. Denken wir etwa an das Wort »Liebe«! Was bedeutet die Liebe, wenn man sie vom solaren Bereich her erlebt? Wie verändert sich ihr Bild im Zusammenhang mit dem Mond-Symbol? Und was hat jeder einzelne Planet uns zu dem Thema »Liebe« zu sagen? Wir werden finden, daß selbst Merkur hier nicht so fremd ist, wie es scheinen möchte, denn wir können an Einzelheiten wie Gespräch, Werbung oder Anknüpfung denken. Und auch Saturn ist nötig, denn er gibt Treue und Bestand, ohne die eine Liebe nicht zu denken wäre.

Ähnlich mögen wir viele andere Wörter untersuchen. Ich nenne als Beispiele nur: »Kunst«, »Religion«, »Denken«, »Gemeinschaft«, »Staat«, »Erziehung«, »Beruf«, »Recht«, »Glück«, »Spiel«, »Arbeit«, aber auch »Krankheit«, »Verbrechen« oder »Wahn«. Wir werden aus jedem eine Vielzahl fein nuancierter Bedeutungen gewinnen. Und dann mögen wir die Gegenprobe machen, indem wir feststellen, was eine rein begriffliche Analyse dieser Wörter – ohne Bild und Symbol – hergibt. Wir können daran genau erfahren, wo die Zuständigkeitsbereiche beider Denkweisen liegen und wo jede ihren besonderen Wert hat.

Aber unsere Betrachtung ging ja von vornherein nicht nur darauf aus, das symbolische Denken in einer solchen, gewissermaßen abstrakten Weise zu betreiben. Wir gaben vielmehr immer wieder Beispiele von Konstellationen und sagten, daß diese aus den Horoskopen bestimmter historischer Persönlichkeiten stammten. Was bedeutete das? Wie kamen wir dazu, von einem Bild des Himmels zu sagen, es »gelte« für einen Menschen ganz besonders und es stehe zu ihm in einer einmaligen, schicksalhaften Beziehung? Um das erklären zu können, müssen wir zunächst deutlicher machen, was sich aus den Horoskopen überhaupt ergab.

Wir sahen im Horoskop ja nicht unmittelbar den Menschen vor uns, um den es sich handelte. Wir hätten sein Porträt nicht zeichnen können und wären nicht einmal imstande gewesen, auch nur zu sagen, ob er ein Mann oder eine Frau sei. Aber vielleicht wäre das auch gar nicht so wichtig gewesen.

Es war, als schauten wir aus der Höhe auf die Orchestra eines griechischen Theaters herab und sähen dort die Gestalten der Götter und Heroen bestimmte Szenen eines mythologischen Dramas aufführen. Vielleicht weckte das, was wir sahen, »Furcht« und »Mitleid« in uns, so wie das Aristoteles vom Zuschauer des Dramas verlangt. Wir mochten sehen, daß der Ausgang der Handlung, wenn er sich nicht unerwartet wenden sollte, tragisch sein könne.

Und jedes Drama, nicht nur das von den Planeten hier gespielte, ist ein Gleichnis unseres eigenen Menschenlebens. Könnten wir uns nicht durch unsere Phantasie in das Geschehen hineinversetzen, so blieben wir bei seinem Anblick gleichgültig. Wir erleben es aber mit. Wir wissen, daß es uns selbst etwas angeht. Und oft, wenn wir von einer Schauspielaufführung heimgehen, die uns stark ergriffen hat, können wir ganz deutlich fühlen, wie das Drama in unserem Innern weiterspielt.

Wie geht das zu? – Jedes wirkliche Drama besteht nicht nur aus einer mechanischen Abfolge von Szenen, sondern hat als Ganzes eine Idee. Diese Idee bestimmt jedes einzelne Wort und jedes einzelne Bild, aber sie selbst kann nicht dargestellt oder ausgesprochen werden. Sie bleibt verborgen und ist doch in jedem Augenblick gegenwärtig. Wie aussichtslos der Versuch ist, sie rein begrifflich aus dem Stück herausanalysieren zu wollen, haben wir alle selbst bei jenen bekannten Aufsätzen erfahren, die wir in der Schule über klassische Dramen schreiben mußten. Damals konnten wir unmittelbar spüren, wie das innere Erlebnis, das wir vielleicht gehabt hatten, immer mehr verlorenging, während wir einen »guten« Aufsatz darüber schrieben.

Die Idee eines Dramas ist etwas Fortdauerndes und Unerschöpfliches. Dagegen sind die einzelnen Erscheinungen, die wir auf der Bühne sehen, veränderlich und bedingt.Man weiß, daß ein Schauspiel immer wieder neu inszeniert werden kann, wobei vielleicht jedesmal neue Möglichkeiten aus ihm zutage treten. Es kommt sogar vor, daß derselbe »Stoff« von verschiedenen Autoren dramatisch bearbeitet wird. Die Idee kann sich in alle nur denkbaren Formen transponieren, und deshalb kann sie auch, wenn wir den Zuschauerraum verlassen haben, in uns selbst leben, ohne daß wir sie dort immer zu erkennen brauchen.

Was aber auf der Bühne gezeigt wird, ist auch von anderem als der Idee des Stückes allein abhängig. Es wird ebenso durch die jeweilige Inszenierung, durch das Können der Schauspieler, die Ausstattung des Theaters, die Gedanken des einzelnen Regisseurs und durch viele andere Dinge mit bestimmt. Es ist wieder nur ein Gleichnis, und zwar ein mehr oder weniger gutes Gleichnis, dessen, was in der Idee des Stückes lag.

Nun geht die Astrologie von dem Gedanken aus, daß auch jedem einzelnen Menschenleben eine solche Idee zugrunde liege. Sie sei in jedem Augenblick da, aber nie an der Oberfläche zu fassen. In allem, was der Mensch tue und was ihm widerfahre, drücke sich diese Idee gleichnishaft aus. Man könne sie auf die verschiedenste Weise »inszenieren«: auf großen oder kleinen Bühnen, mit guten oder schlechten Schauspielern, mit überlegener Regie oder dilettantischer Unbeholfenheit. Immer bleibe aber die Idee – die man auch den »Mythos« des Menschenlebens nennen könne – sich selbst gleich.

Was wir so beschreiben, hat der Psychologe und Phänomenologe Alexander Pfänder (in seinem Aufsatz »Grundprobleme der Charakterologie« im Jahrbuch der Charakterologie, Berlin 1924) den »Grundcharakter« des Menschen genannt, » . . . also das, was der Mensch ›im Grunde‹ ist, seine eigentümliche seelische Wesensart, die von Anfang an und dauernd in ihm vorhanden ist und die ihn gerade zu diesem bestimmten Menschen macht.« Dieser Grundcharakter, so meint Pfänder, könne niemals verändert werden, so viele Ansichten und Einstellungen jemand auch ändern mag, weil der Mensch sonst seine Identität mit sich selbst verloren hätte, in einen anderen Menschen verwandelt worden wäre.

Pfänder unterscheidet den Grundcharakter vom »empirischen Charakter«, der allein sich durch psychologische Methoden, Tests, graphologische Untersuchungen oder auf sonst irgendeinem Wege feststellen ließe. In allen Formen des empirischen Charakters zeuge der Grundcharakter, der selbst konstant bleibe, sich nur auf verschiedene Weise aus: »Im gegebenen Zeitpunkt ist der Grundcharakter zum Teil ausgezeugt, zum Teil unausgezeugt, zum Teil adäquat, zum Teil inadäquat ausgezeugt, immer aber in seiner Ganzheit vorhanden.«

Pfänder sprach allerdings, wie wir zugeben müssen, als er das sagte, nicht von der Astrologie. Er meinte, daß man den Grundcharakter durch eine Art »idealisierende Konstruktion« aus dem empirischen Charakter sozusagen erschließen könne. Seine Gedanken sind deshalb auch im Hypothetischen stekkengeblieben und haben in der Wissenschaft verhältnismäßig wenig Beachtung gefunden. Die Astrologie dagegen hat sich schon viele Jahrhunderte vor Pfänder mit dem – und nur mit dem – befaßt, was Pfänder später den Grundcharakter nannte.

Aus dem Horoskop eines Menschen können wir nämlich gerade seinen Grundcharakter erkennen, nicht aber – oder doch höchstens vermutungsweise – seinen empirischen Charakter. Insofern unterscheidet sich die Astrologie grundlegend von jeder Psychologie, die ja stets eine empirische Wissenschaft sein muß; sie kann die Psychologie aber auch auf ihre Weise ergänzen. Wenn wir uns dieser Unterscheidung bewußt bleiben, werden uns sowohl die Stärken der Astrologie als auch ihre Probleme immer klarer werden. Das Horoskop geht ja mit den Deutungen, die es anbietet, immer vom Augenblick der Geburt aus.

Und nun wird immer wieder gefragt, warum man das Horoskop gerade für die Geburt eines Menschen stelle. Das Leben beginne doch eigentlich schon mit dem Augenblick der Empfängnis. Diese Auffassung ist richtig, soweit wir an die rein körperliche Entwicklung denken. Es mag sogar sein, daß bereits einige seelische Funktionen vor der Geburt in Tätigkeit sind. Und doch ist der ungeborene Mensch noch kein eigenständiges Wesen, kein Individuum im echten Sinne. Er lebt nur als ein Teil des mütterlichen Organismus. Darum kann er auch noch nicht das haben, war wir unter einem persönlichen Mythos verstehen.

Erst im Augenblick des Geborenwerdens, mit dem ersten Atemzug, den er selbst tut, beginnt der Mensch ein Ich und ein Schicksal zu haben. Dieses Ich und dieses Schicksal hat er nicht mit aus dem Mutterleib gebracht. Es ist eine neue Ordnung der Dinge, in die er nun eintritt. In ihr hat alles, was bisher durch reine Kausalverkettung entstanden war, außerdem noch einen persönlichen Sinn.

Wir sagen, der Mensch sei »zur Welt gebracht« worden. Und wir wissen, daß er zur gleichen Zeit selbst eine kleine Welt für sich, ein Mikrokosmos, geworden ist. Diese kleine Welt folgt von nun an ihrem eigenen Gesetz. Sie kann mit der großen, die draußen ist, sogar allmählich in Widerspruch geraten, denn sie ist durch die Geburt ja, zu einem gewissen Grade wenigstens, von ihr abgelöst worden. Im Augenblick der Ablösung aber muß noch eine völlige Sinn-Entsprechung zwischen dem äußeren Makrokosmos und dem inneren Mikrokosmos bestanden haben. Das ergibt sich zwangsläufig, wenn wir überhaupt einen Sinn der Welt im Ganzen voraussetzen und dann nicht die widersinnige Annahme machen wollen, daß gerade das einzelne Menschenwesen und Menschenschicksal nicht mit in diesen Zusammenhang gehöre.

Den Sinn unseres persönlichen Daseins können wir nicht nach eigener Willkür bestimmen. Er ist uns als etwas Unabänderliches und Notwendiges gegeben, und zwar vom Augenblick unserer Geburt an. Wir vermögen ihn nicht begrifflich zu fassen und nicht mechanisch zu erklären, denn er hat weder mit Begriffen noch mit Mechanismen etwas zu tun. Wenn es überhaupt möglich ist, ihn darzustellen, dann kann das nur auf sinn-bildliche, symbolische Weise geschehen.

Martin Buber weist uns darauf hin, was gerade die Geburt im Sinnzusammenhang des Menschenlebens bedeutet, wenn er in »Ich und Du« sagt: »Das vorgeburtliche Leben des Kindes ist eine reine naturhafte Verbundenheit, Zueinanderfließen, leibliche Wechselwirkung; wobei der Lebenshorizont des werdenden Wesens in einzigartiger Weise in den des tragenden eingezeichnet und doch auch wieder nicht eingezeichnet erscheint; denn es ruht nicht im Schoß der Menschenmutter allein. Diese Verbundenheit ist so welthaft, daß es wie das unvollkommene Ablesen einer urzeitlichen Inschrift anmutet, wenn es in der jüdischen Mythensprache heißt, im Mutterleib wisse der Mensch das All, in der Geburt vergesse er es. Und sie bleibt ihm ja als geheimes Wunschbild eingetan.«

Das Horoskop beruht nun auf dem Gedanken, daß der Himmel im Augenblick jeder einzelnen Geburt eben jene »urzeitliche Inschrift« zeige, die uns, richtig gelesen, sowohl den kosmischen Sinn dieses Augenblicks als auch unseren eigenen Grundcharakter, unser wahres Wesen, unseren ganz persönlichen »Mythos«, offenbare. Wir nehmen das »Erinnerungsbild« an die kosmisch-archetypische Konstellation, die wir im letzten Augenblick unseres ungeborenen Daseins noch auf eine geheimnisvolle, tief unbewußte Weise »gesehen« hatten, in unser eigenes nachgeburtliches Dasein mit; es wird uns zum Auftrag, den wir zu erfüllen haben, oder zum »geheimen Wunschbild« nach Martin Bubers Worten. Auch wenn wir das Bild des Himmels, so wie es sich im Augenblick unserer Geburt darbot, nie mehr bewußt sehen und schon gar nicht verstehen, was es uns sagen könnte, steht dieses Bild, ohne daß wir es wissen, doch immerfort vor uns, und es mahnt uns, wie Friedrich Rückert sagt:

»Vor jedem steht ein Bild
des, was er werden soll;
solang er das nicht ist,
ist nicht sein Friede voll.«

Vielfach wird auch gefragt, ob ein solches Bild nicht nur dann entstehen könne, wenn eine Geburt zu ihrer normalen, von der Natur vorgesehenen Zeit stattfinde. Daß heute immer mehr Geburten künstlich eingeleitet oder verzögert werden, daß es immer weniger Nacht- oder Sonntagsgeburten gibt, schon weil die Ärzte ihre Arbeitszeit nicht gern überschreiten, daß auch seit langem Kinder durch Kaiserschnitt zur Welt gebracht werden, müßte die Gültigkeit ihrer Geburtshoroskope in Frage stellen. Verhält es sich wirklich so?

Ich meine, wir sollten den Geburtsaugenblick aber nicht aus den Perspektiven der Mutter oder des Arztes betrachten, sondern ihn allein von dem Kind her sehen, das zur Welt kommt. Und für dieses Kind bedeutet es in jedem Fall dasselbe, geboren zu werden, ob es nun sozusagen freiwillig ins Dasein tritt oder gewaltsam aus seiner Geborgenheit im Mutterleib und im Kosmos herausgerissen wird. Stets wird seine erste eigene Lebensäußerung ein Schrei sein, mit dem sein erster Atemzug endet. Nur auf diesen Moment kommt es uns an, weder auf seine biologisch-soziale Vorgeschichte noch auf die spätere Abnabelung (obwohl manche Astrologen auch diese für wichtig halten). Der erste Atemzug oder der erste Schrei stellt die erste eigene Aktivität des Neugeborenen dar. In ihm nimmt das Kind zum ersten Mal eine schicksalhaft-vitale Beziehung zu der Umwelt auf, die es fortan umgibt. Hier beginnt sein persönliches Dasein.

Bei Goethe steht, nun mit klarem Bezug zur astrologischen Deutung, in »Urworte. Orphisch. ΔΑΙΜΩΝ (Dämon)«:

»Wie an dem Tag, der dich der Welt verliehen,
die Sonne stand zum Gruße der Planeten,
bist alsobald und fort und fort gediehen,
nach dem Gesetz, wonach du angetreten.
So mußt du sein, dir kannst du nicht entfliehen,
so sagten schon Sibyllen, so Propheten;
und keine Zeit und keine Macht zerstückelt
geprägte Form, die lebend sich entwickelt.«

Das ist, in dichterischen Worten ausgedrückt, der Sachverhalt, den wir uns vorstellen müssen, wenn wir über Inhalt und Bedeutung des Horoskops nachdenken. Wir können nicht empirisch beweisen, daß vor jedem Menschen »ein Bild des, was er werden soll«, steht; aber ich persönlich kann mich dem Eindruck nicht entziehen, daß es eben doch so sei. Mir leuchtet auch ein – obwohl ich nicht von jedem verlangen kann, es müsse ihm ebenso einleuchten –, daß gerade das Bild des Alls, das ich im Mutterleib noch gewußt, in der Geburt jedoch vergessen habe, jene »urzeitliche Inschrift« enthalten müsse, die mir das Gesetz meines Grundcharakters anzeigen könne. Ich weiß allerdings auch, daß ich eben wegen dieser Bedeutung des Geburtsaugenblicks nicht alles und jedes aus dem Horoskop herauslesen kann, das für diesen Augenblick erstellt ist. Wenn die Astrologie recht hat – und ich nehme an, daß sie im Prinzip recht habe –, dann müssen wir uns auf jene Deutungen des Horoskops beschränken, die es als Geburtshoroskop logischerweise nur enthalten kann. Jeden Versuch, darüber hinauszugehen, hielte ich für gefährlich.

Zunächst ist wohl klar, daß nichts im Horoskop enthalten sein kann, was bei der Geburt schon aus irgendwelchen anderen Zusammenhängen heraus festgelegt war. Wir werden also nie daran denken dürfen, etwa das Geschlecht eines Neugeborenen aus seinem Horoskop zu erkennen. Höchstens wird sich zeigen, inwieweit er diesem seinem Geschlecht entsprechen oder ihm widersprechen wird. Es gibt Horoskope, die uns ausgesprochen »männlich« oder »weiblich« anmuten, aber es gibt sie ebensowohl bei Frauen wie bei Männern. Auch daß unser Neugeborenes überhaupt ein lebender Mensch sei, müssen wir voraussetzen. Es wäre sinnlos, Horoskope für Totgeburten zu stellen. Ob und bis wohin es sinnvoll sein mag, auch nichtmenschliche Wesen oder Dinge (Tiere, Staaten, Häuser, Schiffe) astrologisch zu betrachten, weil auch sie ein eigenes Wesen und ihr eigenes Schicksal haben, will und kann ich nicht entscheiden. Daß ich selbst hier zu größter Zurückhaltung neige, ist nach dem vorher Gesagten wohl zu verstehen.

Wenn es aber ein Menschenkind ist, das geboren wurde, so ist damit auch gesagt, daß es sich auf menschliche Weise entwickeln muß. Diese Entwicklung hat ja schon im embryonalen Leben begonnen und wird durch die Geburt nicht unterbrochen. Daß Reifung, Pubertät, Altern, Tod und viele andere Zwischenstadien einmal durchgemacht werden müssen, braucht uns nicht erst das Horoskop zu sagen. Nur in welcher Weise sich das Leben auf all diesen Stufen vollzieht, und welche Bedeutung sie für das Individuum bekommen, geht uns an. Wir sehen nicht den normalen Entwicklungstypus, der einem Kind durch Rasse, Familienerbe und Lebensklima aufgeprägt ist, sondern nur die persönliche Art, in der es diesen Typus variieren wird.

Wir können die normale Entwicklung eines Menschen mit Alexander Pfänder als eine fortwährende Auszeugung seines Grundcharakters verstehen: »Der totale Grundcharakter des Menschen enthält . . . in sich die verschiedenen Grundcharaktere der Altersstufen. Er drängt von sich aus zu ihrer vollen Ausprägung und er erreicht in ihrer vollen Auszeugung eine Reihe von zusammengehörigen Endzielen. Er ist die Seinsgrundlage des empirischen Charakters auch in dessen Altersstufenbestimmtheiten.« So gibt es Horoskope (Grundcharaktere), die entweder ein langes Kindlichbleiben oder eine frühe Unkindlichkeit, einen nie ermüdenden Lerneifer oder die volle Erfüllung des eigenen Wesens erst in der Zurückgezogenheit des Alters erwarten lassen.

Ein Kind wird auch nicht nur in den »Mythos« seines eigenen Lebens hineingeboren, sondern trägt schon davor, rein körperlich, die »Erbmasse« aller Generationen in sich, die ihm vorausgegangen sind. Was dort nicht wenigstens als Möglichkeit angelegt war, kann es nicht verwirklichen.

Wenn beide Eltern reinerbige Neger waren, kann das Kind keine weiße Hautfarbe bekommen. Aber es kann aus der Fülle der vorhandenen Möglichkeiten das auswählen, was seinem persönlichen Mythos, also seinem Horoskop, entspricht.

Daß dieses Auswählen im Sinne der endgültigen Festlegung erst nach der Geburt vor sich geht, kann man sogar beobachten. Es ist allgemein bekannt, daß Kinder während ihrer ersten drei Lebensjahre, wenn nicht gar später, immer wieder das Aussehen wechseln und einmal diesem, dann wieder jenem Verwandten »ähnlich sehen«. Wir sagen als Astrologen, sie wüchsen erst in ihr Horoskop hinein. Sie bei diesem Hineinwachsen zu unterstützen, wäre eine wichtige Aufgabe der Erziehung.

Das Kind kommt auch nicht in einem leeren Raum zur Welt, sondern in einer Umgebung, die bereits durch die gesamte geschichtliche und geographische Situation sowie im besonderen durch das Leben seiner Eltern und anderer Menschen, die wieder zu diesen in Beziehung standen, geformt wurde. Über die objektive Beschaffenheit dieser Umwelt sagt uns das Horoskop nichts. Es stellt aber dar, wie das Kind sein Milieu erlebt, sich von ihm formen läßt und selbst wieder auf es wirkt. Natürlich bestehen hier auch Beziehungen, die über das rein Kausale hinausgehen, und so findet man zwischen den Horoskopen von Eltern und Kindern doch immer einen deutlichen, wenn auch nicht schematisch festzulegenden, Zusammenhang. Mit ihm sich zu beschäftigen, gehört zu den interessantesten Aufgaben des Astrologen und besonders des astrologisch orientierten Psychotherapeuten.

Seit langem streiten auch jene Wissenschaftler, die alle menschlichen Eigenschaften auf Anlage (Vererbung) zurückführen, mit den anderen, die alles durch Umwelteinflüsse erklären möchten. Wir können von der Astrologie her diesen Streit nicht entscheiden, meinen aber, daß er von vornherein unter falschen Voraussetzungen geführt worden sei, eben weil man alles nur vom

Erbe oder alles nur vom Milieu her erklären wollte. Uns scheint es außer diesen beiden zumindest noch einen dritten Faktor zu geben, der ebenfalls beachtet werden sollte, nämlich die individuelle Signatur des einzelnen, die das Horoskop anzeigt, seinen »Kosmotypus«, wie Thomas Ring ihn nennt.

Einerseits erklärt die »Erbmasse« nur sehr wenig, ist sie doch in der Tat eine riesenhafte Masse, die von allen Anlagen der 2 Eltern jedes einzelnen über seine 4 Großeltern, 8 Urgroßeltern usw. allmählich bis ins Uferlose reicht. Welche individuelle Auswahl z.B. mehrere Kinder desselben Elternpaares aus der gleichen Erbmasse treffen, läßt sich durch diese Masse als solche nie verständlich machen. Andererseits ist kein neugeborenes Kind eine völlige »tabula rasa«, auf die jede beliebige Umwelt kritzeln könnte, was sie gerade wollte. Vielmehr gibt es von vornherein eine Eigenprägung des einzelnen, sein »geheimes Wunschbild« zumindest »des, was er werden soll«, und diese Eigenprägung ist gewiß nicht auf Umwelteinflüsse allein zurückzuführen. Sie ist der Grundcharakter des Horoskops.

Nur um diesen Grundcharakter, um den »Kosmotypus«, kann es in einer astrologischen Betrachtung gehen, weder um die Erbmasse als Masse noch um die frühen Einflüsse des Milieus, also gerade um jene beiden Faktoren nicht, die man auch in der Wissenschaft zusammen gern für die allein maßgeblichen hält.

Außerdem lassen sich nur aus dem Horoskop keine sicheren Aussagen darüber machen, wie stark ausgeprägt bestimmte Begabungen sein oder zu welchen konkreten Leistungen sie führen werden. Ich kann, wenn ich wirklich nur die astrologischen Daten habe, nicht einmal mit voller Sicherheit sagen, daß der Geborene musikalisch sein werde. Wenn gar keine Musikalität in seiner Erbmasse vorhanden ist, wird sich sein Feingefühl höchstens als eine Art »Musikalität« im übertragenen Sinne auswirken, als verfeinertes Gespür für seelische Sachverhalte oder sonstige verborgene Wirkkräfte z.B. Ich kann auch nicht zweifelsfrei voraussagen, was der Geborene, wenn er wirklich Musiker wird, als solcher einmal positiv zu leisten vermag.

Schädigungen, die während der Embryonalzeit oder beim Geburtsvorgang eingetreten sind, können im Horoskop nicht zu sehen sein, denn sie sind ja im Augenblick des ersten Atemzuges schon vorhanden. Dagegen sieht man die körperliche Konstitution des Menschen mit ihren schwachen Stellen und gegebenen Krankheitsanlagen, so wie sie sich im Laufe der Entwicklung herausbildet.

Andere Schädigungen treten erst nach der Geburt ein, und zwar dadurch, daß die Erzieher den Grundcharakter eines Kindes, so wie er sich herausbilden will, einfach nicht akzeptieren können, sondern dem Kind einen völlig anderen Charakter aufzuprägen versuchen. Da ist es oft ein bejammernswertes Bild, wie z.B. dynamische, eigenwillige Mädchen (mit Sonnen- oder

Löwe-Betonung) gewaltsam zur »Bescheidenheit« oder überzarte, hochsensible Jungen (mond-, neptun- oder fische-betont) brutal zu »ganzen Männern« erzogen werden sollen. Das kann einem Menschen fürs ganze Leben das Gefühl geben, sein eigenes, wahres Wesen sei von Grund auf böse, sündhaft und um jeden Preis zu unterdrücken. So entstehen schwerste Neurosen oder sogar Psychosen: Depressionen oder alle Formen der Schizophrenie. Sie unterscheiden sich eindeutig von jenen inneren Spannungen und Konflikten, die zwar auch problematisch sein mögen, aber dem Grundcharakter des Menschen, wie ihn sein Geburtshoroskop zeigt, entsprechen. Denn auch für schwierige Horoskope gilt das Wort Hölderlins (aus »Patmos«):

> »Wo aber Gefahr ist, wächst
> das Rettende auch.«

Es gibt Horoskope, von denen man meinen möchte, in ihnen ließe es sich gar nicht mehr aushalten, die aber bei adäquater Auszeugung des in ihnen liegenden Grundcharakters ganz besondere, schöpferische, geniale Leistungen möglich machen. Bedenklicher sind dagegen in der Regel »Schönwetterhoroskope«, die fast nur aus harmonischen Aspekten bestehen, deren Eigner aber ein außerordentlich liebe- und verständnisvolles, förderndes Milieu brauchen, wenn sie nicht an den uns ganz normal erscheinenden Härten des Lebens zugrunde gehen sollen. Es gibt jedoch kein ganz hoffnungsloses Horoskop!

Wichtig scheint mir auch, daß jedes Horoskop nur für einen einzigen Menschen gilt, nicht zugleich für dessen Eltern, Geschwister, Freunde, Ehepartner oder Kinder. Höchstens das Bild, das ich mir von meiner Mutter oder meinem Vater mache, kann sich allenfalls in meinem Horoskop finden, nicht aber deren kompletter Grundcharakter. Nur die Archetypen der »Anima« oder des »Animus« gehören zum Grundcharakter, nicht aber die leibhaftige Ehefrau oder der wirkliche Ehemann. Man kann nach dem Horoskop nicht sagen, der Vater des Geborenen sei berühmt gewesen, sondern höchstens, daß er immer als strahlendes (oder dräuendes) Ideal gesehen worden sei. Man sieht im Horoskop nicht, daß Kinder oder Geschwister wirklich »mißraten« werden, sondern nur, daß man leicht ablehnen wird, was aus ihnen geworden ist.

Allerdings muß ich zugeben, daß gerade »grenzüberschreitende« Deutungen (Aussagen, die nach strenger Logik eigentlich gar nicht gemacht werden dürften) oft zu besonders auffälligen, für den Astrologen und seinen Klienten gleichermaßen verblüffenden »Treffern« führen. Manche Versuche, die Astrologie zu modernisieren, wie z.B. Ebertins »Kosmobiologie«, bestehen sogar fast nur aus solchen »Grenzüberschreitungen«. Bei der individuellen Beratung schneiden sie auch gar nicht schlecht ab, weil man unwillkürlich die empirischen Faktoren hinzufügt, die man nicht aus dem Horoskop ersehen kann. Und sogar bei statistischen Untersuchungen haben die »unerlaubten« Aussagen oft signifikante Trefferwerte, weil eben doch eine gewisse Wahrscheinlichkeit für sie spricht und weil die Fälle, in denen sie nicht zutreffen, durch große Zahlen leichter verschwinden. Viele Statistiken, bei denen sich einem Astrologen eigentlich der Magen umdreht, die aber positiv für die Astrologie (oder die »Kosmobiologie«) verlaufen sind, kamen auf diese Weise zustande.

Das ist übrigens kein Problem, das nur die Astrologie beträfe. Bei jedem empirisch-psychologischen Deutungsverfahren, auf das man sich spezialisiert hat und das man bis an die äußersten Grenzen ausdeutet, geht es kaum anders. Darum gilt in der Psychologie ja die Regel, daß man kein Verfahren für sich allein verwenden, sondern jedes durch andere Verfahren kontrollieren solle. Das ist aber schwierig, weil es kein empirisches Verfahren gibt und keines geben kann, das gerade den Grundcharakter als solchen, und nur ihn, untersuchte. Die Astrologie braucht zweifellos die Ergänzung durch empirische Methoden, hat es aber immer schwer, sich einem direkten Vergleich mit ihnen zu stellen.

Ohnehin stammt die Astrologie aus einer Zeit (der babylonischen bzw. hellenistischen Frühzeit unserer Kultur), in der man die uns heute geläufige Unterscheidung von Wissenschaft und Aberglauben noch gar nicht kannte. Bis heute steht sie in einem diffusen Übergangsbereich zwischen beiden – aber sie steht dort wieder nicht allein, sondern auch jede andere Wissenschaft, ob Medizin, Soziologie oder gar Theologie, wird unvermeidlich zum Aberglauben, soweit ihre Voraussetzungen nicht restlos geklärt sind oder sie nebelhafte, gefühlsbetonte Erwartungen zu wecken vermag. Die Astrologie befindet sich hier in durchaus ehrenwerter Gesellschaft.

Es ist ungemein schwer, astrologische Aussagen rasch und zuverlässig bestätigt zu finden; noch schwerer ist es womöglich, sie klar zu »falsifizieren« (als unrichtig zu erweisen). Immer gibt es ja noch irgendwelche Faktoren im Horoskop, die einen bestimmten empirischen Sachverhalt zur Not auch erklären könnten, ihn vielleicht sogar wirklich besser erklären. Die Astrologie eignet sich deshalb besonders schlecht dafür, nach Art einer empirischen Naturwissenschaft betrieben zu werden. Versuche, das trotzdem zu tun, kann und will ich nicht verbieten; sie scheinen mir persönlich aber mehr vom alten, ursprünglichen Weg der Astrologie abzuführen und doch keine wirklich neue Naturwissenschaft hervorzubringen. Mir scheinen auch die statistischen Prüfungsmethoden der Naturwissenschaften keine alleinseligmachenden Dogmen zu sein, die volle, unbezweifelbare Wahrheit für alle Zeiten garantieren. Was mich betrifft, so bleibe ich lieber auf dem geisteswissenschaftlichen Ufer, auf dem die Astrologie seit jeher stand, und lasse mich nicht auf dilettantisch durchgeführte Experimente ein. Sonst könnte es mir widerfahren, daß ich die Astrologie vermeintlich »bewiesen«, in Wahrheit aber zuvor ihren alten Tempel in einen Lokomotivschuppen verwandelt hätte, der zwar auch einmal modern gewesen, morgen aber schon wieder veraltet wäre. Mir geht es vor allem um eine sozusagen ästhetische Frage: Soll die Astrologie ihren uralten Bild- und Denkstil beibehalten oder soll sie in die laienhafte Nachahmung irgendeiner Naturwissenschaft umgefälscht werden?

Es ist verständlich und mit unserer Logik durchaus vereinbar, daß man oft versucht hat, auch die Vorgänge des embryonalen Lebens bereits in einer gewissen Weise horoskopisch zu erfassen. Die »Empfängnishoroskope«, die man zu diesem Zweck aufgestellt hat, sind aber deshalb problematisch, weil es kaum möglich ist, den Zeitpunkt der Konzeption genau zu bestimmen. Auch die Zusammenhänge, die man zwischen Empfängnis- und Geburtshoroskop festgestellt zu haben glaubt, bedürften erst noch einer sehr gründlichen Nachprüfung. Nach meiner Logik könnte ich sie nicht für sehr bedeutungsvoll halten.

Wenn man den Tod als ein Hineingeborenwerden in eine andere, jenseitige Welt auffaßt, mag man auch ein Horoskop für den Augenblick des Todes errechnen und daraus Schlüsse über den Weg zu ziehen versuchen, den ein Mensch während seines Erdenlebens zurückgelegt hat. Allerdings hätte ein solches Verfahren schon wieder einiges Zweifelhafte an sich.

Es ist nicht immer leicht zu unterscheiden, welche Dinge in einem Horoskop dargestellt sein können und welche nicht. Gibt es doch kaum irgendwo rein mechanische Vorgänge, in denen nicht auch ein Sinn enthalten wäre, wie zugleich in jedem sinnvollen Geschehen auch eine Kausalität abläuft. Eine wissenschaftliche Astrologie wird es sich zur Pflicht machen müssen, für alle Grenzfälle, die sich hier ergeben, ganz klare und saubere Deduktionen herauszuarbeiten. Erst dann kann man daran denken, sich mit der Naturwissenschaft über die gewonnenen Ergebnisse zu verständigen und eventuell auch deren statistische Prüfungsmethoden auf astrologische Fragen anzuwenden.

Man wird aber immer Gewinn dabei finden, wenn man sich das Ineinanderspielen von Sinnentsprechungen und kausalen Abhängigkeiten in den verschiedensten Situationen des menschlichen Lebens möglichst genau vorzustellen sucht. Nicht nur bewahrt man sich durch solche Übungen vor der Gefahr, unrichtige Dinge in das Horoskop hineinzugeheimnissen, sondern man erhält auch tieferen Einblick in ein besonders wichtiges Problem, das hier zum Schluß noch genannt sein soll: das Problem der menschlichen Freiheit im Zusammenhang mit der astrologischen Schicksalsbestimmung.

Wir verglichen ja schon die »Idee« eines Menschenlebens mit der, die einem Theaterstück zugrundeliegt. Diese Idee ist uns im Horoskop gegeben, während wir aus kausalen Bedingungen heraus die Bühne, die Ausstattung und die Requisiten zur Verfügung haben, um sie zu »inszenieren«. Beides, den ideellen Auftrag und die materiellen Mittel, konnten wir uns nicht heraussuchen. Wir müssen sie hinnehmen, so wie wir sie finden. Aber wir sind es, denen die Inszenierung anvertraut ist. Wir allein sind als Regisseure für das verantwortlich, was auf der Bühne unseres Lebens dargestellt wird. Ob wir ein Schmierenstück daraus machen oder ein gewaltiges Drama, darüber entscheiden nur unser persönliches Niveau und unsere persönliche Leistung.

Es sind uns bestimmte Probleme gestellt. Sie lassen sich nicht so lösen, daß sie ein für allemal »erledigt« wären. Wir müssen uns immer wieder mit dem Schicksal auseinandersetzen, und dieses Schicksal bleibt sich im Grunde immer gleich. Nur die Ebenen, auf denen die Auseinandersetzung stattfindet, können sehr verschieden sein. Welche von ihnen wir wählen, ist weder im Horoskop noch in der kausalen Determination festgelegt. Hier liegt – gleichsam senkrecht zur Ebene des Horoskops – die Dimension der Freiheit.

Daß wir uns selbst entscheiden, braucht noch keineswegs zu besagen, daß wir uns gemäß unserem Grundcharakter entschieden. Ebenso können wir unseren Grundcharakter auch dann nicht adäquat verwirklichen, wenn wir entweder unter Fremdbestimmung handeln oder gar nicht zu handeln meinen, also ohne bewußte Steuerung nur unseren augenblicklichen Antrieben folgen. Alexander Pfänder sagt: »Sowohl die automatische Auszeugung, wenn und soweit der Mensch sich gehenläßt, als auch die freitätige Auszeugung, wenn und soweit er sich selbst beherrscht, befiehlt und regiert, können in die Irre gehen und den Forderungen des Grundcharakters widersprechen, also den empirischen Charakter so gestalten, daß er dem Grundcharakter unangemessen wird.«

Frei handeln wir stets in dem Maße, in dem wir unser gesamtes Grundhoroskop auf möglichst hoher Ebene verwirklichen. In die Irre gehen wir dagegen, wenn wir uns sozusagen nicht senkrecht über die Probleme unseres Geburtshoroskops erheben, sondern in schräger Richtung ihnen auszuweichen versuchen. Ehrgeiz und Dominanzstreben z.B. können sowohl von einem König oder Staatsmann, vom Dirigenten eines großen Orchesters oder vom selbständigen Handwerksmeister als auch vom Vorsitzenden eines kleinen Vereins oder schließlich noch vom Anführer einer Räuberbande mehr oder weniger adäquat gelebt werden. Findet man aber nicht den Mut, sie zu bejahen, sondern läßt man sich von klein auf demütigen, unterkriegen, in die Ecke drängen, so wird der natürliche Ehrgeiz zur Wichtigtuerei oder zum Größenwahn pervertiert, und aus dem Dominanzstreben kann die Paranoia werden, der Verfolgungswahn. Dann ist die Freiheit völlig verloren. Wir gewinnen nie etwas, wenn wir uns an unserem Horoskop vorbeidrücken wollen, anstatt uns den Problemen, die es enthält, offen zu stellen.

Dabei sehen wir zugleich, wie fragwürdig all jene religiösen, philosophischen oder politischen Doktrinen sind, die ohne Unterschied für alle gelten, von jedem Menschen das gleiche Verhalten fordern wollen. Nicht jeder kann – und nicht jeder soll – so selbstsicher oder so opferbereit, so unternehmungsfreudig oder so ruhig-zuverlässig werden, wie uns das vielleicht vorschwebte. Jeder hat vielmehr seine eigenen Ideale und Möglichkeiten ebenso wie seine ganz persönlichen Vorlieben, Schwächen oder Schwierigkeiten.

Das Horoskop hilft uns also gerade, unsere wirkliche Freiheit gegenüber der Notwendigkeit einerseits und der Willkür andererseits genau abzugrenzen. Das wäre aus einer kausalen Betrachtung allein niemals möglich. Darum hat die Beschäftigung mit der Astrologie, wenn sie im rechten Sinne verstanden wird, einen hohen ethischen Wert. Man sieht die Aufgaben deutlicher, die einem in den Geburtskonstellationen gegeben sind, lernt sie innerlich anzunehmen und Wege zu finden, auf denen man sie erfüllen kann. Darum vermag man auch anderen Menschen, die sich in der Unfreiheit oder in der vermeintlichen Willkür verirrt haben, durch die Deutung ihres Horoskops, zusammen mit einer Betrachtung ihrer äußeren Lebensumstände, oft entscheidend zu helfen.

Astrologie treiben heißt, um es mit einem Ausdruck von Ernst Jünger zu bezeichnen: liebend erkennen. Es wird damit sehr viel verlangt. Die Fähigkeit des klaren Erkennens und die liebende Zuwendung zum anderen Menschen müssen sich immer die Waage halten, wenn man ein Horoskop deuten will. Darum ist es weder möglich, allein mit Statistik und naturwissenschaftlichem Experimentieren an die Astrologie heranzugehen, noch darf man sich auf die dämmerhaften »Intuitionen« gemütsbegabter, aber innerlich unklarer Schwärmer und Träumer verlassen. Hier das rechte Maß zu finden, ist der schwere, aber lohnende Auftrag, der jedem Astrologen gestellt ist.

DIE VIER ELEMENTE

Nach unseren bisherigen Gedankengängen konnte es so scheinen, als betrachte die Astrologie immer zunächst die äußeren Phänomene, die am Himmel sichtbar sind, und schließe dann erst von ihnen auf den Menschen zurück. Diese Auffassung ist aber nicht richtig. Hinter ihr verbirgt sich ein grundsätzliches Mißverständnis, das wir hier näher betrachten müssen, um es künftig zu vermeiden.

Die Astrologie beschäftigt sich, wie wir wissen, nicht mit kausalen Abhängigkeiten, sondern nur mit Entsprechungen. Innerhalb einer Kausalität gibt es zwei Begriffe, die streng voneinander geschieden sind: die Ursache und die Wirkung. Die Ursache geht dabei der Wirkung immer voraus. Wenn man auch von einem Glied auf das andere schließen kann, so wäre es doch undenkbar, daß man etwa die Begriffe »Ursache« und »Wirkung« selbst miteinander vertauschen könnte. Die Wirkung ist niemals zugleich auch die Ursache.

Anders verhält es sich, wo eine Entsprechung besteht. Hier sind die beiden Glieder immer gleichzeitig und gleichberechtigt, so verschiedenen Größenordnungen sie auch angehören mögen. Wenn man Schlüsse zieht, so dringt man nicht vom einen Glied zum anderen vor, sondern gelangt von der Übereinstimmung beider her zu dem hinter ihnen stehenden Sinn, der sich in beiden, je nach ihrer Weise, spiegelt. Deshalb ist es auch gleichgültig, von welchem Punkt man jeweils ausgeht. Hier entscheidet nur die logische Zweckmäßigkeit.

So ist es auch in der Astrologie. Wer von planetaren »Wirkungen« oder »Einflüssen« redet, versteht die Dinge falsch. Aber auch wer meint, der Makrokosmos sei immer das erste und der Mensch müsse das zweite sein, denkt nicht astrologisch, sondern kausal. Dessen müssen wir uns bewußt sein, wenn uns nun Bilder begegnen werden, die nicht ursprünglich aus der Kenntnis der Himmelsbewegungen stammen, sondern aus dem Wissen vom Menschen. Mit ihnen betrachten wir nur die Entsprechung zwischen Menschenwelt und Sternenwelt aus einer anderen Perspektive, vom Mikrokosmos her.

Die erste Ordnung dieser Art, die wir kennenlernen, ist die der vier Elemente. Es wird hier wohl keinem Leser mehr einfallen, einen Vergleich mit den 92 Elementen zu ziehen, die man in der heutigen Chemie kennt. Wir müssen auch den Vorwurf zurückweisen, daß wir als Astrologen das Wort »Elemente« falsch gebrauchten, wenn wir von unseren vier Elementen sprächen. Das Wort galt ursprünglich und für viele Jahrhunderte nur in dem bildhaften Sinne, in dem es die Astrologie verwendet. Von der Chemie wurde es erst sehr spät übernommen, ohne daß es ihr alleiniger Besitz geworden wäre. Ähnlich hat ja auch die Astronomie den Begriff »Planeten« in einer Weise eingeengt, die früher nicht bekannt war und an die wir uns darum nicht unbedingt zu halten brauchen.

Die vier Elemente – Feuer, Luft, Wasser und Erde – kann man freilich nicht am Sternenhimmel beobachten, und man kann sie auch nicht, wie chemische Substanzen, im Reagenzglas gewinnen. Wenn man überhaupt einen naturwissenschaftlichen Vergleich gebrauchen darf, so ist es der mit den »Aggregatzuständen« der Materie. Die Erde ist fest, das Wasser flüssig, die Luft gasförmig, und das Feuer ist immateriell, rein dynamisch. Aber auch das gilt eben nur vergleichsweise. Es handelt sich ja nicht um stoffliche Dinge, sondern um Bilder und deren Symbolik.

Faßt man es aber so auf, dann ist kaum mehr eine Erklärung dafür nötig, was mit den vier Elementen gemeint sei. Sie stellen Grundbeschaffenheiten der Dinge dar, die sich beim Menschen zugleich als typische Wesenshaltungen, als Reaktionsweisen und als Arten der Orientierung beobachten lassen.

Es ist nicht schwer, sich zu jedem der vier Elemente einen bestimmten Menschentypus vorzustellen. Schon im täglichen Sprachgebrauch nennen wir jemanden oft genug »feurig« oder »erdverbunden«, vielleicht auch ein »stilles Wasser« oder einen »Luftikus«. Immer denken wir dabei bildhaft-assoziativ, ohne es recht zu wissen. Für die Zwecke der Astrologie müssen wir dieses Denken nur bewußt und systematisch weiterführen.

Dabei wäre es nicht günstig, wenn wir die Bilder sogleich in Begriffe übersetzen wollten. Wir müssen zunächst im Anschaulichen bleiben. Darum versuchen wir, jeden dieser vier Menschentypen ganz deutlich, mit möglichst vielen Einzelheiten, vor uns zu sehen. Jeder ist physiognomisch gut zu erkennen, hat aber auch seine bestimmten Denk-, Wertungs- und Empfindungsweisen, von denen er nicht abgehen kann, weil sie in seinem Wesen begründet sind. Wenn zwei solche »typische« Menschen einander begegnen, muß es zwischen ihnen notwendig zu Mißverständnissen kommen, denn sie leben ja in ganz verschiedenen Welten. Es ist eine interessante und nebenbei auch belustigende Überlegung, wenn man sich vorstellt, wie diese Mißverständnisse in jedem einzelnen Fall beschaffen sein werden und mit welchen Worten jeder sein ablehnendes Urteil über den anderen ausdrücken wird.

Leider gibt es diese verschiedenen Typen, samt den Mißverständnissen und Streitigkeiten zwischen ihnen, ja auch in der Wirklichkeit. Nur sind es hier nicht immer Einzelmenschen, die aneinandergeraten, sondern oft genug ganze Gruppen und Parteirichtungen. Daraus erklärt es sich, daß etwa im politischen Leben immer wieder erbitterte Kämpfe um bestimmte Schlagworte entbrennen, weil jede Partei dem gleichen Text eine ganz andere Bedeutung unterlegt. Will man hier die einzelnen Standpunkte besser unterscheiden als durch eine rein begriffliche Analyse, so kann man das Schlagwort, um das gerade gestritten wird, auf seine »elementare« Herkunft untersuchen und dann fragen, wie es wohl von Menschen eines anderen Wesenstypus aufgefaßt werden müsse.

Man hört etwa überall von »Freiheit« reden und nach »Freiheit« verlangen. Jede Partei versichert, daß nur sie die wahre Freiheit verteidige, während ihre Gegner die Menschen unfrei machen wollten. Hier geht es nicht um den philosophischen Freiheitsbegriff, den man durch abstraktes Denken klar formulieren könnte, sondern um Gefühle und urbildliche Vorstellungen, die tief aus dem Unbewußten stammen. Von ihrer Eigenart weiß keiner der Beteiligten etwas. Sie sind konstitutionsbedingt und darum auch durch kein Argument zu erschüttern.

Der politische Begriff der Freiheit, wie er heute meist verwendet wird, stammt ohne Zweifel aus dem Luft-Bereich. Darum geht es hier vor allem um Gedankenfreiheit, Pressefreiheit, Freizügigkeit, uneingeschränktes Recht zur Meinungsäußerung, gleiche Chancen für jedermann und um die Erlaubnis zu beliebigen privaten Vereinbarungen, Abreden und Zusammenschlüssen. Man faßt den Staat als ein Verwaltungs- und Wirtschaftssystem auf, als eine Verkehrseinheit, einen Zweckverband, eine Interessengemeinschaft oder eine ideelle Bindung. Der eigentümliche gedanklich-abstrakte Charakter dessen, was man hier unter »Freiheit« versteht, zeigt sich deutlich im Begriff des Wahlrechts. Es wird als völlig ausreichende Freiheit empfunden, daß man auf einem Stück Papier eine von mehreren vorgedruckten Nummern ankreuzen könne und so unter Millionen anderer einen gar nicht mehr vorstellbar winzigen Anteil an einer politischen Entscheidung habe.

Faßt man aber den Begriff der »Freiheit« vom Feuer-Element her, so gewinnt er einen wesentlich dynamischeren Charakter. Es geht hier um Machtverhältnisse und Aktionsmöglichkeiten. Man fühlt sich frei, wenn man so handeln kann, wie es der eigenen subjektiven Wertungsweise entspricht. Man will dabei nur sich selbst und seinen Idealen verantwortlich sein. (Der Begriff »Verantwortung« im Zusammenhang mit »Freiheit« kam im Luft-Bereich überhaupt nicht vor.) Der Staat wird zu einem Macht- und Wehrsystem, innerhalb dessen jeder in persönlicher Gefolgschaft einem Führer oder einer leitenden Idee verpflichtet ist. Auch wenn Formen der »luftigen« Demokratie übernommen werden, verwandelt sich die Wahl doch unversehens in das Plebiszit, bei dem man nur noch »Ja« oder »Nein« zu einer vorgegebenen Aktionsrichtung sagen kann. Auch von diesen Möglichkeiten wird die des »Nein« bald aufgehoben, weil sie die »Freiheit« beeinträchtigte.

Dem Element des Wassers sind wieder beide »Freiheits«-Begriffe fremd. Hier will man überhaupt keine Formen, keine Wertungen und keine Gesetze. Die allgemeine Anarchie, in der jedermann nach seinen Stimmungen und Launen leben kann, gilt als der einzig menschenwürdige Zustand. Man versteht nicht, was eine »Wahl« bedeuten solle, wenn man sich nicht gerade das heraussuchen dürfte, was ganz dem eigenen Wesen und Gemüt entspräche. Der Gedanke einer mittelbaren, vertretungsweise ausgeübten Demokratie, wie ihn das parlamentarische System kennt, liegt völlig fern. Wenn man sich schon einmal bindet und zusammenschließt, dann kann nur die biologische oder instinktiv gefühlte Gemeinsamkeit in Familie, Sippe, Gemeinde, Stamm oder Volk dafür maßgebend sein. Die Freiheit ist hier die Möglichkeit, sich individuell zu entwickeln und persönlich Bedeutsames zu erleben.

Im festen Aggregatzustand, dessen Bild die Erde ist, kennt man dagegen keine Freiheit, die nicht auch Ordnung wäre. Man muß vor allem sicher sein, daß kein Fremder sich Eingriffe in das erlauben dürfe, was man besitzt und rechtmäßig erworben hat. Dieser »Freiheits«-Begriff ist also von vornherein defensiv und kennt keine Dynamik. Schon daß es überhaupt etwas wie Wahlen, Regierungswechsel und politische Veränderungen geben könne, wird als eine Minderung der Freiheit empfunden. Der Anspruch, den neue, moderne Ideen und traditionsfremde Mächte erheben, erscheint als Vergewaltigung des Bestehenden. Wird aber gar das Eigentums- und Erbrecht angetastet, so sieht man die Welt in ihren Grundfesten wanken. Alles, was die anderen Elemente unter »Freiheit« verstehen, gilt demgegenüber nichts. Man fühlt sich nur frei, wenn man in Sicherheit auf eigener Scholle steht.

Wenn diese verschiedenen Auffassungen von der politischen Freiheit durch verschiedene Parteien ehrlich vertreten werden, sind sie noch gewissermaßen legitim. Ein heimtückischer Kunstgriff der Demagogie besteht aber darin, daß man Schlagworte verschiedener »elementarer« Herkunft gegeneinander ausspielt, um Verwirrung zu schaffen. So geschah es etwa, als man den aus dem Wasser-Element stammenden und nur dort gültigen Ausdruck »gesundes Volksempfinden«, mit »feuriger« Dynamik und »luftiger« Intellektualität versehen, dazu verwendete, die Rechtsbegriffe des Erd-Typus zu erschüttern. Solche Praktiken sind besonders gefährlich, weil fast niemand die Logik kennt, gegen die hier verstoßen wird. Die Denkfehler bleiben unbemerkt und unwiderlegt. Man hat nur ein dunkles Gefühl, daß da irgend etwas nicht stimme, kann sich aber nicht bewußt mit den Fragen auseinandersetzen.

Von einem Staatsmann wäre allerdings zu verlangen, daß er das assoziative Denken ebenso beherrschen müsse wie das kausale. Die Politik befaßt sich ja mit dem Menschen. Sie kann darum nicht nach Art einer Naturwissenschaft betrieben werden. Der Versuch, sie auf Begriffe zu reduzieren, hat zum Verfall der Staatskunst und zum Heraufkommen des gefährlichsten Dilettantismus geführt. Man kann freilich leicht zum »Weltverbesserer« werden und viel Unheil anrichten, wenn man nie über die Wesensverschiedenheiten nachdenken mußte, die es in der menschlichen Natur gibt.

Die Bilder »Feuer«, »Luft«, »Wasser« und »Erde« sind besonders gut dazu geeignet, solche Wesensverschiedenheiten an einfachen Beispielen deutlich zu machen. Die andere, ebenfalls ziemlich alte Unterscheidung der vier »Temperamente« ist schon viel begrifflicher und viel weniger klar. »Feuer« läßt sich zwar noch ungefähr dem cholerischen, »Luft« dem sanguinischen Temperament gleichsetzen. Ob man aber das Phlegma wegen seiner Schwerfälligkeit zur Erde oder wegen seiner Passivität zum Wasser rechnen solle, und wie entsprechend mit dem melancholischen Temperament zu verfahren wäre, ist kaum mehr eindeutig zu entscheiden. Das liegt aber nur daran, daß die Temperamente so unklar definiert sind. Die Elementenbilder dagegen brauchen keine Definition; sie sprechen für sich selbst.

Die vier Elemente sind ein wesentlicher Bestandteil des astrologischen Menschenbildes. In dem, was noch darzustellen ist, werden wir oft auf sie Bezug nehmen müssen. Allerdings können wir jetzt noch nicht auf die Frage antworten, wie ihr jeweiliger Anteil am einzelnen Horoskop zu erkennen sei. Das wird sich erst im Zusammenhang mit dem Tierkreis zeigen lassen. Dort gibt es nämlich »Erd«-, »Wasser«-, »Luft«- und »Feuer«-Zeichen, die verschieden stark »besetzt« sein können. Wir sehen daraus, ob ein Mensch zu einem besonderen Typus hinneigt, oder ob sein Wesensbild ausgeglichener ist.

Wir können hier allerdings, wie in der Astrologie überhaupt, fast nie von »reinen« Typen sprechen. Zum normalen Bestand des menschlichen Wesens gehören alle vier Elemente, und nur ihre Verteilung ist jedesmal verschieden. Wir müssen mit unseren Aussagen entsprechend vorsichtig sein.

Das starke Vorwiegen eines einzigen Elements ist schon im äußeren Bild des Menschen klar zu sehen und braucht wohl nicht ausführlicher beschrieben zu werden. Häufiger kommt es aber vor, daß zwei Elemente gemeinsam betont sind und die beiden anderen ihnen gegenüber zurücktreten. Das ist etwas schwieriger zu deuten. Wir werden hier doch eine gewisse Begrifflichkeit zu Hilfe nehmen müssen.

Erde und Wasser kann man als die »schweren« Elemente bezeichnen. Menschen, die ihnen angehören, sind mehr dem Materiellen zugewandt, ihrem Verhalten nach beharrend, ihrer Einstellung nach konservativ. Feuer und Luft dagegen sind »leicht«. Wir denken bei ihnen an Menschen, die mehr geistig orientiert sind, dynamischer leben und »fortschrittlich« denken.

Man kann auch Erde und Wasser zusammen als die »weiblichen« Elemente von Feuer und Luft als den »männlichen« unterscheiden. Diese Bezeichnungen sollten aber nur mit einer gewissen Vorsicht gebraucht werden, damit sie nicht zu Mißverständnissen führen. Begriffe, die man gar zu wörtlich nimmt, sind in der Astrologie immer gefährlich.

Der Erd-Typus geht in allem von der Erfahrung der stofflichen Realität aus, der Luft-Typus von der Kenntnis der gedanklichen Zusammenhänge. Beide sind also in ihrer Weise »objektiv« zu nennen und befassen sich mit dem Sein der Dinge. Feuer- und Wasser-Typus kennen demgegenüber nur das Werden, und das eigenmächtige Wollen des einen wie das Wechseln der Stimmungen beim anderen lassen sie beide ausgesprochen subjektiv erscheinen. In den Bereichen der Erde und der Luft nimmt man die Welt so hin, wie sie ist, oder wie man doch wenigstens meint, daß sie sei. Der Wasser-Mensch dagegen träumt davon, wie sie vielleicht auch sein könne, und der feurige Typus möchte sie zwingen, so zu werden, wie er sie haben will.

Schließlich kann man noch den Gegensatz von Feuer und Erde einerseits zu Wasser und Luft andererseits mit der alten Unterscheidung der »vita activa« von der »vita contemplativa« andeuten. Wer feuer- und erdbetont ist, wird es als seine Aufgabe ansehen, in der konkreten Welt zu wirken, um ihr die Spuren seiner Taten und Leistungen aufzuprägen. Der wasser- und luftbetonte Mensch läßt sich daran genügen, den Lauf der Dinge von fern zu betrachten oder sich von ihm dahintragen zu lassen, ohne daß es ihn zum tätigen Eingreifen drängte. Wir sehen also hier den handelnden und den betrachtenden, den mehr praktisch und den mehr theoretisch orientierten Typus.

Wir können bereits jetzt, obwohl uns die Anwendung auf das einzelne Horoskop noch nicht möglich ist, der Vorstellung nachgehen, wie sich die einzelnen Planeten in ihrer Erscheinung beim Menschen verändern, wenn sie in Tierkreiszeichen von verschiedener Elementzugehörigkeit treten. Wir werden sehen, daß es nicht immer ganz leicht ist, Planet und Element ihrer Natur nach zu vereinigen. Es geht aber nicht darum, jedem Planeten ein besonders für ihn »passendes« Element zuzuweisen, sondern vielmehr daran zu denken, daß jede Kombination möglich sein muß und daß sicher in keiner, trotz mancher Problematik, die günstigen Möglichkeiten ganz fehlen werden. Gerade bei Zusammenstellungen, die besonders schwierig sind, erkennen wir oft, daß wir sehr wesentliche und wertvolle Entsprechungen eines Planetensymbols bisher nicht genügend beachtet hatten. Allerdings wird die allgemeine Verwirklichung an dem einen Ort leichter, am anderen weniger leicht geschehen können.

Bevor wir aber auf den Tierkreis näher eingehen, der als der krönende Abschluß des ganzen astrologischen Gedankengebäudes gelten kann, soll uns das System der Häuser beschäftigen.

DAS SYSTEM DER HÄUSER

Wenn wir uns mit den zwölf »Häusern« des Horoskops befassen, so beginnen wir damit eigentlich gar keine neue Arbeit. Wir haben ja schon bei unserer ersten astrologischen Orientierung das Achsenkreuz von Horizont und Meridian (Himmelshöhe und Himmelstiefe) mit seinen Hauptpunkten gewonnen. Was wir als System der Häuser kennen, ist nur eine Verfeinerung dieses Grundschemas. Es genügt also, daß wir die damals begonnenen Gedankengänge weiter durchführen.

Allerdings ist auch dazu wieder eine grundsätzliche Besinnung nötig. Wir können die Häuser ja nicht unmittelbar am Himmel sehen. Sie werden durch eine Art von Abstraktion gefunden. Das geschieht aber nicht so, daß man von Einzelerfahrungen ausginge und allmählich zu statistischen Wahrscheinlichkeiten käme. Man muß vielmehr das Gesamtbild des menschlichen Wesens und Schicksals, das man a priori in sich trägt, nach bildhafter Logik ausdifferenzieren. Es ist dabei entscheidend, daß jedes Feld und jeder Punkt unseres Schemas in einen sinnvollen Zusammenhang des Ganzen einbezogen sind. Nicht nur durch eine Überlegung, sondern durch beliebig viele verschiedene müssen wir zu dem Schluß geführt werden, daß die Einteilung richtig sei. Ist das System in dieser Weise durchdacht, dann haben wir die Aufgabe, durch viele horoskopische Einzelbeobachtungen zu prüfen, ob es auch mit der erfahrbaren Wirklichkeit übereinstimmt.

Ich halte ja, wie ich schon in der Einleitung sagte, die Astrologie nicht für eine Erfahrungswissenschaft im modernen Sinne (obwohl sehr viele Astrologen gerade das meinen). Ich kann mir nicht vorstellen, daß ihre komplizierten Lehren nur durch das Sammeln von verstreuten Einzelerfahrungen entstanden sein sollten. Außerdem befaßt sich die Astrologie, soweit sie Charakterologie ist, gerade nicht mit dem empirischen Charakter, wie jede Erfahrungswissenschaft das tun müßte, sondern nur mit dem (empirisch höchstens vermutungsweise zu erschließenden) Grundcharakter. Die Erfahrung scheint mir in ihr nur eine wichtige zweite, nicht aber die erste Stelle einzunehmen.

Ebensowenig kann ich allerdings glauben (und jetzt verderbe ich es wieder mit all jenen Astrologen, die sich nicht an die »Erfahrungswissenschaft« klammern), daß die Astrologie eine esoterische Geheimlehre sei. Ich finde nichts Rätselhaftes, Unergründliches in ihr, das nur Eingeweihten oder Erleuchteten zugänglich sein dürfte, und nehme auch nicht an, daß ihre Begründer vor Jahrtausenden noch wunderbare Seelenorgane gehabt haben müßten, die uns inzwischen verlorengegangen seien.

Meiner Ansicht nach genügen die beiden Augen vollauf, die wir ebenso haben wie unsere fernen Vorfahren, wenn man nur davon überzeugt ist, daß der Lauf der Sterne bedeutungsvoll für uns sei, daß er uns etwas Wichtiges zu

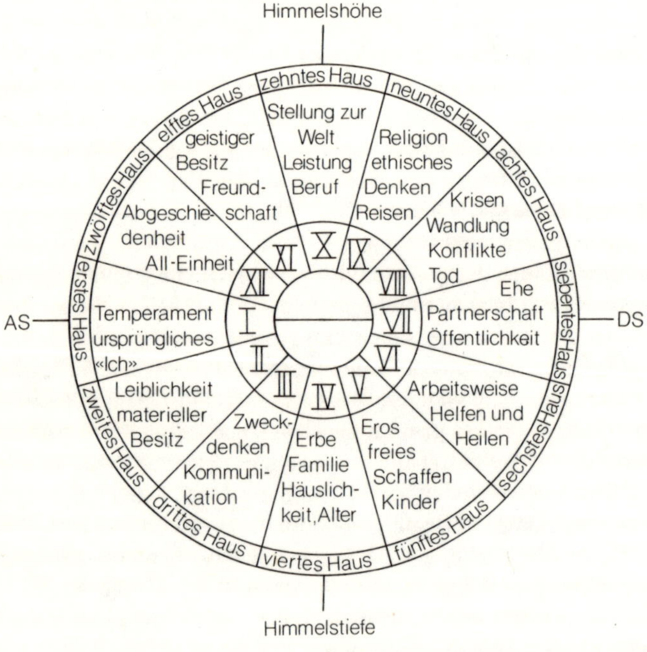

Abb. 27 Lage und ungefähre Bedeutung der Häuser

sagen habe, wenn wir seine Sprache verstehen oder seine »urzeitliche Inschrift« richtig entziffern könnten. Ich sehe die Astrologie als eine vom erlebenden Menschen ausgehende Hermeneutik der Erscheinungen am Himmel, die zwar auf vielerlei Weise empirisch überprüft, nicht aber von Anfang an auf bloße Erfahrungsdaten (weder handfeste noch mystische) zurückgeführt werden könne.

Wovon die Astrologie ausgeht, das ist die Sinn-Einheit von Mensch und Kosmos. Bei den Planeten war es so, daß wir zuerst auffallende Erscheinungen am Himmel sahen, und zwar Bewegungen, die sich dort immer wieder in der gleichen Weise vollzogen, unerreichbar fern von uns und durch kein Denken oder Wollen zu beeinflussen. In Entsprechung dazu fanden wir ähnliche

Kräfte, die in unserem eigenen Inneren wirkten. Der Mythos spiegelte ihr Wesen in den Göttergestalten des Olymp.

Die Häuser sind nun, auch im Sinne des Mythos, nicht göttliche, sondern menschliche Bezirke. Wir sehen sie ja nicht fern am Himmel, sondern geben sie als Richtungen von unserem eigenen Standort aus an. Hierbei liegt der Gedanke zugrunde, daß der Raum als solcher, auch ohne daß etwas Besonderes in ihm geschehe, ein Sinn-Bild für den Menschen sei. Eine Unterteilung dieses Raumes müsse uns die einzelnen Gebiete zeigen, in denen sich unser Leben abspielt, in denen wir Interessen, Aufgaben, Betätigungsfelder und Möglichkeiten zur Erfüllung unseres Schicksals finden. Das ist im System der Häuser dargestellt.

Sieht man allerdings nur eine kurze Inhaltsangabe dessen, was jedes einzelne Haus nach astrologischer Auffassung bedeutet, so kann man wohl zu der Meinung kommen, es handle sich um willkürlich aneinandergereihte Dinge. Das trifft aber nicht zu. Es gibt in der Astrologie keine Willkür, sondern nur eine strenge, wenn auch für uns vielleicht noch ungewohnte Logik. Das wird sich auch zeigen, wenn wir das gesamte Bild der Häuser näher betrachten.

Nun habe ich mich, entgegen meiner eigenen früheren Auffassung (die auch heute noch die meisten Astrologen vertreten), von der Manier der »äqualen Häuser« überzeugen lassen. Dabei ist der Aszendent nicht die Spitze, sondern die Mitte des I. Hauses; das II. Haus hat seine Mitte auf dem gleichen Gradwert des nächsten Tierkreiszeichens, und so geht es weiter durch alle Häuser und Zeichen. Die Grenzen zwischen den Häusern sind jeweils 15° von den Häusermitten entfernt. Der Meridian mit MC und IC wird gesondert eingetragen; er markiert nicht mehr den Beginn des X. und des IV. Hauses. Soviel mußte ich hier schon vorausschicken, damit auch Leser, die andere (inäquale) Häuser kennen, die äqualen von ihnen unterscheiden können.

Folgende Gründe haben mich dazu bestimmt, anstelle der vielfältigen inäqualen Häusermanieren (Porphyrios, Campanus, Regiomontanus, Placidus, Koch u.a.) nur noch die äqualen Häuser zu verwenden:

1. Das äquale Häusersystem ist das älteste, und Alter gilt mir in der Astrologie nun einmal als ein Wert. Ursprünglich ging man nur vom Horizont aus und setzte die Häuser analog zu den Tierkreiszeichen fest.
2. Ganz frühe Versuche, auch die Tagesbewegung der Gestirne (rechtsherum, im Uhrzeigersinn) mitzudeuten, wurden bald wieder aufgegeben. Man numeriert die Häuser linksherum, verzichtet also auf die Symbolik der Tageszeiten. Darum halte ich es auch für falsch, wenn man (wie bei Placidus oder Koch) doch wieder eine Tageszeitbezogenheit einführen will, ohne aber die Nummernfolge der Häuser umzukehren. Ich verstehe die Häuser rein raumsymbolisch.

3. Die äqualen Häuser beziehen sich eindeutig nur auf die Ekliptik, den Schauplatz aller Planetenbewegungen, nicht also auf die Parallelkreise zum Äquator, auf denen die Tagesbewegungen sich vollziehen. Sie teilen die Ekliptik in 12 gleichgroße Abschnitte ein, deren Bedeutung auch gleichgroß ist. Alle inäqualen Manieren dagegen kennen überdimensional große und winzig kleine Häuser.
4. Die Mitte des X. Hauses (äqual) ist wirklich die »Himmelshöhe«: der höchste Punkt der Ekliptik über dem Horizont. Das MC ist nur ihr südlichster Punkt, an dem die Tagesbewegungen kulminieren (vgl. Abb. 20, S. 80).
5. Daß die äqualen Häuser einfach sind und keine komplizierte Berechnung der »Zwischenhäuser« verlangen, scheint mir auch für ihre symbolische Richtigkeit zu sprechen. Ich halte das Einfachere hier stets für das Bessere, das Knifflige für irreführend.
6. Schon rein ästhetisch befriedigt mich der Anblick der äqualen Häuser, während die inäqualen mir verschroben bis verzerrt erscheinen. Und ich halte ästhetische Überlegungen in der Astrologie nicht für belanglos, sondern sogar für zentral wichtig.
7. Horizont und Meridian (Himmelsrichtungen) sind wirklich zwei verschiedene Einteilungsmöglichkeiten, die sich nur selten in Übereinstimmung miteinander bringen lassen. Mir scheint der Meridian wie ein großer Zeiger über die Horizonthäuser zu wandern, sie aber nicht mit sich zu schleppen und sie dabei zu verzerren.
8. Vor allem in polnahen Gegenden, wo der Meridian flach auf dem Horizont liegen kann, zeigt sich diese Verzerrung besonders grotesk. Ich glaube nicht, daß die dort geborenen Menschen schon von ihrem Grundcharakter her entsprechend verquer sein müßten. Nach äqualer Manier dagegen ergeben sich in allen Breiten völlig normale Horoskope, die für richtige Menschen gelten können.
9. Der Aszendent scheint mir auch bild-logisch richtiger als die Mitte des I. Hauses dargestellt zu werden. Es leuchtet mir nicht ein, daß schon ein knapp über ihm stehender Planet »eigentlich« zum XII. Haus gehören solle, das dem AS am fernsten liegt.
10. Schließlich habe ich auch Erfahrungshinweise darauf, daß die äqualen Häuser richtiger seien. In meinem eigenen Horoskop (Abb. 32–34) scheint mir Merkur eindeutig im VII. Haus zu stehen, der Mond zwar am MC, aber auch im IX. Haus. Darüber lasse ich aber mit mir reden, soweit andere Leute andere Erfahrungen gemacht haben. Die Erfahrung steht ja für mich nicht an erster Stelle, wenn es sich um Astrologisches handelt.

Und nun kehren wir zurück zu dem Bild der Himmelskugel rund um uns, wie wir es von Anfang an kennengelernt haben. Wir wissen ja, daß der Horizont ihre »Taghälfte« von der »Nachthälfte« trennt; ebenso kennen wir auf dem Horizont die Richtung des »Ich« und die andere, die des »Du«. Auch daß wir eine gewisse Entwicklungsrichtung verfolgen, wenn wir vom Aszendenten aus gegen den Uhrzeigersinn zur Himmelstiefe, weiter zum Du und schließlich zur Himmelshöhe gehen, wurde schon angedeutet. Es kann also nicht unmöglich sein, auch die einzelnen Stationen dieses Weges genauer zu beschreiben. Wir müssen, wenn wir das nur mit genügender Gründlichkeit tun, zu einem vollständigen Verzeichnis dessen kommen, was den Menschen auf seiner Wanderung durch das Leben beschäftigt.

Weil wir uns aber im Bereich der Astrologie befinden, ist es uns verboten, nur mit Begriffen zu arbeiten. Wir müssen uns innerhalb des großen Bildes wieder nach bildhafter Logik orientieren. Was ein Haus jeweils darstellt, wird also nicht auf abstrakte Weise anzugeben sein, sondern durch Symbole. Dabei können uns die Planeten und die Elemente helfen, die uns ja schon bekannt sind. Wir werden uns vorzustellen haben, daß wir für jedes »Haus« die passenden »Bewohner« zu suchen hätten.

Die Häuser sind, um es noch einmal zu sagen, die Richtungen, aus denen die Aufgaben unseres Lebens auf uns zukommen, und nach denen hin wir wieder wirken, um diese Aufgaben zu erfüllen. Die Besetzung durch Tierkreiszeichen (von der später noch zu reden sein wird) zeigt uns die Art, in der wir die Probleme erfassen. Die Planeten und ihre Aspekte stellen Kräfte dar, mit denen wir ausgerüstet sind, um sie zu lösen.

Dabei gilt uns die *Mitte* eines jeden Hauses als besonders wichtig, vor allem AS, DS, Himmelshöhe und Himmelstiefe, die jeweils im Zentrum eines der *Eckhäuser* (I., VII., X., IV.) stehen. In der Hausmitte ist die Situation ganz klar und die Aufgabe deutlich umrissen. Je näher ein Planet dieser Mitte steht (mit dem Gradwert des AS), um so eindeutiger ist er auf die Thematik gerade dieses Hauses bezogen. Auch sonst sagt uns die Mitte jedes Hauses durch das hier stehende Tierkreiszeichen und durch den Planeten, der als dessen Herrscher gilt, wie der Geborene all das erleben wird, was wir als den Inhalt dieses Hauses auffassen. An den Grenzen geht jedes Haus allmählich in das nächste über, oder es kommt vom vorangegangenen her, wobei zusätzliche Momente mit einfließen. Dennoch halte ich die Grenzen der Häuser für verhältnismäßig scharf. Ich trage sie auch wieder in meine Horoskope ein, was ich mir unter dem verwirrenden Einfluß der vielerlei inäqualen Häusersysteme schon abgewöhnt hatte.

Den Meridian, die Nord-Süd-Achse vom IC zum MC, betrachte ich als »Schicksalsachse« oder »Individuationsachse«. Sein Verlauf scheint mir zu zeigen, wie der Mensch innerhalb der für alle gültigen Tageswirklichkeiten (der Himmelsrichtungen) steht, welchen Einstieg er in sie finden (IC) und zu welcher Position er gelangen wird (MC). Das Häusersystem dagegen scheint mir seine persönliche Bedeutungswelt zu kennzeichnen, so wie er selbst sie erfährt. Davon soll später noch ausführlich die Rede sein.

Verschiedene neuere Astrologen haben an der altmodischen und seltsam klingenden Bezeichnung »Häuser« Anstoß genommen und deshalb vorgeschlagen, man möge sie durch den Ausdruck »Felder« ersetzen. Sie dachten dabei an Kraftfelder, wie man sie in der Physik kennt, und meinten vielleicht, man könne auch im Horoskop solche »Felder« annehmen. Wir müssen aber gerade um der Sauberkeit des astrologischen Denkens willen den Anschein vermeiden, als handle es sich bei den Entsprechungen im Horoskop um physikalische Wirkungen. Wir wissen ja, daß die Astrologie von wesentlich anderen Voraussetzungen ausgeht als jede Naturwissenschaft. Die Bezeichnung »Felder« erscheint eher geeignet, den physikalisch halbgebildeten Anfänger zu verwirren. Man sollte sie deshalb, wenn überhaupt, nur mit der nachdrücklichen Erklärung verwenden, daß man dabei nicht an etwas den elektrischen Feldern Vergleichbares denke. Im allgemeinen wird der alte Ausdruck »Häuser«, trotz seiner Absonderlichkeit, noch vorzuziehen sein.

Wenn wir im folgenden die Häuser nach der Reihenfolge ihrer Numerierung betrachten, also vom Aszendenten aus gegen den Uhrzeigersinn gehen, so will das nicht heißen, daß nur diese Richtung möglich wäre. Wir werden später noch darauf hinweisen, wie man die Folge auch umkehren und ganz andere Verhältnisse der Häuser zueinander erfassen kann.

DAS ERSTE HAUS

Der Aufgangspunkt im Osten, den wir den Aszendenten nennen, ist auch der Ausgangspunkt für unsere Betrachtung. Wenn wir die Sonne oder einen Planeten über den Horizont emporsteigen sehen, so mögen wir wohl an den Vorgang einer Geburt denken. Das hat auch der Mythos seit jeher getan.

Der Aszendent zeigt uns das »Ich« des Menschen, so wie es, gleichsam eben erst geboren, noch durch kein Schicksal und keine Erfahrung hindurchgegangen, im frühesten Augenblick des Lebens vorhanden ist. Deshalb nennt man auch den Planeten, der als der Herr des gerade aufsteigenden Tierkreiszeichens gilt (worüber wir später noch sprechen werden), den »Geburtsgebieter«. Das Aufsteigen über den Horizont ist das Symbol des Geborenwerdens überhaupt.

Eine Geburt ist, schon rein körperlich gesehen, ein gewaltsamer und für Mutter und Kind gleichermaßen schmerzhafter Vorgang. Wir wissen nicht, aus welchen Ordnungen das Ich herkommt, das in diesem Augenblick seinen Lebenslauf beginnt, aber wir denken wohl, es müsse »in Abrahams Schoß«

oder an einem anderen jenseitigen Ort gewesen sein, wo es die Zeit und die Not nicht kannte. Dann aber habe irgendeine Gewalt es gezwungen, in die kausale Wirklichkeit hineinzutreten und ein Schicksal auf sich zu nehmen. Man weiß ja, und auch die moderne Entwicklungspsychologie hat das festgestellt, daß die Anfangszeit des Lebens zu den am meisten »unlustbetonten« Perioden gehört.

Wenn wir ein Bild für das neu geborene Ich gebrauchen wollen, so können wir uns ein Geschoß vorstellen, das soeben das Rohr verläßt, aus dem es abgefeuert wurde. Es ist noch durch keine anderen Faktoren bestimmt als die beiden, die man in der Ballistik die »Anfangsrichtung« und die »Anfangsgeschwindigkeit« nennt. Wir wissen noch nicht, ob es auf seinem weiteren Flug vom Wind oder von anderen Einflüssen abgetrieben wird, ob es sein Ziel erreicht und welche Wirkung es dort auslösen kann. Es ist aber auch gewiß, daß nun keine Umkehr mehr möglich ist. Niemand vermag das einmal abgefeuerte Geschoß in eine andere Flugbahn zu zwingen oder es ganz zurückzuholen.

Wir verstehen von diesem Bild her die besondere Bedeutung, die man in der Astrologie dem Aszendenten gibt. Er zeigt uns den Start, mit dem ein Individuum sein Leben begonnen hat, in seiner unwiderruflichen Einmaligkeit. Alles Weitere muß dem inneren Gesetz entsprechen, das nun festgelegt ist. Es gibt zwar noch eine Freiheit in den Entscheidungen, aber keine Willkür in der Wahl des Ausgangspunktes.

Allerdings ist der Anfang auch noch nicht das Ganze. Es muß noch vieles geschehen, ehe der Mensch wirklich an sein Ziel, oder doch wenigstens an ein Ende seines Weges, kommen kann. Auf den Aszendenten folgt darum erst die ganze Reihe der Häuser. Hier ist ausdifferenziert, was im Augenblick des Beginnens gleichsam noch auf einen einzigen, fast unsichtbaren Punkt konzentriert war.

Es wäre jedoch falsch, wenn man meinen wollte, die Häuser brächten nun einfach in chronologischer Reihenfolge die einzelnen Stadien des Lebens; jedes von ihnen bedeute etwa soundso viele Jahre, und am Ende stünde der Tod. So ist es nicht. Die Orientierungsmöglichkeiten der Häuser sind immer zugleich da, und der Kreis, den sie bilden, läuft ohne Ende in sich selbst zurück. Die Logik, nach der ein Haus auf das andere folgt, ist nicht die des zeitlichen Nacheinander, sondern die einer zunehmenden Erweiterung, während deren die Erlebnisse immer neu verarbeitet, miteinander kombiniert und in andere Zusammenhänge einbezogen werden.

Wir gehen darum auch vom Osthorizont aus nicht dem weiteren Tageslauf der Sonne nach, sondern wenden uns, entgegen dem Uhrzeigersinn, zunächst nach unten und innen. Das erste Haus führt uns vom Aszendenten, der seine Mitte bildet, näher an die Himmelstiefe. Es gibt nicht etwa an, was früher einmal, bei der Geburt, geschehen sei, sondern zeigt uns den Menschen in jenem Teil seines Wesens, der gewissermaßen immer neu geboren ist und darum noch die Frische seiner Anfangsimpulse und der ursprünglichen Antriebsrichtungen bewahrt hat. Wir sehen hier das Ich, so wie es in unreflektierter Selbstverständlichkeit einmal in die Welt hineingesprungen ist und nun immer durch die damals genommene Richtung und die vorhandene Energiemenge bestimmt bleibt.

Man sagt, daß im ersten Haus das Temperament und die angeborene Grunddynamik eines Menschen dargestellt seien. Mit allem, was sich dort in Gestalt von Tierkreisbildern oder Planetenkräften vorfindet, wird man sich ganz unmittelbar identifizieren. Es macht das Typische und bleibend Eigentümliche eines Menschen aus. Auch die körperliche Konstitution, die sich von der Geburt an entwickelt, kann man aus diesem Haus erkennen.

Als Symbol für diese Dynamik, die gewaltsam, ohne Bedenken, in die Welt einbricht, die nur aus Tempo, Rhythmus und Aktionsrichtung besteht, können wir keinen anderen Planeten wählen als Mars. Wenn wir an ein Element denken, so wird es das Feuer sein. Das erste Haus ist also ein Haus des Mars, und da wir von eigentlichen »Feuer«-Zeichen erst beim Tierkreis werden reden können, geben wir ihm die Bezeichnung eines »persönlichen« oder »dynamischen« Hauses, was seine Verwandtschaft mit dem feurigen Element andeuten soll.

Auf- und Untergehen sind jedoch, wie wir das von der Sonne wissen, nicht nur kurze Augenblicke, sondern Vorgänge, die sich allmählich vollziehen. Ich halte es deshalb für richtig, wenn nach äqualer Auffassung das I. Haus je 15° unter und über dem Horizont umfaßt. Dort, während des ganzen Aufgangsgeschehens, scheint mir die Thematik des »Ich« bestimmend zu sein. Weiter unten freilich läßt die Dynamik spürbar nach. Wir kommen nun zur nächsten Station: ins II. Haus.

DAS ZWEITE HAUS

Am Aszendenten sahen wir das Ich noch punktförmig klein inmitten der großen, ihm fremden Welt. Es hatte noch keine Dimensionen und keine rechte Wirklichkeit. Im nächsten Haus findet es darum die Aufgabe, sich zu verwirklichen. Es muß seinen Bereich zum erstenmal erweitern, indem es den nächstliegenden Teil der Welt wahrnimmt und ihn sich zu eigen macht.

Diese anfängliche Begegnung des Ich mit der Welt geschieht im Innern des Individuums. Das zweite Haus liegt ja weiter unten und damit im symbolischen Sinne weiter innen als das erste. Der Mensch wird hier eins mit der materiellen Wirklichkeit, die er vorfindet.

Von dieser materiellen Wirklichkeit aber ist ihm nichts näher als der eigene Körper. Dieser hat Räumlichkeit, Gewicht und Substanz, während wir das Ich als reine Energie und Bewegung auffassen. Der Leib ist ein kunstvolles Bauwerk der Natur und in seinen stofflichen Bestandteilen schon ein ganzer Mikrokosmos für sich. Er hat seine reale Eigenart, in der er sich erhalten will. Gegenüber der Dynamik des Ich ist er das Ruhende und Beharrende im Menschen.

Wenn uns das erste Haus in animalisch-motorischer Weise bestimmte, so zeigt das zweite den vegetativen, pflanzenhaften Teil unseres Wesens. Wir sind hier gleichsam im Erdreich verwurzelt, haben unseren festen Stand auf dem Boden und ernähren uns aus dem, was die materielle Welt zu geben hat. Man nennt dieses Haus auch das Haus des Besitzes. Dieser Ausdruck muß aber in seiner ganzen Weite verstanden werden. Man darf nicht meinen, es handle sich nur um Geldangelegenheiten.

Zunächst gehört man hier sich selbst. Man besitzt seinen Leib und damit ein sehr wichtiges Stück der stofflichen Welt. Dann erfährt man auch weitere Dinge, die außerhalb des Leibes sind, als einem zugehörig. Man bezieht sie in den inneren Mikrokosmos mit ein und macht sie gleichsam zu Teilen der eigenen Persönlichkeit. So schließt sich um das Ich allmählich eine ganz konkrete Welt, die in sich harmonisch ist. In ihr ist alles nach Form und Gehalt bestimmt. Nichts kann oder soll anders werden, als es eben ist.

Hier gilt also nicht das Werden, sondern das Sein. Man richtet sich in der Umwelt, die man vorgefunden hat, auf dauerhafte Weise ein und will in dem Kreis, den man sich so schafft, möglichst ungestört bleiben. Wer das erreicht, der lebt sehr intensiv und gegenwärtig. Ihm gehört, was er sich aneignen konnte; er freut sich dieses Besitzes und läßt alles übrige ruhig in seinem Für-sich-Sein bestehen. In der klugen Beschränkung auf das real Mögliche und im intensiven Daseinserleben liegt die Weisheit des zweiten Hauses.

Daß dieses Haus eine enge Beziehung zum Element der Erde hat, ist selbstverständlich. Wir nennen es ein »materielles« oder »physisches« Haus. Was das erste Haus als reinen Impuls gab, das soll sich hier konkret verwirklichen. Diesem Sinn dienen alle Besitzergreifung und das Erhalten des Eigentums ebenso wie die Wahrung einer persönlichen, leibgebundenen Eigenart. Wenn wir einen Planeten suchen, der in diesem Haus am besten »wohnen« könnte, so werden wir an Venus denken. Als innerer Planet, als Gegenspielerin des Mars und als Symbol des ruhigen Geschlossenseins in sich selbst hat sie hier einen angemessenen Platz. Sie gibt die Freude an der körperlichen Existenz, die Zufriedenheit im engeren Kreis und den Genuß an den Dingen, die man besitzt.

Innerhalb eines Horoskops können aber auch andere Planeten als Venus sich im zweiten Haus aufhalten. Dann hat man eben andere Kräfte zur Verfügung, um die materielle Wirklichkeit zu ergreifen. Wenn etwa die Sonne hier steht, wird man die ganze Welt als sein persönliches Eigentum sehen und sie seiner Eigenart gemäß umschaffen wollen. Der Mond wird mehr die Gemütswerte des Besitzes erleben lassen als dessen praktische Verwendbarkeit. Diese scheint dafür dem Merkur um so wichtiger. Mars läßt uns kräftig zupacken, Jupiter strebt nach einer Erweiterung der materiellen Beziehungen, und Saturn wird vor allem die Möglichkeiten des Verlustes bedenken, um ihnen gegenüber Vorsorge zu treffen. Außerdem bestimmt das Tierkreiszeichen, das hier steht, durch seine Zugehörigkeit zu einem der vier Elemente die Einstellung, die man zur Materie und zum Besitz haben wird. In diesem einen Haus lassen sich also schon sehr viele verschiedene Möglichkeiten und Nuancen erkennen.

Wir sahen nun den Anfang des Lebens auf zweierlei Weise dargestellt: als dynamischen Schicksalsimpuls und als leibliches Gegenwärtigsein. Zwischen beiden Bereichen besteht ein innerer Widerspruch, der immer deutlicher spürbar wird, wenn wir uns nun der Grenze des nächsten, des dritten Hauses nähern.

DAS DRITTE HAUS

Wenn ein Mensch, der keine weiteren Erfahrungen besäße, durch die Erlebnisbereiche des ersten und des zweiten Hauses gewandert wäre, könnten wir ihn wohl jetzt, am Beginn des dritten, zögernd und zweifelnd einhalten sehen. Er wüßte sich keinen Rat mehr. Bisher war alles so einfach, aber die einfachen Dinge standen zueinander im Widerspruch. Erst gab es nur dynamische Impulse, dann nur ein ruhiges Beharren, und beide Lebensformen waren gleich notwendig. Wie soll man sich nun entscheiden? Welches Verhalten ist in jedem einzelnen Fall richtig? Man könnte an Goethes Frage denken:

»Ach, was soll der Mensch verlangen?
Ist es besser, ruhig bleiben?
Klammernd fest sich anzuhangen?
Ist es besser, sich zu treiben?. . . «

Und guter Rat ist hier auch wirklich teuer. Man kann ja noch keine höheren, gültigen Prinzipien erkannt haben, nach denen sich entscheiden ließe. Selbst Goethe gibt uns darum nur einen vorläufigen Bescheid:

»Eines schickt sich nicht für alle!
Sehe jeder, wie er's treibe;
sehe jeder, wo er bleibe,
und wer steht, daß er nicht falle!«

Dieses Gefühl der Vorläufigkeit ist die Stimmung des dritten Hauses. Man sieht sein Leben durch die wechselnden Situationen bedingt und laviert, so gut es gehen will, immer wieder zwischen den Möglichkeiten hindurch, die sich bieten. Was man tut, kann nur ein Behelf sein, denn schon der nächste Augenblick bringt vielleicht eine veränderte Lage und eröffnet neue Perspektiven.

Der Mensch erlebt hier auch den ersten Zwiespalt seines Wesens. Er sieht sich selbst in seinem Widerspruch, in der Gleichzeitigkeit des Vorwärtsdrängens und Beharrenwollens. Das fordert nun ein bewußtes Denken. Man möchte, wenn schon nicht über den Dingen, so doch ein wenig außerhalb ihrer stehen können. So schafft man sich eine kleine Distanz, tritt einen Schritt von sich selbst und von den Ereignissen zurück und beobachtet. Die Reflexion beginnt.

Damit erhält aber auch das Leben einen neuen, besonderen Reiz. Es hat zwar an Intensität verloren, ist aber »interessant« geworden. In den rasch wechselnden Lagen spürt man immer wieder die Lockung des Neuen, Unbekannten. Die Welt wird zwar mit großer Nüchternheit betrachtet, aber zugleich mit einer wachen intellektuellen Phantasie, die überall Möglichkeiten, Gelegenheiten und Anlässe zu neuen gedanklichen Kombinationen sieht. Neugier und Wissensdrang werden bestimmend. Man möchte Technik und Routine im Leben erwerben, neue Wege auskundschaften und treffende Formulierungen finden. Irgendwann hofft man doch noch die Weltprobleme insgesamt lösen zu können, wenn man nur alle Einzelheiten in der rechten Weise miteinander verknüpfen werde. Die Ergebnisse seines Experimentierens will man aussprechbar deutlich machen, schriftlich fixieren oder im künstlerischen Werk darstellen. So gehört auch jeder Ausdruck, besonders der mittelbare, zur Thematik des dritten Hauses. Man ist immer unterwegs, und zwar in geschäftiger Eile, denn es gibt in jeder Minute Neues zu tun, zu denken oder zu lernen. Dieses rasche, von Zwecken oder Interessen bestimmte Hin und Her wird gerne mit dem Stichwort »kurze Reisen« benannt.

Der »Herr« des dritten Hauses ist Merkur, das Element ist die Luft. Wir sprechen von einem »spirituellen« oder – mit einem allerdings mißverständlichen Ausdruck – von einem »sozialen« Haus. Eine eigentliche Hinwendung zum Du besteht aber in diesem Bereich nicht. Wir sind ja noch in der Osthälfte, auf der Seite des Ich. Man kommt wohl ins Gespräch, verhandelt oder diskutiert, gibt und empfängt Anregungen verschiedener Art, geht aber doch bald wieder auseinander. Das Alleinsein wird nicht überwunden, sondern eher bestätigt. Man weiß wohl im Grunde, daß man mit den anderen Menschen zusammengehört, aber die tägliche Nähe läßt doch mehr das Trennende als das Verbindende bewußt werden. Daß die Astrologie diesem dritten Haus auch die Beziehungen zwischen Geschwistern und anderen Verwandten innerhalb einer Familie zuordnet, ist zwar ziemlich unsentimental, aber doch wohl richtig gesehen.

Wie man sich zu seiner Alltagswelt mit dem Wechsel ihrer Situationen, ihren großen und kleinen Neuigkeiten, ihren Begegnungen und Detailaufgaben einstellt, das zeigen uns die Planeten und die Tierkreisbesetzung im dritten Haus. Man kann es zusammenfassend auch ein Haus der »Nahverbindungen« nennen, wenn man dieses Wort in jeder möglichen Bedeutung nimmt.

Die hier gefundenen Einsichten bleiben aber relativ, die Lösungen gelten nur bis auf weiteres. Man darf darum in seinem Denken nicht stehenbleiben, sondern muß sich nach und nach von den künstlichen Vereinfachungen lösen und den Zugang zur echten Mannigfaltigkeit des inneren Lebens finden. Am Ende des dritten Hauses, am Anfang des vierten, erreichen wir die tiefste Zone des Himmels, deren Mitte die Himmelstiefe (in unserem Sinne) bildet.

DAS VIERTE HAUS

Die drei Häuser, die wir bis jetzt kennenlernten, zeigten uns das Ich, wie es nach dem ersten klaren Ansatz allmählich mit sich selbst uneins wurde, weil es in den Widerstreit von Dynamik und Beharrung geraten war. Nun treten wir in den nächsten Quadranten des Horoskops über. Wir begegnen dabei an der Schwelle gewissermaßen wieder dem Schicksal selbst, das uns einen neuen, für die folgenden drei Häuser gültigen Auftrag mit auf den Weg geben will.

Die Himmelstiefe ist uns schon aus unseren ersten Betrachtungen als ein Hauptpunkt des Horoskops bekannt. Wir nannten sie damals den Pol der Nachtwelt oder der inneren Welt. Nun, auf unserer Wanderung durch die Reihenfolge der Häuser, bekommt das IV. Haus das ganz unten liegt, noch eine weitere Bedeutung. Es führt uns von der Ich-Seite hinüber auf die westliche, die dem Du zugewandt ist.

Das Ich und das Du sind verbunden durch das gemeinsame, unbewußte Wir. Dessen Ort ist hier in der Tiefe. Die Vereinzelung, die noch im dritten Haus so deutlich gefühlt wurde, ist hier aufgehoben. In den Bildern der Seele zeigt sich etwas, das bei allen Menschen wesentlich gleich ist. C.G. Jung hat darum vom »kollektiven Unbewußten« gesprochen. Wenn wir in diese Welt hinabsteigen, kommen wir zum Bereich der »Mütter«, aus dem jedes Leben stammt, und nicht zuletzt auch unser eigenes.

Wir sind hier durch die biologischen Vorgänge der Vererbung mit unseren Eltern und Voreltern, ja schließlich mit allem, was jemals auf der Erde lebte, geheimnisvoll verbunden. Viel Vergangenes und Zeitloses wird an uns herangetragen und will in unserem Schicksal wieder gegenwärtig werden. Die mütterliche Natur hält uns als ihre Kinder fest. Sie lebt in uns, wir leben in ihr, und es will fast so scheinen, als habe unser ganzes individuelles Dasein doch nur eine recht geringe Bedeutung.

Das vierte Haus gilt als das Haus des Erbes, des elterlichen Heimes, in dem wir aufwachsen, und der Familientradition, die uns bindet. Man sieht hier die Art der ersten Eindrücke, die ein Kind noch unbewußt in sich aufnimmt, ehe sich die »participation mystique«, das innige Teilhaben an einem gemeinsamen Seelenleben, allmählich löst. Auch jede spätere Hinwendung zum inneren Bereich, zum Haus und zur Familie, gehört hierher. Man sieht also in diesem Abschnitt auch etwas über das Heim, das man selbst einmal gründen, und über die besondere Atmosphäre, die man ihm geben wird. Schließlich wird noch das Altern mit in die Thematik des vierten Hauses einbezogen, denn man wendet sich da wieder mehr nach rückwärts und verzichtet auf ein Wirken nach außen hin. Der alte Mensch wird in manchen Dingen wieder ein Kind und kehrt zur Natur zurück, von der er einmal gekommen war.

Wir sind im vierten Haus noch einmal, aber auf ganz andere Weise, als es beim Aszendenten der Fall war, an einen Anfangspunkt des Lebens gekommen. Wir sehen nun, daß es eine doppelte Herkunft der Individuen gibt.

Einmal geht jeder Mensch aus dem allgemeinen Strom des Lebens hervor; er ist ein Glied der Menschheit, seines Volkes und seiner Familie. Man deutet solche Beziehungen den Kindern an, wenn man ihnen vom Wasser erzählt, vom Storchenteich etwa, aus dem sie geholt seien. Andererseits ist aber auch jeder einzelne ein Ich von besonderer Eigenart und Träger eines einmaligen, unverwechselbaren Schicksals. So hat er recht, wenn er nicht mehr an den Storch glauben will und sein Dasein nicht allein in den erbmäßigen Voraussetzungen begründet sieht. Das erste und das vierte Haus bilden im Schema ein Quadrat miteinander, stehen also in einem letztlich unlösbaren Widerspruch.

Kinder spüren oft diesen Zwiespalt ihrer doppelten Herkunft besonders deutlich. Sie kommen dann zu Phantasien wie denen, daß sie gar nicht das rechte Kind ihrer Eltern seien, sondern Findlinge von unbekannter Abstammung, die nur ein Zufall in die jetzige Umwelt verschlagen habe. Auch der Mythos weiß oft von solchen Findelkindern zu berichten und zeigt uns damit, daß es sich um ein Urbild der menschlichen Seele, einen Archetypus, handelt.

Das Element des vierten Hauses ist das Wasser als das Grund- oder Quellwasser unseres Lebens. Wir sprechen von einem »psychischen« oder auch, mit einer älteren Benennung, von einem »mystischen« Haus. Der »Herr« dieses Hauses ist der Mond. In der Tiefe des Himmels ist sein eigentliches Reich. Andere Planeten, die hier stehen mögen, wandeln unser Verhältnis zur Familie, zum Erbe, zur Häuslichkeit und zum Erlebnis des Alterns in der für sie charakteristischen Weise ab.

Wenn wir uns allmählich vom tiefsten Punkt entfernen, macht sich ein leichtes Ansteigen in der Richtung auf die bewußte obere Welt und auf die Begegnung mit dem »Du« bemerkbar. Aber noch bleiben wir im inneren Bereich. Die Thematik des fünften Hauses kündigt sich an.

DAS FÜNFTE HAUS

Von den Häusern, die wir bisher besprachen, stand jedes zu einem anderen Element in Beziehung: zum Feuer, zur Erde, zur Luft und zum Wasser. Nun kann, mit dem fünften Haus, die Reihe von neuem beginnen. Eine neue Dynamik tritt in Erscheinung. Nach der Berührung mit dem unbewußten Lebensgrund, nach der Rückkehr aus dem Reich der »Mütter«, wird das Ich gleichsam wieder neu geboren. Es ist aber nun nicht mehr das enge, gewaltsam ins Leben geschleuderte Ich, das es am Aszendenten war. Es hat aus jedem Elementenbereich etwas in sich aufgenommen und ist zur vollen, eigenständigen Persönlichkeit herangereift.

Auch das fünfte Haus ist ein feuriges, ein »dynamisches« oder »persönliches« Haus. Es steht zum ersten im Aspekt des Trigons. Wir rechnen bei *inäqualen* Häusern dieses Trigon auch dann als »mundan« gegeben, wenn sich auf dem Tierkreis nicht gerade ein Winkel von 120° ergibt. Planeten, die etwa gleichweit von den Spitzen des I. und des V. Hauses entfernt sind, gelten dann als in einem mundanen Trigon zueinander stehend. Bei den äqualen Häusern allerdings, die ich empfehle, gibt es keinen Unterschied zwischen mundanen und zodiakalen (im Tierkreis bestimmten) Aspekten.

Man wird sich vielleicht wundern, daß die Astrologie dieses fünfte Haus, das doch unterhalb des Horizonts liegt, als das Haus der Sonne bezeichnet. Aber es ist ja nicht die Sonne gemeint, die am Himmel steht und uns tagsüber leuchtet, sondern nur die Entsprechung des Sonnenhaften im Menschen, die wir eben doch als eine innerlich wirkende Kraft auffassen müssen. Die Häuser zeigen uns ja menschliche Verhältnisse und nicht etwa physikalische Himmelsphänomene.

Im fünften Haus wird der »Genius« des Menschen zur bestimmenden Kraft. Man fühlt sich hier im eigenen, uneingeschränkten Besitz seiner persönlichen Dynamik. Die schöpferische Potenz des Innern will sich entfalten, »frei im liebevollsten Muß«, und eine ganz neue Welt aus sich hervorbringen.

So sehen wir hier alles Tun, das in Freiheit geschieht. Das Urbild dessen ist das spielende Kind, das mit einer so viel stärkeren Intensität lebt und schafft als der nüchtern arbeitende Erwachsene. Auch der freie Künstler und jeder Mensch, der aus innerem Drang heraus etwas tut, das ihn mit Freude erfüllt, ist ein solches Kind. Nicht nur im echten Manne, wie Nietzsche sagt, sondern in jedem Menschen ist ein Kind versteckt, das will spielen.

Ob das Spielen freilich als bloße Vergnügung und Zerstreuung aufgefaßt wird oder als wirkliche Selbsterfüllung, hängt vom persönlichen Niveau des einzelnen Menschen ab. Zur Freiheit, die das Thema dieses Hauses bildet, muß man reif sein, um sie nicht zu mißbrauchen. Sonst spielt man vielleicht nur ein Schau-Spiel, das andere bewundern sollen, oder man bleibt ver-spielt, anstatt zu reifen. Maßlosigkeit und leichtfertige Verschwendung sind die Gefahren dieses Hauses, das im mundanen Quadrat zum zweiten, dem Haus des ruhigen Beharrens und Besitzens, steht.

Das Du wird hier bereits erlebt, aber noch nicht als ein selbständiges, fremdes Wesen, sondern indem man es einfach in die eigene innerliche Dynamik mit einbezieht. Wir sehen hier die Liebe im Sinne des Eros, nicht des Sexus, als Sich-verschenken-Wollen und als Jubel der Vereinigung, als das Spiel aller Spiele, in dem Zeit und Raum mit ihrer Begrenztheit verschwinden. Der »Genius« wird zur zeugenden Kraft, die über den Leib hinauswirkt und neues Leben schaffen will. Darum gilt das fünfte Haus auch als das Haus der Kinder, des Zeugens eigener Nachkommenschaft und jenes allgemeinen Verhältnisses zur Welt des jungen Lebens, das als »pädagogischer Eros« die Grundlage aller Erziehung bildet.

Man nimmt das Leben hier nicht in der Weise ernst, wie es die trockenen Pedanten tun, sondern will es unbeschwert in der ganzen Fülle seiner Möglichkeiten erfassen. Man hat dies und jenes lieb und macht es zu seiner »Liebhaberei«. Wenn die Freude, die man dabei empfindet (italienisch: il diletto), das echte Können überwiegt, bleibt man ein »Dilettant«, anstatt zum Künstler zu werden. Auch manchem, der ein »Lebenskünstler« sein möchte, geht es so.

Planeten und Tierkreiszeichen, die im fünften Haus stehen, zeigen uns das Verhältnis des einzelnen Menschen zur Liebe, zur Kunst, zum Vergnügen jeder Art, zu den Liebhabereien, zur Selbstdarstellung, speziell zur Schauspielerei (auf der Bühne oder im Alltagsleben), zum Sport, zu Kindern und Jugendlichen, zu pädagogischen Aufgaben oder auch zur Kindlichkeit im eigenen Wesen.

Während wir aber von der Spitze des fünften Hauses weitergehen, tritt langsam auch der »Ernst des Lebens« wieder spürbarer an uns heran. Er wird im letzten Haus dieses Quadranten, dem sechsten des Horoskops, zum bestimmenden Erlebnis werden.

DAS SECHSTE HAUS

Das vierte und das fünfte Haus zeigten den Menschen zweimal, in verschiedener Weise, als Kind. Zuerst war er das Kind an der Brust der Mutter, das dort hingegeben schlummerte und, was sein Seelisches betraf, gleichsam noch nicht ganz geboren war. Dann sahen wir das spielende Kind, das aus sich selbst heraus eine ganze Welt voll intensiver Lebendigkeit schuf.

In diesen beiden kindlichen Lebensformen ist der Mensch am meisten Mensch. Das »Kind im Menschen« ist, wie Christian Morgenstern sagt, der unsterbliche Schöpfer in ihm. Die Astrologie hebt darum diese beiden Häuser besonders hervor, indem sie ihnen die »Lichter«, Sonne und Mond, als Herrscher zuordnet.

Aber innerhalb dieser Welt ergibt sich bereits ein neuer Widerspruch. Seelische Intimität und vital-geistiges Schöpfertum sind nicht weniger voneinander verschieden, als es im ersten Quadranten das dynamische Werden und das ruhende Sein waren. Auch diesmal entsteht also eine gewisse Ratlosigkeit, der noch kein übergeordnetes Erkenntnisprinzip zu Hilfe kommen kann. Während jedoch das Denken im dritten Haus fast nur ein unverbindliches Spiel mit abstrakten Begriffen war, ist nun bereits die gesamte innere Erfahrung gegeben, und man kann sie in konkreter Weise verarbeiten. Das sechste Haus ist wieder ein Haus des Merkur, aber diesmal ein »materielles«, dem Erd-Element entsprechendes Haus.

Man nähert sich hier, von innen kommend, der Grenze zur äußeren Welt, zur Tagwelt, zur Fremde. Von dort draußen, besonders aber von anderen Menschen her, dringen immer wieder Einflüsse, die im Innern als »Fremdkörper« wirken und Verwirrung schaffen könnten. Abwehr des Störenden, behutsamer Schutz des Lebens, Verarbeitung dessen, was sich in die inneren Bereiche noch aufnehmen läßt, und sorgfältige Nutzung aller materiellen Hilfsquellen – das sind hier nun die wichtigsten Aufgaben geworden. Zugleich werden die schöpferischen Impulse, die das fünfte Haus von innen her gab, im sechsten so genau und werkgerecht wie möglich als konkrete Gestaltungen nachmodelliert.

Hier ist man nicht selbständig, sondern dienstbar. Man vollbringt, was einem aufgetragen ist, erwirbt sich durch sachlich-nüchterne Arbeit seinen Lebensunterhalt (wir haben ein mundanes Trigon zum zweiten Haus!) und fragt nicht, was weiter geschehen solle oder was der Sinn des Geleisteten sei. Man schafft nicht eine neue Wirklichkeit, sondern ist damit beschäftigt, die Fehler, Störungen und Schäden innerhalb der alten auszubessern.

So erlebt man auch den Körper als ein sehr gefährdetes, immer von außen und von innen zugleich bedrohtes Gebilde. Das sechste Haus ist das Haus der Krankheiten, an denen man selbst leidet (»laboriert«), ebenso wie der Bemühung um ein vorbeugendes Verhüten solcher Krankheiten oder der Heilung des einmal erkrankten Organismus. Hygiene und Therapie, im körperlichen wie im seelischen Sinne, werden zu bevorzugten Arbeitsfeldern.

Auch am anderen Menschen, am Du, findet man zu arbeiten. Es gibt hier noch viel Mangelhaftes, das der sorgfältig Prüfende beanstanden muß. Alles das möchte man so korrigieren, daß es künftig mit einer besseren Note versehen werden könne. Eine lehrhafte Tendenz, und zwar nicht im Sinne einer abstrakten Wissensvermittlung, sondern vielmehr in dem eines konkreten Richtig-Machens aller Verhältnisse, ist in diesem Haus immer zu finden. Auch die methodische Selbsterziehung, in der man das eigene Wesen auf seine Unvollkommenheiten prüft und diese planmäßig zu beseitigen sucht, gehört zur Thematik des sechsten Hauses.

Das Quadrat zwischen dem dritten und dem sechsten Haus zeigt uns Merkur mit sich selbst im Widerspruch. Dort war das rasche, flüchtige, begriffliche, abstrahierende Denken dargestellt. Hier sehen wir die Bedachtsamkeit, die alle ungünstigen Momente sorgsam erwägt und ihnen durch konkrete Maßnahmen begegnen will, die mit peinlicher Gewissenhaftigkeit durchgeführt werden. Freute man sich im dritten Haus gerade daran, immer wieder Neues zu lernen und nie fertig zu sein, so strebt man im sechsten nach einer abgeschlossenen, handwerklichen Meisterschaft des Lebens, um derentwillen man gern auf Änderungen und Erweiterungen verzichtet.

Planetare Kräfte im sechsten Haus wollen arbeiten und sich nutzbringend betätigen, besonders indem sie helfen, heilen oder belehren. Den Rahmen, den man für solche Tätigkeit wählt und aus dem man nicht gerne heraustritt, deutet die Zeichenbesetzung dieses Hauses an.

Je näher man an den Deszendenten herankommt, um so wesentlicher wird dabei die Bezogenheit auf andere Menschen. Durch das Verarbeiten der inneren Erfahrungen wird man allmählich bereit zur schicksalhaften Begegnung mit der fremden Persönlichkeit, dem Du.

DAS SIEBENTE HAUS

Nahe dem Deszendenten treten wir wieder ins Licht der Tagwelt. Wir stehen in der Opposition zum ersten Haus, bei dem das Ich ergänzenden Du. Damit ist ein neuer Hauptpunkt des Horoskops erreicht.

Dem anderen Menschen, der in der Innenwelt mehr dumpf geahnt als deutlich gesehen wurde, treten wir nun auf gleicher Ebene gegenüber. Wir können und müssen uns mit ihm auseinandersetzen. Er wird unser Schicksal. Ob er unser Partner oder unser Feind ist – wir bleiben auf ihn bezogen.

Als schicksalhaftes Zueinandergehören zweier Partner kennen wir vor allem die Ehe. Sie ist ein so wesentlicher Inhalt des siebenten Hauses, daß man dieses oft nur das »Ehehaus« nennt. Und wenn wir von jemandem sagen, er habe eine »böse Sieben«, so wissen wir gar nicht mehr, daß wir eine astrologische Redensart gebrauchen. Denn ursprünglich ist mit der »bösen Sieben« ein angeblich »böser« Planet gemeint, der das siebente Haus besetze und dem Eigner des Horoskops ein unglückliches Eheschicksal prophezeie.

Die alte Auffassung aber, die dem zugrunde liegt (ganz abgesehen davon, daß man den Frauen Unrecht tut, wenn man vergißt, daß es auch »böse Siebener« männlichen Geschlechts geben kann), genügt unserer heutigen Einstellung nicht mehr. Wir kennen keine »guten« oder »bösen« Planeten im Sinne einer moralisch-fatalistischen Bewertung. Auch Saturn, Mars oder Uranus im siebenten Haus bedeuten für uns nur besondere Einstellungen zum Erlebnis und zur Aufgabe der Partnerschaft. Sie können sehr wohl zum Glück führen, wenn sie nur in der rechten Weise verstanden werden.

Während man sich mit dem, was man am Aszendenten fand, unwillkürlich selbst identifizierte, finden wir im siebenten Haus die Projektionen, die man auf andere richtet. Es braucht nicht immer Harmonie zu sein, was man sich da erwartet und was man selbst entsprechend zu geben bereit ist. Mancher braucht seinen Partner, um von ihm zu lernen, mit ihm zu kämpfen, durch ihn vorangetrieben zu werden, sich für ihn zu begeistern, ihn mütterlich zu umsorgen oder auch, um festen, unerschütterlichen Halt bei ihm zu finden. Es ist aber wichtig, daß man sich der Art seiner Projektionen einigermaßen bewußt werden kann, damit man nicht eine völlig illusionäre Beziehung eingeht, die als Ent-täuschung enden muß, weil sie von vornherein auf der Täuschung aufgebaut war.

Das siebente Haus ist darum ein spirituelles Haus, das dem luftigen Element entspricht und in dem Bewußtheit von uns gefordert wird. Vom Liebes- und Kinderhaus (dem fünften) ist es deutlich unterschieden, auch wenn zwischen beiden immerhin ein mundanes Sextil besteht. Herrin des siebenten Hauses ist die Venus. Sie zeigt uns die Ehe als eine Kulturaufgabe, als das bewußte Ausgleichen der Verschiedenheiten und das Herstellen der bestmöglichen Harmonie. Das Zueinanderpassen ist nicht so sehr die Voraussetzung einer Ehe, wie man das heute meint, sondern eigentlich erst ihr Ziel und der Auftrag, der beiden Partnern gegeben ist.

Außer der Ehe ist hier auch jede andere Art von Partnerschaft angezeigt. Das Du kann nicht nur in einem einzigen Gegenüber, sondern ebenso in einer Vielzahl von Menschen gefunden werden, mit denen man sich persönlich auseinandersetzt. Wir sehen also auch das Verhältnis zum gesellschaftlichen Leben im engeren oder weiteren Sinne sowie die Stellung zur Öffentlichkeit, die jemand haben mag, aus der Besetzung des siebenten Hauses in seinem Horoskop.

Um mit anderen Menschen in Kontakt zu kommen, muß man mit ihnen reden können, sich von ihnen anregen lassen und sie wieder anregen. Das zeigt uns das mundane Trigon des siebenten Hauses zum dritten, zu dem des luftigen Merkur. Aber wir sehen auch ein Quadrat zum vierten Haus, wie eines schon vom ersten her bestand. Auch um den Partner zu wählen und zu finden, mit dem man persönlich zusammengehört, muß man sich aus der intimen Geborgenheit innerhalb des Heims und der Familie lösen. Der Widerspruch von Venus-Welt und Mond-Welt, über den wir schon bei den Planetenprinzipien und ihren Göttermythen sprachen, findet hier, im Häusersystem, noch einmal seinen Ausdruck.

Im siebenten Haus könnte man glauben, man habe ein letztes Ziel erreicht. So enden auch Filme und Romane gern mit dem Eheschluß als dem »Happy-End«. Man läßt das Pendel wieder in die innere Welt zurückschwingen: Arbeit und Gelderwerb (sechstes Haus), Kinder (fünftes Haus) und das traute Heim (viertes Haus) scheinen nun allein noch als Lebensinhalte möglich zu sein. So wird es auch oft gelebt, und man kann sich vielleicht damit zufriedengeben. Wer aber vom Deszendenten weiter in die Höhe dringt, bemerkt bald, daß dort eine ganz andere Entwicklung einsetzen will. Sie wird sich im achten Haus zeigen.

DAS ACHTE HAUS

Die Harmonie mit dem Du, die man im siebenten Hause fand und durch die Ehe besiegelte, ist in der Wirklichkeit leider nicht das Ende der Geschehnisse, sondern nur der Anfang zu neuen Problemen. So können wir auch im Horoskop nicht da stehenbleiben, wo das siebente Haus aufhört. Wir müssen weiter hinauf in die Tagwelt und uns aus der Enge des inneren Bereichs lösen, auch wenn der Abschied uns noch schwerfallen mag.

Die Elemente, die wir bisher mit den einzelnen Häusern in Beziehung brachten, folgten immer in der Reihe Feuer-Erde-Luft-Wasser aufeinander. So müssen wir annehmen, daß das achte Haus wieder ein Haus des Wassers, also ein psychisches Haus, sein werde. So ist es auch.

Anderseits war in der Zuordnung der Planeten bereits eine gewisse Symmetrie zu erkennen. Auf Mond und Sonne, die gleichsam im Zentrum standen (im vierten und fünften Haus), folgte nach jeder Seite ein Haus des Merkur und dann eines der Venus. Nach dieser Logik müßte nun wieder, entsprechend dem ersten, ein Haus des Mars kommen. Auch das ist richtig. Wir haben also im achten Haus den Mars als Planeten und das Wasser als Element. Ein seltsames Zusammengehören, das aber dem Wesen dieses Hauses entspricht.

Denn hier brechen die dunklen Mächte des Seelischen mit Gewalt in die bewußte Welt ein. Der Mensch muß wieder »ruiniert« werden. Was aus den inneren Bezirken an Trieben und Kräften mit heraufgebracht wurde, nimmt hier oben plötzlich den Charakter des Schuldhaften und Tragischen an. Es wird zum Stoff für Konflikte, in denen etwas zugrunde gehen muß, durch die aber auch eine neue, persönliche Entwicklung ihren Anfang nehmen kann.

Es ist einseitig, wenn man das achte Haus nur als das »Todeshaus« bezeichnet. Allerdings werden hier Möglichkeit und Problem des Todes zum ersten Male bewußt erlebt, und man beginnt nach dem zu fragen, was hinter der Schwelle des Sichtbaren liegen könnte. Aber damit kommt man nicht nur an ein Ende, sondern zugleich an einen Neubeginn. Das achte Haus zeigt uns das »Stirb und Werde«, durch das wir zu einem höheren Dasein empordringen können.

Es zerstört allerdings die Illusionen, die wir vielleicht von »innen« mitgebracht haben. Konnten wir bisher alles, was uns lieb und wert erschien, auf den Partner projizieren, so erleben wir jetzt plötzlich an ihm die tragische Unvereinbarkeit der Wesenshaltungen. Das gegenseitige Verhältnis wird zur gespannten Auseinandersetzung. Nichts mehr bleibt unproblematisch.

Auch wir selbst werden uns von daher zum Problem. Es zeigt sich, daß unser Leben nicht immer im ruhigen Gleichmaß dahingehen kann. Die Entwicklung, die wir durchmachen müssen, führt uns in immer neue Phasen, deren jede den vorangegangenen widerspricht. Der Übergang bedeutet jedesmal eine Krisis, denn er kann nicht vollzogen werden, ohne daß etwas zerstört wird, das bisher bestand und uns vielleicht sehr angenehm gewesen war.

Hatten wir im zweiten Haus die materiellen Dinge als ruhig genossenen Besitz zu eigen, so wird nun, in der Opposition dazu, das Opfer von uns verlangt. Erlebnisse des Verlustes und der gewaltsamen Trennung lehren uns, daß wir mit den Dingen und Menschen nicht verwachsen bleiben dürfen, sondern uns zur rechten Stunde von ihnen lösen müssen. Die überpersönlichen Mächte, die das einmal von uns fordern werden, sind noch nicht sichtbar geworden, aber sie werden geahnt. Vorläufig ist es noch die tragische Konsequenz des eigenen Schicksals, der wir folgen müssen, so wie die Gestalten eines Dramas ihren Weg bis zum vorgezeichneten Ende gehen.

Die erotische und in ihrer Weise unschuldige Liebe des fünften Hauses wird jetzt mit Bewußtsein als gewaltsame sexuelle Triebspannung erlebt. Liebe und Tod begegnen sich. Man muß sich selbst überwinden und, wenn es not tut, sogar sich selbst vernichten, anstatt nur, wie im fünften Haus, sich »auszuleben«. Die beiden Häuser stehen im Quadrat zueinander.

Ist die Planetenbesetzung des achten Hauses stark, so wird man sich nie mit einem still-friedlichen Dasein begnügen, sondern sich ständig zur kritischen Auseinandersetzung mit den dunklen und problematischen Seiten des Geschehens hingezogen fühlen. Ob man sich dabei nur vom normalen, gesunden Menschenwesen feindselig absondert, um Phantasiewelten aufzubauen, oder ob man zu echten, höheren Ordnungen vorstößt, wird das persönliche Niveau entscheiden. Wir sehen aus dem Horoskop nur, welche Kräfte hier zur Lösung oder zur Entscheidung drängen und welche Wesensfärbung ihnen eigen ist.

Das achte Haus liegt schon auf dem Wege, der nach oben führt. In seinem Verlauf beginnt sich das chaotische Dunkel wieder zu lichten. Man ahnt, daß man bald zu neuen, freieren Ausblicken gelangen wird.

DAS NEUNTE HAUS

Wir kommen nun wieder zum Ende eines Quadranten. Im neunten Haus wird es die sehr massiven Widersprüche, die sich zwischen den Inhalten der beiden vorangegangenen Häuser ergeben haben, auf neue Weise zu lösen gelten. Zugleich haben wir in acht Häusern zweimal die Reihe der Elemente durchlaufen. Nun beginnen wir sie ein drittes Mal, wobei wieder das Feuer, also ein dynamisches oder persönliches Haus, am Anfang steht.

Wurde im ersten Haus das primitive Ich geboren, um seine ersten Schicksale zu erleben, kam im fünften die reife, selbständige Persönlichkeit zur Welt, deren Auseinandersetzungen mit dem Du wir dann sahen, so wird nun, im neunten Haus, der Mensch in die überpersönliche, geistige Wirklichkeit hineingeboren. Diesen Vorgang können wir nur mit dem Symbol Jupiters bezeichnen.

Man kann sich den ganzen Weg durch die Taghälfte des Horoskops unter dem Bild einer Bergbesteigung vorstellen. Im achten Haus war gezeigt, wie man von der friedlichen Welt des Tales Abschied nehmen und sich seinen Weg durch Dickicht und Gestrüpp am Fuße des Berges bahnen mußte. Nun dringen wir in Höhen vor, in denen ein freier, leichter Aufstieg vonstatten geht und der Blick sich immer mehr weitet.

Dieses neunte Haus ist dem dritten, das die intellektuelle Betriebsamkeit in der Alltagswelt darstellte, gerade entgegengesetzt. Während man dort nur das Naheliegende miteinander zu verknüpfen suchte, werden nun Verbindungen in die Weite aufgenommen. Rein ereignismäßig sieht man hier Reisen in die Ferne und Beziehungen zum Ausland angedeutet, also eine räumliche Expansion. Auch der Drang zu sportlicher Betätigung, besonders zu solcher, die eine weitgespannte, freie Dynamik erleben läßt, ist im neunten Haus zu suchen.

Die wesentliche Bedeutung dieses Jupiter-Hauses liegt aber darin, daß es den Menschen zum Erlebnis der geistigen Zusammenhänge emporführt. Was im achten Haus nur die Erfahrung des Problematischen und eine tiefe Unzufriedenheit war, wendet sich nun zur bewußten Bejahung eines überindividuellen Lebenssinnes. Nachdem man in der Begegnung mit dem anderen Menschen das Glück und die Tragik, die Harmonie und die Enttäuschung erlebt hat, sucht man die Synthese der auseinanderstrebenden Gegensätze in einem höheren, ethischen Bezug. Man will den Sinn erfassen, der hinter und über allen Einzeldingen steht, um so zur wirklichen Überwindung der Disharmonien zu gelangen.

Erfüllt von diesem Drang nach dem Höheren, stellt man sein Leben in religiöse oder ethische Ordnungen hinein. Von daher läßt man es weihen und heiligen. Nicht mehr was ist oder was war, ist wichtig, sondern was werden soll. Das neunte Haus bringt das Empordringen zu Gott oder zum göttlichen Sinn, die persönliche Religiosität und das Verlangen nach einer philosophischen Gesamtschau der Welt.

Allerdings bedeutet auch das noch keine Vollendung, sondern erst einen Anfang. Das Geistige ist hier Forderung und Ideal für die Zukunft und noch nicht volle gegenwärtige Wirklichkeit. Die höhere Welt besteht einstweilen nur im Entwurf, in der Vorausschau und in der Utopie. Aber sie gibt dem gesamten Leben doch bereits einen neuen Sinn, wie er bisher noch nicht gesehen werden konnte.

Dieser Aufschwung ins Überpersönliche wirkt auch wieder verändernd auf die übrigen Formen der Existenz. Das zeigen uns die Aspekte des neunten Hauses. Die analysierende Tätigkeit des Verstandes innerhalb der Alltagswelt wird ergänzt und überhöht (Opposition zum dritten Haus). Für berechnende Vorsicht und kleinliche Bedenken ist kein Platz mehr (Quadrat zum sechsten). Die Beziehung zum anderen Menschen bedarf der religiösen Weihe, wenn sie zur wirklichen Ehe werden soll (Sextil zum siebenten). Dadurch wird auch der Eros geheiligt und in eine Sphäre des Göttlichen erhoben (Trigon zum fünften Haus).

Planeten, die im neunten Haus stehen, sehen wir als Kräfte an, die den Menschen zur Erweiterung und Erhöhung seines Menschseins führen wollen. Die Zugehörigkeit des Tierkreiszeichens zu einem bestimmten Element zeigt uns hier die Eigenart der religiös-ethischen Einstellung. So entspricht einem Erdzeichen im neunten Haus eine Weltanschauung, die sich auf erfahrenen Tatsachen aufbaut, dem Wasser ein mehr mystisches Hingegebensein an die Seele des Alls, der Luft eine klare Schau der ideellen Zusammenhänge und dem Feuer das Setzen von überpersönlichen, zukunftsweisenden Werten.

Von hier aus erklärt sich manche Verschiedenheit im religiösen und philosophischen Denken der einzelnen Menschen.

Die freie, schwungvolle Bewegung des Aufsteigens läßt uns zuletzt in die felsige Region gelangen, die den eigentlichen Gipfel umgibt. Sie ist im Bild des höchsten Ekliptikpunktes und des zu ihm gehörenden zehnten Hauses dargestellt.

DAS ZEHNTE HAUS

Im neunten Haus war der Mensch noch als ein Wanderer zu denken, den nur sein Verlangen nach der Höhe und der Weite vorantrieb. Er wollte kein bestimmtes Ziel erreichen. Während er aber immer weiterstieg, schob dieses Ziel sich allmählich vor ihn hin. Mit einem Mal sieht er sich gezwungen, entweder umzukehren – wodurch seine Wanderung sinnlos würde – oder in mühseliger Arbeit, unter dem Aufwand seiner ganzen Kräfte, auf dem einzigen Weg, der noch geblieben ist, an den Gipfel heranzuklettern. Dort allerdings findet er dann einen festen Stand und den freien Ausblick nach allen Seiten.

Hier oben, im zehnten Haus, begegnet man sozusagen seinem Schicksal erst auf gleicher Höhe und sieht es in seiner ganzen Unerbittlichkeit vor sich. Man hat nun in konkreter Leistung zu vollenden, was zuvor nur gewünscht, ersehnt oder geplant war. Die harte Wirklichkeit gestattet keine Ausflüchte mehr. Das Ziel als solches steht fest umrissen da. Man hat nur noch die Wahl, es zu erreichen oder vor ihm zu scheitern.

Das zehnte Haus ist wieder ein materielles Haus, das dem Erd-Element entspricht. Sein »Herr« ist Saturn. Er steht hier als der strenge Hüter der Gesetze und Notwendigkeiten, die sich nicht nach unseren Wünschen richten, sondern ein für allemal gelten. Er fordert, daß auch wir selbst zu einer gewissen Endgültigkeit unserer Haltung kommen, denn wir haben ein Schicksal in uns zu tragen und müssen auch für andere Menschen wieder Schicksal werden. Wir dürfen uns den Pflichten nicht entziehen, die uns auferlegt sind, denn diese Pflichten sind auch ein Teil unseres Wesens. Nur wer sie erfüllt, kann sein Dasein in bewußter Verantwortlichkeit gestalten.

Der Aufschwung zum Geistigen, den das neunte Haus brachte, war noch sehr durch persönliche Dinge, besonders durch die Erfahrungen, die man an anderen Menschen gemacht hatte, bedingt. Das zehnte Haus dagegen kennt nur die Unbedingtheit einer streng sachlichen Orientierung. Zur Horizontachse des Horoskops, also zum ersten und zum siebenten Haus, dem Ich und dem Du, besteht jeweils ein Quadrat. Nichts darf aus diesen Bereichen heraufdringen, wenn man den festen Stand-Punkt in der Welt gewinnen und ihn mit unerschütterter Ruhe behaupten will.

Dieser Standpunkt ist nicht nur als der geistige Ort zu verstehen, an dem man sich für eine bestimmte Einstellung entscheidet und zu ihr bekennt, sondern er bezeichnet auch ganz konkret die äußere Stellung, die man sich schafft und von der aus man wirkt. Denn hier geht es um Leistungen, nicht um bloße Gedanken. Um den Auftrag durchzuführen, den man auf Erden hat, braucht man reale Machtmittel und Möglichkeiten. Man erhält sie von niemandem geschenkt, sondern muß sie sich in angestrengter Arbeit erwerben. Daß diese Arbeit aber ein klares Ziel hat, darauf kommt es an. Das zehnte Haus fordert von uns die Berufswahl und damit die Entscheidung für einen festen, genau vorgezeichneten Lebensweg, von dem es kein Abweichen mehr gibt. Wenn dieser Beruf der persönlichen Berufung entspricht, wird er nicht als Zwang und bittere Notwendigkeit empfunden, wie das sonst wohl sein könnte. Auch der Ehrgeiz, mit dem man sich emporarbeitet, dient dann nicht privaten Machtgelüsten, sondern einer guten Sache, mit der man sich innerlich eins fühlt.

Entgegen der Intimität des vierten Hauses sucht man hier den großen Rahmen des gesellschaftlichen oder staatlichen Lebens. Auch das neunte Haus konnte uns freilich schon auf das politische Gebiet weisen. Es bestimmte aber mehr die Haltung des prophetischen oder utopischen Politikers, der neue Ideale und ein neues Ethos in das Staatsleben hineintragen wollte. Im zehnten Haus dagegen können wir den Staatsmann im eigentlichsten Sinne finden, in dessen Person sich gleichsam das Wesensgesetz eines Staates selbst verkörpert.

Das Tierkreiszeichen in der Mitte des zehnten Hauses zeigt uns, wie die grundsätzliche Einstellung eines Menschen beschaffen ist und in welchen Bereichen ungefähr er seine Lebensaufgabe finden wird. Die Planeten stellen Kräfte dar, die bei der Verwirklichung dieser Aufgabe helfen wollen, und mit denen man sich bemühen wird, seine Stellung in der Welt zu machen. Ist das zehnte Haus im Horoskop besonders stark besetzt, so werden wir erwarten, daß der Mensch sich ganz seinen beruflichen Pflichten widmen wird, in denen er den Sinn seines Daseins findet.

In der Himmelshöhe selbst spricht das Schicksal gewissermaßen noch mit materieller Deutlichkeit und Entschiedenheit. Je weiter wir gehen, um so mehr vergeistigt sich die Schau. Wir wenden uns, als Betrachtende und Erkennende, von der erreichten Höhe wieder nach unten.

DAS ELFTE HAUS

Die Anstrengung des Kletterns nach dem Gipfel ist nun vorbei. Man hat seinen Platz auf der Höhe erreicht und ist sicher, ihn nicht wieder zu verlieren. Darum macht man Rast und beginnt um sich zu schauen.

Die Luft hier oben ist kalt und klar. Man ist dem Himmel näher als der Erde. Die Gegenden, in denen andere Menschen leben, sieht man tief unter sich liegen, wie ein scharf gezeichnetes Landkartenbild. Der intime Bezug dessen, was dort unten vor sich geht, ist nicht zu erkennen, aber man sieht dafür die ganze Landschaft in ihren Grundrissen. Sie liegt ohne Geheimnis da. Und man fühlt, gerade weil man allem so fern ist, eine kühle, geistig verklärte Liebe zu dem, was dort in der Tiefe lebt. Es ist die Liebe des Erkennenden.

Fassen wir dieses Bild als einen Teil der menschlichen Erlebniswelt auf, so müssen wir das elfte Haus als den Ort der geistigen Überschau und der mit ihr verbundenen Gefühle betrachten. Wir stehen wieder auf der Ich-Seite, im Osten, und so ist hier keine eigentliche Bindung an andere Menschen zu erwarten. Entscheidend ist vielmehr die Teilhabe an einer geistigen Welt. Damit erweitert sich aber das Ich so, daß es auch vieles bisher ganz Fremde in sich mit einbeschließen kann und eine sublime Vereinigung mit ihm vollzieht.

Aller sonnenhafte Überschwang des persönlichen Wollens, alles Stürmen und Drängen des Triebwesens ist aus dieser kristallenen Schau verbannt. Das elfte Haus steht in Opposition zum fünften, im Quadrat zum achten. Hier gibt es weder erotische Fülle noch sexuelles Begehren. Und doch ist eine Beziehung da, die man die »Freundschaft« nennt. Sie ist nicht eigentlich auf den Partner als ein Individuum gerichtet, sondern auf die mit ihm erlebte geistige Gemeinsamkeit. Man liebt mehr ein Bild des Menschen an sich als den, der in Fleisch und Blut gegenwärtig ist.

Was man hier besitzt, ist die Erkenntnis. Dieser Besitz ist völlig verschieden von dem Verwurzeltsein in der materiellen Welt, so wie es im zweiten Haus dargestellt war. Auch hier besteht ein Quadrat. Konnte man unten an das Bild einer Pflanze denken, die aus dem Erdreich hervorwuchs, so ist man hier gleichsam mit »Luftwurzeln« am Himmelsgewölbe verhaftet und wächst von da herab, auf die Erde zu. Man erlebt die Dinge nur als Erscheinungen einer hinter allem stehenden transzendenten Ideenwelt. Während im zweiten Haus Gaia, die Erde, das Weltall zu tragen schien, ist nun der gesamte Kosmos an den gläsernen Sphären des Uranos, des Himmels, aufgehängt.

Darum hat man hier auch den neuentdeckten Planeten Uranus neben Saturn, der seit alters die beiden aneinandergrenzenden Häuser, das zehnte und das elfte, beherrschte, als Mitregenten eingesetzt. Zwischen beiden Häusern liegt eigentlich die Überschreitung der Wirklichkeitsgrenze, der Verzicht auf die materiellen Werte.

Um so höher gelten aber hier die Werte des Geistes. Sie werden jedem in der Weise zuteil, die seinem eigenen Geist entspricht. Auf verhältnismäßig niederer Ebene wird man nur ein Ungenügen an der umgebenden Wirklichkeit verspüren und das dunkle Gefühl haben, man sei zu etwas »Höherem« bestimmt. Dieses Höhere kann dann nur als Geltung im sozialen Rahmen verstanden werden. Darum versucht man nach besten Kräften, »fein«, »gewählt« oder »gebildet« zu erscheinen. Es ist eben schwer, der Aufgabenstellung dieses Hauses, das schon so weit vom primitiven Ich entfernt und so hoch differenziert ist, in wirklich gültigem Sinne zu entsprechen.

Nur auf höherem Niveau werden die gesellschaftlichen Ambitionen durch echte Geistigkeit überwunden. Man sucht sich dann nicht mehr im Glanz von Namen und Titeln zu sonnen und verzichtet auch auf die Protektion durch Höhergestellte, die bis dahin sehr wichtig war. Man ist, aus der sicheren Teilhabe an der Ideenwelt heraus, zur wahren Freundschaft und zum vorurteilslosen Erkennen fähig. Man steht über den Dingen.

Immer gibt eine besonders starke Besetzung dieses elften Hauses eine Neigung zu jenen über-technischen und über-gedanklichen Bereichen, die wir schon beim Planeten Uranus besprachen. Oft ist damit etwas von der uranischen Kälte verbunden. Zumindest weht von diesem »luftigen« (spirituellen) Haus leicht ein kühler Hauch durch das Horoskop. Um Genaueres zu erfahren, müssen wir allerdings die Eigenart der hier stehenden Planeten und die Element-Natur des Tierkreiszeichens betrachten.

Das Ich erweitert sich noch um ein äußerstes Stück, die saturnischen Grenzen verschwinden und die geistige Zuwendung wird zur mystischen Liebe, wenn wir uns nun dem letzten, dem zwölften Haus des Horoskops nähern.

DAS ZWÖLFTE HAUS

Wir nähern uns schon wieder dem Punkt, von dem wir ausgegangen waren: dem einfachen »Ich« des Aszendenten. Aber wir haben inzwischen den ganzen langen Weg durch das Häusersystem zurückgelegt. Jedes Haus brachte neue Erfahrungen und neue Möglichkeiten; mit jedem verlor das Ich etwas von seiner ursprünglichen Geschlossenheit und gewann etwas an Weite. Nun muß es sich, im zwölften Haus, vollends auflösen, damit der Kreis geschlossen wird und eine neue Geburt sich vorbereiten kann.

Schon im elften Haus überschaute der Mensch die Welt als ein Ganzes. Er konnte von sich sagen, daß ihm nichts Menschliches, ja nichts auf Erden überhaupt, mehr fremd sei. Und doch bestand noch eine gewisse Distanz. Man lebte in einem geistigen Reich für sich, und die Dinge blieben außerhalb.

Nun senkt man sich zu ihnen hinab, wird eins mit ihnen und verzichtet dabei auf sein Ich ebenso wie auf den letzten, abstraktesten Besitz, der noch verblieben war.

Man nennt das zwölfte Haus gern auch das Haus der Entsagung, der Einsamkeit und der Ichlosigkeit. Aber damit bleibt man im Negativen. In Wahrheit ist das Ich hier schon so weit und umfassend geworden, daß es nichts mehr aus seinem universellen Bereich ausschließen kann. Wer aber mit allem eins ist, der kann an keinem besonderen Gegenstand mehr haften.

Hier ist der Ort alles mystischen Versunkenseins, aller Verwischung der Grenzen und der persönlichen Beziehungen. Wer mit seinen stärksten Wesenskräften in diesem Hause lebt, wird leicht »asozial« genannt, weil er sich aus jeder Gemeinschaft zurückzieht und, wie es scheint, nur für sich selbst leben will. Aber er ist ja in seinem Inneren nie allein. Die ganze Welt ist bei ihm zu Gast, und er nimmt in der Phantasie selbst noch an dem teil, was weit entfernt von seinem sinnlichen Erfahrungsbereich geschieht. So liegt in der Entsagung für ihn zugleich ein Reichtum. Daß er – ob freiwillig oder unfreiwillig – immer abseits der großen Straße wandern muß, läßt ihn auch zum Entdekker der heimlichen Schätze werden, von denen niemand sonst weiß. Wo andere meinen, er verzichte nur und opfere sich in sinnloser Weise auf, da hat er vielleicht gerade seine metaphysischen Seligkeiten gefunden.

Allerdings bleibt ein solcher Mensch der konkreten Wirklichkeit des Tuns und Erleidens immer fremd. Er ist mit Engeln, Geistern und Wunderdingen viel vertrauter als mit den lebendigen Menschen, die um ihn her sind. In seinem eigenen Körper ist er so wenig zu Hause, daß er ihn am liebsten ganz aufgeben möchte. Ebenso sind die Gefühle, Wahrnehmungen und Willensakte, die sich an das Körperliche knüpfen, für ihn zu diesseitig, grob und ungeschlacht. Er kann sich auch nicht vorstellen, daß er für immer an diesen einen irdischen Leib gebunden sein solle. Sein Leben geschieht im Kreislauf der Wiederverkörperungen und mündet in das »Nirwana«.

Gegenüber dieser grenzenlosen seelischen Weite muß alles, was der stofflichen Realität angehört, als unerträglich eng und schwer erscheinen. Es löst darum Empfindungen der Angst aus. Ebenso kann man Triebe oder dynamische Kräfte, die in diesem Bereich auftauchen, nicht ohne weiteres für das praktische Leben nutzbar machen. Sie sind zu unklar, verschwommen und schemenhaft. Wenn man nicht das innere Niveau hat, um ihren metaphysischen Sinngehalt erfühlen zu können, ist es möglich, daß man durch sie in krankhafte oder kriminelle Bahnen gerät. Dann drohen hier gleichzeitig Gehemmtheit, Überängstlichkeit und plötzliche Ausbrüche einer verzweifelten Aggression. Eine ungewollte, als Zwang erlebte Isolierung kann die Folge sein. Die »heimlichen Feinde«, von denen das zwölfte Haus auch berichten soll, hat man zunächst in sich selbst, ehe sie von außen her kommen.

Dieses psychische, also dem Wasser-Element verwandte Haus wird von Jupiter beherrscht. Dem anderen, feurigen Jupiter aber, der im neunten Haus steht, ist es fremd. Man versteht im zwölften Haus die Forderung nicht, daß man über sich selbst hinauswachsen solle, denn es ist ja nichts mehr außerhalb des Ich da, wohin dieses noch wachsen könnte. Auch ethische Zielsetzungen werden abgelehnt, denn man findet seine Erfüllung gerade in der Ziellosigkeit, in der Aufhebung des Wertens und Wollens. Die Mystiker sind immer den Ethikern feind. Neben Jupiter gilt auch Neptun als ein Herrscher dieses Hauses, zu dessen Charakteristik er wesentlich beiträgt. Es ist ja ein Haus, das, ebenso wie das elfte, mehr zur Transzendenz als zur nüchternen Erdenwirklichkeit gehört.

Wie jedes Haus als Vorbereitung für das nächstfolgende gelten kann, so steht auch vor dem Ich, das sich völlig im universalen Zusammenhang aufgelöst hat, die Aufgabe einer neuen Individuation. Das zwölfte Haus führt uns wieder zum Aszendenten. Der Mensch muß wiedergeboren werden und das Wagnis seines Schicksals erneut auf sich nehmen. Das Ende ist zugleich der Anfang.

WEITERE EINTEILUNGEN DES HÄUSERSYSTEMS

Wir sagten schon, daß sich das System der Häuser auf vielerlei Weise betrachten lasse. Es ist nicht nötig, immer nur der Reihenfolge vom ersten bis zum zwölften Haus nachzugehen, wie wir das jetzt getan haben. Man lernt das Bild als Ganzes nur dadurch richtig kennen, daß man es immer wieder von anderen Punkten her zu sehen versucht und jede neue Beziehung, die sich

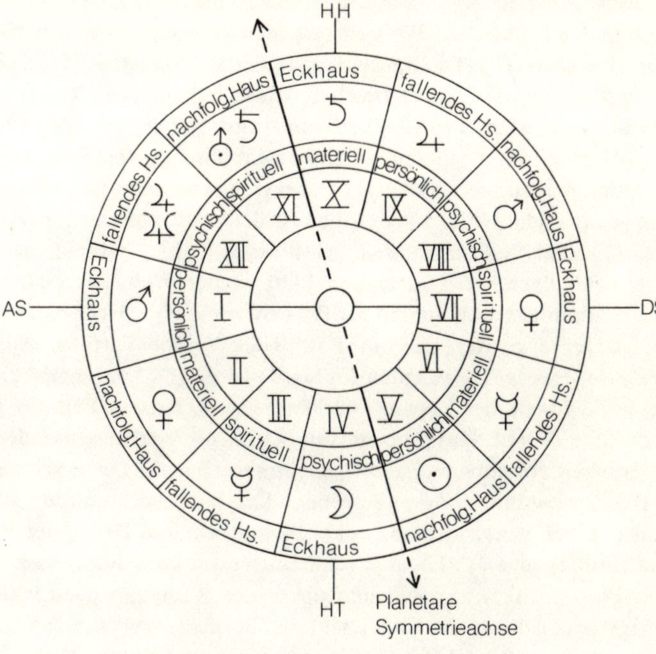

Abb. 28 Der Aufbau des Häusersystems

hierbei ergibt, durch gründliches Überlegen prüft. Es ist ja ein Ganzes, und darum ist es mehr als nur die Summe seiner einzelnen Teile. Kein Haus kann für sich verstanden werden, denn jedes erhält seine Bedeutung nur durch den Ort, den es im Zusammenhang des ganzen Systems innehat. Zu diesem Ort können wir aber auf sehr verschiedenen Wegen kommen.

So mögen wir etwa die Reihenfolge der Häuser umkehren und nicht mit dem Aszendenten beginnen, sondern mit dem unteren Pol der »planetaren Symmetrieachse«, also der Grenze zwischen dem vierten und dem fünften Haus. Dann sehen wir den Menschen sich vom kindlich-lunaren Wesen zur bewußten, selbständigen, sonnenhaften Persönlichkeit entwickeln. Allerdings ist auch hier keine genaue zeitliche Aufeinanderfolge gegeben, die man nach Jahren und Monaten ablesen könnte, sondern nur ein Gesamtbild der Stationen, die zu einer Menschwerdung gehören und deshalb einmal durchlaufen werden müssen.

Nach dem gleichsam ungeborenen Verweilen im Schoß der Familie, der mystischen Verbundenheit mit Eltern und Heim (IV.), lernt das Kind sich zu bewegen, zu sprechen und sich, zunächst noch undeutlich, von Geschwistern und anderen Menschen der nahen Umgebung zu unterscheiden (III.). Es beginnt sich in der materiellen Welt einzurichten und das Gefühl für eigenen Besitz zu erwerben (II.). Dann erlebt es, in der sogenannten »Trotzphase« seiner Entwicklung, das Hervorbrechen seines individuellen Ich (I.). Dadurch gerät es zunächst in Einsamkeit und Angst, findet aber auch den Zugang zur Märchenwelt und damit zu einer symbolischen Spiegelung des gesamten Menschendaseins (XII.). Das stärker erwachende Bewußtsein ergreift auf gedankliche Weise von der Welt Besitz; erste, noch nicht persönlich gerichtete Freundschaften werden geschlossen (XI.). Ehrgeiz und Leistungswille erwachen; man sucht den Platz in der Welt, der einem vom Schicksal bestimmt ist, und kommt zur Einsicht in die objektiven Notwendigkeiten (X.). Der junge Mensch, vom »Pathos des Werdens« erfüllt, begeistert sich für ethische, religiöse und philosophische Ideen (IX.), erfährt aber auch allmählich die Tragik des Lebens, Verluste, Opfer, Krisen, Tod und triebhafte Konflikte (VIII.). Das führt ihn zur Schicksalsbegegnung mit dem anderen Menschen, zur notwendigen Ergänzung von Ich und Du, und damit zur Ehe (VII.). Erkenntnisse, die er gewonnen hat, lassen sich nun in sachlich-nüchterner Arbeit verwirklichen, wobei zwar Sturm und Drang der Jugend zunächst verlorengehen (VI.), aber schließlich doch das schöpferische Zentrum der Persönlichkeit erreicht und damit der Reifungsprozeß vollendet wird (V.). Wie von da aus die Entwicklung weitergeht, mag man sich vorstellen, indem man den Weg durch die Häuser nun nach beiderlei Richtung zugleich verfolgt.

Neue Probleme ergeben sich nun daraus, daß bei den äqualen Häusern der Meridian nicht immer zwischen dem IV. und dem X. Haus verläuft. In gemäßigten Breiten, in denen ich lebe, sind die Möglichkeiten dafür allerdings nicht sehr groß. Das IC kann hier nur im III. oder V., das MC entsprechend im IX. oder XI. Haus liegen.

Beim IC im III. geschieht der Einstieg in die reale Welt vor allem durch die Mittel der »Nahkommunikation«. Diese Kinder sind, wenn sie sich ungestört entwickeln dürfen, besonders neugierig. Sie brauchen das Gespräch als ihr Lebenselement. Später finden sie ihre Ziele vor allem in der »Fernkommunikation«, im Ausgriff in räumliche oder geistige Weiten, wie das der Thematik des IX. Hauses entspricht. Das sind bei uns zulande alle Menschen mit Stier-,

Zwillings- oder Krebs-Aszendenten, zum Teil auch die »Löwen« und einige »Widder«. Als historische Beispiele mögen uns die Löwe-Aszendenten Bismarck, Knut Hamsun oder Franz Kafka dienen.

Das IC im V. Haus läßt uns annehmen, daß der Einstieg in die reale Welt mehr über das »Lustprinzip« geschehen werde. Wir vermuten eine betonte Kindlichkeit mit großer Spielfreude und Lust an der Selbstdarstellung. Die späteren Ziele liegen im geistigen oder gesellschaftlichen Bereich; sie werden vor allem dadurch erreicht, daß man verständnisvolle Gönner oder die richtigen Freunde findet, wie das der Thematik des XI. Hauses entspricht. Bei uns sind das alle Schütze-, Steinbock- und Wassermann-Aszendenten, zum Teil auch die »Skorpione« und etliche »Fische«. Historische Beispiele für diesen Stand des Meridians liefern uns die Skorpion-Aszendenten Goethe, Stefan George und Hans Pfitzner.

In höheren Breiten kommen alle Absonderlichkeiten des Meridians vor. Ich nenne als Beispiel hierfür nur August Strindberg (Abb. 47) mit dem IC imVI., dem MC im XII. Haus. Das zeigt wohl seine (von ihm besonders deutlich empfundene) Herkunft aus leidenden, ärmlichen, gedrückten Verhältnissen ebenso wie sein späteres Bedürfnis nach Einsamkeit und Weltabgeschiedenheit (XII. Haus).

Die besonderen Entwicklungsprobleme, die beim Stand des IC im II., I. oder VII. Haus entstünden, könnte ich mir wohl theoretisch ausdenken; praktische Beispiele für sie kenne ich aber nicht. Die Astrologie dringt ja heute erst allmählich aus den gemäßigten Zonen (der Nordhalbkugel), in denen sie entstanden ist, näher an die Pole vor. Deshalb werden erst jetzt die verschiedenen Manieren der Häusereinteilung so wichtig, wie sie das früher noch gar nicht waren. Am Äquator ist ja immer Tagundnachtgleiche; dort sind deshalb die nach jeder Manier berechneten Häuser immer ungefähr gleichgroß.

Für den »Normalfall« (IC im IV., MC im X. Haus) brauche ich wohl keine speziellen Deutungen zu geben. Mir scheint hier (wenn der Meridian annähernd senkrecht auf der Horizontebene steht) eine gewisse natürliche Übereinstimmung zwischen der inneren Bedeutungswelt und den äußeren, gesellschaftlichen Realitäten zu bestehen. Man wird also leichter mit den alltäglichen Gegebenheiten zurechtkommen, vielleicht sich auch bequemer an sie anpassen, als jemand, dessen Meridian sehr schief zum Horizont steht, dem also die Himmelsrichtungen, die für alle gelten, in gewisser Weise wesensfremd sind.

Zu überlegen wäre schließlich, ob wir nicht auch den Ostpunkt und den Westpunkt (jeweils im rechten Winkel zum Meridian) in unsere Horoskope eintragen sollten. Sogar ein ganzes Häusersystem, das vom Meridian ausginge und die Himmelsrichtungen als Eckpunkte hätte, wäre denkbar. Es kennzeichnete dann wohl nicht die Raumrichtungen, wie der Geborene selbst sie erlebte, sondern allenfalls die Typisierung, der er durch seine Mitmenschen ausgesetzt wäre, sein Erscheinungsbild in den Augen anderer. So ist schon der äußere Habitus manchmal in Richtung des Ostpunktes abgewandelt. Das MC darf wohl immer als charakteristisch für die Stellung gelten, die jemand innerhalb der gesellschaftlichen Wirklichkeit seiner Tage einnehmen wird. Je weiter das MC von der Senkrechten abweicht, um so stärker wird der Geborene allerdings die innere Problematik seiner Position in der Welt erfahren: im IX. Haus die philosophische, im XI. die gesellschaftliche oder die persönliche, kontaktbezogene.

Traditionell gelten AS und DS, MC und IC als die »Hauptpunkte« des Horoskops; Planeten, die nahe einem dieser Punkte stehen oder einen großen Aspekt zu ihm bilden, als dessen »Dominanten«, die unmittelbar unser Schicksal bestimmten und denen wir nicht ausweichen könnten. Ich möchte im Zusammenhang mit den äqualen Häusern die Zahl dieser Hauptpunkte nur noch um zwei zusätzliche erweitern: Himmelshöhe und Himmelstiefe, die Mitten des X. und des IV. Hauses.

Von den Einteilungen, die man unter den Häusern trifft, nannten wir bereits die nach Elementen, also die Unterscheidung von persönlichen, materiellen, spirituellen und psychischen Häusern. Solche, die dem gleichen Element zugehören, stehen jeweils im Trigon zueinander. Dabei stellen die drei persönlichen Häuser immer das Erreichen einer neuen Daseinsstufe dar, also etwas wie eine neue Geburt. Vom ersten Haus bis zum Anfang des fünften geht der Bereich des undifferenzierten, sozusagen primitiven Ich. Dort wird dann die Persönlichkeit geboren, die sich in den nächsten vier Häusern auf verschiedene Weise mit anderen Persönlichkeiten auseinandersetzt. Schließlich beginnt mit der Spitze des neunten Hauses das Leben im überpersönlichen Reich der Ideen, der objektiven Gesetze und des Erkennens. Die Betonung eines dieser Häuser-Trigone kann innerhalb des einzelnen Horoskops wieder sehr bedeutsame Schlüsse zulassen.

Es gibt aber auch noch eine andere Einteilung, die sich an Horizontebene, Himmelshöhe und Himmelstiefe anschließt und die Häuser nach ihrer Stellung innerhalb der Quadranten unterscheidet. Wir sprachen ja schon vom ersten, vierten, siebenten und zehnten Haus als den *Eckhäusern,* in denen uns das Schicksal jeweils einen besonderen Auftrag gebe. Auf diese Häuser folgen jedesmal solche, in denen wir uns selbst etwas von der Welt zu eigen nehmen und damit der »Thesis« des Schicksals unsere persönliche »Antithesis« gegenüberstellen. Im zweiten Haus geht es um den materiellen Besitz, im fünften um den Besitz der eigenen dynamischen Persönlichkeit, im achten um die Entwicklung dessen, was aus den Krisen und Kämpfen innerhalb der Persönlichkeit erwachsen will, und im elften schließlich um ein festes Potential von geistigen Kräften und sozialer Geltung.

Man nennt diese Häuser ganz einfach die *nachfolgenden Häuser*. Auch rein ereignismäßig ist in jedem von ihnen etwas über den Besitz eines Menschen angedeutet und über die Art, in der dieser Besitz erworben oder vertan wird. Das zweite Haus zeigt uns die materiellen Mittel, die man von vornherein zu eigen hat oder allmählich durch seine Berufsarbeit dazugewinnt. Das gegenüberliegende achte Haus steht für solchen Besitz, der mit einem Verlusterlebnis verbunden ist, also etwa für die durch den Tod eines anderen gewonnene Erbschaft oder für die Verwaltung fremden Vermögens, derentwegen man die eigenen Erwerbsinteressen zurückstellen muß. Im fünften Haus finden sie den Gewinn angezeigt, den man durch ein persönliches Risiko erlangt, den Erfolg oder Mißerfolg in Glücksspielen, Wetten, Lotterien und dergleichen. Das elfte Haus stellt Zuwendungen dar, die einem wohlwollende Gönner freiwillig machen und die dann gleichsam »wie vom Himmel geschenkt« sind. Diese Beziehungen sind wieder recht interessant; man sollte sich aber davor hüten, sie für oberflächliche Wahrsagereien zu mißbrauchen.

Am Ende jedes Quadranten stehen die sogenannten *fallenden Häuser*: das dritte, sechste, neunte und zwölfte. Dort muß der Gegensatz von Schicksals- und Eigenimpulsen, von Thesis und Antithesis, dadurch verarbeitet werden, daß man ihn bewußt macht und über ihn reflektiert. Die unter dem Horizont gelegenen fallenden Häuser werden von Merkur beherrscht, die über dem Horizont gelegenen von Jupiter. In den einen wird also eine Analyse, in den anderen eine Synthese versucht. Gegenüber der schicksalsmäßigen Unbedingtheit in den Eckhäusern und der Eigenwilligkeit in den nachfolgenden Häusern herrscht hier eine gewisse Unklarheit. Man hat den Abstand von sich selbst und von seinem Schicksal gewonnen, der zur Besinnung nötig ist. Dieser Abstand kann mitunter aber auch zu weit werden. Dann kommen Gefühle der Selbstentfremdung und des mangelnden Kontaktes mit der Wirklichkeit auf. Ihnen entsprechen als positive Möglichkeiten die Selbsterziehung und das Suchen nach Übergängen zu einer neuen, verwandelten Realität.

Wenn man die Häuser einzeln und im gesamten nach diesen verschiedenen Einteilungen betrachtet, entdeckt man immer wieder neue Zusammenhänge. Hier ist eben nichts willkürlich angeordnet, wie es zunächst scheinen konnte, sondern ein bis in alle Einzelheiten durchdachtes System der menschlichen Erlebnisbereiche gefunden. Auch wenn man kein bestimmtes Horoskop vor sich hat, kann man schon aus dem allgemeinen Bild der Häuser viele wertvolle Lehren für die eigene Lebensführung gewinnen.

Noch auf ein weiteres Häusersystem möchte ich hier hinweisen, das mit den äqualen Häusern in Verbindung steht und sie in gewisser Hinsicht ergänzt: auf die *Sonnenhäuser.* Diese bedeuten Stationen, Chancen und Gefahren auf dem Weg zur Selbstverwirklichung. Die Sonne steht im Horoskop ja für den Kern der Persönlichkeit. Dessen »Auszeugung« vollzieht sich nun in allen Bereichen gemäß den Sonnenhäusern.

Dabei wird die Sonne im Geburtshoroskop sozusagen als Aszendent gesetzt. Sie steht also im Mittelpunkt ihres 1. Hauses, dessen Grenzen je 15° vor und nach ihrem Stand liegen. 30° nach der Sonne liegt die Mitte des 2., wieder 30° weiter die des 3. Sonnenhauses, und so geht es fort durch alle 12 Sonnenhäuser. Die Sonne selbst und ihr 1. Haus bedeuten, in welchen Horizonthäusern sie sich auch befinden, analog zum AS, die körperliche Grundsituation der Selbstaktualisierung. Das 7. Sonnenhaus, gegenüber, läßt uns, entsprechend dem DS, die Beziehung zum Partner oder zu einem größeren Publikum erkennen, die man für sich selbst als notwendig erfahren wird. (Ich bezeichne die Sonnenhäuser mit arabischen, die Horizonthäuser mit römischen Ziffern.) Im Quadrat zur Sonne liegen das 4. und das 10. Sonnenhaus, die auf Familienbezogenheit bzw. auf das Übernehmen von öffentlicher Verantwortung im Zuge der Persönlichkeitsbildung hindeuten. Ähnliches läßt sich von allen Sonnenhäusern sagen: Sie zeigen, was auch die Horizonthäuser meinen, jeweils im Hinblick auf die »Auszeugung« der eigenen Individualität.

Wer will, kann auch noch »Mondhäuser« eintragen, die dann auf das emotionale Leben Bezug haben mögen, oder schließlich die »Häuser« anderer Planeten. Ich fürchte nur, daß er dann allmählich in einer Überfülle von Deutungsmöglichkeiten jede klare Orientierung verlieren werde. Immerhin lassen die Sonnenhäuser sich auch dann einzeichnen, wenn man die genaue Geburtszeit nicht kennt. Ebenso kann man in diesem Fall schon die »kosmischen Häuser« betrachten: die Tierkreiszeichen als solche, deren jedes in gewisser Weise dem entsprechenden Haus gleichgesetzt wird. Allerdings reichen diese Häusersysteme bei weitem nicht an die Bedeutung der Horizonthäuser heran. Man kann also nicht ohne weiteres auf die möglichst genaue Geburtszeit verzichten.

DER TIERKREIS

Der Tierkreis, den wir nun zuletzt besprechen, scheint von allen Ordnungen der Astrologie die bekannteste zu sein und ist in Wahrheit doch am wenigsten bekannt. Jedermann hat schon die Namen der einzelnen Tierkreiszeichen gehört und sicher auch erfahren, daß er selbst, seinem Geburtstag nach, etwa ein »Löwe«, »Skorpion« oder »Steinbock« sei. In jeder Zeitung oder Zeitschrift kann er Schilderungen »seines« Tierkreistyps finden. »Wochenhoroskope« und billige Broschüren sagen ihm dazu seine Schicksale bis in die Einzelheiten voraus, wobei er nicht mehr zu wissen braucht als eben den Monat seiner Geburt. Außer einer genauen Schilderung seines Charakters gibt man ihm gerne noch Ratschläge für die Wahl seiner Partner in Beruf, Liebe oder Ehe. So dürfen Krebsfrau und Widdermann niemals zusammenkommen, während der Stier ohne Zweifel als passender Lebensgefährte einer Jungfrau anzusehen ist. Derartige Vorstellungen bestimmen weithin das Bild, das sich Unkundige von der Astrologie machen. Eine ganze Wahrsageindustrie ist ihretwegen entstanden.

Wir brauchen wohl kaum mehr zu betonen, wie unzulänglich und wie primitiv eine solche Vereinfachung der Astrologie ist. Wäre sie richtig, dann hätten wir uns ja die ganze bisherige Arbeit ersparen können. Alle die sehr komplexen Aussagen, die sich durch Planeten, Aspekte und Häuser ergaben, wären überflüssig und dürften vernachlässigt werden. Anstatt ein ganzes Welt- und Menschenbild in seinen Zusammenhängen zu verstehen, bräuchten wir nur die Merkmale von zwölf Typen auswendig zu lernen, um ein für allemal Bescheid zu wissen. Die Frage allerdings, warum die Menschen trotzdem so verschieden und oft gar nicht »typisch« sind, bliebe unbeantwortet.

Es ist selbstverständlich, daß wir als Astrologen ernsthafter und gründlicher vorgehen müssen. Der Tierkreis darf für uns kein Bilderbuch sein, in dem wir nach Belieben herumblättern, sondern wir müssen ihn als eine sinnvolle Ordnung erfassen können, deren Einzelheiten vom Bild des Ganzen her bestimmt sind. Kein Zeichen gilt etwas für sich allein, keines darf aus dem Zusammenhang herausgenommen werden, und niemals wird ein Mensch dadurch zu charakterisieren sein, daß man ihn einem einzigen »Typus« zuordnet.

Wir müssen uns darum fragen, was der Tierkreis wirklich bedeutet, woher die Symbole für seine einzelnen Zeichen abgeleitet sind und was ihr Inhalt ist. Hierbei folgen wir wieder der gleichen Logik, die uns schon bisher geholfen hat, mit der Astrologie vertraut zu werden.

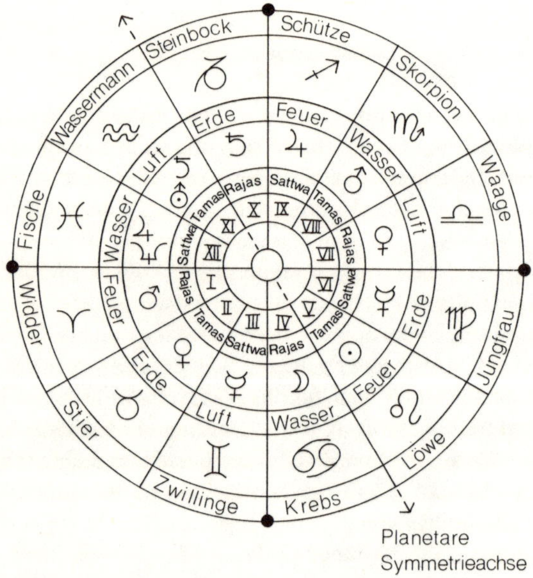

Abb. 29 Der Aufbau des Tierkreises

Es ist bekannt, daß der Tierkreis etwas mit dem Jahreslauf der Sonne zu tun hat. Er steht aber außerdem noch in einer engen Beziehung zum Häusersystem. Wie dieses, ist er nicht auf einzelnen Naturbeobachtungen begründet, sondern auf einer ideellen Gesamtschau. Während aber die Häuser unmittelbar aus der menschlichen Perspektive gesehen sind, liegt dem Tierkreis eine kosmische Orientierung zugrunde.

Es entspricht ja eigentlich nicht der historischen Entstehungsfolge, daß wir zunächst das Häusersystem besprachen und nun erst zum Tierkreis kommen. Die Einteilung der zwölf zodiakalen »Zeichen« ist nämlich älter als die der mundanen »Häuser«, die erst später ausgearbeitet wurde. Wir wollen hier aber nicht die Geschichte der Astrologie behandeln, sondern eine Einführung für heute lebende Menschen geben. Darum müssen wir auch die Unterschiede berücksichtigen, die zwischen dem antiken und dem modernen Denken bestehen.

In früheren Zeiten stand die Gemeinschaft, und nicht das Individuum, an erster Stelle. Die älteste babylonische Astrologie beschäftigte sich überhaupt nicht mit den Schicksalen von Einzelmenschen, sondern nur mit denen von Völkern und Staaten. Darum brauchte man auch noch keine genauere Einteilung der individuellen Erlebnisbereiche. Man begnügte sich damit, die Horizontebene zu bezeichnen, und verzichtete auf »Häuser«, wie wir sie heute kennen. Damals wurde auch ein gerade aufgehender Planet »Horoskopos« (der die Stunde Beschauende) genannt, woher noch unser Begriff »Horoskop« stammt. Erst in hellenistischer Zeit entstanden die individuellen Geburtshoroskope. Dabei ging man zunächst vom Tageslauf der Sonne (rechtsherum, im Uhrzeigersinn) aus, woran uns heute noch die inäqualen Häusersysteme mit ihrer Überbewertung der Meridians erinnern, die allerdings ihre Häuser auch nach links numerieren, entgegen dem Uhrzeigersinn und analog den Tierkreiszeichen. Der Tierkreis ist unstreitig das Ältere.

Die moderne Menschheit dagegen denkt vorwiegend individualistisch, abstrakt und psychologisch. Die Naturwissenschaften haben in uns ein Fremdheitsgefühl der Welt gegenüber geweckt, aber wir sind auf unser Inneres aufmerksam geworden. Wie es in diesem Inneren aussehe, wollen wir zuerst wissen, und zwar mit Recht, denn hier liegen unsere dringendsten Probleme. Die Abstraktion fällt uns dabei wesentlich leichter als den antiken Menschen. Wir müssen sogar beinahe gezwungen werden, anschauliche Bilder zu gebrauchen, während man früher Schwierigkeiten hatte, auch das Geistigste anders als im Bild zu sehen.

Besonders aber hat sich das Verhältnis des Menschen zur Zeit gewandelt. Wir Heutigen haben zwar sehr genau gehende Uhren, aber niemals Zeit. Um Zeit zu haben, müßten wir nämlich aus einem inneren Rhythmus heraus frei leben können. Dann wäre die Zeit, wie sie es früher war, eine Dimension der sinnvollen Erlebnisse. Unser Zeitbegriff ist aber rein mechanisch. Die Zeit hat uns. Sie zwingt uns von außen her in eine starre Regelmäßigkeit hinein, die nichts mit unserem eigenen Wesen zu tun hat. Wir leben nach der Uhr, nach dem Fahrplan und dem Terminkalender. So ist die Zeit für uns fremd und feindlich geworden. Wir vermögen in ihr keinen Sinn mehr wahrzunehmen und ihr auch keinen von uns aus zu geben. Wenn sie uns einmal frei zur Verfügung stünde, sind wir geneigt, sie »totzuschlagen«, denn wir fürchten uns vor ihr. Die Furcht vor der Zeit kann nur durch den Aufwand aller technischen Mittel zurückgedrängt werden. Sie bleibt aber als ein vages Gefühl der Unbehaglichkeit vorhanden.

So muß uns das Häusersystem, das abstrakt und nicht auf die Zeit bezogen ist, unmittelbarer verständlich sein als der Tierkreis, der vom innerlich erlebten Jahresrhythmus ausgeht. Auch die persönlichen Angelegenheiten des Individuums, wie sie in den Häusern dargestellt sind, bedeuten für uns heute mehr als das vom Kultus geformte Leben einer Gemeinschaft, das man früher für noch wichtiger hielt. Selbst für gläubige Christen hat das Kirchenjahr heutzutage vielfach nicht mehr den Rang eines tiefergehenden Erlebnisses. Darin zeigen sich die Isolierung des einzelnen und der Verlust des Zeitgefühls.

Um den Tierkreis zu verstehen, müssen wir aber die Symbolik der Raumverhältnisse, die uns zum Häusersystem führte, durch eine Symbolik der Jahreszeiten ergänzen. Das darf jedoch nicht so aufgefaßt werden, als könnte man die einzelnen Zeichen des Tierkreises durch eine lange fortgeführte, aus meteorologischen und psychologischen Beobachtungen kombinierte Statistik erhalten. Es geht nicht um ein Nacheinander von Naturvorgängen, die zu bestimmten Terminen eintreten müßten, sondern um die Erkenntnis von Ideen, die hinter den Erscheinungen stehen. Was im einzelnen geschieht, ist zwar immer ein Gleichnis der Idee, macht aber niemals deren vollen Inhalt aus.

Die Zwölfteilung des Tierkreises ist von den zwölf Mondumläufen des Jahres, den Monaten, abgeleitet. Noch heute haben wir in der kirchlichen Festlegung des Osterfestes nach Sonnenstand und Mondphase eine Erinnerung daran, wie man in ältesten Zeiten das Jahr einzuteilen pflegte.

Der Tierkreis selbst ist allerdings nicht an den Mondlauf gebunden, sondern stellt eine gleichmäßige Teilung der Ekliptik dar, die von vier astronomisch genau bestimmten Punkten ausgeht. Zwei dieser Punkte, nämlich Frühlings- und Herbstpunkt, liegen auf dem Himmelsäquator. Die beiden anderen sind die Orte der Sonnenwenden am Sommer- und Winteranfang, also die Berührungspunkte der Ekliptik mit den Wendekreisen. Die »Zeichen« sind zwölf gleich große Teile der Ekliptik, umfassen also jeweils genau 30°. Sie haben nach Lage und Größe nichts mit den Sternbildern zu tun, die in der Gegend der Ekliptik stehen.

Diese Tatsache muß dem Astrologen bekannt sein. Die Astrologie verdient nämlich überhaupt nur insoweit den Namen einer »Sternkunde«, als sie sich mit den Planeten befaßt. Bereits die Fixsterne gehören nicht mehr zu ihrem eigentlichen Bereich. Die »Zeichen« des Tierkreises sind nicht nach Sternbildern orientiert, sondern jahreszeitlich festgelegt. Sie bewegen sich auch gegenüber dem Fixsternhimmel. Die Erdachse beschreibt nämlich eine ganz langsame kreiselnde Bewegung. Dadurch wandern die Schnittpunkte des Himmelsäquators mit der Ekliptik, also Frühlings- und Herbstpunkt, nach denen sich der Tierkreis ausrichtet, allmählich im rückläufigen Sinne über die Ekliptik. Man nennt diese Erscheinung die »Präzession der Äquinoktien«. In etwa 26 000 Jahren, einem sogenannten »platonischen Jahr«, hat jeder Punkt des Tierkreises die volle Wanderung von 360° zurückgelegt. Das war bereits in der Antike bekannt.

Später allerdings, als sich Astrologie und Astronomie trennten, kamen hier Mißverständnisse auf. Ein solches verbirgt sich auch hinter der heute so oft gebrauchten Redensart vom »Wassermann-Zeitalter«. Wir müssen klarstellen, was es mit diesem Begriff auf sich hat.

Was wir am Himmel sehen, sind nicht Tierkreiszeichen, sondern Gruppen von Fixsternen. Wir fassen sie meist mehr oder minder willkürlich in »Sternbildern« zusammen, die leicht wiederzuerkennen sind und denen man zum Zweck der Orientierung einprägsame Namen geben kann. Diese Fixsterngruppen können natürlich nicht mit dem Tierkreis wandern. Sie mußten also für alle Gegenden des Himmels, auch für die Ekliptik, irgendwann einmal endgültig benannt werden. Das geschah in den letzten Jahrhunderten vor Christi Geburt. Damals wählte man verständlicherweise für die Sternbilder im Bereich der Ekliptik die Namen von Tierkreiszeichen, die gerade ungefähr im gleichen Raum standen. Eine genaue Deckung bestand natürlich nicht, denn die Sternbilder sind ja, im Unterschied von den Zeichen, sehr ungleich groß und keineswegs fest begrenzt. Immerhin konnte man eine gewisse Übereinstimmung herstellen.

Diese Übereinstimmung ist inzwischen längst verlorengegangen. Wo heute das Tierkreiszeichen »Widder« steht, ist am Himmel nicht das Sternbild »Widder«, sondern man rechnet die Fixsterne dort teils zur Gruppe der »Fische« und teils zu der des »Wassermanns«. Bildhafte Ähnlichkeiten mit einem Widder, mit zwei Fischen oder gar mit einem Wassermann wird man dort allerdings vergeblich suchen. Solche Ähnlichkeiten bestanden früher ebensowenig, wie sie heute vorhanden sind. Eine gewisse Ausnahme bildet freilich das Sternbild »Zwillinge«, in dem wirklich zwei auffallende, ungefähr gleich helle Sterne stehen. Es gab seinerzeit den Ausschlag bei der Benennung des dritten Tierkreiszeichens, das sich durch ein Zwillingspaar recht gut charakterisieren ließ. Der Name ist aber immer nur eine Andeutung, niemals der volle Inhalt eines Tierkreiszeichens. Wir werden später sehen, daß immer die Auswahl zwischen mehreren Symbolen möglich wäre. Die Bedeutungen der Zeichen sind vom ganzen Tierkreis her bestimmt und lagen fest, bevor die Sternbilder endgültig benannt wurden. Sie sind nicht von den Sternen abhängig.

Das wurde leider im Laufe der Zeit von nicht wenigen Astrologen vergessen. So kam man zu der Vorstellung, die Sternbilder der Ekliptik müßten die »eigentlichen« Tierkreiszeichen sein oder doch wenigstens eine besondere astrologische Bedeutung haben. Da, wo man vor zweitausend Jahren einmal ein Sternbild nach dem Zeichen »Wassermann« benannt hatte, müsse immer etwas wie ein »Wassermann« bleiben, selbst wenn das Tierkreiszeichen schon längst an ganz anderer Stelle wäre. Wenn aber der Frühlingspunkt in diese Gegend des Fixsternhimmels rücke, müsse in der Welt ein »Wassermann-Zeitalter« beginnen.

Diese Vermutung ist astrologisch nicht zu begründen. Wenn man auch annehmen darf, daß der Zeitraum des platonischen Jahres eine Bedeutung als Äon der Erde und der Menschheit habe; wenn es auch verständlich ist, daß man innerhalb dieses Äons eine gewisse Gliederung sucht; so besteht doch kein Grund, diese Gliederung gerade mit den Namen der Sternbilder gleichzusetzen. Als Astrologe wird man jedenfalls gut daran tun, sich von allen Auseinandersetzungen um das »Wassermann-Zeitalter« fernzuhalten. Sie gehören nicht zur Astrologie.

Vom Tierkreis sagten wir nun also, daß seine Lage durch die vier astronomischen Hauptpunkte bestimmt sei. Diese Kenntnis kann uns aber nicht genügen. Wir müssen ja zu den symbolischen Bedeutungen kommen. Da liegt es nahe, die vier Hauptpunkte der Ekliptik mit den vier »Ecken« des Häusersystems zu vergleichen und jedes der zwölf Zeichen mit einem Haus in Beziehung zu bringen. Es fragt sich dabei nur, von welchem Ort wir ausgehen und welche Richtung wir einschlagen sollen.

Hier findet sich nun eine klare Entsprechung zwischen dem Aszendenten im Horoskop und dem Frühlingspunkt der Sonnenbahn. Wenn der Frühling beginnt, erleben wir das Keimen und Sprossen in der Natur, und auch in uns selbst wird ein neuer, noch frischer und ursprünglicher Lebenstrieb wach. Durch ihn »schießen« wir ebenso in das neue Jahr hinein, wie wir uns am Aszendenten in das Leben »hineingeschossen« fühlen. Wir wählen darum den Frühlingspunkt als den »Anfang« des Tierkreises, so wie wir bei den Häusern vom Aszendenten ausgingen.

Es gilt nun aber auch zu entscheiden, nach welcher Richtung wir vom Frühlingspunkt aus weitergehen müssen, um Zeichen und Häuser einander sinngemäß gleichzusetzen. Diese Entscheidung muß richtig verstanden werden.

Wir wiesen beim Häusersystem schon darauf hin, daß es kein Bild von astronomischen Vorgängen sei, sondern die Erlebnisbereiche des Menschen zeige, so wie er selbst sie sich im Raume vorstellen könne. Darum war das Haus der Sonne, also das fünfte, nicht oben am Medium Coeli gelegen, wo die Kraft der äußeren Sonneneinstrahlung am größten ist, sondern in der Tiefe des Inneren, wo wir unsere eigene, dem Sonnensymbol entsprechende, vitale Kraft verspüren. Darum dachten wir auch, als wir die Häuser der Taghälfte beschrieben, zum Vergleich nicht an den täglichen Sonnenlauf (der ja in entgegengesetzter Richtung geschieht), sondern etwa an eine Bergbesteigung. Wir gingen also ganz vom Menschen aus und ließen die Planeten gleichsam erst nachträglich in die so gebauten »Häuser« einziehen.

Ähnlich müssen wir es auch beim Tierkreis tun. Wir müssen die Vergleichspunkte im menschlichen Erleben und nicht im äußeren Bild der Vorgänge am Himmel suchen. Wenn wir beim Häusersystem vom Aszendenten aus abwärts gehen konnten, ohne uns um das Aufsteigen der Sonne zu bekümmern, so ist es auch für den Tierkreis nicht unbedingt entscheidend, daß die Sonne im Frühling immer größere Tagbogen über dem Horizont beschreibt.

Wir fragen uns vielmehr, ob der Mensch im Frühling und Sommer, wenn die Sonne höher am Himmel steht, mehr nach der Bewußtheit oder mehr nach der Unbewußtheit, mehr nach der gedanklichen oder mehr nach der vitalen Seite seines Wesens hin leben werde. Hier kann nun kein Zweifel darüber sein, daß wir uns nach der Richtung des Inneren, Unbewußten zu wenden haben.

Der Hochsommer ist nicht die Zeit des abstrakten Erkennens, sondern der Überfülle an Lebenskräften. Er wird darum in der Entsprechung zum fünften Haus zu sehen sein. Ahnungen von Tragik, Tod und Verlust überfallen uns an trüben Novembertagen und lassen etwas von der Thematik des achten Hauses anklingen. Die saturnische Zeit des Winters wird auch mit den beiden von Saturn beherrschten Häusern, dem zehnten und dem elften, zu vergleichen sein.

So können wir die Reihenfolge der Häuser und die der Zeichen in einer sinngemäßen Übereinstimmung zueinander sehen. Die »mundane« Ordnung (also das Häusersystem) entspricht Feld für Feld der »zodiakalen« (dem Tierkreis). Das erleichtert uns die Deutung sehr wesentlich. Wir müssen nur noch unterscheiden, daß ein »mundaner« Ort immer auf den Einzelmenschen mit seinen Erlebnis- und Interessenrichtungen bezogen ist, während ein »zodiakales« Zeichen im Zusammenhang des Kosmos gilt, also Eigenschaften vertritt, die an und für sich, unabhängig von unserer Orientierung, bestehen. So zeigt uns der Stand des Mondes in einem bestimmten Haus das Lebensgebiet, dem sich die Phantasie mit ihren Gemütskräften zuwendet. Die eigentümliche Natur dieser Phantasie aber, ihre Intensität oder Weite, ihr Beharren oder Fluktuieren, ihre Dynamik oder Passivität, erkennen wir aus dem Tierkreiszeichen. Jedes Zeichen ist nun gleichsam ein »Haus« des Kosmos. Wir könnten die Analogie auch in der umgekehrten Richtung sehen. Wenn uns der Tierkreis bekannt wäre, könnten wir von ihm auf die Häuser schließen. Beide Ordnungen sind ja parallel zueinander.

Wir finden im »Zodiakus«, im Tierkreis, alle Einteilungen wieder, die wir schon bei den Häusern kennengelernt haben. Es kommt nur noch eine dazu: die jahreszeitliche Bedeutung der einzelnen Quadranten. Sie ist das einzige Neue, das wir mit einzubeziehen haben.

Dagegen folgen die Zeichen in ihrer Elementen-Zugehörigkeit als Feuer-, Erd-, Luft- und Wasserzeichen in der gleichen Reihenfolge aufeinander wie die persönlichen, materiellen, spirituellen und psychischen Häuser im mundanen System. Auch die Unterscheidung von »Eckhäusern«, »nachfolgenden« und »fallenden Häusern« hat im Tierkreis ihre Entsprechung. Sie ist in den drei »Kreuzen« oder »Qualitäten« dargestellt, die sehr wichtig sind und die wir darum noch besonders besprechen müssen. Man gebraucht für sie heutzutage meist die indischen Bezeichnungen »Rajas«, »Tamas« und »Sattwa«, weil die abendländlichen Sprachen keine Begriffe haben, die sie eindeutig genug charakterisieren könnten.

Die *Rajas*-Zeichen (das *j* wird wie »dsch« gesprochen) werden auch »Kardinalzeichen« oder »Hauptzeichen« genannt. Sie entsprechen den »Eckhäusern« im Horoskop. In ihnen besteht also, ähnlich wie dort, eine gewisse Unmittelbarkeit zum Schicksal und damit ein besonders starker Impuls zu einem Handeln, das dem Schicksalsauftrag gemäß ist.

Die *Tamas*-Zeichen des »zweiten Kreuzes«, die man auch »feste« oder »fixe« Zeichen nennt, symbolisieren, ähnlich den »nachfolgenden Häusern«, das Beharren des Menschen im eigenen Sein und den Wunsch nach einem ihm selbst gehörenden Bereich, der dem Schicksal entzogen sein soll. Hier handelt man aus Eigenmächtigkeit, hat also nicht mehr, wie in den Rajas-Zeichen, das Schicksal selbst hinter sich. Das ergibt bereits eine gewisse Verringerung der Kraft.

Die *Sattwa*-Zeichen (auch »bewegliche« oder »gemeinschaftliche« Zeichen genannt) entsprechen den »fallenden Häusern« und damit dem reflektierenden, in der Abhängigkeit erfolgenden Verarbeiten wechselnder äußerer Reize. Hier ist die ursprüngliche, wesensmäßige Kraft am geringsten, der Wunsch nach Einsicht und Erkenntnis aber am stärksten. Der Verlust der Klarheit und der Zweifel an dem, was bisher galt, lassen nach Möglichkeiten der Verwandlung und Erneuerung suchen.

Die »Qualitäten« oder »Kreuze« zeigen uns also grundsätzliche Haltungen gegenüber dem Leben. In wessen Horoskop die Rajas-Zeichen besonders betont sind, der wird sich als Träger eines Schicksals empfinden, das ihm ein für allemal gegeben sei und das er nun, als etwas Selbstverständliches, zu erfüllen habe. Betonung der Tamas-Zeichen läßt uns das Leben als eigene Angelegenheit betrachten, bei der man nur seiner inneren Konsequenz zu folgen habe und sich von niemandem dreinreden zu lassen brauche. Der sattwa-betonte Mensch ist der nachdenkende, reflektierende, die Bedingtheiten seiner Existenz erfassende und immer zu neuen Umstellungen, Verwandlungen oder Einsichten bereite Typus. Jede dieser Grundhaltungen wandelt sich wieder gemäß den vier Elementen ab.

Nun aber gilt es noch, die zeitliche Beziehung zum Sonnenlauf herzustellen, die im Häusersystem nicht vorhanden war. Das darf nicht so aufgefaßt werden, als wollten wir einen Fahrplan des Naturgeschehens anlegen, nach dem mit dem Übertritt der Sonne in ein neues Zeichen jeweils eine ganz andere Situation in der Welt eintreten müsse. Wir suchen nicht eine mechanische, sondern eine ideelle Übereinstimmung. Darum betrachten wir die Zeichen nicht einzeln, sondern fassen immer eine ganze Jahreszeit, also einen der zwischen den Hauptpunkten liegenden Quadranten, als Einheit zusammen. Diese Einheit wird dann gewissermaßen stufenweise destilliert, wobei wir drei verschiedene »Essenzen« erhalten, nämlich ein Rajas-, ein Tamas- und ein Sattwa-Destillat. Innerhalb einer Jahreszeit betrachten wir also nicht mehr das zeitliche Nacheinander, sondern eine ideelle Schichtung oder Stufenfolge.

In der Rajas-Essenz erhalten wir das, was die Natur von sich aus, ohne unser Zutun, im Geschehen einer Jahreszeit vollbringt und was zur Fortdauer der Welt als eines Ganzen notwendig ist. Die nächste, die Tamas-Stufe, führt uns zu dem, was die Individuen aus der großen äußeren Welt für sich herausnehmen, um es in ihren eigenen inneren Kosmos einzubeziehen und dort zu behalten. Das Sattwa-Destillat endlich gibt uns den letzten, feinsten »spiritus«, der übrigbleibt, wenn alles grob Ereignismäßige verschwunden ist und nur noch Erlebnis-Reflexionen, Verwandlungen und Ahnungen des Kommenden vorhanden sind.

Die Bedeutung jedes einzelnen Zeichens leitet sich also aus folgenden Zusammenhängen ab:

1. Stellung in einem bestimmten jahreszeitlichen Quadranten (Frühling, Sommer, Herbst oder Winter)
2. Rajas-, Tamas- oder Sattwa-Qualität
3. Zugehörigkeit zu einem bestimmten Element (Feuer, Erde, Luft oder Wasser)
4. Charakterisierung durch einen bestimmten Planeten, der als »Herr« des Zeichen gilt,
5. Analogie zu einem mundanen Haus
6. Aspektbeziehungen zu anderen Zeichen.

Diese Bedeutungen sind also sehr komplex. Wir können sie nicht begrifflich fassen, sondern müssen sie wieder durch Symbole bezeichnen. Solche Symbole zu suchen und die gefundenen auf ihre Verwendbarkeit zu prüfen, ist eine interessante Aufgabe. Es ist ja bei weitem nicht damit getan, daß man die herkömmlichen Namen der Tierkreiszeichen einfach übernimmt. Wir müssen wissen, warum gerade diese Namen gewählt wurden, inwieweit jeder sein Zeichen bildhaft richtig charakterisiert, wo sich Mißverständnisse ergeben könnten und ob es nicht auch andere, bessere oder zumindest ergänzende Bilder für manche Tierkreiszeichen gäbe. Solche Bilder könnten aus allen nur denkbaren Bereichen stammen: von Gegenständen, Pflanzen, Tieren, Landschaften, Völkern oder einzelnen Menschen. Wählt man Menschen als Repräsentanten, so hat man schon die bekannten »Tierkreistypen« der Zeitschriften und Kalender, die es natürlich in der Wirklichkeit niemals in reiner Ausprägung gibt.

Zu alldem kommen wir, wenn wir die hier angegebenen Gedankengänge nach strenger bildhafter Logik weiterverfolgen. Wir wollen die Art, in der das geschieht, für die einzelnen Tierkreiszeichen nun wenigstens andeutungsweise zeigen.

Es soll uns also nicht darauf ankommen, eine möglichst vollständige psychologische, physiognomische, charakterologische, ausdruckswissenschaftliche, medizinische, mythologische oder biologische Beschreibung alles dessen zu geben, was unter einem bestimmten Tierkreissymbol verstanden werden kann. Zum Wesen der Symbole gehört es eben, daß sie sich in den verschiedensten Zusammenhängen verwenden lassen (ausgenommen kausalen), ohne daß ihre Bedeutung sich damit veränderte. Diese Verwendbarkeit zu erproben, kann hier nicht unsere Aufgabe sein, denn es würde weit über den Rahmen dieses Buches hinausführen. Wir wollen nur die allgemeinen Grundlagen darstellen, von denen aus dann nach beliebigen Richtungen weitergegangen werden kann.

Ausführliche Beschreibungen der Tierkreistypen haben schon viele astrologische Werke gegeben. Ich erinnere nur an die Bücher von Thomas Ring, H. Frh. v. Klöckler und anderen Autoren. Es ist aber nicht einmal nötig, daß man sich solcher anspruchsvolleren Literatur zuwendet. Bereits in vielen Kalendern, in Zeitschriften und billigen astrologischen Traktätchen findet man Schilderungen, die teilweise sogar recht gut formuliert sind. Man muß sich nur von der falschen Voraussetzung freimachen, daß jeder Mensch, nur wegen seines Geburtstages, eindeutig zu einem solchen »Typus« gehören müsse. Dann wird man aber oft an den lebendigen Charakteristiken seine Freude haben können.

Wir wollen hier nicht in Wettbewerb mit diesen Arbeiten treten, sondern nur nachholen, was bei ihnen fast durchwegs fehlt: die gedankliche Ableitung, die das einzelne aus dem Zusammenhang heraus zu verstehen und nachzuprüfen gestattet. Die wirkliche Vertrautheit mit den Tierkreiszeichen erwirbt man ohnedies am besten durch selbständiges Nachdenken und eigene praktische Erfahrung. Dazu darf man aber nicht mehr darauf angewiesen sein, die Meinung dieses oder jenes Autors zu kennen, sondern man muß von sich aus in der Lage sein, die Gültigkeit einer Entsprechung zu beurteilen.

Hier müssen wir noch die Frage aufwerfen, wie es mit den Tierkreiszeichen südlich des Äquators zu halten sei. Diese Frage gab es für die alten Astrologen noch nicht; sie lebten alle auf der Nordhälfte unserer Erde. Und heute unterscheiden sich bei ihr die vielen Astrologen, die gar nicht nach den Grundlagen ihrer Lehre fragen, ganz klar von den wenigen (zu denen ich gehöre), denen eben diese Grundlagen entscheidend wichtig sind. Ich akzeptiere noch, daß man auf der Südhälfte unserer Erde den Kalender, der ursprünglich nur für ihre Nordhälfte gedacht war, übernehmen mußte, obwohl es mir immer wieder seltsam vorkommt, daß man dort Weihnachten im Sommer, Ostern und Pfingsten im Herbst feiert. Absurd erschiene es mir aber, wenn die Sonne südlich des Äquators im Januar/Februar, während der stärksten Sommerhitze, im tiefwinterlichen Zeichen »Wassermann« stünde.

Ich meine deshalb, daß die Tierkreiszeichen im Süden umgekehrt werden müßten: daß Krebs zu Steinbock würde und Steinbock zu Krebs. Dazwischen, in den Tropen, wo es ohnehin keine richtigen (durch den Sonnenstand bedingten) Jahreszeiten gibt, scheint sich mir diese Umkehrung allmählich zu vollziehen. Die jetzt noch fast allgemein gebräuchliche Methode, den Nord-Tierkreis auch im Süden zu verwenden, als ob er an den Sternbildern festhinge, halte ich für einen durch nichts gerechtfertigten »Nord-Chauvinismus«. Ich lehne auch die indische Astrologie ab, die wirklich von dieser Annahme ausgeht, die Präzession der Äquinoktien also nicht wahrhaben will.

Das ist übrigens nicht meine eigene Erfindung; schon der italienische Dominikanermönch und Philosoph Thomas Campanella (1568-1639), der auch den »Sonnenstaat« verfaßte, lehrte, daß der Tierkreis auf der Südhälfte der Erde umgekehrt werden müsse. Daß seine Meinung bis heute fast völlig vergessen werden konnte, zeigt mir nur, wie restlos die Astrologen sich seither von den Erscheinungen ab- und einer oberflächlichen Nachahmung der Naturwissenschaften zugewandt haben. Aber es ist meiner Ansicht nach nie zu spät, alte Irrtümer zu berichtigen. Die empirische Bestätigung wird dann bald folgen.

1. WIDDER ♈

Der erste Quadrant des Tierkreises, in den die Sonne mit dem Überschreiten des Himmelsäquators am 21. März eintritt, symbolisiert für uns den Frühling. In den drei Zeichen dieses Quadranten ist das jahreszeitliche Erlebnis auf dreierlei Weise dargestellt.

Ein Rajas-Zeichen steht, wie immer, am Anfang. Hier wirkt also die Natur unmittelbar, nach ihren eigenen Intentionen. Sie will das Leben. Dieses Leben muß nun, da der Winter vorbei ist, gewaltsam die festen Hüllen sprengen, in die es gebannt war. Nicht nur in den Pflanzen, sondern auch im Menschen brechen die »jungen Triebe« hervor. Eine kraftvolle, noch ungehemmte Dynamik treibt die Wesen vorwärts, in das beginnende Jahr hinein. Die Natur ist in Aufbruchsstimmung. Ihre Kräfte drängen zur Aktion. Es ist, als wäre man inmitten einer reisigen Schar von Bewaffneten, die in den kühlen Morgen hinausreiten, voll Entschlossenheit und Siegeszuversicht, und doch noch nichts von den Schicksalen wissen, die sie im Kampf zu bestehen haben werden.

Dieses erste Zeichen gehört, ebenso wie das erste Haus, dem Planeten Mars und dem Element des Feuers zu. Es ist das Symbol für die frische Triebkraft, die im Frühlingsgeschehen wirkt. Wir können wieder an das Bild des abgefeuerten Geschosses denken, das wir schon beim Aszendenten gebrauchten. Auch andere »marsische« Bilder bieten sich an, wie der springende Funke, der zündende Blitz, die Brandfackel oder das kurze Schwert, das zum Angriff gezückt ist. Nur darf man hier nicht an eine zerstörerische Absicht denken. Alles geschieht rein impulsiv, mit der unbedingten und unschuldigen Selbstverständlichkeit eines Lebensdranges, der von Erfahrungen des Vergangenen und Einsichten ins Zukünftige noch gleichermaßen unbelastet ist.

Auch das Tier-Bild, das dem Zeichen seinen Namen gegeben hat, das Bild des Widders, stellt ja nicht ein blutdürstiges Raubtier dar, sondern ein junges Böcklein, das ausgelassen tobt, Luftsprünge macht und mit den kurzen Hörnern kräftig zustoßen will, nur weil es seine animalische Lebendigkeit in irgendeiner Weise entladen muß. Die Aggressionen sind zwar sehr heftig, aber im Grunde nicht böse gemeint.

Jede Eigenschaft, die dem Widder-Typus zugeschrieben wird, erklärt sich aus dem Ort dieses Zeichens im Entsprechungszusammenhang. Wir sind am Anfang des Tierkreises. Darum will man hier in allem neu beginnen und nichts von dem wissen, was vor einem war oder in fernerer Zukunft kommen könnte. Die unbedenkliche Frische, mit der auch die schwierigsten Probleme angepackt werden, macht den Widder zum geborenen Initiator, zum Anführer bei gewagten Unternehmungen, oder doch wenigstens zum tapferen Soldaten, der keine Ruhe hat, wenn er nicht in der vordersten Angriffslinie, mit seinen Kameraden zusammen, kämpfen darf. Strategische Erwägungen, Planungen auf weite Sicht und wohlbedachte Rückzugsbewegungen um des späteren Erfolges willen sind seine Sache nicht. Für Umwege und Umständlichkeiten bringt er kein Verständnis auf. Alles will er im ersten Ansprung, mit der Gewalt des plötzlichen Angriffs und des festen Zupackens, ein für allemal entschieden wissen.

Seine Rajas-Qualität läßt den Widder so ganz von schicksalhaften Impulsen bestimmt sein, daß er kaum eine bewußte Kontrolle über sein Tun hat. Das macht ihn oft stärker als andere, die bedenklicher und zurückhaltender sind als er, kann ihn aber auch, wegen seiner Unbedingtheit und mangelnden Einsicht, in gefährliche Situationen bringen.

Dem Feuer-Element entspricht der dynamische und motorische Charakter des Widder-Typus. Alle seine Lebensäußerungen sind ungestüm, energisch und temperamentvoll. Zu weichen, zärtlichen Regungen des Gemüts, zu Schwärmerei und Romantik neigt er kaum. Er erlebt sich im scharf betonten Rhythmus der Bewegung, im Schritt, im Sprung, im Wurf und im Stoß.

Mars als Regent des Zeichens gibt die Gewaltsamkeit, die Initiative, das ungeduldige Drängen, das wilde Losstürmen, das Vornedranseinwollen und die eindeutig klare Richtung auf ein konkretes, naheliegendes Ziel. Das Leben wird als ein Kampf oder als ein Wettkampf aufgefaßt. Entscheidend ist nur, daß man in jedem Fall Sieger bleibt.

Die Übereinstimmung mit dem ersten Haus sehen wir in der starken Ich-Bezogenheit, die alle Welt mit Selbstverständlichkeit ihren subjektiven Maßstäben unterwerfen will. Des eigenen Auftrags ist man sich fraglos sicher; die Richtung der Aktionen ist klar. Probleme und Konflikte können nur im Kampf mit der Außenwelt, aber noch nicht im eigenen Inneren, wahrgenommen werden. Man ist unkompliziert, denn man verkörpert nur ein Schicksal, das gar nicht anders sein kann, als es eben ist.

So läßt sich der Widder-Typus noch in vielen Einzelheiten charakterisieren. Man kann sich in der Deutung üben, indem man eine möglichst vollständige Liste aller seiner Eigenschaften – der guten wie der schlechten – anzulegen sucht. Besonders muß man dabei bedenken, daß nicht nur die Sonne, sondern auch jeder andere Planet und jeder beliebige Punkt des Häusersystems die Widder-Charakteristik erhalten kann. Es ist also nicht möglich, daß man diese Charakteristik irgendwo in »reiner« Form antreffen könnte. Sie ist immer mit anderen Horoskopfaktoren zu einem Ganzen vereinigt. Dieses Ganze ist etwas Geistiges. Es ist darum nicht von der Erscheinung, sondern nur von der Idee her zu verstehen. Der »Typus«-Begriff der Astrologie ist ein idealer, kein empirischer. Er darf aus diesem Grunde niemals mit naturwissenschaftlichen Einteilungsnormen verwechselt werden. Das wird auch bei der weiteren Besprechung des Tierkreises zu beachten sein.

2. STIER ♉

Das nächste Zeichen des Tierkreises, in das die Sonne am 21. April eintritt, zeigt uns das Frühlingserlebnis aus einer ganz anderen Sicht. »Winterstürme wichen dem Wonnemond«. Die Lebewesen werden nicht nur durch dynamische Impulse der Natur vorangetrieben, sondern freuen sich auch ihres Daseins in der nun wieder freundlich gewordenen Welt, die sich im satten Grün und in bunten Blütenfarben zeigt. Nicht alle Kräfte sind im Übermut des Frühlingsbeginns aufgebrochen. Vieles ruht noch in der Erde und erwartet geduldig seine Zeit.

Das zweite Zeichen ist ein Erd-Zeichen, so wie das zweite Haus ein materielles Haus war. Es ist ein Tamas-Zeichen und ein Zeichen der Venus. Daraus ergeben sich nun die symbolischen Bedeutungen.

Wir mögen an eine anmutige Landschaft mit weich gerundeten Hügeln und blühenden Gärten denken, die von lebensfrohen Menschen bewohnt ist. Man ist hier ganz auf das Sinnenhafte und Diesseitige eingestellt, hegt seinen Besitz und weiß ihn zu genießen. Anstelle der Widder-Agressionen hat man die Zufriedenheit und das ruhige Glück in seiner eigenen kleinen Welt gefunden, die man so erhalten möchte, wie sie immer war.

Die Tierkreiszeichen werden oft auch mit den nationaltypischen Eigenarten der Völker verglichen. Hier mag wohl das Flandern der Brueghel, Jordaens und Felix Timmermans als Illustration dienen, aber auch Bayern mit seinem sinnenfreudigen Barock, der konservativen Gesinnung seiner Bewohner und deren Verlangen nach ihrer »königlich bayerischen Ruh«. Wir wollen zwar mit der »Zuordnung« bestimmter Völker und sogar einzelner Orte, wie man sie früher gern übte, lieber etwas vorsichtig sein. Aber mitunter kann uns hier doch ein anschauliches, wenn auch mit einiger Übertreibung gezeichnetes, Bild begegnen.

Man hat den Namen des zweiten Tierkreiszeichens wieder aus dem animalischen Bereich genommen, als man es »Stier« benannte. Aber dieses Bild muß für den heutigen, naturfremd gewordenen Großstädter noch etwas erläutert werden.

Wer noch selten einen wirklichen Stier gesehen hat, denkt vielleicht zunächst an den Stierkampf, das »rote Tuch« und ähnliche Dinge. So hält er den Stier für ein besonderes reizbares, vorwiegend aggressives Tier. Seiner eigentlichen Natur nach ist der Stier aber schwerfällig, passiv und friedlich. Er ist ein geduldiger Pflanzenfresser, der langsam seine Weide abgrast, wobei er sich mit großer Behutsamkeit gerade jene Pflanzen herauszusuchen weiß, die ihm wohlschmeckend erscheinen. Nach der Mahlzeit liegt er behaglich, unbewegt und wiederkäuend in der Sonne. In Wut gerät er nur dann, wenn man durch feindseliges Gebaren, das Zeigen von grellen Farben (Rot ist die Farbe des Mars) oder durch andere Dinge, die er nicht versteht und die ihn irritieren, seine Ruhe, die einzige ihm gemäße Lebensform, stört. Dann freilich zeigt sich auch die vitale Kraft, die in ihm verborgen ist und die sonst, weil sie so fest an das materielle Sein gebunden ist, leicht unterschätzt wird.

Wir müssen uns auch daran erinnern, daß Rinderherden für die Antike der Inbegriff des Reichtums waren. Das lateinische Wort »pecunia« leitet sich von »pecus« (Vieh) ab. Das Bild des Stieres deutet also noch das besonders nahe Verhältnis zu den Eigentumswerten an, das hier besteht.

Den Stier-Typus mit eigenen Worten zu schildern, kann wohl nicht schwer sein, wenn man nur die einzelnen Komponenten beachtet, aus denen sich die Symbolbedeutung bestimmt:

Das Element Erde gibt die Zugewandtheit zur materiellen Welt, das schwerfällig wirkende Gebaren, das Aufbauen auf der sinnlichen Erfahrung, das Zurücktreten der Dynamik gegenüber den beharrenden Kräften und die gewisse Solidität alles dessen, was hier getan oder gedacht wird.

Der Tamas-Qualität entspricht die Neigung, sich die irdische Welt zu eigen zu machen, sie als seinen Besitz und seine persönliche Angelegenheit zu betrachten, also nicht mehr allein einen Auftrag der Natur auszuführen.

Als Venus-Zeichen hat der Stier die intensive Freude am Sinnlichen, an Formen, Farben und allem, was die Erde zu bieten vermag. Auch die sorgsame Auswahl dessen, was zum Organismus »paßt« und in ihn einbezogen werden kann, weil es die ruhige Harmonie des Inneren nicht stört, entspricht dem Venus-Prinzip. Ähnlich ist es mit den Eigenschaften der Friedlichkeit und Zufriedenheit, die mit zum Stier-Naturell gehören.

Die Beziehung zum zweiten Haus macht noch einmal den Gedanken des Eigentums und der Eigenart deutlich. Sie erinnert an die wesentliche Aufgabe, die den Stier verpflichtet: an die Aneignung der stofflich-konkreten Wirklichkeit und das Herstellen eines in sich geschlossenen, ausgeglichenen Mikroskosmos innerhalb ihrer.

Als ein Zeichen des Frühlings-Quadranten ist der Stier noch unkompliziert und, wenn man so will, primitiv. Das darf aber nicht in der Weise mißdeutet werden, als wäre er von den höheren Sphären ausgeschlossen. Auch in den geistigen Zusammenhängen sind Bildkraft und Stärke der Empfindung – Stier-Tugenden also – von hohem Wert. Wer Weisheit freilich von jenseitiger Verstiegenheit nicht unterscheiden kann, wird solche Tugenden gering einschätzen. Es fragt sich aber, ob er jemals zur wirklichen Weisheit kommen wird.

3. ZWILLINGE ♊

Bisher sahen wir den Frühling nur so, wie er gleichsam körperlich zu fassen war. Im Widder zeigte sich die lebendige Energie, im Stier das konkrete, erdgebundene Sein. Nun bleibt uns noch ein letztes, feinstes Destillat aus dem Frühlings-Erlebnis zu gewinnen. Es entspricht der Sattwa-Qualität.

Wenn die Sonne am 21. Mai das Tierkreiszeichen Stier verläßt, spürt man schon deutlich das Herannahen des Sommers. Der gewaltsame Aufbruch ist vorbei; das Leben hat von der Erde festen Besitz ergriffen. Aber noch ist es zu früh zur Reife. Die Keime haben zwar überall zu sprossen begonnen und sich vorwitzig aus ihrer Gebundenheit an die Erde herausgewagt. Einstweilen sind sie aber herb, unfertig und im Wachstum begriffen. Sie beeilen sich, um dieses Zwischenstadium so schnell wie möglich zu durchlaufen, denn sie können den Sommer kaum mehr erwarten. Es ist, als wäre die ganze Natur neugierig auf das kommende Geschehen, von Ahnungen und Möglichkeiten voll, aber noch nirgends zur Verwirklichung gelangt, darum auch immer in heimlichen Zweifeln befangen, ob die Reife nicht am Ende nur ein Verlust der Jugend und die Enttäuschung des unbestimmten Hoffens sein werde. Noch ist nichts entschieden, und so kann das erwachende Bewußtsein auf unverbindlich-spielerische Weise alle denkbaren Chancen der Entwicklung auszuklügeln versuchen. Das Leben gewinnt dadurch an Weite.

Jeder Mensch durchlebt einmal ein Alter, das mit dieser letzten Frühlingsessenz zu vergleichen ist. Es ist die »Halbwüchsigkeit« der Backfisch- oder Flegeljahre, mit ihrem raschen Wechsel der Stimmungen, dem intellektuellen Optimismus, der Unrast des Suchens und Fragens, der Unausgeglichenheit und der doch oft so rührenden Anmut. Menschen, in deren Horoskop das dritte Zeichen des Tierkreises eine wesentliche Rolle spielt, scheinen besonders lange diesem Stadium des Lebens anzugehören. Sie wirken frühreif, aber keineswegs erwachsen. Von der kindlichen Naivität sind sie weit entfernt. Ihr Verstand ist lebhaft und geweckt, aber er sieht nicht immer die Grenzen, die ihm durch die Realität gezogen sind. So kann es geschehen, daß er mit altkluger Besserwisserei an der Oberfläche der Dinge haften bleibt. Erhält er aber die richtigen Anregungen, so dringt er mit Leichtigkeit auch in die weitesten und tiefsten Bereiche vor.

Solche Menschen wissen jede Situation rasch und klar zu erfassen. Im begrifflichen wie im künstlerischen Ausdruck sind sie gewandt bis zur Virtuosität. Durch spielerische Versuche zu einer rationellen Lebenstechnik zu kommen, scheint ihnen die wichtigste Aufgabe. Was sie sehen, das wollen sie auch benennen und in formelhafter Abstraktion erfassen können. Ob sie damit in leerer Intellektualität bleiben oder zu echten Einsichten kommen, darüber entscheidet ihr persönliches Niveau. Oft ist eine geniale Klarheit der Gedanken möglich.

Das dritte Zeichen entspricht dem dritten Haus. Es ist das Sattwa-Zeichen des luftigen Elements und wird von Merkur regiert. Obwohl es im »Tier«-Kreis steht, trägt es nicht den Namen eines Tieres. Das wäre auch seiner bewußten, wenig animalischen Art kaum gemäß. Man hat die beiden Sterne, die früher an diesem Ort des Himmels standen, als ein menschliches Zwillingspaar gedeutet. Damit wurde ein gutes Symbol gewonnen. Wir sehen hier den Menschen, der in sich selbst oder mit der Außenwelt immer im Gespräch und in der Auseinandersetzung begriffen ist. Das Hin und Her der Meinungen, in dem er lebt, macht ihm gerade in seiner Unbestimmtheit und Unverbindlichkeit Freude. Um des raschen Effekts willen wird er allerdings oft vorschnell urteilen und übertreiben. Er kennt nur Extreme wie Schwarz und Weiß, Ja und Nein, Richtig und Falsch. Man vergleicht gerne die Eigentümlichkeit des amerikanischen »way of life« mit der des Zeichens Zwillinge, und dafür spricht zumindest manche Ähnlichkeit.

Vom Luft-Element stammt hier die Neigung zum abstrakten, ideellen, objektiven Klären aller Situationen, die wache Bewußtheit und die Leichtigkeit. Man kann bei diesem Zeichen an das Wehen des Frühlingswindes denken. Es ist nicht Sturm, aber spielende Bewegtheit.

Merkurisch ist die Tendenz zur Vereinfachung und Beschleunigung, das rationale und begriffliche Vorgehen ebenso wie die Ausdrucksgewandtheit und das technische Geschick, die Klugheit und die Präzision.

Die Sattwa-Qualität gibt das Erlebnis des Abhängig- und Bedingtseins, die reflektierende Haltung, die feine Distanz gegenüber dem Leben und die Einstellung des immerwährenden Antwortens, die also nicht von sich aus Probleme stellt oder zu aktivem Eingreifen in das Weltgeschehen drängt.

Auch dieses Zeichen gehört noch zum Frühlingsquadranten und spiegelt darum eine Anfangssituation. Das Denken ist leicht und frei. Es ist noch nicht von den trüben Erfahrungen belastet, die ihm später vielleicht seine frische, lebhafte Beweglichkeit nehmen können. Die ganze Welt erscheint als ein Land der unbegrenzten Möglichkeiten, in dem man nach Herzenslust Neues entdecken kann. Man weiß noch nicht, wie gefährlich manche der Überraschungen sein werden, die hier auf einen warten. Das Gefühl, daß alles doch nur vorläufig sei, läßt die Entscheidungen einstweilen hinausschieben oder Behelfslösungen suchen. Das entspricht auch dem Aufgabenbereich des dritten Hauses. Immerhin liegen im Zeichen Zwillinge schon die notwendigen Ansätze zu aller weiteren Erkenntnis.

4. KREBS ♋

Mit der Sommersonnenwende am 21. Juni tritt die Sonne in den nächsten Quadranten. Wir müssen nun, wie es beim Frühling geschah, das Erlebnis des Sommers in seinen verschiedenen Inhalten betrachten.

Den Anfang bildet auch hier ein Rajas-Zeichen. Wir denken also an das Wirken der Natur, so wie es unabhängig von uns geschieht. Da begegnen wir der »natura naturans« in ihrem eigenen Reich.

Das Leben ist während des Sommers am wenigsten den saturnischen Härten und Beengungen ausgesetzt, die andere Jahreszeiten bringen. Es kann also auf den Schutz verzichten, den es sonst, der äußeren Unbilden wegen, braucht. Das Innere erhält sein Recht. Die unbewußten Lebenskräfte dürfen freier strömen. Das vierte Zeichen entspricht dem Element des Wassers und dem vierten Haus, dem Haus des Mondes und der mütterlichen Natur.

Ein Mensch, dessen Horoskop stark von diesem Zeichen bestimmt ist, kann eigentlich nur in einer Umwelt leben, die etwas von der sommerlichen Wärme in ihrem Wesen hat. Der rauhen Wirklichkeit gegenüber findet er sich schutzlos, weil er zu sensibel, zu innerlich, zu sehr von atmosphärischen Stimmungs- und Gemütswerten abhängig ist. Er ist nicht dazu geschaffen, sich tätig in der Welt zu behaupten. So wird es meist nötig, daß er in ein festes Gehäuse unterkriecht und seine Weichheit dort, so gut es geht, verbirgt. Das ist für ihn die schmerzlichste Erfahrung.

Wenn wir dieses Zeichen durch ein Symbol charakterisieren wollen, wird uns wohl kaum zuerst ein Krebs einfallen. Trotzdem hat man es nicht ohne Grund gerade nach diesem Tier benannt. Astronomisch gesehen, geht ja die Sonne, sobald sie in dieses Zeichen eingetreten ist, mit ihren täglichen Bahnen wieder zurück, so wie der Krebs sich rückwärts bewegt. Auch der Mensch, der stärker dem Krebs-Typus angehört, sucht immer, fast unmerklich oft, die Verbindung mit früheren Stadien seiner eigenen Existenz und des Lebens überhaupt zu erhalten. Er hat die Tendenz zur »Regression«, wie man es tiefenpsychologisch nennt, und möchte gleichsam wie ein Kind im Mutterschoß bleiben. Er scheut sich vor dem letzten, endgültigen Geborenwerden.

Das Bild des Krebses kann uns aber nicht ganz genügen. Wir mögen uns daneben auch eine Muschel vorstellen, also ein ganz weiches und eigentlich formloses Tier, das sich ernährt, indem es seinen Körper immer vom Wasser durchfluten läßt. Es lebt in der Tiefe und kann sich vom Grund seines heimatlichen Gewässers nicht lösen. Halt und Schutz hat es nur durch die festen Schalen, die es umgeben. Unfähig zu eigener Aggression, kann es diese Schalen nur ängstlich zusammenpressen, wenn ein Angreifer von außen kommt. Fremdkörper, die in das weiche Innere eingedrungen sind, vermag es nicht mehr zu entfernen. Es umgibt sie aber mit eigener Körpersubstanz und macht sie zu kostbaren Perlen.

Eine Landschaft, die dem Krebs-Zeichen entspräche, müßte von vielen kleinen Seen, Weihern, Tümpeln, Quellen, Bächen und Kanälen durchzogen sein. Die Natur wäre hier zwar still und ohne machtvollen Aufwand, aber doch mit einer unerschöpflichen Lebendigkeit an ihrem Werk.

Man gebraucht auch gern das gegenständliche Symbol einer offenen Schale, in die Wasser hineinfließt, oder das eines Schwammes, dessen sämtliche Poren Flüssigkeit in sich saugen.

Die Entsprechung zum vierten Haus gibt dem Krebs seine Innerlichkeit, die kindliche oder mütterliche Lebenshaltung, die Hinwendung auf Familie, Häuslichkeit und biologisches Erbe sowie den immerwährenden Wunsch nach intimem Geborgensein und traulicher Wärme.

Zum Element des Wassers gehört die Weichheit, Empfindlichkeit und Formbarkeit, aber auch die ganze eigentümlich fließende Dynamik dieses

Zeichens. Alles geschieht hier durch eine Art von Wellenbewegung des Inneren, also durch ein Kreisen und Schwingen in sich selbst, das immer wieder zurückgeworfen wird, aber auf die Dauer doch stärker sein kann als selbst das härteste Gestein.

Als Rajas-Zeichen ist der Krebs mit dem Schicksal, hier also mit der mütterlichen Natur, unmittelbar verbunden. Er vertritt keine individuellen Machtansprüche, sondern die inneren Notwendigkeiten des Lebens und der Seele.

Vom Mond als dem Regenten können wir endlich die Wandelbarkeit und das Geöffnetsein, die Verbundenheit mit den Instinkten, die Träumerei, die Sehnsucht und die Sentimentalität dieses Zeichens ableiten. Das innige Verhältnis zu allem keimenden und darum schutzbedürftigen Leben, das Überwiegen der Phantasie über das rational-nüchterne Denken und das Fehlen eines klaren Persönlichkeitsbewußtseins sind ebenfalls lunare Eigentümlichkeiten. Die Empfindungen sind hier tief und echt, aber man ist auch in besonderem Maße den Stimmungen und Launen unterworfen, die aus dem Unbewußten dringen.

Zwischen dem Krebs und dem aggressiv-motorischen Widder besteht ein Quadrataspekt, also ein tiefer innerer Widerspruch. Dagegen können Krebs und Stier in freundschaftlichem Einklang miteinander sein, wie es dem Sextil entspricht. Die beharrliche Ruhe des einen wird durch die Entwicklungsbereitschaft des anderen aufgelockert, gibt diesem aber auch wieder mehr Halt und Sicherheit. So ist jedes Zeichen in den Zusammenhang des ganzen Tierkreises einbezogen.

5. LÖWE ♌

Im mittleren Zeichen des zweiten Quadranten ist das Erlebnis der hochsommerlichen, vitalen Fülle dargestellt. Es ist das Zeichen der Sonne und kann wohl kaum ein besseres Symbol finden als das des Löwen, des königlichen Tieres.

Wir sahen schon bei der Betrachtung der Häuser, daß die »Symmetrieachse« der Planetenzuordnung nicht mit dem Achsenkreuz des Horizonts zusammenfällt, sondern um ein Haus weiter, an der Grenze zwischen dem vierten und dem fünften Haus, ansetzt. Im Tierkreis wird das Bild noch deutlicher. Wir können klar unterscheiden zwischen der Sonnenwende im Juni, die als Sommeranfang bezeichnet wird, und dem eigentlichen Hochsommer, der Ende Juli beginnt, wenn die Sonne in das Zeichen des Löwen übertritt. Der von uns erlebte Höhepunkt einer Jahreszeit liegt also später als ihr astronomischer Anfang, in dem die Natur sich auf das neue Geschehen einstellt. Wir brauchen eine Weile, um uns die Jahreszeit gewissermaßen zum inneren Besitz zu machen. So entsprach auch im Frühlingsquadranten das Tamas-Zeichen Stier dem eigentlichen »Wonnemonat« der Menschen, während die Natur schon durch das Widder-Symbol in ihrem frühlingshaften Wirken gezeigt war.

Im Löwen ist also die sommerliche Fülle und Wärme zum uneingeschränkten Besitz des Individuums geworden. Der Übergang vom Krebs her (den die Sonne am 22. Juli vollzieht) stellt in gewisser Hinsicht den zentralen Punkt des Jahreslaufes dar, so wie er von uns erlebt wird. Alles kommt hier zur Reife, und so wird auch der Mensch, in Entsprechung zum fünften Haus, zur vollen, eigenständigen Persönlichkeit. Er steht auf der Höhe seiner vitalen Macht und zugleich im Innersten seiner selbst.

Wenn wir noch ein gegenständliches Bild für dieses Zeichen des Hochsommers suchen, so mögen wir an das Gold oder an eine Königskrone denken. Im Körper gehört die Region des Herzens hierher, die zuinnerst liegt und in der das Leben am stärksten pulst.

Im Zeichen des Löwen geschieht alles in »herzhafter« Weise, denn man ist »mit dem Herzen dabei«. Auch die »Herzensangelegenheiten«, die den Inhalt des fünften Hauses ausmachten, spielen eine wichtige Rolle. Es ist das Zeichen des persönlichen Eros.

Vom Löwen erzählte die alte Fabel, daß seine Jungen tot zur Welt kämen und erst durch den Vater, der sie mit seinem Atem anhauche, zum Leben erweckt würden. Man muß diese Bedeutung mitdenken, auch wenn sie den naturwissenschaftlichen Tatsachen nicht entspricht, um zu verstehen, welche starke, lebenspendende Sonnenkraft man in dem König der Tiere verkörpert sah. Es geht bei den Tiersymbolen ja nicht um die zoologische Richtigkeit, sondern um die anschauliche Wiedergabe von Bildern, die der Mensch in seinem Inneren trägt.

Allerdings darf die königliche Stellung des Löwen nicht dazu verleiten, daß man seinem Zeichen einen höheren Rang zumißt als irgendeinem anderen Feld des Tierkreises. Die astrologischen Symbole sind nicht dem Wert nach unterschieden, sondern haben jeweils das gleiche Maß von günstigen und von ungünstigen Möglichkeiten. Die Idealtypen, die uns der Tierkreis gibt, treten auch nicht unmittelbar in die Erscheinung, sondern müssen vom einzelnen Menschen erst verwirklicht werden, wobei dessen persönliches Niveau entscheidet. Und da zeigt es sich, daß mit den stolzen Ansprüchen des Löwen nicht immer ein ebenso hoher Leistungswille verbunden ist. Was man nicht »con amore« tun kann, tut man lieber gar nicht, und hinter dem majestätischen Gebaren verbirgt sich oft ein erhebliches Maß von Faulheit. So findet man wirklich wertvolle Entsprechungen beim Löwe-Typus keineswegs häufiger als bei anderen Tierkreiszeichen.

Eine Landschaft, die zu diesem Typus gehört, kann nur großräumig sein, wie die Wüste, oder imposant, wie die »heroischen Landschaften«, die man früher gern malte. Unter den europäischen Völkern gelten die Italiener und die Franzosen als dem Löwe-Prinzip besonders verwandt. Man sieht allerdings, daß diese alte Zuordnung doch sehr summarisch vorgeht und wesentliche Unterschiede vernachlässigt. Wir wollen sie auch künftig nur erwähnen, wenn sie uns besonders charakteristische Bilder gibt.

Die Bedeutungen des Zeichens Löwe lassen sich wohl ohne Schwierigkeit aus den Zusammenhängen des Tierkreises ableiten.

Wir haben wieder ein Feuer-Zeichen. Das bedeutet Dynamik, Aktivität und Kraftentfaltung. Aber anders als beim Widder, dessen Angriff nur ein kurzer Sprung oder ein gerichtetes Zupacken war, ist hier das Ausstrahlen der Energie nach allen Seiten dargestellt. Die Tamas-Qualität macht aus der Dynamik einen persönlichen Besitz und stellt den Menschen mitten in eine Welt, die er sich selbst schafft.

Dagegen ist der Löwe von dem anderen uns bisher bekannten Tamas-Zeichen, dem Stier, eben wieder durch seine Dynamik unterschieden. Während der Stier, als ein Erdzeichen, beharren und behalten will, entspricht dem Löwen die Verschwendung, das beherzt eingegangene Risiko. Und während die stoßweise Motorik des Widders und die Kraftfülle des Löwen einander unterstützen (Trigon), stehen die Zeichen Löwe und Stier im Quadrat zueinander.

Eine besondere Stärke des Löwe-Typus ist sein klares Stilempfinden, die Sicherheit der großen Form. Wenn über den Sextil-Aspekt noch die Ausdrucksgewandtheit der Zwillinge hinzukommt, können künstlerische Werke von hohem Wert entstehen. Auch sonst verleiht das Zeichen Löwe immer starke produktive Kräfte.

6. JUNGFRAU ♍

In den Zeichen Krebs und Löwe war der Sommer nur als eine Zeit des Lebens und der Fülle dargestellt. Nun aber folgt das letzte, das Sattwa-Zeichen dieses Quadranten. Es gibt uns ein nüchternes Bild von Arbeit und Mühe, die der Sommer mit sich bringt, von der Ernte der reifen Frucht und von Ahnungen eines langsamen Welkens und Vergehens.

Es ist ein Erdzeichen, entspricht dem sechsten Haus und wird von Merkur regiert. Die Sonne tritt in dieses Zeichen am 23. August, wenn also der Herbst sich schon deutlich anzukündigen beginnt.

Wollte man nach einem gegenständlichen Symbol für dieses Zeichen suchen, so könnte man wohl an eine Getreidegarbe oder an die einzelne Kornähre denken. Darum heißt auch der hellste Stern im Sternbild der Jungfrau, das vorzeiten nach diesem Tierkreisfeld benannt wurde, »Spica«, die Ähre. Die Jungfrau müssen wir uns als eine dienende Magd vorstellen, eine Schnitterin oder Ährenleserin, die eine Kornähre in der Hand hält. Wir sprachen ja vom sechsten Haus schon als von einem Haus der dienstbaren Arbeit.

Während das andere Erdzeichen, das wir kennenlernten, der Stier, an das Bild einer Wiese in sattem Grün oder eines blühenden Gartens erinnern mochte, denken wir uns die Jungfrau auf einem Feld arbeitend, das mit geraden Furchen, reihenweise aufgestellten Garben oder kahlen Stoppeln der Inbegriff des Nüchternen und Nützlichen ist. Hier ernährt die Erde nicht aus freier Gunst ihre Lebewesen, sondern sie wird zum Objekt sorgfältiger Mühe und eines methodisch wohlbedachten Anbaues nutzbringender Gewächse.

Die Jungfrau ist auch nicht selbständige Herrin des Bodens, den sie bearbeitet. Sie müht sich im Dienste anderer. Der bäuerliche Menschentypus des Tamas-Zeichens Stier war nur auf eigener Scholle stehend zu denken. Er hatte damit freilich auch die gewisse Enge und Einsamkeit dessen, der mit seinem Besitz verwachsen ist. Die Jungfrau dagegen arbeitet in Gemeinschaft mit anderen Mägden. Sie kann, wenn sie ihren Dienst verrichtet hat, auch an eine andere Stelle wandern, wo man ihrer bedarf. Ihr Kapital ist nicht im Boden festgelegt, sondern besteht in ihrer spezialisierten Arbeitstüchtigkeit.

Die Jungfrau ist ein nach-denkender Typ, in einem ganz wörtlichen Sinne. Die Zwillinge, auch dem Merkur unterstehend, dachten immer vorweg und suchten die Möglichkeiten zu erfassen, bevor sie sich realisiert hatten. Dann aber folgten zwei Zeichen, Krebs und Löwe, die wir wegen ihrer zentralen Stellung zusammen fast »das Leben« nennen könnten. Die Jungfrau hat nun bereits die Erfahrung dieser Zeichen und damit den »Ernst des Lebens«. Gegenüber dem intellektuellen Vorwitz dessen, der noch nichts erfahren hat, tritt sie mit Bedachtsamkeit, eher resignierend als optimistisch, an die Dinge heran. Sie weiß schon, daß man leichter ungünstige als willkommene Erfahrungen macht, und dementsprechend schränkt sie ihre Ansprüche auf das ein, was sich bei geziemender Bescheidenheit noch fordern läßt.

Zwischen den Zeichen Zwillinge und Jungfrau besteht ein Quadrat, obwohl sie beide dem Merkur angehören. Sie sind voneinander so grundverschieden, wie die naseweise Gescheitheit der Jugend von der braven, spießbürgerlichen Nüchternheit erwachsener Menschen verschieden ist. Wie diese beiden Intellekthaltungen in Feindschaft zueinander stehen, kann man ja im täglichen Leben oft genug beobachten.

Die nationaltypische Eigenart der Schweizer wird gerne mit dem Zeichen Jungfrau verglichen. Ihr Unterschied gegenüber der amerikanischen Intellektualität spiegelt das Quadrat noch einmal sehr deutlich.

Die Sattwa-Qualität gibt der Jungfrau das reflektierende, mehr von äußeren Umständen abhängige als selbständig handelnde Wesen. Wir mögen auch an die Verwandlungen denken, die das Korn in der Erde erfährt. Immer muß etwas welken und vergehen, damit anderes Leben aus ihm wachsen kann. Das ist hier ausgedrückt.

Dem Erd-Element entsprechen die Jungfrau-Tugenden: Gewissenhaftigkeit, Gründlichkeit und Methodik. Allerdings ist man oft zu sehr an die konkrete Erfahrung gebunden, um noch den freien Aufschwung zu kennen. Eine gewisse Kühle und Reserviertheit kann den Kontakt mit anderen Menschen erschweren.

Merkur verleiht die Fähigkeit zur detaillierten Arbeit, zur handwerklichen Präzision und zu einer Sorgfalt, die nicht immer gleich Pedanterie zu heißen braucht. Interesse an naturwissenschaftlich-experimentellen Forschungen und eine ausgeprägte Tüchtigkeit auf diesem Gebiet sind im Zeichen der Jungfrau oft zu finden.

Die Beziehung zum sechsten Haus läßt das Augenmerk vor allem auf mögliche störende Einflüsse gerichtet sein. Hier ist die Tendenz des Helfen- und Heilenwollens begründet, noch mehr aber die des methodischen Vorbeugens von Erkrankung und Schädigung, also der Hygiene. Daraus kann eine Übertreibung in der Art der Hypochondrie werden. Auch eine lehrhafte Neigung, die sich meist mit dem Streben nach einer planmäßigen Selbsterziehung verbindet, gehört zur Charakteristik.

Was im Zeichen der Jungfrau geleistet wird, ist zwar von anderer Art, aber nicht von geringerem Wert als etwa das freie Schaffen des Löwen. Alle Tierkreiszeichen sind ja, wie wir schon sagten, ihrem ideellen Rang nach gleich. Das dürfen wir hier, wo es um Erkenntnisse und nicht um Sympathien oder Antipathien geht, niemals vergessen.

7. WAAGE ♎

Wieder tritt die Sonne in einen neuen Quadranten, und wieder steht ein Rajas-Zeichen am Beginn. Für die Tagundnachtgleiche am 23. September, den Herbstanfang, hat man das gegenständliche Symbol der Waage gewählt. Das deutet schon auf die allgemeine Tendenz des Ausgleichens und des Verlangens nach harmonischem Gleichgewicht, wie wir sie in diesem Zeichen finden.

Im Herbst kommt die Natur zur Ruhe. Die Fülle des Sommers ist vorbei. Schon die Jungfrau erntete das, was reif geworden war. Damals kam eine leise Resignation auf. Nun aber bringt der Herbst eine neue Idee, eine neue Forderung der Natur. Darum muß eine klarere Haltung gefunden werden. Es gilt, die inneren Kräfte, die im Sommer herrschten, und die äußeren Notwendigkeiten, die der Winter bringen wird, aufeinander abzustimmen und ins rechte Gleichgewicht zu bringen. Das ist die Aufgabe der Venus als der Regentin des Zeichens Waage.

»... Herbst ist es umher und reiner Himmel und Nachmittag ...« Diese Worte stellen eine Stimmung dar, in der die hohe Dramatik des sommerlichen Geschehens schon abgeklungen ist, aber auch der Winter mit seiner Düsterkeit erst in der Ferne wartet. Das Leben hat den Einklang mit sich selbst gefunden. So entspricht es dem Sinn des Herbstes und dem Auftrag der Natur. Das Venus-Zeichen Stier sucht nur das Gleichgewicht innerhalb der Persönlichkeit herzustellen. Der Waage geht es um die kosmische Harmonie und um die Weisheit der rechten Zeit.

Dieses Zeichen steht in Beziehung zum siebenten Haus. Auch hier wird das Gegenüber, das Gegeneinander und Miteinander der Menschen zum Schicksal. Der Trieb zur freien Gesellung, zum Ausgleich der widerstreitenden Kräfte und zum Genuß der Begegnungen führt den Menschen immer wieder, ob er es will oder nicht, zu seinesgleichen hin.

Im feurigen Zeichen des Löwen war der Eros ein weltumfassender Eigenanspruch, der das fremde Wesen, ohne viel nach seiner besonderen Art zu fragen, mit in sich einbezog. Nun wird das Trennende deutlicher gesehen, aber das Verbindende betont. Man sucht dem anderen, gerade weil er anders ist als man selbst, gerecht zu werden. Die Waage ist ein altes Symbol für solche Gerechtigkeit.

Wir sind in einem Luftzeichen, also in einem Zeichen der Bewußtheit. Schon daß man hier das Bild eines Gegenstandes, eines Objektes, gewählt hat, deutet auf die klare Objektivität, um die es geht. Als weiteres Symbol könnten wir den Spiegel nennen, in dem man sein Gegenbild sieht, oder auch den Ehering, über den wir schon beim Planeten Venus sprachen.

Man muß hier die Harmonie des äußeren Lebens herstellen, weil das Schicksal es so will. Darum stellt man sich unwillkürlich immer auf andere ein. Das gibt wohl die Gefahr eines oberflächlichen Gefällig-sein-Wollens, einer faulen Kompromißbereitschaft und der eitlen Lust am Schein. Aber es kann auch zur ästhetischen, im guten Sinne konventionellen Lebenshaltung führen, die uns die Welt durch künstlerisches Wirken oder durch die »eleganten« Formen einer gepflegten Geselligkeit verschönt.

Unter den Völkern nennt man gerne die Österreicher als Waage-Typen. Sicher ist wienerischer Charme, mit Walzerseligkeit, Galanterie und echtem Künstlertum verbunden, eine gute Entsprechung dieses Prinzips. Auch an den klugen politischen Leitsatz »Bella gerant alii – tu, felix Austria, nube!« mögen wir uns erinnern.

Ein fernes Land, nämlich China, wird ebenfalls dem Zeichen »Waage« zugeordnet. Die ganze dortige Kultur beschäftigt sich ja mit den Fragen des Maßes und der Mitte, mit dem Ausgleich der polaren Gegensätze (wie *Yang* und *Yin*) und vor allem mit der praktischen Weisheit des menschlichen Zusammenlebens, der wohlausgewogenen Konvention.

Der Rajas-Qualität entspricht es, daß man auf die geselligen Verpflichtungen als auf eine selbstverständliche Notwendigkeit eingestellt ist. So gibt es für die Frauen keinen Zeifel an der Gültigkeit des Sittenkodex und an der hohen Bedeutung des »guten Tons«, der »Manieren«. Auch wie »man« sich zu kleiden und wie »man« auszusehen habe, bestimmt die Mode mit einer Autorität, gegen die es keine Auflehnung geben kann. Nur Männer vermögen die elementare Wichtigkeit solcher Dinge zu unterschätzen.

Die luftige Natur des Zeichens gibt eine mehr gedankliche, objektive, bewußte Einstellung zum Leben. Die Formen werden sublimiert und kultiviert. Die Leidenschaftlichkeit tritt gegenüber dem Verlangen nach Schönheit zurück, der Überschwang des Liebens gegenüber dem graziösen Liebesspiel und zuweilen auch gegenüber einer heimlichen Selbstverliebtheit. So will es Venus als die Herrscherin der Waage.

Ein Quadrat besteht allerdings zwischen den Zeichen Waage und Krebs. Der lunaren Krebs-Natur ist alles Konventionelle, und wäre es noch so anmutig, ein Greuel. Jede Bewußtheit, so meint sie, müsse doch die Intimität, das einzig beglückende Gefühl, zerstören. Andererseits ist auch die Launenhaftigkeit des Krebses für das ausgeglichen-heitere Temperament des Waage-Typus unerträglich. Zum Widder dagegen besteht ein Verhältnis der Ergänzung. Die marsischen Kräfte werden durch Venus gezähmt. Sie verhindern aber auch wieder, daß im Venus-Bereich Tändelei und eitles Spiel allzusehr bestimmend werden. Die Waage hat ihren Wert ja durch die Gewichte, die in ihren Schalen liegen.

8. SKORPION ♏

Das Jahr rückt weiter und bringt novemberlich trübe Stimmungen. Nun ist es zur Gewißheit geworden, daß die lebendige Pracht des Frühlings und Sommers untergehen muß. Und der einzelne zerstört selbst die Harmonie, die er bisher genossen hat. Sie erscheint ihm plötzlich als unwahr, als »fauler Friede« und als nicht seiner eigenen Natur gemäß. Während die äußere Welt düster, kühl und neblig wird, spürt er deutlicher und bewußter als sonst das Chaos in seinem Innern. Wilde, zerstörerische Kräfte bekämpfen dort einander. Aber der Mensch erkennt, daß dieser Kampf samt den Spannungen, Krisen und Verlusten, die er bringt, für seine persönliche Entwicklung notwendig ist. Er löst sich darum gewaltsam von allem, was ihn bisher hielt. Aber er dringt vorwärts, auf die gefährlichsten Wahrheiten und die »letzten Dinge« zu.

Das achte Zeichen, in das die Sonne am 23. Oktober eintritt, entspricht dem achten Haus, dem Haus des »Stirb und Werde«. Es ist ein Tamas-Zeichen. In ihm behauptet also das Individuum sein persönliches Recht gegenüber der Welt. Diesmal ist es das Recht auf die eigene Entwicklung, um das mit unerbittlicher Härte gerungen wird. Dieses Zeichen gehört zum Element des Wassers, hat aber Mars zum Regenten. Man erwägt neuerdings auch, ob man ihm Pluto als zweiten Herrscher zuordnen solle, doch ist es zu einer solchen Entscheidung wohl noch zu früh.

Der Skorpion, nach dem man das Zeichen benennt, ist ein unheimliches, gepanzertes Gliedertier, das im Dunkel auf Jagd geht, die Beute mit kräftigen Zangen faßt und sie durch einen schnellen Stich mit dem Giftstachel tötet. Auch die alte Fabel, daß der Skorpion, vom Feuer eingeschlossen, den Stachel gegen sich selbst kehre, muß hier mit einbezogen werden.

Ein anderes, uns vielleicht vertrauteres Symbol ist das der Schlange, die sich häutet, also eine alte, lästig gewordene Hülle von sich streift. Auch an den Drachen auf dem Grund des Brunnenschachtes mögen wir denken, der uns in der Kadmos-Sage als Vertreter des marsischen Prinzips begegnete. Noch deutlicher zeigt sich das Wasser-Element im Bild des riesigen Meereskraken, dessen viele Arme mit Saugnäpfen bewehrt sind und gierig herbeiziehen, was in die Nähe kommt und verschlungen werden kann. In den Tamas-Zeichen finden wir aber auch die christlichen Symbole der vier Evangelisten. Der Stier des Lukas und der Löwe des Markus sind uns schon bekannt. Der Skorpion wird hier dem Adler des Johannes (des Apokalyptikers wohl mehr als des Evangelisten) gleichgesetzt. Das ist allerdings schon eine höhere, vergeistigte Entsprechungsmöglichkeit dieses Zeichens.

Hier zeigt sich das Wasser in seiner zerstörenden Gewalt, im stürmischen Wellenschlag, in der Wucht des überflutenden Anpralls oder in seiner unergründlichen Tiefe. Im Seelischen entsprechen dem die Triebkräfte und die dunklen Leidenschaften. Sie werden hier emporgehoben und bewußt gemacht. Im Zeichen des Skorpions darf nichts erhalten bleiben, was sich vor einer gnadenlos durchdringenden Kritik als krankhaft, schwach, brüchig oder illusionär erweist. In der Zerstörung, die damit geschieht, beginnt auch zugleich ein neuer Aufbau.

Man glaubt die wichtigsten Eigenschaften des Skorpion-Typus – die zähe Gründlichkeit, die Leidenschaft des Problemestellens und Problemewälzens, das rücksichtslose Kämpfertum und den unermüdlichen Arbeitswillen – im Nationalcharakter der Deutschen, und hier besonders der Nord- und Mitteldeutschen, ausgeprägt zu finden. So ganz falsch ist diese Auffassung wohl nicht.

Als Wasserzeichen wird der Skorpion nicht durch Erfahrung, Verstand oder Willen bestimmt, sondern durch Kräfte der Seele, des Gemüts. Auch wo er sehr »ungemütlich« und aggressiv vorgeht, will er nur das realisieren, was er als das allein gültige Bild der Welt in sich selber trägt. Seine Leidenschaftlichkeit hat keine klaren äußeren Aktionsziele, sondern ist von Zuständen seiner Seele her motiviert.

Allerdings gehört dieses Zeichen auch dem Mars zu, und so wird eben alles Seelische als Spannung, Krisis und Kampf erlebt. Der Skorpion ist aber kein Angreifer aus ursprünglicher Motorik, wie der Widder, sondern sieht sich nur immer wieder durch die Unzulänglichkeiten der äußeren Welt gezwungen, mit wilder Energie abzuwehren, was seiner eigenen, sehr radikal gefaßten Vorstellung vom Leben nicht gemäß ist. Seine eigentliche Taktik besteht darin, die Beute, die sich ihm nähert, in die eigene Höhle hereinzuziehen, sie zu umklammern und in sich einzusaugen, ohne sich dabei aber von der Stelle zu rühren. Das entspricht auch seiner Tamas-Natur. Seine Kampfesweise ist also fast passiv zu nennen, aber darum nicht weniger gefährlich.

Der Skorpion-Typus fordert Opfer und Überwindung von sich selbst, aber auch von anderen Menschen. Ihn locken gerade die Abgründe und die Gefahren des Lebens. Die Friedlichkeit des Zeichens Stier wird hier aufgehoben, die selbstverständliche solare Macht des Löwen aber erschüttert oder zumindest auf die härteste Probe gestellt. Es darf keine Stagnation, keine Halbheiten und keine Kompromisse mehr geben. Die Welt muß erneuert werden, und dazu sind die skorpionischen Kräfte nötig.

9. SCHÜTZE ♐

Auch der herbstliche Quadrant des Tierkreises endet mit einem Sattwa-Zeichen. Hier wird also gleichsam wieder der feinste Extrakt aus dem jahreszeitlichen Geschehen herausdestilliert, nachdem die Ereignisse als solche in den vorangegangenen Zeichen dargestellt waren. Zugleich bereitet sich die Wandlung zur Thematik der nächsten Jahreszeit vor.

In jedem Sattwa-Zeichen ist etwas von der Ahnung dessen enthalten, was kommen will. So ahnte man im Zeichen der Zwillinge bereits den Sommer und die Reife, im Zeichen der Jungfrau den Herbst und das Vergehen. Die Zeit aber, die mit dem Eintritt der Sonne in das letzte Herbstzeichen, mit dem 22. November, beginnt, heißt im Kirchenjahr »Adventszeit«. In ihr erlebt man also ganz besonders die Erwartung eines Kommenden. Es ist die geistige Offenbarung Gottes, die der Welt angekündigt ist.

Dieses neunte Zeichen entspricht dem neunten Haus des Horoskops. Hier wird der Mensch in überpersönliche, ideelle Zusammenhänge hineingeboren. Er wendet sich den religiösen, ethischen und philosophischen Werten zu. Im liturgischen Sinne ist das erst seine eigentliche, wahre Geburt. Die Kirche läßt darum ihr Jahr mit der Adventszeit beginnen, während die Astrologie, die vom Menschen ausgeht, das Frühlingszeichen Widder an den Anfang stellt.

Das neunte Zeichen, das von Jupiter regiert wird, ist wieder ein Feuerzeichen. Wir finden also, nach dem Widder und dem Löwen, noch eine dritte Form der feurigen Dynamik. Hatten wir im Widder den zündenden Funken, im Löwen das strahlende und wärmende Feuer, so finden wir jetzt die Flamme in ihrer reinigenden, weihenden, verklärenden und verwandelnden Kraft.

Man nennt das Zeichen »Schütze« und gibt ihm damit ein menschliches Bild. Der Schütze spannt seinen Bogen mit weit ausholender Bewegung und läßt dann den Pfeil nach einem ferngelegenen Ziel abschnellen. Es ist aber wohl nicht unbedingt sinnentsprechend, wenn man ihn immer als einen Kentauren darstellt. Die Kentauren des Mythos sind zumeist – mit wesentlichen Ausnahmen allerdings – wilde, halb tierische Gesellen. Diese Art hat aber mit der Symbolik des Schützen nichts zu tun. Besser läßt man Pferdeleib und Menschenleib getrennt und gibt das Bild des Reiters oder Ritters, das dem Jupiter gemäß ist. Denn hier ist ein adliges oder ritterliches Ethos die Grundhaltung des Menschen. Man fühlt sich einer höheren Wirklichkeit und der Zukunft verpflichtet. Gegenüber der raschen, unmittelbar zustoßenden Angriffsweise des Widders kennt der Schütze eine Strategie, die weite Räume und längere Zeiten überschaut.

Dafür ist hier, im Sattwa-Zeichen, die Kraft nicht mehr so real und sicher wie bei den Zeichen Widder und Löwe. Sie ist mehr geistiger Natur und richtet sich auf geistige Ziele. Man ist zur Be-geisterung, zum Idealismus fähig, vermag aber nicht immer die Wirklichkeit so zu sehen, wie sie ist, und kann darum im Kampf mit ihr unterliegen. Manchmal ist der Ritter, der das jovische Prinzip des Schützen repräsentiert, nur der Gestalt des Don Quijote ähnlich.

Es sei hier erwähnt, daß man das Volk, in dem Don Quijote beheimatet ist, das Volk der stolzen Spanier, dem Tierkreiszeichen Schütze zuordnet. Allerdings ist auch ein anderer Spanier, Don Juan, diesem Typus nicht fern. Er erinnert wieder an Zeus-Jupiter, den Herrn des Zeichens, und seine vielen Liebschaften.

Unter den europäischen Völkern werden auch noch die Ungarn, wohl ihrer aristokratischen Traditionen wegen, mit den Schützen in Verbindung gebracht.

Ob das Ideal, dem man hier folgt, ein echter ethischer Wert ist oder nur eine Spiegelung des eigenen Geltungsbedürfnisses, läßt sich oft nicht von vornherein bestimmen. Wie immer in den Herrschaftsbereichen der »äußeren« Planeten, entscheidet das persönliche Niveau des Trägers. Und gerade die Sattwa-Natur des Zeichens macht vielerlei Verwandlungen möglich. Anstelle der Vornehmheit kann man die Hochstapelei, anstelle der Heiligkeit die Scheinheiligkeit finden.

Als Jupiter-Zeichen strebt der Schütze zur Weite, zur Synthese und in den großen Zusammenhang hinein. Es ist der Opponent des verstandesbetonten Zwillings-Typus, und gar zu der bedächtigen, nüchternen und pedantischen Jungfrau steht er im feindlichen Quadrataspekt. Das bedeutet für ihn selbst freilich auch die Gefahr der Kritiklosigkeit, des mangelnden Unterscheidungsvermögens für Echt und Unecht, Richtig und Falsch. Aber es gibt ihm zugleich die Möglichkeit, das kleine Getriebe der Alltagswelt hinter sich zu lassen und zu hoher ethischer Vollendung zu gelangen.

Feurige Schwungkraft ist es hier, die den Menschen trägt. Sie ist aber nicht sein persönlicher Besitz, wie es die solare Kraft des Löwen war, sondern wird ihm von »oben« her verliehen. Das höhere Prinzip, das darum angenommen werden muß, bestimmt den Menschen in allem, was er tut und erlebt. Es kann das Göttliche sein, das man in prophetischer Erleuchtung sieht, aber zuweilen auch ein trügerisches Idealbild, dem keine Wirklichkeit entspricht. Wie jedes Sattwa-Zeichen, ist auch der Schütze von etwas abhängig, daß außerhalb seiner Individualität liegt. Es ist seine »höchste Hoffnung«, deren Rang und Art darüber entscheidet, welchen Wert sein Leben erhält.

10. STEINBOCK ♑

Mit der Sonnenwende am 22. Dezember beginnt der Winter. Nun wird das Dahinfließen der Lebensfunktionen, wie es im Sommer geschah, durch äußere Kraft gehemmt. Saturn tritt an diesem Punkt des Tierkreises seine Herrschaft an. Er will aber das Leben nicht töten, sondern ihm Festigkeit und Sicherheit geben.

Im winterlichen Rajas-Zeichen erteilt uns die Natur oder das Schicksal einen neuen, wichtigen Auftrag. Die Zeit des Werdens und Wachsens ist vorbei, aber auch die des Welkens und Vergehens. Nun gilt es diese Entwicklungen anzuhalten und zu prüfen, was ihr letztes, endgültiges Ergebnis war. Man muß sich von der Mannigfaltigkeit der Erscheinungen zurückziehen, um sich ganz auf das Wesentliche und Notwendige zu konzentrieren. Was den Winter überdauern soll, muß in sich wert- und wesensbeständig sein. Nur dann kann es warten, und zwar in völlig unbewegter Ruhe warten, bis die Zeit wieder einen neuen Aufbruch verlangt.

Es geht hier um Tatsachen, um konkrete Erfahrungen, um materielle Form. Das zehnte Zeichen ist wieder ein Erd-Zeichen. Aber nun ist die Erde nicht mehr als blühender Garten oder nährendes Ackerland dargestellt, sondern als uraltes, hartes, felsiges Gestein. Und doch ist diese Bergwelt nicht ohne Leben. Pflanzen von besonderer Zähigkeit und Festigkeit der inneren Struktur haben sich in ihr angesiedelt, und berggewohnte Tiere, wie Gemsen und Steinböcke, klettern in der Gipfelregion zwischen Gletschern und steilen Wänden umher.

Nach dem Steinbock hat man das Zeichen darum auch benannt. Der Steinbock ist kein königliches Tier, wie der Löwe, aber er bezwingt die unwirtliche Natur. Er lebt nicht in den Tälern, wo ein sattes, bequemes Dasein möglich wäre. Ihn locken die Höhen, auf denen niemand außer ihm wohnen kann. Hier muß er sich in ständigem Kampf gegen Unbilden jeder Art behaupten. In diesem Kampf aber immer noch Sieger zu bleiben, bedeutet für ihn das stolzeste Lebensgefühl.

Wenn die Sonne ins Zeichen des Steinbocks getreten ist, feiern wir den Sieg des Lichtes, das in der Finsternis leuchtete und das die Finsternis nicht begriff. Dieser Sieg ist gerade dann errungen, wenn es so scheint, als sei das Leben durch äußere Gewalten zum Untergang bestimmt. In diesem Augenblick nämlich treten die letzten, wesentlichsten Kräfte hervor, die stärker sind als das Schicksal. Sie ruhen im materiellen Sein und stammen von Gott selbst. Wir sehen ihr Symbol im dunklen Grün des weihnachtlichen Tannenbaumes.

Im Zeichen des Steinbocks ist alles Spielerische und Leichte verschwunden, das sonst im Leben war. Man sucht sich gerade die ernstesten Aufgaben, die am schwersten zu erfüllen sind. Ein Sieg, der nicht durch Mühe und Arbeit errungen ist, gilt nicht als Sieg. Und die Maßstäbe, denen man sich stellt, sind immer die strengsten. So entspricht es dem saturnischen Wesen.

Von anderen Prinzipien her ist die Erlebniswelt des Steinbocks oft schwer zu verstehen. Er selbst fühlt sich nicht recht am Platze, wenn er versehentlich in ein wärmeres, milderes Klima gerät. Dann wirkt er schwerfällig, starr, kalt und gefühllos. Er kann eben die Panzerung nicht ablegen, die ihn während des rauhen Winters schützen mußte. Dadurch ist seine Hilflosigkeit nicht geringer als die des allzu weichen Krebs-Wesens, wenn es der Kälte und Trockenheit ausgeliefert ist. So wie es das Lebensproblem des Krebses wurde, sich eine feste, bergende Außenhülle zu verschaffen, muß der Steinbock mit all seiner Ausdauer daran arbeiten, etwas von Weichheit und Zärtlichkeit, die auch in ihm leben, aus der gar zu festen Verkapselung zu lösen. Die ernste, düstere Tanne muß zum lichtertragenden Weihnachtsbaum werden, unter dem die Kinder ihre Geschenke finden.

Der Rajas-Natur des Zeichens entsprechend, gilt hier kein individueller Anspruch, sondern nur der Auftrag des Schicksals. Das macht, daß man mit einer gewissen Selbstverständlichkeit die eigenen Wünsche und Gefühle ebensowenig beachtet wie die anderer Menschen. Man ist rein sachlich, objektiv und pflichtbewußt.

Die Beziehung zum zehnten Haus gibt den Ehrgeiz in beruflicher Hinsicht und den Willen, sich emporzuarbeiten. Man will sein Leben in voller Sicherheit und Planmäßigkeit gestalten. Das unbeirrbare Festhalten an dem einmal für richtig Erkannten erlaubt auch, daß man Umwege macht, wie sie das Gelände erfordert, ohne aber sein Ziel aus dem Auge zu verlieren. Darum ist niemand so wie der Steinbock-Typus geeignet, schwierige diplomatische Verhandlungen oder wissenschaftliche Arbeiten bis zum klar bestimmten konkreten Ergebnis durchzuführen. Dieser Logik und Konsequenz ist mit keinerlei Ausflüchten oder Listen beizukommen.

Das Erdzeichen verlangt die greifbare, materielle Leistung. Ideen, die abstrakt bleiben und sich nicht in ihrer Bedeutung für die Wirklichkeit erweisen, gelten als eitle Flunkereien. Ebenso lehnt man Kompromisse, Beschönigungen und Privatvereinbarungen ab. Zum Zeichen Waage besteht ein Quadrat und ein weiteres zum Widder, dem Zeichen einer ungeduldigen, überhasteten und nicht durch Erfahrung geleiteten Motorik. All diesem gegenüber wahrt der Steinbock die Korrektheit seiner unpersönlich strengen Haltung und Verhaltenheit. Er verschließt sich dem Menschlichen, und das ist seine große Gefahr. Aber er öffnet sich den sachlichen Einsichten, der Erkenntnis und der Wahrheit. So kann er Großes leisten.

11. WASSERMANN ♒

Die kälteste Zeit des Jahres, die eigentliche Sonnenferne für die Lebewesen, beginnt erst mit dem Eintritt der Sonne in das nächste Zeichen des Winterquadranten, am 20. Januar. Wir haben nun, im Gegensatz zum Hochsommer, dessen Zeichen der Löwe war, den Tiefwinter erreicht. Die Herrschaft des Lebens über die äußere Natur ist völlig verlorengegangen. Kein vitaler Impuls kann sich mehr in Freiheit entfalten. Aber gerade dadurch ist der Weg in ein anderes Reich frei geworden, das bisher zu fern lag: in das Reich des Geistes.

Das Geistige ist hier der letzte, unverlierbare Besitz. Man braucht es nicht mehr zu suchen, wie das im Zeichen des Schützen geschah; es ist gegenwärtig. Man erlebt es so intensiv, wie das der Art eines Tamas-Zeichens entspricht. Das Unwirkliche ist gerade zum eigentlich Wirklichen geworden. Was man sehen kann, gilt nur mehr als das Abbild oder Gleichnis dessen, was unsichtbar bleibt. Das Element einer solchen Schau ist die Luft. Neben Saturn bestimmt auch Uranus die Eigenart des Zeichens, und das analoge Haus des Horoskops ist das elfte, das »Freundschaftshaus«.

Der Name »Wassermann«, den man diesem mittwinterlichen Zeichen gegeben hat, erscheint nicht unbedingt glücklich gewählt. Es ist allerdings schwer, ein treffendes Bild für eine so bildferne, abstrakte, metaphysische Lebenshaltung zu finden. Man könnte heutzutage vielleicht an die luftleeren oder mit fremdartigen »Edelgasen« gefüllten Röhren denken, in denen die Physiker Strahlungsvorgänge, Fluoreszenzerscheinungen und andere ein wenig unheimlich anmutende Effekte vorführen. Aber in früheren Zeiten kannte man solche Gegenstände nicht. Man mußte also das symbolische Bild gleichsam konstruieren. So schuf man die Gestalt des Mannes, der in der Himmelshöhe thront und ein Gefäß in der Hand hält, dessen Inhalt – das »Wasser« – er langsam auf die Erde herabgießt.

Dieses Bildes wegen meinen Anfänger gerne, der Wassermann müsse auch ein Wasserzeichen sein. Er gehört aber zum Element der Luft, und selbst diese Luft ist eigentlich noch zu materiell für seine Jenseitigkeit. Sie war im Zeichen Waage als klare Atmosphäre da, und in den Zwillingen mochten wir sie als lebhaft bewegten Frühlingswind spüren. Hier aber können wir nur noch an den Äther denken, von dem manche Physiker meinten, daß er den Raum zwischen den Weltkörpern erfülle, oder auch an die einfache Leere dieses Raumes. Die Wissenschaft belehrt uns, daß wir eigentlich fast in ein Nichts schauen, wenn wir den Sternenhimmel betrachten. Trotzdem erscheint dieses »Nichts« für unser Empfinden als ein festes, kristallhartes Gewölbe. Wir nennen es das »Firmament«. Dort denken wir uns die Region des Wassermannes.

Wir sehen also kein Wesen aus Fleisch und Blut, sondern eine Erscheinung aus der Transzendenz. Unter den Evangelisten-Symbolen gehört der Engel des Matthäus hierher, also der Bote einer fremden Welt.

Die Abstraktion erreicht im Zeichen des Wassermanns einen letzten Grad von Kühle und Klarheit. Sie geschieht nun frei von allen Bindungen an den Körper, an die Seele oder an den Willen. Der Wassermann steht in Opposition zum Löwen mit seiner Vitalität, und zum erdverhafteten Stier ebenso wie zum trieb- und leidenschaftserfüllten Skorpion bildet er Quadrate. Für ihn sind die Dinge, einschließlich seiner eigenen Existenz, nur im geistigen Sein gegründet. Von daher will er sie auch begreifen.

Seiner Natur nach ist dieses Zeichen noch kälter, als es der Steinbock war. Es wird aber meistens nicht so empfunden, weil ihm das Element der Luft eine größere Leichtigkeit gibt. Der Wassermann ist kein Kletterer, der sich erst mühsam emporarbeiten müßte, sondern er steht von vornherein über den Dingen. So kann er sie überschauen und überdenken, ohne seine erhöhte Position zu verlassen. Weil ihm nichts fremd ist, kann es wohl so scheinen, als habe er auch mit allem Kontakt. Doch dieser Kontakt – die »Freundschaft« des Wassermannes – ist immer von so sublimer Art, ohne jedes vitale oder gefühlsmäßige Beteiligtsein, daß man zugleich auch von einer wirklichen Einsamkeit sprechen kann.

Niedere Entsprechungen lassen dieses Luft-Zeichen als exzentrisch, überspannt, triebschwach und lebensfern erscheinen. Nur wo vom Niveau her eine echte Geistigkeit möglich ist, kommt es zu jener kristallklaren Schau in das Wesen der Welt, die mit überscharfer Optik auch noch das kleinste Ding in seiner Geist-Bezogenheit erkennt.

Saturn und Uranus als Beherrscher des Zeichens machen, daß man sich immer an der Grenze des Wirklichen und Möglichen aufhält, um diese Grenze, wenn es irgend geht, zu überschreiten. Der Anspruch an die Welt, den man hier erhebt, ist eigentlich nicht geringer als der des Löwen; er ist nur in anderer Richtung orientiert und noch schwerer zu erfüllen. Dafür genügt ihm mitunter auch schon die scheinbare Erfüllung. Man kann nicht immer unterscheiden zwischen Überwirklichkeit und bloßer Unwirklichkeit.

Die Beziehung zum elften Haus gibt auch die allgemeine Menschenliebe, die freilich für den einzelnen Fall oft geringeres Interesse aufbringt. Klarheit des Erkennens, und zwar in metaphysischen Bereichen, ist hier der oberste Wert. Alles andere muß sich dem unterordnen.

12. FISCHE ♓

Das zwölfte und letzte Tierkreiszeichen, in das die Sonne am 20. Februar eintritt, ist wieder ein Sattwa-Zeichen. Es hat also mit den Verwandlungen und Übergängen zu tun, die sich während des Winters im geheimen vollziehen.

Sein Symbol sind zwei Fische, die im Wasser spielen. Sie bewegen sich ständig und sind dabei, physikalisch gesehen, immer im »labilen Gleichgewicht«, was ihre Wendigkeit nur erhöht. Von der Oberfläche aus ist ihr Spiel allerdings kaum zu erkennen. Der Hand, die sie fassen will, entschlüpfen sie immer wieder. Sie sind kühl und glatt. Ihre Haut besteht aus vielen kleinen glitzernden und beweglichen Schuppen. Jeden Augenblick sieht man sie an einem anderen Ort. Da sie zu zweien sind, ist es vollends unmöglich, sie auf einmal zu ergreifen.

Dieses Zeichen entspricht den winterlichen und zugleich schon vorfrühlingshaften Gefühlen, die uns das Leben jenseits des Unterganges und der Erstarrung ahnen lassen. Es ist ein Zeichen der Auflösung, aber auch der Vorbereitung zu einer neuen Geburt.

In der Beziehung zum zwölften Haus liegt etwas von der Verlassenheit, die mit zum Erlebnis des Winters gehört. Entsagung und stilles Verzichten sind hier selbstverständlich. Man weiß oft kaum mehr etwas von einem Ich, denn dieses Ich ist im großen Zusammenhang der Welt aufgegangen. Es hat nun teil an allem, ist aber nirgends mehr zu Hause.

Die Planeten, die wir als bestimmend ansehen, sind Jupiter und Neptun. Es geht in diesem Zeichen um den überpersönlichen Lebenssinn, dessentwegen alles Persönliche geopfert werden muß. Auch die Liebe ist mehr ein metaphysisches Einswerden, so wie die Fische zeugen, ohne einander körperlich zu berühren. Ebenso nimmt das Schönheitsempfinden und nimmt die Religiosität leicht neptunisch-unwirkliche Züge an. Die Flucht in die Illusion, in eine erträumte bessere Welt, wird zur Gefahr. Denn übergroße Sensibilität, Weichheit und Wandlungsfähigkeit lassen keinen festen Halt, keine Sicherheit finden.

Das Wasser zeigt sich hier nicht so sehr als Quell des Lebens, wie im Krebs, und auch nicht im Aspekt seiner untergründigen Dynamik, wie im Skorpion. Es ist vielmehr in seiner Gestaltlosigkeit und im ewigen Wechsel seiner Erscheinungsformen dargestellt. Es ist das Element des Wunderbaren. Man mag es sich von Nereiden, Tritonen und allerlei anderen seltsamen Fabelwesen bevölkert denken. Jedenfalls hat die reale, alltägliche Welt hier ihre Bedeutung verloren.

Das Leben wird im Fische-Bereich vor allem als Leid empfunden. Aber dieses Leid besteht nicht in Störungen, die von außen kämen und die man deshalb nach Jungfrau-Art fernhalten sollte, sondern es liegt schon im Wesen der Existenz begründet. Man sucht darum nicht die konkreten Dinge richtig zu machen, sondern sich von ihnen zu lösen, ja er-löst zu werden. Fische und Jungfrau stehen in Opposition zueinander. Noch feindlicher ist aber das Quadrat zu den Zwillingen, deren flacher intellektueller Optimismus ganz unverständlich erscheint. Und ebenso lehnt man als Fische-Typus die Begeisterungen und das Pathos des Schützen ab. Man will dieses Leben nicht idealisiert und seine Forderungen womöglich noch ins Religiöse erhoben wissen. Das einzige Ziel ist es, sich durch das Mitleid von der Welt »als Wille und Vorstellung« zu lösen, nicht aber den Willen zu bejahen und Zukunftsutopien aufzustellen, wie es der Schütze tut. Auch Fische und Schütze stehen im Quadrat.

Die Ichlosigkeit ergibt auch die Bereitschaft, sich einem fremden Wesen nicht nur anzupassen, sondern in einer Art von Mimikry seine ganze äußere Erscheinung mit zu übernehmen. Durch feinste Einfühlung kann die Maske so täuschend ähnlich gestaltet werden, daß der Träger selbst sie vom Urbild nicht mehr unterscheiden kann. Er lebt dann außerhalb seiner selbst und ist sich dessen nicht einmal bewußt.

Die kontemplative, passive Art und die fluktuierende Wandelbarkeit, die zu diesem Zeichen gehören, entsprechen seiner Sattwa-Qualität. Man läßt sich vom Leben dahintragen, anstatt auf seinen Lauf einzuwirken. So ist auch völlige Gewaltlosigkeit die einzig angemessene Haltung.

Das Wasser ist allerdings, wenn auch ohne Gestalt, so doch nicht ohne Wesen. Sein ewiges Fließen läßt es mit Notwendigkeit an irgendein Ziel kommen, auch wenn dieses Ziel vielleicht nie mit Klarheit gedacht und gewollt wurde. Der Fische-Typ eignet sich wie kein anderer zum Gefäß für das Wirken unbewußter, jenseitiger Mächte. Er ist völlig ihr »Medium«, ihr Mittel, denn seine Fügsamkeit wird durch keinen Eigenwillen eingeschränkt. So können durch ihn oft große Dinge geschehen, die sonst an der Widerspenstigkeit des Menschenwesens scheitern müßten.

Alles Leid der Welt kann in dieses weite Seelenreich einströmen. Manchmal entsteht so freilich nur ein eitles Märtyrertum, ein Kult des Leidens oder eine Flucht in die Krankheit. Oft wird aber auch die wirkliche, reine Höhe der Selbstaufopferung erreicht. Man fragt nicht nach Lohn, sondern findet sein Glück in stiller Hingabe.

Der Vorfrühling, dem das Zeichen der Fische angehört, leitet schon wieder zum neuen Erwachen der Natur über, das dann unter dem Widder-Symbol geschehen wird. So schließt sich auch der Tierkreis wieder zu einem Ganzen.

ERGÄNZENDES ZUR ORDNUNG DES TIERKREISES

Nun steht der Tierkreis im Gesamten vor uns. Es ist wichtig, ihn so zu verstehen und nicht etwa die einzelnen Zeichen, aus dem Ganzen gelöst, für sich betrachten zu wollen. Wenn man aber die Ordnung kennt, ist es nicht schwer, Einzelheiten in großer Fülle aus ihr zu gewinnen. Von jeder solchen Einzelheit muß man präzis angeben können, warum sie nach bildhafter Logik gerade zu diesem Ort des Tierkreises und zu keinem anderen gehört. Mit vagen »Intuitionen« ist in der Astrologie gar nichts getan. Man kommt zwar, wenn man die Symbolsprache erst beherrscht, zu manchen Aussagen, die über die »normalen« Erkenntnismöglichkeiten hinauszugehen scheinen und bei denen man oft Schwierigkeiten hätte, wenn man den komplizierten Vorgang der Ableitung nachträglich genau herausarbeiten wollte. Es darf aber nicht vergessen werden, daß solchen »intuitiven« Einsichten, wenn sie richtig sein sollen, eine unerbittlich strenge Schulung des logisch assoziierenden Denkens vorausgegangen sein muß.

Zu einer derartigen Schulung gibt uns gerade das Betrachten des Tierkreises – unabhängig von der Anwendung im einzelnen Horoskop – wertvolle Möglichkeiten. Wir können hier den ganzen komplexen Bau des astrologischen Welt- und Menschenbildes überschauen und seine einzelnen Strukturprinzipien jeweils für sich erkennen. Jeder solche Versuch erweitert unsere Kenntnis der Zusammenhänge. Sooft man ihn auch wiederholt, wird er immer wieder Neues zeigen.

Folgende Gedankengänge müssen dem Astrologen vertraut werden:

1. Die einfache Reihenfolge der Zeichen, so wie sie jetzt dargestellt wurde.
2. Die Gliederung dieser Reihenfolge gemäß den vier Jahreszeiten, also die Zugehörigkeit jedes Zeichens zum Frühlings-, Sommer-, Herbst- oder Winter-Quadranten.
3. Die Ordnung der Zeichen nach den vier Elementen-Trigonen: Feuer (Widder, Löwe, Schütze), Erde (Stier, Jungfrau, Steinbock), Luft (Zwillinge, Waage, Wassermann) und Wasser (Krebs, Skorpion, Fische). Die dreimalige Aufeinanderfolge dieser vier Elemente als ein Fortschreiten von der ursprünglichen Lebendigkeit zum Überpersönlich-Geistigen.
4. Die Unterscheidung der drei »Qualitäten« – Rajas, Tamas und Sattwa –, und zwar zunächst als »Kreuze« für sich (Rajas: Widder, Krebs, Waage, Steinbock; Tamas: Stier, Löwe, Skorpion, Wassermann; Sattwa: Zwillinge, Jungfrau, Schütze, Fische), dann in ihrer Aufeinanderfoge innerhalb der einzelnen Quadranten und schließlich nach der Art, in der sie jeweils die elementare Natur eines Zeichens abwandeln.
5. Die planetaren Zuordnungen, sowohl im einzelnen als auch in der Symmetrie des Ganzen und der sich dabei ergebenden Achsenverschiebung.
6. Die Beziehungen zum Häusersystem mit dessen wichtigsten Einteilungen in Tag- und Nacht-, Ost- und Westhälfte. Die Art, in der diese Beziehungen abgeleitet werden, sowie die Unterscheidung von Häuserbedeutung und Tierkreischarakteristik in jedem einzelnen Fall.
7. Die Aspektbeziehungen, die zwischen den Zeichen bestehen, und die Art, in der durch sie Probleme und Möglichkeiten der einzelnen Zeichen angedeutet werden.
8. Kombinationen, die sich ergeben, wenn man andere Punkte als den Frühlingspunkt (0° Widder) zum Ausgang nimmt oder die Richtungen umkehrt.
9. Die Möglichkeit der Besetzung jedes Zeichens durch jeden Planeten. Die Signaturen, die sich dabei jeweils ergeben, und die Frage, inwieweit jeder Planet zu bestimmten Zeichen »paßt« oder in ihnen Schwierigkeiten findet, sich zu verwirklichen. Unterscheidung der günstigen und ungünstigen Entsprechungen bis zu den jeweiligen Extremen.
10. Die Auswirkung der so charakterisierten Planeten innerhalb ihrer Häuser, wieder nach dem persönlichen Niveau des Menschen und nach anderen außerhoroskopischen Bedingungen abgewandelt.
11. Die Art, in der die Aspektbeziehungen zwischen den Zeichen bei verschiedener Planetenbesetzung dieser Zeichen in Erscheinung treten können.
12. Die Unterscheidung mundaner (im Häusersystem gebildeter) Aspekte von den wichtigeren zodiakalen (in Graden des Tierkreises gemessenen). Diesen Fall gibt es allerdings nur bei inäqualen Häusern (nach

Porphyrios, Campanus, Regiomontanus, Placidus, GOHS von Koch o. a.). Bei äqualen Häusern sind mundane und zodiakale Aspekte stets identisch. Hier fällt diese Erwägung also weg.

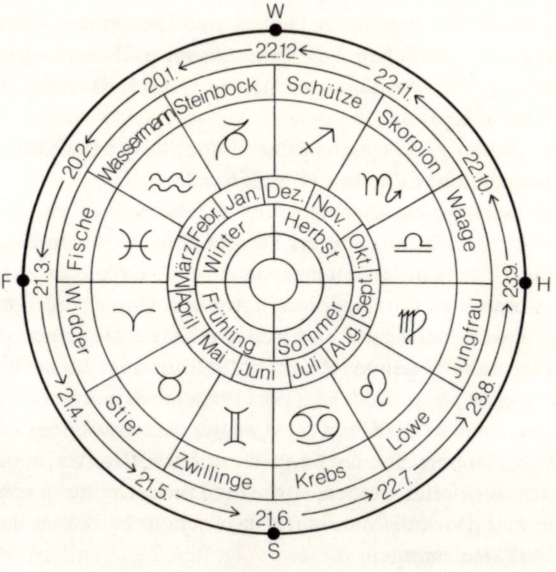

Abb. 30 Der Jahreslauf der Sonne durch den Tierkreis
F = Frühlings-Tagundnachtgleiche
S = Sommersonnenwende
H = Herbst-Tagundnachtgleiche
W = Wintersonnenwende

Alle diese Überlegungen sind schwierig. Sie verlangen gründliches Nachdenken und lassen sich nicht in Augenblicken abmachen. Aber sie sind nach den Voraussetzungen, die wir hier gaben, durchwegs möglich. Durch die Arbeit, die man auf sie verwendet, lernt man die Astrologie kennen und beherrschen. Das ist wichtiger als das Ablesen unverstandener Deutungsrezepte aus Büchern.

Man tut auch gut daran, wenn man bei allem Nachdenken über die Astrologie immer seine kritische Einstellung bewahrt und sich fragt, ob dies oder jenes nicht auch anders angeordnet oder richtiger gedeutet werden könnte. Tierkreis und Häusersystem sind ja nicht durch göttliche Offenbarung, sondern durch Denkarbeit gefunden worden, und sie dürfen deshalb auch durch das Denken geprüft werden. Sie halten solcher Kritik stand, denn hinter ihnen stehen die Erfahrungen und Erkenntnisse von vielen Jahrhunderten.

Das merkt man gerade dann besonders deutlich, wenn man irgend etwas zu ändern oder von sich aus neu zu konstruieren versucht. Man erreicht es dabei niemals, ein so völlig geschlossenes und in jedem Zusammenhang sinnvolles System aufzustellen, wie es die Astrologie hat. Zu dieser Einsicht wird jeder kommen, der überhaupt imstande ist, assoziativ zu denken. Es ist nur nötig, daß er sich die gedanklichen Voraussetzungen und die Fragestellung der Astrologie zu eigen macht. Dann werden auch die Ergebnisse nicht wesentlich anders sein können.

Es sollen nun hier noch einige weitere Einteilungen des Tierkreises angegeben werden, die bisher nicht erwähnt wurden.

Für das »Passen« oder »Nichtpassen« eines Planeten zu einem Zeichen oder Haus hat man schon seit alters Regeln aufgestellt. Danach steht jeder Planet am »stärksten« in seinem eigenen Zeichen oder Haus. Mars also, der Herr des Widders und des Skorpions sowie des ersten und achten Hauses, kann sich an diesen Orten am leichtesten realisieren. Ungünstig dagegen sind die jeweils gegenüberliegenden Zeichen; für Mars also Waage und Stier, siebentes und zweites Haus. In der Opposition zu seinem eigenen Zeichen gilt der Planet (nach einem allerdings recht unglücklich gewählten Ausdruck) als »vernichtet«. Er ist dort zwar noch sehr merklich vorhanden, wird aber in sich problematisch, weil seine Äußerungsformen nicht der sonst gewohnten Eigenart seines Prinzips entsprechen. Das sagt aber nicht, daß sie darum von geringerem Wert sein müßten.

Um feinere Nuancen zeigen zu können, hat man noch die Begriffe des »Falls« und der »Erhöhung« eingeführt, die Zwischenstadien zwischen »Herrschaft« und »Vernichtung« sein sollen. So sagt man, die Sonne sei auch im Feuerzeichen Widder »erhöht«, in der Waage dagegen »im Fall«. Für den Mond betrachtet man den Stier als »günstig«, den Skorpion als »ungünstig«. Dem nachzugehen ist aber gefährlich, denn man wird dadurch leicht zu übereilten Wertungen verleitet, vor denen man sich als Astrologe hüten sollte. Man kann ja keinen Planeten aus dem Horoskop eines Menschen herausnehmen, um ihn an vermeintlich »besserer« Stelle wieder einzusetzen. Man muß sich immer mit dem befassen, was vorhanden ist, und die besten Möglichkeiten zu erkennen suchen, die darin liegen. Solche gibt es aber in der »Vernichtung« oder im »Fall« eines Planeten noch immer zur Genüge.

Selbstverständlich beschäftigt sich die Astrologie nicht nur mit Seele und Geist des Menschen, sondern auch mit seiner körperlichen Existenz. So hat man den Tierkreiszeichen ebenso wie den Häusern seit jeher auch bestimmte Regionen des Körpers zugeordnet, wie man ja auch Beziehungen zwischen den Planeten und einzelnen Organen annimmt. Es erscheint denkbar, daß von hier aus sogar medizinische Diagnosen zu stellen sein könnten. Die Beschäftigung damit wird aber dem astrologisch geschulten Arzt vorbehalten sein. Laiendiagnosen sind selbst dann gefährlich, wenn sie ausnahmsweise richtig sind. Wie zur psychologischen Deutung des Horoskops die genaue Kenntnis aller außerhoroskopischen Bedingungen notwendig ist, so kann man auch über Krankheitsanlagen und akute Störungen nichts sagen, wenn man nicht den Körper bis in alle Einzelheiten kennt.

Trotzdem soll hier wenigstens die Zuordnung der Körperteile zu den Tierkreiszeichen angegeben sein, so wie sie dem alten Herkommen entspricht. Es liegen hier viele symbolische Bezüge, über die man nachdenken kann, um das mikrokosmische Bild besser zu verstehen.

Dem Widder entspricht der Kopf. Man sagt von ihm auch bildlich, er habe »seinen eigenen Kopf« oder wolle »mit dem Kopf durch die Wand«. Dem Stier werden Hals, Nacken, Kehlkopf und Schultern zugeordnet, wohl wegen der Venus-Beziehung zum Schmecken, Kosten und Genießen und zum Wohlklang der Stimme. Bei den Zwillingen denkt man an Arm und Hand mit ihrer instrumentalen Geschicklichkeit sowie an die Lungen als Werkzeuge des Luftaustausches. Zum Krebs gehört die Magengegend, die auch für Störungen aus der Gemütssphäre besonders anfällig ist. Daß dem Löwen die Herzregion entspreche, sagten wir schon bei der Darstellung dieses Zeichens. Der Jungfrau gibt man eine Beziehung zum Darmtrakt und zu dem dort vor sich gehenden »Verarbeiten« der Nahrung. Die Waage wird mit der »erogenen« Lendenregion und mit der Absonderungstätigkeit der Nieren identifiziert. Dem Skorpion ordnet man die Geschlechtsorgane zu.

Die restlichen Zeichen – Schütze bis Fische – vertreten gemeinsam die unteren Extremitäten. Sie haben also, ihrer weniger körperlichen Natur wegen, jeweils nur kleine Herrschaftsbereiche im Körper. Der Gehapparat des Menschen ist ja auch höher spezialisiert, also eindeutiger an die außervitale Naturgesetzlichkeit angepaßt, als die oberen Regionen, in denen der Mensch unspezialisierter, gleichsam kindlicher, embryonaler und damit freier geblieben ist als die Tiere, von denen er sich unterscheidet. Hier ordnet man dem Zeichen Schütze die Hüften und Oberschenkel zu, dem Steinbock die Knie (und wohl auch das gesamte Knochengerüst), dem Wassermann die Unterschenkel mit den Waden (einem Kennzeichen, das nur der Mensch hat) und den Fischen schließlich die Füße.

Neben dem Tierkreiszeichen bekommt jeweils auch das entsprechende Haus die gleiche körperliche Bedeutung. Hier könnten also, wenn die Zusammenhänge durch gründliche wissenschaftliche Arbeit überprüft wären, sehr differenzierte Aussagen gemacht werden. Bevor dies aber geschehen ist, müssen wir sehr vorsichtig sein.

Eine weitere Verfeinerung der Tierkreisteilung hat man mit den sogenannten »Dekanaten« zu geben versucht. Da jedes Tierkreiszeichen 30° der Ekliptik umfaßt, ist sein Raum ja ziemlich groß. Es wäre vorstellbar, daß hier in ähnlicher Weise Übergänge und kontinuierliche Veränderungen bestünden, wie wir sie bei den Häusern im Verlauf der einzelnen Quadranten fanden. Allerdings werden wir beim Tierkreis doch nicht an ein reines Ineinanderfließen denken dürfen. Die »Grenzen« der Zeichen müssen jedenfalls erhalten bleiben. Innerhalb ihrer kann man aber eine Dreiteilung unternehmen, die etwa die Aufeinanderfolge von Rajas-, Tamas- und Sattwa-Zeichen noch einmal – abgeschwächt – wiederholt.

Die ersten zehn Grade eines Zeichens, die man als »erstes Dekanat« bezeichnet, wären demnach am stärksten und charakteristischsten. Hier träte die Eigenart des Zeichens so unmittelbar-selbstverständlich in Erscheinung, wie es der Rajas-Qualität entspricht (auch wenn das Zeichen selbst kein Rajas-Zeichen wäre). Zwischen 10° und 20° spürte man eher ein persönliches Bemühen um die durch das Zeichen angegebene Lebenshaltung. Dieses »zweite Dekanat« hätte also etwas der Tamas-Qualität Ähnliches. Im »dritten Dekanat« (von 20° bis 30°) wäre die Charakteristik am schwächsten. Es käme, wie in Sattwa-Zeichen, bewußte Reflexion und das Verlangen nach Wandlung hinzu.

Diese Einteilung scheint der Logik des Tierkreisaufbaues zu entsprechen, darf aber nicht als ganz gesichert gelten. Manchmal werden auch andere Bestimmungen der Dekanate angegeben. Die Entscheidung darüber, was hier nun richtig sei, ist einstweilen wohl noch nicht möglich und auch nicht unbedingt erforderlich. Sie kann, mit einigen anderen Detailfragen zusammen, einer späteren astrologischen Grundlagenforschung vorbehalten bleiben.

Zuletzt sei noch ein Merkvers gebracht:

»Aus vier Elementen der Tierkreis besteht,
und jedes der Zeichen regiert ein Planet:
im feurigen Widder hat Mars sein Quartier,
Frau Venus haust gerne im Erdzeichen Stier.
Merkur in den luftigen Zwillingen wohnt,
der Krebs lebt im Wasser; sein Herr ist der Mond.
Im feurigen Löwen ist Sonne Regent,
Merkur herrscht in Jungfrau im Erd-Element.
Im Luftzeichen Waage die Venus regiert,
der Mars im Skorpion steht im Wasser und friert.
Im Feuer des Schützen strahlt Jupiter aus,
Saturn ist im Erdzeichen Steinbock zu Haus.
Im luftigen Wassermann herrschen gleich zwei:
da springt dem Saturn noch der Uranus bei.
Die Fische im Wasser, sie folgen zuletzt;
von Jupiter sind und Neptun sie besetzt.

DIE BERECHNUNG DES HOROSKOPS

Nachdem uns nun das Gedankengebäude der Astrologie im wesentlichen bekannt ist, können wir uns der Betrachtung des einzelnen Horoskops zuwenden. Wir wollen ja prüfen, inwieweit das theoretisch Gedachte mit der praktischen Erfahrung übereinstimmt. Hier wird jedermann verständlicherweise zunächst an seinem eigenen Horoskop sowie an den Horoskopen anderer, ihm nahestehender Menschen interessiert sein. Es soll darum angegeben werden, wie man solche Horoskope erhält. Weil ich selbst nicht gern im Übermaß rechne und auch Verständnis für jene habe, denen die Mathematik überhaupt ein Greuel ist (sie sind mir in einer geisteswissenschaftlich verstandenen Astrologie immer noch lieber als die allzu fanatischen Rechner), gebe ich zwei Methoden der Horoskopberechnung an, die beide mit ganz wenig Rechnerei auskommen. Die eine liefert genaue Ergebnisse, die andere arbeitet nur etwa auf halbe Grade genau. Aber auch sie genügt, wenn man auf knifflige Prognosen verzichtet, weil wir die Geburtszeiten ohnehin nie allzu genau bekommen und in der Regel schon mit viertelstundengenauen Angaben zufrieden sein müssen. Ich finde, man sollte sich selbst keine übertriebene Präzision vortäuschen.

Beide Methoden unterscheiden sich übrigens kaum, was die Handwerkszeuge betrifft, die man für sie braucht. Und diese Handwerkszeuge sind, wie ich gestehen muß, ziemlich teuer. Man sollte also schon ungefähr wissen, ob man ernsthaft bei der Sache bleiben will, bevor man an das Berechnen von Horoskopen herangeht. Sonst läßt man sich am besten von einem astrologisch bewanderten und ausgerüsteten Freund ein paar Horoskope anfertigen. Wenn man sich dann selbst an die Sache heranwagen will, rechnet man zunächst diese Horoskope nach. So braucht man seine ersten Versuche nicht im Ungewissen zu machen.

Zwischen der genaueren und der weniger genauen Methode gibt es rein technisch nur einen einzigen Unterschied: Um genaue Ergebnisse zu bekommen, braucht man einen der relativ billigen elektronischen Taschenrechner, die es heute schon gibt. Voraussetzung ist nur, daß dieser Taschenrechner für »Sexagesimalrechnung« eingerichtet sein muß, daß man mit ihm also Minuten und Sekunden in Dezimalen von Graden (oder Stunden) umrechnen, mit diesen Werten nach Belieben operieren und die Ergebnisse wieder in Grade (Stunden), Minuten und Sekunden verwandeln kann. Wenn man ein bißchen Spaß an der Präzision hat, lohnt es sich auf jeden Fall, einen Rechner anzuschaffen. Man kann ihn ja auch noch für viele andere Zwecke verwenden.

Sonst braucht man vor allem die »Ephemeriden« (d.h. die Tagestabellen), die Sternzeit und Gestirnstände für jeden beliebigen Tag eines Zeitraums angeben. Ich empfehle, sich gleich einen Sammelband für möglichst viele Jahre anzuschaffen, obwohl man dafür verhältnismäßig viel Geld ausgeben muß, z.B. die im Metz-Verlag, Zürich, erschienenen Ephemeriden 1890–1950 oder ihren amerikanischen Nachfolgeband 1950–2000. Weitere Angaben finden sich im Literaturverzeichnis am Ende dieses Buches.

Außerdem braucht man (wenn man nicht gerade logarithmisch rechnen will, wozu auch ich wenig Neigung habe), die *Häusertabellen,* und zwar für das Häusersystem, das man anwenden will. Häusertabellen, in denen nicht steht, für welche Häusermanier sie berechnet sind (wie z.B. »Raphael's Tables of Houses«), gelten in der Regel für Placidus. Häusertabellen sind für jeweils einen bestimmten Breitengrad (zwischen Äquator und Polen) berechnet. Man braucht sie also für alle Breitengrade, die in Betracht kommen können. Wer die äqualen Häuser bevorzugt, kann sich mit der S-M-A-Tabelle von Georg Hoffmann (Sternzeit-Meridian-Aszendent-Tabelle) begnügen, die im Ebertin-Verlag, Aalen, erschienen ist und den Vorzug hat, bis an die Polarkreise heranzureichen. Sonst eignen sich oft auch Häusertabellen für die Breitengrade 46° – 56° (siehe Literaturverzeichnis).

Empfehlen würde ich ferner das Buch »Die geographischen Positionen Europas« von Grimm/Hoffmann (Ebertin-Verlag, Aalen), das einem viel unnötige Sucherei in Karten oder Atlanten erspart, und außerdem (falls man weder einen Taschenrechner noch die Metz-Ephemeriden 1890 – 1950 hat) Ebertins »Hilfstabellen zur Berechnung der Gestirnstände«, ausnahmsweise ein relativ billiges Heftchen. Nun aber sind wir endlich ausgerüstet und können ans Rechnen gehen.

Als Beispiel gebe ich mein eigenes Horoskop, das in Abb. 32 – 34 dargestellt ist und für das Abb. 31 einen Ephemeridenauszug zeigt. Bei den Häusertabellen gibt es solche, die von 4 zu 4 Sternzeitminuten fortschreiten, und andere, die nach vollen MC-Graden gegliedert sind. Ich werde in beiden Fällen zeigen, wie man genau interpoliert.

Ich bin geboren am 26. Dezember 1922 in München, und zwar um 18^h18^m Mitteleuropäischer Zeit (MEZ). Das muß man für jedes Horoskop wissen: den Tag, den Ort und die möglichst genaue Stunde der Geburt.

Der *Tag* kann nur Schwierigkeiten machen, wenn noch der alte Julianische Kalender galt, wie in Rußland bis zur Oktoberrevolution (1923). Die meisten

Staaten haben schon bald nach 1582, einige auch erst später, den Gregorianischen Kalender übernommen, der zuletzt gegenüber dem Julianischen 13 Tage Vorsprung hatte. Für fast alle Bereiche der Welt kann er heute als selbstverständlich gelten.

DEZEMBER 1922

Tag	Sternzeit	☉	☽	☿	♀	♂	♃	♄	♅	♆	☊
	h m s	° ′ ″	° ′	° ′	° ′	° ′	° ′	° ′	° ′	° ′	° ′
1	16 38 14	08 ♐ 31 27	04 ♉ 32	05 ♐ 35	28 ♏ 33	22 ♒ 40	07 ♏ 35	17 ♎ 11	09 ♓ 44	18 ♌ 09	25 ♍ 58
2	16 42 11	09 32 17	16 44	07 10	28R 02	23 23	07 48	17 17	09 45	18R 09	
3	16 46 07	10 33 08	29 11	08 44	27 32	24 07	08 00	17 22	09 45	18 08	
4	16 50 04	11 33 59	11 ♊ 52	10 18	27 05	24 51	08 12	17 28	09 46	18 08	25 48
5	16 54 00	12 34 52	24 47	11 52	26 39	25 35	08 24	17 33	09 47	18 08	
6	16 57 57	13 35 46	07 ♋ 56	13 27	26 15	26 19	08 35	17 38	09 48	18 07	
7	17 01 53	14 36 41	21 16	15 01	25 54	27 03	08 47	17 43	09 49	18 07	25 39
8	17 05 50	15 37 37	04 ♌ 46	16 35	25 35	27 46	08 59	17 48	09 50	18 06	
9	17 09 47	16 38 34	18 26	18 09	25 18	28 30	09 11	17 53	09 51	18 05	
10	17 13 43	17 39 32	02 ♍ 13	19 44	25 04	29 14	09 22	17 58	09 52	18 05	25 29
11	17 17 40	18 40 32	16 09	21 18	24 52	29 58	09 34	18 03	09 53	18 04	
12	17 21 36	19 41 33	00 ♎ 12	22 53	24 43	00 ♓ 42	09 45	18 08	09 54	18 03	
13	17 25 33	20 42 35	14 23	24 27	24 36	01 26	09 57	18 12	09 55	18 03	25 19
14	17 29 29	21 43 37	28 40	26 02	24 32	02 10	10 08	18 17	09 56	18 02	
15	17 33 26	22 44 41	13 ♏ 00	27 37	24 30	02 54	10 19	18 21	09 58	18 01	
16	17 37 22	23 45 46	27 20	29 11	24D 31	03 38	10 31	18 26	09 59	18 00	25 10
17	17 41 19	24 46 52	11 ♐ 35	00 ♑ 46	24 34	04 22	10 42	18 30	10 00	17 59	
18	17 45 16	25 47 58	25 37	02 22	24 40	05 06	10 53	18 34	10 02	17 59	
19	17 49 12	26 49 05	09 ♑ 23	03 57	24 47	05 50	11 04	18 39	10 03	17 58	25 00
20	17 53 09	27 50 12	22 48	05 32	24 57	06 35	11 15	18 43	10 05	17 57	
21	17 57 05	28 51 20	05 ♒ 52	07 08	25 10	07 19	11 25	18 47	10 06	17 56	
22	18 01 02	29 52 28	18 32	08 44	25 24	08 03	11 36	18 50	10 08	17 55	24 51
23	18 04 58	00 ♑ 53 36	00 ♓ 54	10 19	25 41	08 47	11 47	18 54	10 10	17 54	
24	18 08 55	01 54 45	12 59	11 55	25 59	09 31	11 57	18 58	10 11	17 53	
25	18 12 51	02 55 53	24 53	13 31	26 20	10 15	12 08	19 02	10 13	17 52	24 41
26	18 16 48	03 57 02	06 ♈ 42	15 07	26 42	10 59	12 18	19 05	10 15	17 51	
27	18 20 45	04 58 10	18 30	16 43	27 06	11 43	12 28	19 09	10 17	17 49	
28	18 24 41	05 59 19	00 ♉ 23	18 18	27 32	12 28	12 39	19 12	10 19	17 48	24 32
29	18 28 38	07 00 27	12 27	19 54	28 00	13 12	12 49	19 15	10 20	17 47	
30	18 32 34	08 01 36	24 46	21 29	28 29	13 56	12 59	19 18	10 22	17 46	
31	18 36 31	09 02 44	07 ♊ 22	23 04	29 00	14 40	13 08	19 22	10 24	17 45	24 22
Pluto		1: 10 ♋ 42		9: 10 33		17: 10 24		25: 10 15			

Abb. 31 Ausschnitt aus den »Ephemeriden 1890 – 1950« (Verlag Max S. Metz, Zürich, 1949, Reihe »Astrologica«, Band III). Sternzeit und Gestirnstände sind für 12 Uhr (Mittag) Greenwichzeit angegeben.
Siehe dazu Abb. 32 – 34

Für den Geburts*ort* brauchen wir die geographischen Koordinaten: Breite (nördlich oder südlich vom Äquator) und Länge (östlich oder westlich von Greenwich). Längenangaben von Ferro (der westlichsten Stelle der Kanarischen Inseln und somit der Alten Welt) kommen kaum noch vor. Sie müssen dann natürlich auf Greenwich umgerechnet werden (das jetzt ein Stadtteil von London ist), wobei der Unterschied 17°39′46″ oder $1^h10^m39{,}1^s$ beträgt. Bogen- oder Winkelwerte werden in ° (Grad), ′ (Minuten) und ″ (Sekunden) angegeben, Zeitwerte in ^{h} (Stunden, lateinisch horae), ^{m} (Minuten) und ^{s} (Sekunden). Die geographischen Koordinaten kann man für viele Orte in Europa dem schon genannten Heft von Grimm/Hoffmann entnehmen (samt Ortszeitdifferenz und Sternzeitkorrektur); für darin nicht enthaltene oder außereuropäische Orte muß man sie aus einem Atlas (mit Gradnetz und in möglichst großem Maßstab) herausgreifen.

Ich empfehle dabei übrigens, die Genauigkeit nicht zu übertreiben. Die sekundengenaue Lage meines Geburtshauses interessiert auch mich nicht; ich begnüge mich mit dem von Grimm/Hoffmann angegebenen Mittelwert für München: 48°8′20″ Nord, 11°34′30″ Ost. Für das Herausgreifen der Koordinaten aus dem Atlas oder der Landkarte gilt jeweils die Formel:

$$\text{Tmm x 60 : Gmm} = \text{T}'$$

Tmm	=	Strecke vom nächstniederen Gradwert bis zum Geburtsort in mm
60	=	Zahl der Bogenminuten zwischen zwei Gradlinien; hier ist angenommen, daß es sich um ein Netz mit vollen Graden handelt
Gmm	=	Abstand zwischen zwei Gradlinien in mm
T′	=	(Teilminuten), der Betrag, der zum nächstniederen Gradwert (Breite bzw. Länge) zuzuschlagen ist, in ′ und ″

Wer die Genauigkeit liebt oder nicht ganz exakte Ergebnisse durch Abrunden nicht noch ungenauer machen will, kann mit dem Taschenrechner das Ergebnis auch auf Sekunden genau ermitteln. Nur soll er, wie gesagt, nicht meinen, daß es auf jede Sekunde ankomme.

Die Geburts*zeit* schließlich muß auf dreierlei Weise angegeben werden:

1. Zonenzeit
2. Greenwichzeit (Weltzeit)
3. mittlere Ortszeit

Die *Zonenzeit* ist die Art der Zeitangabe, die seit dem Ende des 19. Jahrhunderts (in Deutschland seit 1892/3) allgemein üblich geworden ist. Damals konnte man es sich wegen des Eisenbahnverkehrs nicht mehr leisten, für jeden Ort dessen eigene Ortszeit oder für jedes Ländchen die Ortszeit seiner Hauptstadt (als »Landeszeit«) gelten zu lassen. Man einigte sich also auf Zeitzonen, die in der Regel Stundenwerte von Greenwich aus, also Bereiche von je 15°, umfaßten. So haben wir die »Mitteleuropäische Zeit« (MEZ), die als mittlere Ortszeit für den 15. Längengrad östlich von Greenwich gilt, also etwa für die Orte Görlitz und Stargard (Pommern), und die gegenüber der Greenwichzeit um 1 Stunde vorgeht. In MEZ sind normalerweise alle Geburtszeiten in den deutschsprachigen Ländern angegeben.

In Zeiten wirklicher oder vermeintlicher Not, so während der letzten beiden Weltkriege und auch jetzt wieder, kam jedoch leider der Aberglaube auf, daß man große Mengen von Energie sparen könne, wenn zumindest während des Sommers jedermann eine Stunde früher aufstünde und eine Stunde früher zu Bett ginge. Deshalb wurden und werden in vielen Ländern die »Sommerzeiten« eingeführt, die der normalen Zonenzeit gegenüber um 1 Stunde vorgehen. Die »Mitteleuropäische Sommerzeit« (MESZ) etwa ist gleich der Osteuropäischen Zeit (OEZ) und der Greenwichzeit um 2 Stunden voraus. 1947 wurde sogar eine »doppelte Sommerzeit« eingeführt (bald allerdings wieder aufgehoben), die der MEZ um 2 Stunden, der Greenwichzeit um 3 Stunden vorausging, wie die sog. Moskauer Zeit. 1940–1942 wurde die Sommerzeit auch im Winter beibehalten, und neuerdings ist durch die verschiedenen Sommerzeiten mit wechselnden Anfangs- und Schlußterminen in Europa und anderswo ein ziemliches Chaos der Zonenzeiten entstanden. Leider gibt es darüber auch noch kaum zuverlässige Übersichten; man muß also bei Geburten zwischen April und Oktober immer darauf gefaßt sein, daß die Geburtszeit um eine Stunde falsch sein kann.

Als ich geboren wurde, war die Welt der MEZ noch in Ordnung; ich brauche mir also keine Sorgen wegen der Sommerzeit zu machen. Aus Aufzeichnungen meiner Eltern weiß ich, daß ich um 18^h18^m geboren wurde, oder, wie man damals noch sagte, um 6^h18^m nachmittags. Inzwischen haben wir uns übrigens schon so sehr an die 24-Stunden-Zählung gewöhnt, daß mancher stutzig wird, wenn er von einer Geburtszeit »zwölfeinhalb Uhr vormittags« hört. Gemeint ist dann 0^h30^m.

Hätte ich die Aufzeichnungen meiner Eltern nicht, dann müßte ich mich auf das Geburtsregister des Standesamtes verlassen, das sagt, ich sei um »sechseinviertel Uhr nachmittags« zur Welt gekommen. Die Standesämter wurden 1875 im ganzen damaligen Deutschen Reich eingeführt; seither gibt es für jeden in Deutschland Geborenen einen Geburtsregisterauszug (nicht zu verwechseln mit dem einfachen Geburtsschein, in dem nur das Datum steht), den man im Zweifelsfall beim Standesamt seines Geburtsortes anfordern kann. Neuerdings sind die in solchen Registern angegebenen Geburtszeiten sogar minutengenau, wie von Klinik oder Hebamme mitgeteilt, was den Astrologen natürlich freut. Sonst muß er hoffen, daß sich Tagebücher, Familienbibeln oder Familienstammbücher finden, die Auskunft über die Geburtszeit geben können. Dergleichen findet sich übrigens ziemlich oft. Nur wenn jemand jenseits des »Eisernen Vorhangs« geboren ist, bleiben meist alle Bemühungen erfolglos – drüben verachtet man die Astrologie und ignoriert deshalb Fragen nach der genauen Geburtszeit.

Meine Geburtszeit (in MEZ angegeben) ist also leicht in *Greenwichzeit* umgerechnet: 1 Stunde weniger. Die Sonne bewegt sich ja von Osten nach Westen (»ex oriente lux«) und ist deshalb eine Stunde früher beim 15. östlichen Längengrad als in Greenwich. Die Greenwichzeit brauchen wir später zum Berechnen der Planetenstände. Jetzt gilt es aber zunächst, die *mittlere Ortszeit* (mOZ) festzustellen.

Die mittlere Ortszeit ist rein geographisch bestimmt, durch die Länge des Geburtsortes. Sie unterscheidet sich von der »wahren Ortszeit« (der Sonnenzeit) durch die »Zeitgleichung«: den Betrag, um den der wahre Mittag jeweils vom »mittleren Mittag« des Ortes abweicht. Dieser Betrag ist zu verschiedenen Zeiten des Jahres verschieden, weil die Sonne einmal etwas langsamer, dann wieder etwas schneller läuft. Uns braucht die wahre Ortszeit aber gar nicht zu kümmern; für unsere Berechnungen ist nur die mittlere Ortszeit interessant.

Wir müssen also die östliche Länge unseres Geburtsortes, in Zeit verwandelt, wieder zur Greenwichzeit hinzuzählen (eine westliche Länge müßten wir von der Greenwichzeit abziehen). Den Betrag können wir entweder der Schrift von Grimm/Hoffmann entnehmen (dort sind die Zeitwerte irrtümlich mit °, ′ und ″ angegeben statt mit ^{h}, ^{m} und ^{s}), oder wir berechnen ihn aus der geographischen Länge, indem wir diese mit 4 multiplizieren (jeden Bogengrad legt die Sonne ja in 4 Zeitminuten zurück). Wir bekommen so die Ortszeitdifferenz in Minuten. Haben wir auf dem Rechner mehr als 60 Minuten, so teilen wir die Zahl erst durch 60 und rechnen die verbleibenden Dezimalen dann in Zeitminuten und -sekunden um.

Bei mir ist die Ortszeitdifferenz also 11°34′30″ x 4 = 46^m18^s. Diesen Betrag muß ich zur Greenwichzeit meiner Geburt (17^h18^m) addieren, und so komme ich auf eine mittlere Ortszeit von $18^h4^m18^s$. Läge München westlich von Greenwich, so müßte ich die Ortszeitdifferenz subtrahieren. Wenn ich es mir einfach machen will (und später beim Aszendenten an keine diffizile Zeichengrenze komme), kann ich die Sekunden auch weglassen, nur für 1 Längengrad 4 Zeitminuten rechnen und somit 11,5° gleich 46^m setzen. Dann komme ich auf 18^h4^m.

Und nun kommt noch eine letzte Umrechnung der Zeit: Ich muß die *Sternzeit* meiner Geburt ermitteln. Denn erst die Sternzeit sagt mir, wie die Ekliptik (der Tierkreis) zu Horizont und Meridian meines Geburtsortes steht. Die Sternzeit (korrekterweise dürfte sie gar nicht so heißen, weil sie sich nicht auf die Fixsterne, sondern auf die Hauptpunkte des Tierkreises bezieht) hat also mit dem Sonnenlauf gar nichts mehr zu tun. 0^h Sternzeit ist vielmehr immer dann, wenn der Frühlingspunkt (0° Widder) in oberer Kulmination, am MC, steht.

Nun brauche ich also die Ephemeride. Meine Ephemeride gibt mir alle Positionen für den *Mittag* an, d.h. für 12^h Greenwichzeit. Um diese Zeit war es am 26. Dezember 1922 $18^h16^m48^s$ Sternzeit. Neuerdings zeigen fast alle Ephemeriden nicht mehr Mittags-, sondern Mitternachtsstände (für 0^h Greenwich). Hätte ich eine solche Ephemeride, so bräuchte ich nur den Betrag der mittleren Ortszeit ($18^h4^m18^s$) zu dieser Angabe zu addieren. Nun muß ich mich aber fragen: War die Geburt vor oder nach dem Mittag (Greenwichzeit)? In meinem Fall war sie nachmittags, also muß ich die um 12^h veränderte Ortszeit (6^h statt 18^h) hinzuzählen: $6^h4^m18^s$. Bei einer Geburt *vor* Mittag (Greenwich) hätte ich (wieder mit einer um 12^h veränderten Zeit) vom Mittagsstand des Vortages ausgehen müssen.

Ich empfehle übrigens, auf jeden Fall zu addieren, auch wenn die Differenz gegenüber dem Ephemeridenwert 23^h55^m betragen sollte. Subtrahieren bringt keinen wirklichen Gewinn und führt nur zu Fehlern, die man vermeiden könnte, wenn man konsequent immer addierte. Je schematischer die Sache läuft, um so sicherer läuft sie in der Regel.

Leider brauchen wir jetzt aber noch zwei Korrekturen, um zur richtigen Sternzeit zu gelangen: die *zeitliche* und die *geographische Sternzeitkorrektur*. Die zeitliche Korrektur ist deshalb nötig, weil eine nach Sternzeit gehende Uhr nicht im Gleichtakt mit der normalen (Sonnenzeit-) Uhr liefe, sondern in 24^h um fast 4^m vorginge (genau um $3^m56{,}5554^s$). Die Sonne bleibt ja, wenn man von der Richtung ihres Tageslaufes ausgeht, täglich um ungefähr 1° gegenüber dem Fixsternhimmel (dem Tierkreis) zurück. Auch innerhalb der Zeit, die seit meinem Ephemeridenwert vergangen ist (seit dem Mittag des 26. Dezember), ist die Sternzeituhr wieder etwas vorgegangen. Um wieviel, das erfahre ich aus der Tabelle, die am Ende der Metz-Ephemeriden steht, für alle Stunden- und Minutenwerte der Ortszeitdifferenz. Oder ich dividiere, wenn ich ganz genaue Werte erhalten will, mit dem Taschenrechner die Ortszeitdifferenz durch 6,087369 (eine Zahl, die erschreckend groß aussieht, aber sich sehr leicht eingeben läßt) und bekomme das Ergebnis in Minuten und Sekunden (bis zu ganz überflüssigen Sekundenbruchteilen). Wenn ich großzügiger vorgehen will, brauche ich mir nur zu merken, daß je 6 Stunden der Ortszeitdifferenz 1 Minute ausmachen, 3 Stunden ½ Minute. Für meine 6^h4^m muß ich also gerade 1 Minute zuschlagen (auch nach genauer Rechnung übrigens).

Und was hat es nun mit der geographischen Sternzeitkorrektur auf sich? Sie ist nötig (wenn sie nötig ist), weil die Sternzeituhr zwischen München und dem 11,5° weiter westlich liegenden Greenwich nicht mehr vorgehen konnte. Ich muß also für je 1,5° östlicher Länge wieder 1 Zeitsekunde abziehen, für

München ²/₃ der Längengrade oder ¹/₆ der geographischen Ortszeitdifferenz in Sekunden, also 8^s. Westlich von Greenwich, wo die Sternzeituhr ja schon weiter vorgegangen wäre, müßte ich einen entsprechenden Betrag hinzuzählen. In West- und Mitteleuropa kann man die geographische Sternzeitkorrektur, weil sie nur wenige Sekunden ausmacht, meist vernachlässigen, in Amerika (+) oder in Ostasien (−) beträgt sie aber schon 1^m oder mehr.

Haben wir diese beiden Korrekturen noch angebracht, so wissen wir die genaue Sternzeit der Geburt. Ich führe den Verlauf (genau und abgerundet) noch einmal am Beispiel meines eigenen Horoskops vor:

	rund	genau
Sternzeit-Mittagswert am 26. 12.	18^h17^m	$18^h16^m48^s$
Diff. bis z. Ortszeit	$+06^h04^m$	$+06^h04^m18^s$
zeitl. Sternzeitkorrektur	$+00^h01^m$	$+00^h01^m00^s$
geogr. Sternzeitkorrektur		$-00^h00^m08^s$
Summe	24^h22^m	$24^h21^m58^s$
davon ab 24^h = Sternzeit	00^h22^m	$00^h21^m58^s$

Mit diesem Wert können wir nun die Häuserpositionen ausrechnen. Ich verwende ja die äqualen Häuser und brauche deshalb nur das MC (den Meridian) und den AS (die Horizontebene).

Zunächst arbeiten wir mit abgerundeten Werten. Da gibt uns die S-M-A-Tabelle für die Sternzeit 0^h20^m einen MC-Wert von 05°26′50″ ♈, für 0^h24^m ein MC von 06°32′07″ ♈. Weil 0^h22^m gerade zwischen beiden Sternzeitwerten liegt, schätzen wir, daß das MC ungefähr bei 6° ♈ liegen werde. Weitere Berechnungen brauchen wir für das MC nicht; es ist ja bei einer bestimmten Sternzeit auf allen Breitengraden gleich.

Beim AS dagegen müssen wir bedenken, daß er bei gleicher Sternzeit auf jedem Breitengrad anders ist. Wir suchen also den Breitengrad heraus, der München (48°08′20″ Nord) am nächsten liegt: den 48. Hier sind für 0^h20^m Sternzeit 27°39′ ♋, für 0^h24^m 28°24′ ♋ angegeben. Wir können also für den AS (Minuten lassen wir weg) 28° ♋ schätzen.

Wenn wir mit inäqualen Häusern arbeiten wollen, brauchen wir außer MC und AS auch noch die Zwischenhäuser (XI., XII., II., III.). Die jeweils gegenüberliegenden Häuser (V., VI., VIII., IX.) ergeben sich damit automatisch: sie liegen jeweils mit gleichem Gradwert in den gegenüberliegenden Zeichen, ebenso wie bei MC 6° ♈ das IC auf 6° ♎, bei AS 28° ♋ der DS auf 28° ♑ liegt. Nur handelt es sich bei inäqualen Häusern nicht um die Mitten, sondern um die Spitzen (Anfänge) der betreffenden Häuser. Man nimmt dazu die Häusertabelle der Häusermanier, die man für richtig hält, und verfährt für jedes einzelne Haus so, wie wir es gerade beim AS gezeigt haben, jeweils auf dem zunächstliegenden Breitengrad. Zwischen Breitengraden zu mitteln, lohnt sich hier nicht, da wir ohnehin nur mit ungenauen Werten arbeiten.

Nun wollen wir aber auch noch sehen, wie wir zu genauen Werten kommen können (bei sekundengenauer Sternzeit). Das kann manchmal ja wichtig sein, wenn wir gerade auf die Grenze zwischen zwei Tierkreiszeichen treffen.

Zunächst verwende ich eine Häusertafel, die von 4 zu 4 Sternzeitminuten fortschreitet, z.B. die S-M-A-Tabelle von Georg Hoffmann (im Ebertin-Verlag, Aalen). Hier liegt meine Sternzeit zwischen 00^h20^m und 00^h24^m. Mit genau $00^h21^m58^s$ differiert sie vom Vorwert (ich gebrauche jetzt möglichst einfache Bezeichnungen) um 1^m58^s. Diesen Betrag schreibe ich sogleich auf, etwa als *1/58,* weil ich ihn später noch brauchen werde. Ich nenne ihn »Sternzeitdifferenz« (SD).

Die MC-Werte für beide Sternzeiten sind 05°26′50″ ♈ und 06°32′07″ ♈. Beide muß ich voneinander subtrahieren. Ich schreibe dabei, wie ich es später auch bei den Planeten tun werde, den früheren Wert oben an, den späteren unten:

$$\begin{array}{r} -05°26'50'' \\ 06°32'07'' \\ \hline =01°05'17'' \end{array}$$

Das ist die MC-Differenz (MD), die meiner SD entspricht. Weil sich mit Minutenwerten leichter arbeiten läßt, schreibe ich sie als 65′17″. Und jetzt rechne ich nach der Formel:

MD x SD : 4 = MZ

MD	=	Differenz zwischen Vor- und Nachwert des MC in ′ und ″
SD	=	Differenz zwischen Geburts-Sternzeit und Sternzeit-Vorwert in ^{m} und ^{s}
4	=	Zahl der Minuten zwischen Vor- und Nachwert der Sternzeit
MZ	=	Zuschlag vom Vorwert des MC in ′ und ″

Ich rechne also: 65′17″ x 1′58″ : 4 = 32′06″

Diesen Betrag addiere ich zum Vorwert des MC:

$$\begin{array}{r} 05°26'50'' \\ +00°32'06'' \\ \hline =05°58'56'' \text{ ♈} \end{array}$$

Das ist mein MC. Weil es mir jedoch übertrieben vorkäme, es sekundengenau anzugeben, runde ich es wieder auf Minuten ab:

5°59′ ♈

Um nach dieser Tabelle auch den AS genau zu berechnen, muß ich davon ausgehen, daß München auf 48°08′20″ nördlicher Breite liegt, also zwischen dem 48. und dem 49. Grad. Zwischen beiden muß ich jetzt also interpolieren. 48° ist dabei der »Untergrad«, von dem ich ausgehe (nur ja nicht vom »Obergrad« 49°!). Zu ihm kommen 8′20″ als »Untergrad-Minuten« (U′) hinzu, derentwegen ich interpolieren muß.

Die Tabelle gibt mir

$00^h20^m : 48° = 27°39′$ ♋ $\quad$ $00^h24^m : 48° = 28°24′$ ♋

$49° = 28°21′$ $\quad$ $49° = 29°06′$

Die Grad-Differenz (GD) beträgt in beiden Fällen 42′.

Ich rechne jetzt nach der Formel:

$$GD \times U' : 60 = UZ$$

GD = Differenz zwischen Unter- und Obergradwert des AS in ′
U′ = Breitenwert des Geburtsortes über dem Untergrad in ′ und ″
60 = Zahl der Breitenminuten zwischen Unter- und Obergrad
UZ = Zuschlag zum Untergradwert des AS

Diese Rechnung ergibt:

$$42' \times 8'20'' : 60 = 6'$$

Diese 6′ muß ich zu beiden Untergradwerten addieren, weil die Obergradwerte höher liegen. Lägen sie niedriger (was auch vorkommt), so müßte ich subtrahieren. Ich erhalte also die Vor- und Nachwerte für den AS:

27°45′ und 28°30′ ♋

Zwischen beiden muß ich jetzt ebenso interpolieren, wie ich das vorher beim MC getan habe. Ihre Differenz voneinander beträgt:

$$\begin{array}{r} -27°45' \\ 28°30' \\ \hline 45' \end{array} \quad = \text{AS-Differenz (AD)}$$

Nun rechne ich wieder nach der Formel:

$$AD \times SD : 4 = AZ$$

AZ ist jetzt der gesuchte Zuschlag zum AS-Vorwert.

Ich rechne:

$$45' \times 1'58'' : 4 = 22'$$

Mein Aszendent ist also: 27°45′ + 22′ = 28°7′ ♋

Will ich mit inäqualen Häusern arbeiten, so brauche ich auch noch die Zwischenhäuser (XI., XII., II., III.). Bei jedem von ihnen muß ich ebenso verfahren wie beim Aszendenten. Dafür genügt allerdings die S-M-A-Tabelle nicht, die mir ja nur Meridian und Aszendent gibt. Tafeln für Häuser nach Regiomontanus, Campanus, Placidus und für die »Natural Graduation« nach

Colin Evans (von 12 zu 12 Sternzeitminuten fortschreitend und mit wechselnden Abständen der Breitengrade zwischen 10° und 60°) enthält »The New Waite's Compendium of Natal Astrology« von Evans (siehe Literaturverzeichnis).

Nun mache ich dasselbe noch einmal, wobei ich eine nach MC-Graden fortschreitende Häusertafel benutze, z.B. die »Häusertabellen des Geburtsortes für 0° – 60° nördliche Breite« von Walter A. Koch (im Verlag Schaeck, Neunkirchen). Hier liegt die Sternzeit meiner Geburt zwischen $00^h18^m21^s$ (5° ♈) und $00^h22^m02^s$ (6° ♈). Ich ermittle jetzt die Minuten und Sekunden, die zum Vorgrad-MC hinzukommen sollen (MM). Die Formel dafür lautet:

$$MM = \frac{GS - VS}{NS - VS}$$

GS = Sternzeit der Geburt in ^{m} und ^{s}
VS = Sternzeit des MC-Vorgrades (5°) in ^{m} und ^{s}
NS = Sternzeit des MC-Nachgrades (6°) in ^{m} und ^{s}

Alle Sternzeiten werden dabei nur in Minuten und Sekunden angegeben. Käme ich an die Grenze zwischen zwei Sternzeit-Stunden, läge die Nachzeit also in einer späteren Stunde als die Vorzeit, so müßte ich die Minutenzahl der Nachzeit um 60 vergrößern, um normal weiterrechnen zu können.

Ich bekomme also:

$$MM = \frac{21'58'' - 18'21''}{22'02'' - 18'21''} = \frac{3'37''}{3'41''} = 58'55''$$

Mein MC liegt somit auf 5°58′55″ ♈. Das ist gerade 1″ weniger als zuvor nach der S-M-A-Tabelle. Ich runde es ohnehin auf 5°59′ ♈ ab, wie ich das auch dort tat.

Um den AS zu ermitteln, muß ich jetzt von den MC-Werten 5° und 6° ♈ ausgehen. Hier bekomme ich für 48° und 49° Breite:

MC 5° : 48° = 27°21′ ♋ MC 6° : 48° = 28°02′ ♋
49° = 28°03′ 49° = 28°44′

Die Grad-Differenz (GD) beträgt in beiden Fällen 42′

Ich rechne wieder nach der Formel:

$$GD \times U' : 60 = UZ$$

U′ = die Minuten und Sekunden, die München über dem 48. Breitengrad liegt
UZ = der gesuchte Zuschlag zum Untergradwert des AS (48°) in ′

Meine Rechnung ergibt nun:

$$42' \times 8'20'' : 60 = 6'$$

Diese 6′ muß ich zu beiden Untergradwerten addieren, weil die Obergradwerte (für 49°) höher liegen. Lägen sie niedriger (auch das kommt vor), so müßte ich sie subtrahieren. Ich erhalte also die Vor- und Nachwerte des AS (für MC = 5° und 6° ♈):

27°27′ und 28°08′ ♋

Zwischen beiden Werten muß ich wieder interpolieren. Ihre Differenz voneinander (die AS-Differenz, AD) beträgt:

−27°27′
28°08′
———
41′

Um den genauen AS zu bekommen, errechne ich jetzt den Zuschlag, den ich zum Vorgradwert des AS noch brauchen werde (AZ). Dafür benutze ich einfach die schon früher berechneten MC-Minuten (M′):

AD x M′ : 60 = AZ

AD = Differenz zwischen den AS-Vor- und Nachgradwerten in ′
M′ = Minutenwert des MC (evtl. auch ″)
60 = Zahl der Minuten zwischen Vor- und Nachgradwert des MC
AZ = Zuschlag zum Vorgradwert des AS in ′

Das sind in unserem Beispiel:

41′ x 58′55″ : 60 = 40′

Mein AS ist jetzt also 27°27′ + 40′ = 28°7′ ♋. Dieser Wert ist genau gleich jenem, den ich nach der S-M-A-Tabelle ermittelt habe.

Will ich inäquale Häuser (z.B. nach Kochs GOHS) verwenden, so muß ich auch alle Zwischenhäuser nach der gleichen Methode berechnen, nach der ich oben den AS ermittelt habe. Das macht Mühe, aber ich bekomme dafür die genauen Werte für die inäqualen Häuser, die ich haben wollte. Auch für Häuser nach Placidus gibt es Häusertafeln von Walter A. Koch. Außerdem gibt es die Placidus-Häusertabellen (die dort aber nicht ausdrücklich als solche bezeichnet sind) aus dem Verlag von Raphael's in London.

Nun haben wir, auf halbe Grade oder auf Minuten genau, die Bühne errichtet, auf der das Drama der Planeten sich abspielen soll. Es wird Zeit, daß die Akteure sie betreten. Wir berechnen deshalb jetzt die Positionen der Planeten auf dem Tierkreis.

Darüber gibt uns wieder die Ephemeride Auskunft, die uns sagt, wo jeder Planet um Mittag bzw. Mitternacht (Greenwichzeit) vor und nach unserem Geburtstermin sich aufgehalten hat. Ich empfehle, auch diese Werte von vornherein auf das Rechenblatt zu übertragen. So braucht man nicht jeden einzeln nachzuschauen, was immer wieder zu neuen Fehlern führen könnte, und man kann seine Rechnung später leicht kontrollieren, sie eventuell auch noch genauer ausführen.

Wenn das Ergebnis nicht ganz genau sein muß, genügen die halben Grade, die sich leicht abschätzen lassen, vor allem bei den langsamlaufenden Planeten. Nur beim Mond, der sich am schnellsten bewegt, kann es problematisch sein, wenn man für je 2 Stunden 1° nimmt. Gerade wenn er über eine Zeichengrenze hinweggeht, ist es in der Regel besser, seine genaue Tagesbewegung zu ermitteln, indem man seinen Vortagswert vom Nachtagswert abzieht (den man, wenn er im nächsten Zeichen liegt, vorher schon um 30° erhöht hat) und dann in den Hilfstabellen, die in den Metz-Ephemeriden 1890–1950 stehen oder als besonderes Heft im Ebertin-Verlag erschienen sind, den Weg nachschlägt, den er bis zur Greenwichzeit der Geburt zurückgelegt hat. Wichtig ist, daß wir bei allen Planetenständen von der Greenwichzeit ausgehen, während wir bei den Häusern die mittlere Ortszeit bzw. die Sternzeit (Sidereal Time, wie sie in vielen Ephemeriden englisch heißt) zugrunde gelegt hatten.

Einige Vorsicht ist bei Planeten geboten, die *rückläufig* sind. Sie sind bereits in der Ephemeride mit dem Zeichen ℞ versehen, und mit diesem Zeichen werden sie auch ins Horoskop eingetragen. Bei ihnen muß vom Vortagswert natürlich subtrahiert werden. Äußere Planeten sind immer rückläufig, wenn sie nahe ihrer Opposition zur Sonne stehen, niemals aber in Sonnennähe. Sonne und Mond werden niemals rückläufig, die Mondknoten dagegen sind es immer. Für die Deutung gilt die Rückläufigkeit als Symbol einer Verhaltenheit und Konzentration der betreffenden Wesenskraft, wodurch leicht auch deren Wirken nach außen hin gehemmt werden kann. Es mag hier manches latent bleiben und nur spät oder gar nicht in deutlichere Erscheinung treten. Wird die Kraft aber frei, so hat sie sich durch die vorangegangene Stauung intensiviert.

Ähnliches bedeutet es auch, wenn ein Planet stillsteht. Man bezeichnet ihn dann im Horoskop mit *S* und setzt dahinter noch ein ℞, wenn er nach dem Stillstand rückläufig wird, ein *D*, wenn er sich rechtläufig weiterbewegt.

Von den beiden Mondbahnknoten ist immer nur der aufsteigende (☊) angegeben, da ja der absteigende (☋) in genauer Opposition zu ihm liegt und deshalb nur mit dem entgegengesetzten Tierkreiszeichen versehen werden muß. Der Mondknoten ist meist nur für jeden dritten Tag dargestellt. Man kann seinen gegenwärtigen Stand leicht ermitteln, wenn man rechnet, daß er sich jeden Tag um rund 3′ rückläufig bewegt.

Um alle Planetenstände genau zu berechnen, verwende ich ein Heft mit Langkaro-Einteilung, in dem ich für jedes Horoskop eine Halbseite brauche. Ich übertrage dorthin für jeden Planeten die beiden Werte aus der Ephemeride, wobei ich den Vortagswert oben anschreibe, den Nachtagswert unten. Zwischen beiden Werten habe ich in der Ephemeride einen Bleistiftstrich gezogen, damit ich die Zeilen nicht so leicht verwechseln kann. Rechts unten schreibe ich die Tagesbewegung an, die sich durch Subtraktion des Vortagswertes vom Nachtagswert (bei rückläufigen Planeten umgekehrt) ergibt. Und nun errechne ich die einzelnen Planetenbewegungen nach der Formel:

GZ : 24 x TB = PB

GZ = Greenwichzeit zwischen Mittag (Mitternacht) und der Geburt in $^{h}, ^{m}, ^{s}$

24 = die Zahl der Stunden eines Tages

TB = Tagesbewegung des Planeten (Mittag – Mittag bzw. Mitternacht – Mitternacht) in °, ′, ″

PB = Planetenbewegung, die zum vorigen Ephemeridenwert addiert (bei Rückläufigkeit von ihm subtrahiert) werden muß, in °, ′, ″

Bei meinem Taschenrechner kann ich den Zeitfaktor (GZ : 24) als Konstante eingeben und dann die ganze Reihe der TB-Werte, die ich zuerst ermittelt habe, durchrechnen, ohne mir noch einmal Gedanken wegen der GZ machen zu müssen. Ich schreibe einfach die GZ-Differenz obenan, stelle den Zeitfaktor durch die Faktorenaustauschtaste (x-y) hinter den ersten TB-Wert, und dann bleibt er automatisch als Konstante stehen. Ein solches Verfahren läßt sich wahrscheinlich auch bei den meisten anderen Taschenrechnern durchführen; es lohnt sich bestimmt, das einmal auszuprobieren!

Pluto ist allerdings erst in neueren Ephemeriden für jeden Tag mit seinem genauen Stand angegeben. Meine Metz-Ephemeriden, die ich am häufigsten brauche, zeigen seine Position nur für jeden 8. Tag. Hier rechne ich dann nach der Formel:

GS : 192 x 8TB =PB

GS = Greenwichzeit in Stunden seit dem letzten angegebenen Mittag (Tage x 24 + Stunden meiner GZ vom Vortag an)

192 = 8 x 24 (wenn nicht genau 8 Tage, wie oft am Monatsende, dann eben die Zahl dieser Tage x24)

8TB = Bewegung des Pluto während der 8 Tage in ′

PB = Bewegung des Pluto seit seinem letzten Ephemeridenwert in ′

Die Spezial-Pluto-Tabelle aus dem Ebertin-Verlag enthält eine eigene Tafel zur Ermittlung der Zwischenwerte.

Die errechneten PB-Werte schreibe ich jeweils über die TB-Beträge, so daß ich sie leicht zu den Vortagswerten addieren (oder, bei rückläufigen Planeten, von diesen subtrahieren) kann. So komme ich zu den minuten- oder sekundengenauen Positionen aller Planeten. Bei meinem eigenen Horoskop sieht das dann so aus:

genau:		(GZ=5h18m)			rund:
☉	03°57′02″ 04 58 10	13′30″ 01 01 08	04°10′32″	♑	4°
☽	06 42 18 30	02 36 11 48	09°18′	♈	6,5° + 3° = 9,5°
☿	15 07 16 43	21 01 36	15°28′	♑	15°+0,5°=15,5°
♀	26 42 27 06	05 24	26°47′	♏	27°
♂	10 59 11 43	10 44	11°09′	♓	11°
♃	12 18 — 28	02 10	12°20′	♏	12,5°
♄	19 05 — 09	01 04	19°06′	♎	19°
♅	10 15 — 17	00 02	10°15′	♓	10,5°
♆	17 51 — 49	00 –02	17°51′	♌ ℞	18°
♇	25,10 15 1,— 06	–02 (–09)	10°13′	♋ ℞	10°
☊	24 38	–01 –03	24°37′	♍	24,5°
☋			24°37′	♓	24,5°

Bei Geburtsorten südlich des Äquators empfehle ich, wie schon früher dargelegt, den »Tierkreis Süd« zu verwenden. Um Süd-Horoskope zu berechnen, verändert man die ganz normal ermittelte Sternzeit um 12 Stunden: 6^h wird also zu 18^h, 18^h zu 6^h. Meridian, Horizont und alle Häuser werden nun genau wie im Norden aufgeschrieben. Nur die Planeten stehen jetzt in den jeweils gegenüberliegenden Zeichen: was laut Ephemeride im Widder stünde, steht jetzt in der Waage; Stier wird zu Skorpion, Löwe zu Wassermann usw., jeweils mit dem gleichen Grad- und Minutenwert wie nördlich des Äquators.

Auf jeden Fall wird man dann auch zur Zeichnung unübersehbar »Tierkreis Süd« hinzuschreiben, schon um jene Astrologen (die allermeisten) nicht gar zu arg zu verwirren, die noch nie etwas von den Jahreszeiten südlich des Äquators und von der entsprechenden Umkehrung der Tierkreiszeichen gehört haben und deshalb auch im Süden während des tiefsten Winters (im Juli/August) die Sonne im Löwen suchten.

In den Tropen (also zwischen den beiden Wendekreisen, südlich von 23°17′ Nord und nördlich von 23°17′ Süd) wird man zwar die jeweils geltende Variante des Tierkreises verwenden, aber sich dessen bewußt bleiben, daß gegen den Äquator hin jedes Zeichen mehr und mehr von der Charakteristik seines Gegenzeichens in sich aufnimmt, bis am Äquator selbst beide völlig miteinander verschmelzen. Und leider liegen auf der Südhalbkugel die meisten bewohnten Gegenden (bis hinab zu Rio de Janeiro oder Windhuk) noch in den Tropen. Es ist also gar nicht leicht, in unseren Breiten eindeutige Südhoroskope zu bekommen. Zudem können wir, wie bei Pflanzen, so auch bei Menschen nicht ganz ausschließen, daß solche Exemplare, die früh in den Norden versetzt wurden, sich in mancher Hinsicht noch den hier herrschenden Jahreszeitenrhythmen angepaßt haben mögen.

Für Geburten vor 1850 kann man, falls man nicht noch eine ganz alte Ephemeride auftreibt, nur nach den »Planetentafeln für jedermann von 3400 v.Chr. bis 2600 n.Chr.« von Karl Schoch (Berlin-Pankow, 1927) die Horoskopdaten ermitteln. Ganz sind diese Tafeln allerdings nicht »für jedermann« geeignet, weil ihre Anwendung (im Buch selbst beschrieben) einigermaßen kompliziert ist.

Wenn nun alle Daten errechnet sind, wird man sich vorsichtshalber vergewissern, daß nichts vergessen wurde. Es müssen die Spitzen aller zwölf Häuser sowie die Tierkreisorte der zehn Planeten bekannt sein. Dazu kommen noch die beiden Mondknoten. Alle diese Werte werden dann in das Horoskop eingetragen.

Es sind aber noch Angaben in der Ephemeride (in den meisten Ephemeriden wenigstens), die wir bisher nicht benutzt haben. Außer der »Länge« (Long.), mit der wir rechneten, gibt es Spalten, die mit »Breite« (Lat.) und mit »Deklination« überschrieben sind. Der Wert für die »Breite« geht uns überhaupt nichts an. Den für die »Deklination« kann man, wenn man will, für jeden Planeten berechnen, wobei man nach den gleichen Regeln verfährt, die für die Längenberechnung gelten. Diese Deklination kommt aber nur dann in Betracht, wenn man die sogenannten Parallel-Aspekte berücksichtigen will, deren Bedeutung sehr gering ist.

Die Deklination eines Planeten ist sein Winkelabstand vom Himmelsäquator in nördlicher oder südlicher Richtung. Ist dieser Winkelabstand bei zwei Planeten nicht um mehr als 1° verschieden (wobei auch der eine Planet in nördlicher, der andere in südlicher Deklination stehen kann), so spricht man von einem »Parallel« (||). Welche Bedeutung dieser Aspekt haben soll, ist aber nicht völlig klar. Man wird ihn wohl höchstens als Verstärkung eines anderen, ohnehin schon in der »Länge« bestehenden Aspekts gelten lassen können. Wer die Begriffe »Deklination« und »Parallel« völlig vernachlässigt, macht sich kaum einer großen Unterlassungssünde schuldig.

Nachdem nun die rechnerischen Daten festgelegt sind, kann das Horoskop gezeichnet werden.

DIE DARSTELLUNG DES HOROSKOPS

Ein Horoskop ist nicht eine Reihe von Zahlen, sondern ein Bild. Wir müssen darum aus den Ergebnissen, die uns die Berechnung geliefert hat, ein solches Bild machen. Je anschaulicher und übersichtlicher dieses Bild wird, um so leichter werden wir seinen Sinn deuten können. Die Sorgfalt, die man auf das Zeichnen eines Horoskops verwendet, ist niemals verlorene Mühe.

Zwar machen schöne Horoskopzeichnungen noch lange keinen guten Astrologen, doch kann man umgekehrt von jemandem, der flüchtig und unsauber zeichnet, mit Sicherheit sagen, daß er ein schlechter Astrologe sein muß. Es zeigt nämlich, daß er vor dem Menschen, zu dem das Horoskop gehört, keine Achtung hat. Wahrscheinlich wird er auch seine Deutungen ebenso gleichgültig und lieblos machen. Ein Horoskop spiegelt eben immer auch ein wenig den Charakter dessen, der es gezeichnet hat.

Es gibt gedruckte Horoskopformulare verschiedener Ausführung zu kaufen. Davon sind alle unpraktisch, bei denen die Tierkreiszeichen bereits eingetragen sind, weil bei ihnen die Darstellungen immer schief auf das Blatt zu stehen kommen. Man muß zumeist erst eine Weile suchen, ehe man die Horizontachse in die Waagerechte gebracht hat. Es ist auch nicht nötig, daß man überhaupt Vordrucke verwendet. Der eigene Entwurf ist jedenfalls persönlicher und macht einen zunächst besser mit dem Erscheinungsbild am Himmel vertraut. Mit Zirkel, Lineal und Vollkreiswinkelmesser kann man ihn verhältnismäßig leicht anfertigen. Bei seinen ersten Horoskopen sollte man das möglichst auch tun, um sich dann erst nach eigenen praktischen Erfahrungen für ein bestimmtes Formular oder einen Tierkreisstempel (wie ich selbst es getan habe) zu entscheiden.

Man kennt im wesentlichen drei verschiedene Arten der Horoskopdarstellung. Davon sei hier zunächst die in Deutschland am meisten verwendete genannt, die auch die anschaulichste ist. Wir bezeichnen sie als »Tierkreisschema« (Abb. 32).

Hierbei wird der Tierkreis so aufgezeichnet oder gestempelt, daß die Horizontebene (AS – DS) auch wirklich die Horizontale ist. Sie wird mit kräftigen Strichen eingetragen; mit zarteren Strichen bezeichnet man dann wieder die (äqualen) Häusergrenzen, jeweils 15° vom AS und den übrigen Häusermitten entfernt, wobei man jedesmal die Gradwerte an den Außenrand des Kreises schreibt. Mit kräftigen Strichen werden außerdem der Meridian (MC – IC) sowie Ost- und Westpunkt (rechtwinklig zum Meridian) bezeichnet, so daß man auch die Grundlagen der Meridianhäuser hat. Ob und wie man auch Sonnen-, eventuell sogar Mondhäuser einzeichnen will, bleibt dem persönlichen Geschmack jedes einzelnen überlassen.

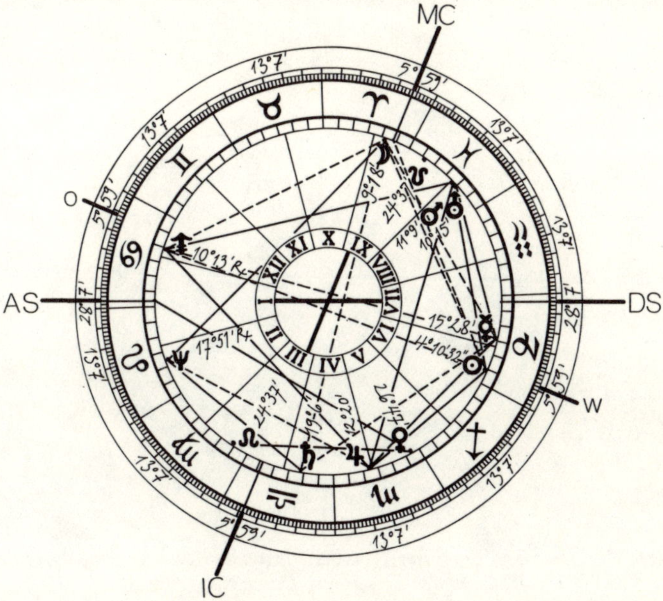

Abb. 32 Horoskop Ernst von Xylander (Tierkreisschema)

	F = 3	
26. Dezember 1922	E = 4	München
Dienstag	L = 1	48°08′20″ N
18^h18^m MEZ	W = 7	11°34′30″ O
$0^h21^m58^s$ StZ	R = 10	äquale Häuser
	T = 3	
	S = 2	

Auf der Gradeinteilung bezeichnet man durch Striche oder Punkte (am besten farbig) die errechneten Örter der einzelnen Planeten und schreibt die Symbolzeichen mit den genauen Grad- und Minutenwerten dazu. Den Mond empfehle ich so einzuzeichnen, wie seine Sichel am Himmel aussieht: im Zunehmen ☽, im Abnehmen ☾. Südlich des Erdäquators ist es allerdings umgekehrt. Am besten hält man sich mit diesen Eintragungen innerhalb der Zeichen- und Häusergrenzen, soweit es irgend möglich ist, so daß beim Betrachten kein Zweifel darüber aufkommen kann, in welchem Zeichen und in welchem Haus jeder Planet nun wirklich steht. Bei Ballungen vieler Planeten auf engem Raum wird das mitunter nicht ganz einfach sein. (Mit einem derartigen Horoskop zu leben, ist allerdings noch ein bißchen schwieriger.)

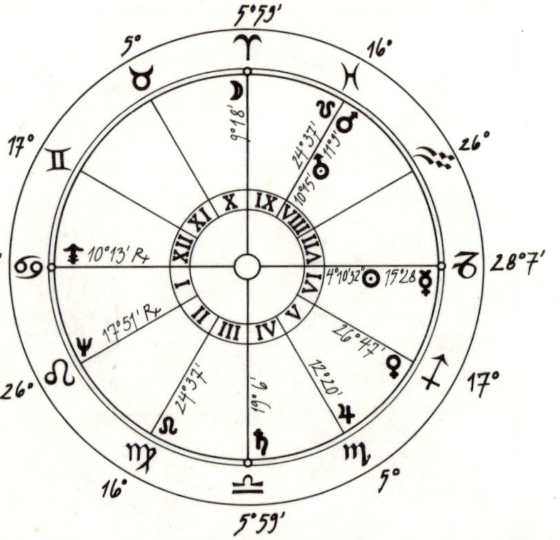

Abb. 33 Horoskop Ernst von Xylander, nach dem Häuserschema dargestellt. Häuser nach Campanus. Daten siehe Abb. 32

Ich gebe hier als Beispiel mein eigenes Horoskop, nicht weil ich meinte, daß es so ganz besonders interessant sei, sondern weil ich durch diese »astrologische Visitenkarte« meinen Lesern die Möglichkeit geben will, sich auch mit den persönlichen Hintergründen dessen zu befassen, was ich in diesem Buch gesagt habe. Vielleicht macht das manche Besonderheiten oder manche Schwächen meiner Einstellung oder meiner Schilderungen verständlicher.

Außer dem Tierkreis-Schema sind aber noch zwei andere Darstellungsarten für Horoskope in Gebrauch. Auch mit ihnen sollte jeder Astrologe vertraut sein, ob er sie nun selbst anwenden will oder nicht. Es kann ja immer sein, daß man Horoskope vorgelegt bekommt, die von fremder Hand gezeichnet sind. In solchen Fällen wäre es peinlich, wenn man sich gar nicht zurechtfände.

Das Häuser-Schema (Abb. 33) ist international, also außerhalb Deutschlands, fast die einzig bekannte Darstellungsweise. Es ist in gewisser Hinsicht weniger anschaulich als das Tierkreis-Schema, aber dafür einfacher zu zeichnen. Sein Format kann etwas kleiner gehalten werden, und auch Verwechslungen von Häusern kommen nicht vor. Ich zeige es an einem inäqualen Beispiel.

Alle Häuser, auch inäquale, sind hier in gleicher Größe dargestellt. Man schreibt an die Spitze jeweils das Tierkreiszeichen und den Gradwert. Liegen zwei Häuserspitzen so weit auseinander, daß ein ganzes Zeichen zwischen ih-

Abb. 34 Quadratschema (vgl. Abb. 32 – 33)

nen eingeschlossen ist, so wird dieses Zeichen in die Mitte des Hauses geschrieben. Die Planeten werden nun so eingetragen, daß man Symbol und Gradwert entlang der Häusergrenze schreibt, an der das entsprechende Tierkreiszeichen steht. Planeten, die in eingeschlossenen Zeichen stehen, werden quer zur Richtung der Häuserspitzen eingetragen.

Hier ist es schwieriger als beim Tierkreisschema, die Aspekte zwischen den Planeten zu ermitteln. Man kann nicht einfach den Winkelmesser anlegen oder die Tierkreisgrade abzählen, wie es dort möglich war. Es ist notwendig, daß man schon darüber Bescheid weiß, welche Zeichen zueinander im Quadrat, welche im Trigon stehen usw. Das ist ein Nachteil dieser Zeichenart, um dessentwillen sie bei Anfängern wenig beliebt ist.

Vollends verwirren muß uns dann allerdings das Quadratschema (Abb. 34). Es ist heute auch schon fast historisch geworden und wird nur noch von sehr wenigen Astrologen (vorwiegend in England) verwendet. Man hat es wohl erfunden, um dem Laien ein möglichst geheimnisvolles Gebilde vorlegen zu können, das ihm unverständlich wäre und das er deshalb mit gebührendem Respekt betrachten solle. Aus dem Quadrat ist allerdings nicht zu erkennen, daß es sich um eine Darstellung des Himmelsanblicks handelt. Die Häuser haben sich in rechtwinklige Dreiecke verwandelt. Die Eintragung der Tierkreiszeichen und Planeten entspricht freilich ganz der des obengenannten Häuserschemas und ist von daher, wenn man sich erst einmal an das Bild gewöhnt hat, ohne Schwierigkeit zu verstehen. Man wird solche Horoskope wohl meistens für den eigenen Gebrauch noch einmal umzeichnen, ehe man sie ausführlicher deutet. Immerhin muß man auch dazu das Quadrat-Schema wenigstens kennen. In früheren Zeiten war es so allgemein in Verwendung, wie es heute die anderen Zeichnungsarten sind. Ich zeige auch hier ein Beispiel mit inäqualen Häusern (Placidus).

Sind die Häuserspitzen und die Planeten eingetragen, so ist es meistens günstig, auch die Aspekte noch innerhalb der Zeichnung anzudeuten. Man wird also mit feinem Bleistift oder mit Farbstift Verbindungslinien zwischen den Planeten ziehen, die im Aspekt zueinander stehen. Dazu muß nun noch etwas genauer gesagt werden, welche Aspekte es gibt und wie man ihre Gültigkeit feststellt.

Als disharmonische Aspekte kennen wir bereits die Opposition (☍) von 180° und das Quadrat (□) von 90°. Man bezeichnet sie meist mit gestrichelten Linien oder mit roter Farbe.

Die harmonischen Aspekte des Trigons (△) von 120° und des Sextils (⚹) von 60° werden mit durchgezogenen Linien oder mit grüner Farbe angegeben. Natürlich kann man auch andere Farben wählen; aber mir scheint Grün nun einmal die harmonischste Farbe zu sein. Außerdem bedeutet es bei der Verkehrsampel »freie Fahrt«, während Rot sich wohl eher für die Hemmungs- oder Konfliktaspekte eignet.

Nun stehen die Planeten freilich selten in so genauen Winkeln zueinander, daß man die Aspekte »exakt« nennen dürfte. Meist bestehen Abweichungen, die, wenn sie größer werden, dem Aspekt immer mehr von seiner Eigenart nehmen, bis er schließlich gar nicht mehr als solcher zu werten ist. Wir müssen deshalb Grenzen finden, innerhalb deren ein Aspekt noch gilt. Man spricht von dem »Orbis« oder »Umkreis«, den jeder an einem Aspekt beteiligte Planet habe. Er wird mit folgenden Maßen angegeben (nach H. Frh. v. Klöckler):

Sonne	=	15°	Jupiter	=	9°
Mond	=	12°	Saturn	=	9°
Merkur	=	8°	Uranus	=	7°
Venus	=	8°	Neptun	=	5°
Mars	=	8°	Pluto	=	3°

	☉	☽	☿	♀	♂	♃	♄	♅	♆	♇	☊	1/1
☉	(15°)	13°30	11°30	11°30	11°30	12°00	12°00	11°00	10°00	09°00	07°30	☉
☽	04°30	(12°)	10°00	10°00	10°00	10°30	10°30	09°30	08°30	07°30	06°00	☽
☿	03°50	03°20	(08°)	08°00	08°00	08°30	08°30	07°30	06°30	05°30	04°00	☿
♀	03°50	03°20	02°40	(08°)	08°00	08°30	08°30	07°30	06°30	05°30	04°00	♀
♂	03°50	03°20	02°40	02°40	(08°)	08°30	08°30	07°30	06°30	05°30	04°00	♂
♃	04°00	03°30	02°50	02°50	02°50	(09°)	09°00	08°00	07°00	06°00	04°30	♃
♄	04°00	03°20	02°50	02°50	02°50	03°00	(09°)	08°00	07°00	06°00	04°30	♄
♅	03°40	03°10	02°30	02°30	02°30	02°40	02°40	(07°)	06°00	05°00	03°30	♅
♆	03°20	02°50	02°10	02°10	02°10	02°20	02°20	02°00	(05°)	04°00	02°30	♆
♇	03°00	02°30	01°50	01°50	01°50	02°00	02°00	01°40	01°20	(03°)	01°30	♇
☊	02°30	02°00	01°20	01°20	01°20	01°30	01°30	01°10	00°50	00°30	(00°)	☊
1/3	☉	☽	☿	♀	♂	♃	♄	♅	♆	♇	☊	

Abb. 35 Tabelle der Orbiswerte. Oben und rechts: die vollen Werte für große Aspekte, links und unten: die Drittelwerte für kleine (z. B. Halbsextil, Halbquadrat, Quincunx, Quintil) oder unechten Aspekte (über die Zeichengrenzen hinweg). ☊ bedeutet alle Punkte, an denen kein Planet steht (AS, DS, MC, IC, Mondknoten)

Um zu erfahren, ob zwei Planeten noch als miteinander im Aspekt stehend gewertet werden dürfen, bestimmt man den mittleren Betrag zwischen den Orbis-Größen, die beiden zugestanden sind. Um diesen Betrag darf der Winkel noch von seinem exakten Wert abweichen.

Ein Quadrat zwischen Jupiter und Uranus gilt also noch – wenn auch zunehmend schwächer – im Raum von 82° bis 98°, also jeweils um 8° vom genauen Wert 90° entfernt. Häuserspitzen haben keinen eigenen Orbis. Ein Planetenaspekt auf den Aszendenten oder das MC wird also danach bewertet, ob er sich in der *halben* Orbisweite des Planeten hält. Ebenso ist es bei Aspekten auf die Mondknoten.

Außer den fünf großen Aspekten – Konjunktion, Opposition, Quadrat, Trigon und Sextil – kennen wir noch einige sogenannte kleine. Hier ist das schwach disharmonische *Halbquadrat* (∠) mit 45° und das *Anderthalbquadrat* oder *Sesquiquadrat* (⚼) mit 135° zu nennen. Ferner gibt es das Halbsextil (⚺) mit 30° und den Quincunx (⚻) mit 150°. Das Halbsextil gilt als ein schwach harmonischer, der Quincunx als ein schwach disharmonischer Aspekt, als eine Art von Fremdheit zwischen den Planeten. Als schwach harmonische Aspekte werden auch das Quintil (72°, Q), das *Biquintil* (144°, ±) und das *Dezil* oder *Halbquintil* (36°, ⊥) genannt.

Quintile und Biquintile (Aspekte, die Venus-Charakter haben) ermittelt man mit einem markierten Vollkreiswinkelmesser (leicht selbst anzufertigen) und zusätzlich (genauer) mit dem Taschenrechner: Man addiert zum Gradwert des in der Verlaufsrichtung des Tierkreises ersten Planeten 72° bzw. 144° und zieht dann das nächste Vielfache von 30° ab, um den Wert des exakten Aspekts zu bekommen. Der Orbiswert muß sehr klein genommen werden. Quintile und Biquintile haben übrigens keine Oppositionsaspekte; man muß sie deshalb für AS und DS, MC und IC sowie für beide Mondknoten jeweils einzeln bestimmen. Nur Dezil und Biquintil ergeben zusammen 180°.

Alle diese kleinen Aspekte sind aber, was ihre Bedeutung anlangt, mit den großen gar nicht zu vergleichen. Deshalb werden sie auch nur gewertet, wenn ihr Orbis kleiner ist als der dritte Teil dessen, was für einen großen Aspekt gelten würde.

Ebenso ist ein Aspekt, der den Tierkreiszeichen nach nicht stimmt, wesentlich schwächer zu bewerten. So steht etwa ein Planet auf 3° Widder zu einem anderen auf 28° Krebs wohl in einem Winkel, der dem Trigon ziemlich nahe kommt. Aber die Zeichen gehören nicht dem gleichen Element an. Das Trigon kann also nicht einen ebensolchen Einklang bedeuten, wie wenn es zwischen 3° Widder und 8° Löwe bestünde. Man wird auch für solche »unechten« Aspekte höchstens ein Drittel der normalen Orbisweite gelten lassen dürfen.

Von den kleinen Aspekten kann man Quincunx und Halbsextil mit violetten Linien bezeichnen, Halbquadrat und Anderthalbquadrat mit gestrichelten roten, Quintil und Biquintil mit gestrichelten grünen Linien. Darüber bestehen aber keine bindenden Vorschriften.

Den Sonderaspekt des »Parallel« (||) haben wir schon erwähnt. Er besteht dann, wenn zwei Planeten die gleiche Deklination vom Äquator aus haben (nördlich oder südlich). Der Orbis ist hier immer nur 1°. Parallelaspekte wird man nicht in die Horoskopzeichnung selbst eintragen, sondern sie allenfalls an einer anderen Stelle vermerken.

Damit kommen wir zur Erwähnung dessen, was außer der eigentlichen Zeichnung noch auf einem Horoskopblatt stehen sollte. Den Namen des Horoskopeigners wird man oft nicht ausschreiben, sondern ihn etwa durch die Anfangsbuchstaben und das Zeichen »♂« bei einem Mann, »♀« bei einer Frau ersetzen. Ein Fremder, der das Horoskop etwa in die Hand bekommt, soll ja nicht dadurch beeinflußt werden, daß er den betreffenden Menschen vielleicht persönlich kennt.

Dagegen müssen alle Daten eingetragen sein, auf denen die Rechnung beruht und nach denen man sie, wenn es erwünscht ist, später kontrollieren kann. Tag, Montag und Jahr der Geburt sind nötig sowie die Geburtszeit mit der Angabe, ob es sich um Zonenzeit, Sommerzeit, Ortszeit usw. handelt. Außerdem kann es gut sein, Notizen darüber zu machen, aus welcher Quelle die Geburtszeit erfahren wurde und welcher Grad von Genauigkeit anzunehmen ist. Der Geburtsort kann entweder bezeichnet oder durch die Nennung seiner geographischen Länge und Breite angedeutet werden. Unbedingt muß deutlich zu sehen sein, nach welcher Manier die Häuser berechnet worden sind. Wer etwas von diesen Angaben wegläßt, bringt sich in den Verdacht, daß er eine ungenaue Arbeit verheimlichen wolle.

Um sich auf den ersten Blick schon eine gewisse Übersicht darüber zu verschaffen, ob einzelne Elemente oder Qualitäten bei der Tierkreiszeichen-Besetzung besonders hervortreten, kann man ein sehr einfaches »Punktsystem« benutzen, die sogenannte Formel des Morinus. Danach erhalten Aszendent, Sonne, Mond und Merkur je zwei Punkte, die übrigen Planeten je einen. Die Mondknoten, das MC und andere Faktoren werden nicht berücksichtigt. Insgesamt hat man also 15 Punkte. Es wird nun notiert, wie sich diese Punkte auf die einzelnen Zeichen nach ihrer Elementen- und Qualitätenzugehörigkeit verteilen. Daraus kann man unter Umständen schon charakteristische Akzente erkennen, obwohl die Punktewertung nach Morinus natürlich etwas grob und schematisch bleibt.

Zuletzt kontrolliert man noch einmal seine Arbeit, indem man sich fragt:

1. Steht die Sonne im Häusersystem so, wie es der angegebenen Tageszeit entspricht? Bei Geburten am Vormittag darf sie nicht westlich des Meridians, bei Taggeburten nicht unter dem Horizont stehen.
2. Sind alle äußeren Planeten, die nahe der Opposition zur Sonne stehen, als rückläufig (℞) eingetragen? Wurde nicht etwa ein äußerer Planet in der Nähe der Sonne als rückläufig bezeichnet (was astronomisch nicht möglich ist)?
3. Sind Merkur und Venus (die natürlich auch in Sonnennähe rückläufig sein können) nicht weiter als 28° bzw. 48° von der Sonne entfernt? Wenn das der Fall ist, muß ein Rechenfehler vorliegen.

Man vergleicht noch einmal alle Gestirnstände, die man eingetragen hat, mit den Tageswerten der Ephemeride und vergewissert sich, daß man nicht gelegentlich eine falsche Spalte oder Zeile benutzt und auch nicht etwa die Tierkreiszeichen verwechselt hat. Am vorteilhaftesten ist es, wenn man das ganze Horoskop unabhängig von der eigenen Arbeit durch einen anderen nachrechnen lassen kann. Dann ist man sicher, keine vermeidbaren Fehler hineingebracht zu haben.

DIE DEUTUNG DES HOROSKOPS

Wie wir sahen, ist die Berechnung und Zeichnung von Horoskopen keine so hohe Kunst, daß nicht jedermann sie erlernen könnte. Die eigentliche Aufgabe des Astrologen ist es aber, das Horoskop zu deuten. Diese Aufgabe ist natürlich ungleich schwieriger. Sie kann auch nicht erleichtert werden, denn alle Regeln und Schemata, die man hier gibt, führen nur zu Mißverständnissen und voreiligen Schlüssen. Man muß sich in der Logik des bildhaften Denkens, auf der alle Astrologie beruht, selbständig üben und alle Fragen, die mit dem Horoskop zusammenhängen, so intensiv wie möglich durchdenken. Nur so kommt man zu richtigen und verläßlichen Aussagen.

Trotzdem gibt es gewisse formelle Richtlinien, an die man sich halten kann, um nicht von Anfang an den Überblick zu verlieren. Das Horoskop ist eben doch ein so kompliziertes Ganzes, wie der Mensch kompliziert ist, zu dem es gehört. Man kann leicht durch allzu viele Einzelheiten, die man zugleich sieht, in Verwirrung geraten. Darum wird man zunächst die großen Züge und die auffallendsten Eigentümlichkeiten zu erkennen suchen. Man beschäftigt sich mit der Grundstruktur des Horoskops.

Die Betonung bestimmter Hälften oder Quadranten des Häusersystems läßt sich bereits auf den ersten Blick erkennen. Nach der am Ende des vorigen Kapitels angegebenen Punkteformel des Morinus kann man die Verteilung auf Elemente und Qualitäten ebenso deutlich sichtbar machen. Ballen sich viele Planeten an einer bestimmten Stelle des Horoskops zusammen, so wird man sein besonderes Augenmerk dorthin richten, zugleich aber auch die anderen Faktoren nicht übersehen.

Am besten geht man dann auf die Planetenstellungen ein. Man betrachtet anfangs nur die reinen Aspektverhältnisse, ohne Zeichen und Häuser, in der Weise, die wir schon im ersten Teil unserer Darstellung, bei den Planetenprinzipien, üben konnten. Es ist sogar sehr vorteilhaft, wenn man sich kleine, ganz einfache Konstellationsskizzen, wie sie dort gezeigt waren, auf einem besonderen Blatt anfertigt. Man sucht dann die planetare Situation für sich zu verstehen, und zwar von jedem einzelnen Planeten her, von der Sonne bis mindestens zu Saturn.

Danach erst bezieht man die Charakteristik ein, die jedem Planeten durch sein Tierkreiszeichen und den genaueren Stand innerhalb des Häusersystems gegeben ist. Dadurch gewinnt das Bild, das man sich macht, gleichsam Farbe, Lebendigkeit und Nähe zur Realität.

Man wird stets vom Aszendenten ausgehen, der sozusagen das Vorzeichen bildet, nach dem alle einzelnen Zeichenwerte innerhalb der Klammer sich richten. Nur ein Laie typisiert alle Menschen rasch nach dem Sonnenstand ihres Geburtsmonats. Ich persönlich halte es mit Fritz Riemann, der in seinem Buch »Lebenshilfe Astrologie« (München, 1976) bei jedem Tierkreiszeichen erst den Aszendenten, dann den Mond und schließlich erst die Sonne in diesem Zeichen schildert.

Obwohl ich am 2. Weihnachtstag geboren bin, würde ich nie sagen, ich »sei« ein Steinbock. Allenfalls ließe ich mich als ein »Krebs mit Mond im Widder und Sonne im Steinbock« charakterisieren. Und wenn ich »Typen« einteilen sollte, ginge ich wohl eher von Mond- als von Sonnenständen aus, weil sie mir eher einen Menschen zu kennzeichnen scheinen. Vielleicht liegt das aber am starken Stand des Mondes in meinem eigenen Horoskop, vielleicht auch an meiner Abneigung gegen die nur von Sonnenständen redende Vulgärastrologie. Jeder andere mag sich hier sein eigenes Urteil bilden.

Das Bild, das man so gewinnt, ist noch gewissermaßen mythologisch. Es zeigt ja nur einen Grundcharakter, ein Spannungsfeld von Symbolen und Archetypen, aber noch keine empirische Persönlichkeit.

Man kann es, wenn die unmittelbare Anwendung auf das Individuum nicht verlangt ist, vielleicht sogar zu Märchen, Sagen, Fabeln, Legenden oder Romanen weiterphantasieren, um es in dieser Gestalt erst einmal kennenzulernen. Gerade wenn man den betreffenden Menschen persönlich kennt, ist es oft günstig, sich in dieser Weise von der Augenblickssituation mit ihren Stimmungen, Affekten und Kleinigkeiten abzulösen.

Dann aber muß man das Bild in die menschliche Realität übertragen. Hierzu sollte man sich allerdings den Menschen, um den es geht, nach Geschlecht, Rasse, allgemeinem Erbe, gesellschaftlichem und persönlichem Niveau usw. bereits einigermaßen vorstellen können. Ist das nicht möglich, weil man nichts Näheres über ihn weiß, so gilt es größte Vorsicht. Man muß dann von vornherein eine möglichst große Anzahl von Kombinationen anstellen, die sich jedesmal auf ganz verschiedene Umwelten, verschiedene soziale Stellungen und günstige sowie ungünstige Möglichkeiten der Entwicklung beziehen. Zwar wird man oft auch das Richtige treffen, wenn man all diese Dinge auf gut Glück voraussetzt; aber diese Methode ist in anderen Fällen wieder recht gefährlich. Man legt sich leicht, ohne es selbst zu merken, auf eine ganz bestimmte Deutung fest und übersieht die anderen Möglichkeiten, die sich durch Faktoren außerhalb des Horoskops noch ergeben könnten. Es gibt allerdings Astrologen, die gerade auf ihre Gelegenheitstreffer bei solchem Kombinieren, auf ihre »Blinddiagnostik«, besonders stolz sind. Wir sollten uns diese Einstellung aber nicht zu eigen machen.

Ließe sich ein Horoskop nicht auf sehr verschiedene Weise leben, dann hätten Menschen, die zur gleichen Zeit geboren wären, nicht nur wesensmäßig gleiche, sondern völlig identische Schicksale. Daß diese Annahme nicht zutreffen kann, sagt uns die Erfahrung ebenso klar, wie es sich aus den theoretischen Voraussetzungen ergibt.

Oft wird man schon bestimmte Fragen vorgelegt bekommen oder von sich aus etwas an dem betreffenden Menschen bemerkt haben, dessen Erklärung notwendig wäre. Dann wird man sich zunächst nur diesem einen Problem zuwenden und es im Zusammenhang des Ganzen zu verstehen suchen. Man kommt so ohnehin zu allen Dingen, die im Augenblick wichtig sein können. Eine erschöpfende Darstellung des Horoskopinhaltes gibt es nämlich nicht. Man könnte viele Bände über das Horoskop eines einzigen Menschen schreiben und fände doch immer noch Neues.

So liegt die praktische Aufgabe meistens darin, einen Überblick über die Grundzüge der persönlichen Thematik mit besonderer Anwendung auf die gegenwärtige Situation zu geben. Man kann hierzu, um kein wesentliches Gebiet zu vergessen, die Häuser in ihrer Reihenfolge durchgehen und sich überlegen, in welcher Weise die verschiedenen Aufgaben erfaßt und wie sie wohl gelöst werden.

Wenn in einem bestimmten Haus kein Planet steht, so heißt das nicht etwa, daß die Thematik dieses Hauses für den Geborenen gar nicht existierte. Sie wird ihm sehr wohl begegnen, weil sie jedem Menschen begegnet. Planetenbesetzungen könnten ihr nur einen besonderen subjektiven Akzent verleihen, sie unter Umständen auch stärker hervorheben. Haben wir keinen Planeten, so können wir nach dem »Herrn« des betreffenden Hauses fragen: nach dem Planeten, der das in seiner Mitte (bei inäqualen Häusern an seiner Spitze) stehende Tierkreiszeichen regiert. Wir schauen nach dem Ort dieses Planeten im Horoskop, insbesondere zu dem Haus, nach dem wir fragen, und nach den Aspekten, die er von anderen Planeten empfängt. Bei einigen Tierkreiszeichen müssen wir auf zwei Regenten achten: bei Wassermann auf Saturn und Uranus, bei den Fischen auf Jupiter und Neptun, bei Skorpion schließlich außer auf Mars wohl noch auf Pluto.

Außerdem werden, wenn ein Haus unbesetzt ist, auch die entsprechenden Sonnen-, Mond-, Meridian- und eventuell die kosmischen Häuser (die Tierkreiszeichen, als Häuser verstanden) oft weiterführen. Ferner gibt es noch Überschneidungen, die uns veranlassen können, Informationen über ein bestimmtes Haus in anderen, bedeutungsähnlichen Häusern zu suchen.

Es fragt sich jetzt also, wo die Stärken und die Schwächen einer charakterologisch verstandenen Astrologie liegen mögen: was uns das Horoskop im

Vergleich mit anderen (empirischen) Methoden der psychologischen Begutachtung oder Beratung sagen kann. Meiner Ansicht nach leistet die Astrologie insbesondere dort – und eigentlich nur dort – ihren Beitrag zur seelischen Diagnostik, wo nach dem Grundcharakter eines Menschen gefragt ist. Für unsinnig hielte ich es, rein empirische Sachverhalte astrologisch klären, z.B. Intelligenzmessungen nur nach dem Horoskop anstellen zu wollen. Das Horoskop sagt uns zwar, welche Rolle die Intellektualität innerhalb einer seelischen Grundstruktur spielt, niemals aber, wie intelligent ein bestimmter Mensch im Vergleich mit anderen ist, welchen »Intelligenzquotienten« er hat. In vielen Hinsichten bleibt die Astrologie also auf jeden Fall noch ergänzungsbedürftig. Man sollte sich davor hüten, die Grenzen überschreiten zu wollen, die ihren Aussagen gezogen sind.

Das wichtigste Feld der astrologischen Beratung liegt sicher dort, wo es um die Fragen geht: »Was ist mein ganz persönlicher Weg?«, »Was entspricht meinem innersten Wesen?«, »Was oder wer paßt zu mir?« »Was oder wer ist mir von Grund auf fremd?« Darauf kommt es z.B. an, wenn wir ein Kind so erziehen wollen, daß wir ihm nicht nur unsere eigenen Vorurteile oder stereotype Meinungen anderer aufprägen, sondern seinem ganz persönlichen, ursprünglichen Wesen zur Verwirklichung verhelfen. Das Kind ist ja noch gar nicht in der Lage, seinen eigenen Grundcharakter zu kennen und ihn gegenüber Fremdeinflüssen durchzusetzen. Und die (natur-)wissenschaftliche Psychologie hat keine Methode, wird auch nie eine haben können, um gerade den Grundcharakter des Kindes zu erkennen. Die Astrologie dagegen ist eben hier in ihrem Element. Erziehungskonflikte oder Zweifel bezüglich des besten Ausbildungsweges für ein Kind lassen sich besonders gut klären, wenn man das Horoskop zu Rate zieht. Ich empfehle allerdings, Kinderhoroskope erst dann gründlicher anzuschauen, wenn die Eigenpersönlichkeit des Kindes sich klarer abzuzeichnen beginnt, z.B. in ersten Erziehungsschwierigkeiten. Dann ist die Gefahr geringer, daß man nur eigene Wunsch- oder Furchtphantasien in das Kind und in sein Horoskop hineinprojiziert.

Ernst Jünger sagte in der Erstauflage seiner »Strahlungen« (1949) über das Horoskop: »Es gibt Aufschlüsse, die uns die Menschen sichtbarer, leserlicher machen; wir können ihnen, wenn wir Einblick in ihr System erlangten, wie Kindern nichts mehr nachtragen.« So sehe auch ich das Horoskop jedes Erwachsenen zunächst als Kinderhoroskop, um mir besser vorstellen zu können, wie das »System« seines Grundcharakters beschaffen gewesen sein mag, bevor störende Erziehungseinflüsse es vielleicht weit von dem weggebracht haben, was es eigentlich, von seinem Ursprung her, hätte sein wollen.

Zum zweiten ist die allgemeine Lebens- und Konfliktberatung bei Erwachsenen oder Jugendlichen ein zentrales Arbeitsgebiet der Astrologie. Lassen sich hier doch besonders klar die Gründe für »Fremdneurosen« erkennen, wie J.H. Schultz sie nennt: für die Symptome dessen, daß ein Mensch mit bestimmten äußeren Gegebenheiten nicht zurechtkommt, die seinem eigenen innersten Wesen von Grund auf fremd und feindlich sind. Ebenso zeigen sich im Horoskop sehr gut die Wege, auf denen jemand diesen ihn bedrückenden Situationen entrinnen und zu sich selbst zurückfinden kann. Bei »Kernneurosen« oder ernsten organischen Defekten dagegen findet man oft kaum noch Ähnlichkeiten zwischen Grundcharakter und empirischem Charakter. Das muß uns aber gerade als Zeichen für ein besonders schweres Gestörtsein gelten. Es ist gewiß kein Beweis dafür, daß die Astrologie nichts Zutreffendes über den Menschen aussagen könnte.

Von den Beratungsaufgaben der Astrologie ist speziell noch jene Berufsberatung zu nennen, die danach fragt, in welchen Tätigkeiten jemand sein ursprüngliches Wesen verwirklichen könne oder welche Vorteile und welche Schwierigkeiten bestimmte Aspekte seines Berufslebens für ihn bedeuteten. Selten gibt es allerdings das Horoskop, mit dem man nur einen einzigen Beruf ergreifen könnte und keinen anderen. Meistens muß man sich Kompromisse ausdenken, wobei auch möglichst viele Merkmale des gewordenen (empirischen) Charakters und der äußeren Situation mitzuberücksichtigen sind. Schwierig ist es vor allem, wenn jemand für Berufe geboren zu sein scheint, die es entweder nicht mehr gibt oder erst in ferner Zukunft geben könnte. Auch Probleme des Freiheits- oder Sicherheitsbedürfnisses, der Neigung zum Fürsichsein oder zur Zusammenarbeit mit anderen, der Führerqualitäten oder der Bereitschaft, sich ein- und unterzuordnen, gehören mit in diesen Kreis.

Wir müssen auch bedenken, daß Aussagen über den Beruf nicht etwa nur aus dem X. Haus zu gewinnen sind. Der Beruf ist ja insofern eine außerhoroskopische Gegebenheit, als praktisch jeder Mensch (zumindest jeder Mann) einen Beruf ausüben muß, um existieren zu können. Auch ein unbesetztes X. Haus besagt also nicht, daß der Geborene keinen Beruf haben werde, ebensowenig wie ein leeres VII. Haus prophezeit, daß er unverheiratet bleiben werde. Wir müssen auf jeden Fall in den anderen »materiellen« Häusern nachschauen, im VI. und im II., wie er zur Arbeit und zum Gelderwerb eingestellt sein wird. Gerade wenn sein Beruf aber mehr als das ist, nämlich seine individuelle Berufung, kann uns jedes andere Haus etwas über ihn aussagen. Das I. Haus sieht im Beruf vor allem eine Gelegenheit zur Selbstverwirklichung, das III. zeigt uns Neugier, Ausdrucksgewandtheit und Kommunikationsfreude als Motive der Berufswahl, das IV. läßt eher pflegende, etwas wie Häuslichkeit vermittelnde Berufe vermuten, im V. ist die Freude an Spiel, Kunst, Kindern und Selbstdarstellung zu Hause, das VII. bringt uns das Bestreben, auf andere einzuwirken, das VIII. weist auf ihre Krisen und Konflikte hin, außerdem auf die Verwaltung fremder Vermögenswerte, im IX. finden wir gleichsam missionarische Bestrebungen, anderen heilbringende Einsichten zu vermitteln, im XI. gesellschaftliches, speziell geistiges, Emporsteigenwollen und schließlich im XII. diffuse Antriebe, gleichsam allen alles sein zu wollen, was uns dann wieder auf die Selbstverwirklichungsthematik des I. Hauses zurückführt.

Schließlich ist die vergleichende Partnerberatung ein ganz wesentliches Betätigungsfeld der Astrologie. Hier geht es immer wieder um die Frage, inwieweit zwei Grundcharaktere zueinanderpassen oder welche typischen Konflikte sie miteinander haben werden: sei es als Freunde, Kollegen, Geschäftspartner, Vorgesetzter und Untergebener, Erzieher und Zögling oder vor allem als Frau und Mann in Liebe und Ehe. Hier gibt es natürlich Faustregeln wie die Suche nach Aspekten zwischen den jeweils gleichen Planeten beider Horoskope (mit Blick auf Harmonie oder Aspekt-Ausgleich) oder zwischen den »männlichen« Planeten (Sonne, Mars) der Frau und den »weiblichen« (Mond, Venus) des Mannes, ebenso wie man die AS-Zeichen und die Mondstände nach ihrer Elementenzugehörigkeit vergleichen kann, wenn man zunächst grobe Anhaltspunkte für spontane Harmonie oder Fremdheit haben will. Wichtig scheint mir auch, daß man die bewußten oder unbewußten Partnerwünsche beachtet, die sich aus der jeweiligen Besetzung des VII. Hauses und aus der Position ergeben, die der Herrscher des DS im Horoskop einnimmt.

Selbstverständlich können aber nicht alle Aussagen, die den Kontakt mit anderen betreffen, allein vom Deszendenten oder vom VII. Haus her gemacht werden. Auch hier spielt das ganze Horoskop mit: alle Häuser und alle Planeten tragen auf verschiedene Weise zu unseren Kontakterlebnissen bei. Vor allem führen gegenseitige Konjunktionen oft zu einem starken, plötzlichen Angezogenwerden voneinander, das allerdings fast ebenso plötzlich auch in gegenseitige Abstoßung umschlagen kann. Ebenso wie bei der Betrachtung eines einzelnen Horoskops gilt es auch beim Vergleich zweier Partner, aus mythologischen Bildern konkrete Erlebnismöglichkeiten herauszudeuten. Man sieht dann Konfliktsituationen und tiefere Bindungen, gegenseitige Einflüsse, Täuschungen und Enttäuschungen, Not und Glück des Beisammenseins sehr deutlich vor sich. So kann man oft auch helfend und beratend wirken. Es ist jedoch empfehlenswert, mit jedem Partner nur über sein eigenes Horoskop und nicht über das des anderen zu sprechen.

Ich warne auch davor, immer gleich Trennung oder Scheidung anzuraten, wenn man den Eindruck hat, ein Paar passe nicht ganz glatt und problemlos zusammen. Ebenso unsinnig wäre es natürlich, zwei Menschen nur wegen ihrer Horoskope miteinander verkuppeln zu wollen, z.B. Rilke mit Marlene Dietrich, wie ein Gegner der Astrologie das im Scherz empfohlen hat. Man hat ja immer mit den realen Beziehungen zu tun, die nicht nur zwischen zwei Grundcharakteren, sondern zwischen zwei Menschen mit ihrer ganzen – auch außerhoroskopischen – Bedingtheit geschlossen worden sind und die auch längst ihre eigentümliche empirische Geschichte haben. Was uns da noch so »unmöglich« erscheint, kann in Wahrheit für beide Partner eine immerwährende Aufgabe sein, durch die und an der sie jeweils reifen. Das Ideal einer spannungslosen Harmonie braucht nicht unbedingt auch das Ideal der beiden Beteiligten zu sein. Und eine Trennung löst nur selten die Probleme wirklich, die zwischen zwei Menschen bestehen.

In allen diesen Situationen scheint mir der Nur-Astrologe gefährdet zu sein und seine Klienten gefährden zu können, der alles nur aus dem Horoskop herauslesen will und keine Grenzen seiner Kunst kennt. Es gibt ja auch in der wissenschaftlichen Psychodiagnostik kein Verfahren, das man völlig allein, ohne jede Ergänzung durch andere, anwenden dürfte.

Ähnlich, meine ich, sollte auch kein Astrologe sich auf das Horoskop als die einzige Quelle aller Auskünfte verlassen und gar keine weiteren Informationen aus dem empirischen Bereich heranziehen. Er gewöhnt sich sonst zu leicht an das Überschreiten der Aussagegrenzen und wird dadurch allmählich zum Scharlatan.

Eine schriftliche Ausarbeitung des Horoskops (die man aber zunächst nur für seinen eigenen Gebrauch anfertigen wird) ist immer das beste Mittel, sich im bildhaft-logischen Denken und in der Formulierung seiner Gedanken zu üben. Man sollte dabei keine astrologischen Fachausdrücke in den Text hineinbringen, sondern ihn so fassen, daß auch ein ganz Unkundiger seinen Inhalt verstehen kann. Am Rande notiert man sich dagegen jeweils in Symbolzeichen, aus welchen Faktoren des Horoskops man seine Aussage abgeleitet hat. So erzieht man sich selbst zu Ordnung, Logik und Klarheit, was für jede astrologische Arbeit sehr wichtig ist.

Zuletzt seien noch drei Fachausdrücke erklärt, die von Astrologen häufig gebraucht werden:

Die *Elevation* eines Planeten bedeutet, daß er innerhalb des Horoskops der Himmelshöhe oder dem MC am nächsten steht. Er wird also auf die geistige Orientierung, das persönliche Leitbild des Menschen, besonderen Einfluß bekommen.

Dispositor eines Planeten ist der Herr des Tierkreiszeichens, in dem er steht. So hat ein Planet in der Waage Venus, im Wassermann Saturn oder Uranus als Dispositor.

Rezeption entsteht dann, wenn von zwei Planeten jeder der Dispositor des anderen ist, wenn also etwa Merkur im Stier und Venus in den Zwillingen stehen, oder der Mond im Widder, Mars im Krebs. Man nimmt dann eine engere Beziehung zwischen den Planeten an, die einem Aspekt ähnlich ist (vor allem einer Konjunktion), oder die einen vorhandenen Aspekt in seiner Bedeutung verstärkt. Auch in der Vergleichshoroskopie können gegenseitige Rezeptionen wichtig sein.

Nun soll zur Übung noch eine Anzahl von Horoskopen bekannter Persönlichkeiten dargestellt werden. Leider können es nur wenige sein, denn der Raum, der uns zur Verfügung steht, ist begrenzt. Um aber doch Vergleiche zu ermöglichen, habe ich nur Horoskope von Dichtern und Schriftstellern herausgesucht. Es besteht also eine gewisse gemeinsame Thematik. Wie groß trotzdem die persönlichen Verschiedenheiten sind, wird man allerdings aus den Horoskopen deutlich erkennen.

Als Quellen haben mir die neueren Werke von Thomas Ring, insbesondere seine »Astrologische Menschenkunde«, gedient. Die früher von mir benutzten Horoskopsammlungen mochte ich nicht mehr zu Rate ziehen, weil sie durchwegs keine Geburtsdaten enthielten und deshalb nicht mehr nachgerechnet werden konnten.

Die Aspekte habe ich nicht eingetragen, weil ich es jedem Leser freistellen will, sie entweder in den von ihm bevorzugten Farben selbst einzutragen (manche zeichnen ja auch harmonische Aspekte rot und disharmonische blau) oder die Horoskope erst nachzuzeichnen (was ich empfehlen würde) und dann die Aspekte nach eigenem Geschmack einzutragen.

Man wird sehen, daß die wenigsten dieser Horoskope im Sinne einer laienhaften Bewertung »gute« Horoskope sind. Diese Feststellung ist wichtig. »Gut« oder »schlecht« ist nämlich niemals das Horoskop, sondern nur das, was der einzelne Mensch durch sein Leben aus ihm macht. Gerade schwierige Konstellationen können bei einem Träger von hohem persönlichem Niveau den Antrieb zu besonderen, genialen Leistungen geben. Dagegen hat auch ein dem Anschein nach »günstiges« Horoskop immer seinen »locus minoris resistentiae«, seinen strukturell schwächsten Punkt. Dort können störende Einflüsse aus Erziehung oder späterer Umwelt sich verhängnisvoll auswirken; vor allem dann, wenn im sonstigen Horoskop wenig Bereitschaft zum Verarbeiten einer tieferen, komplizierten Problematik gegeben ist. Man muß sich also von einer fatalistischen Haltung und von oberflächlichen Wertungsweisen freimachen, wenn man den vollen Sinn des Horoskops verstehen will.

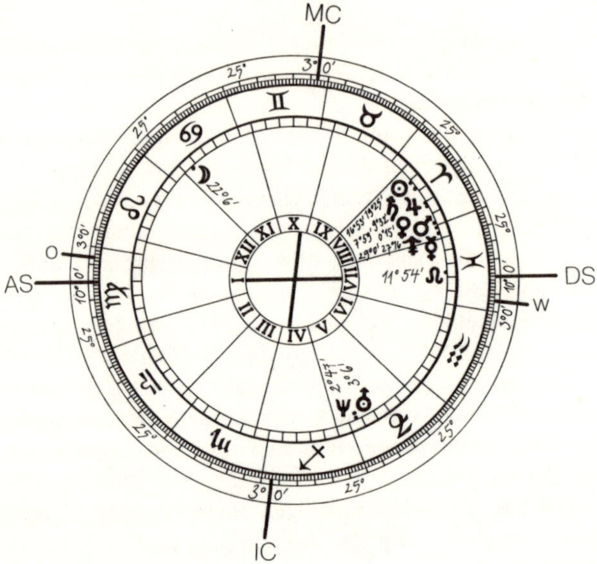

Abb. 36 Charles Baudelaire, Paris, 9. April 1821, 15^h 0^m mOZ, äquale Häuser

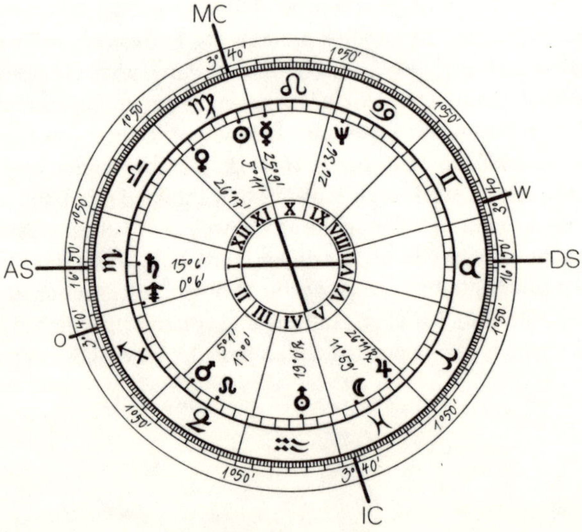

Abb. 37 Johann Wolfgang Goethe, Frankfurt (Main), 28. August 1749, 12^h 0^m mOZ, äquale Häuser

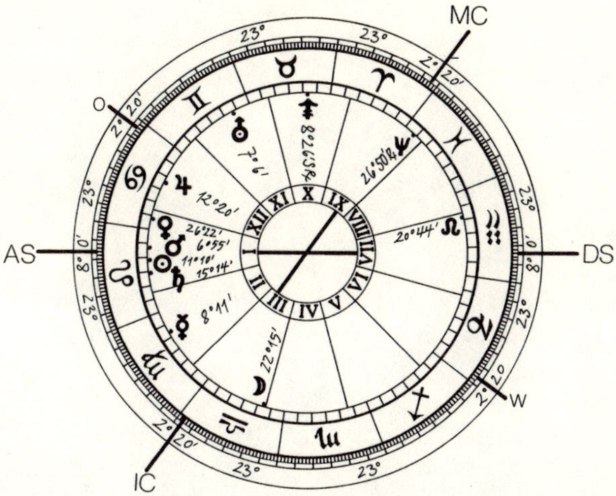

Abb. 38 Knut Hamsun, Lom (Gudbrandsdal), Norwegen, 4. August 1859, $3^h 20^m$ mOZ, äquale Häuser

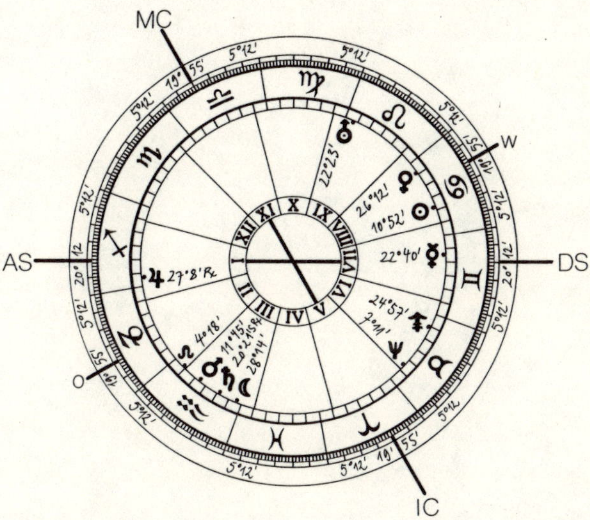

Abb. 39 Hermann Hesse, Calw, 2. Juli 1877, $18^h 30^m$ mOZ, äquale Häuser

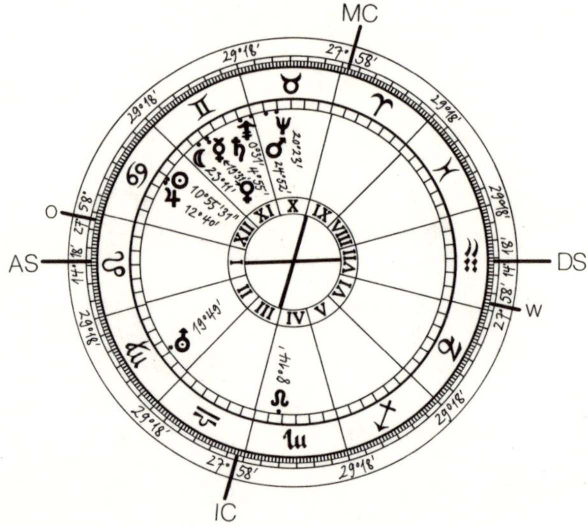

Abb. 40 Franz Kafka, Prag, 3. Juli 1883, 7^h 0^m mOZ, äquale Häuser

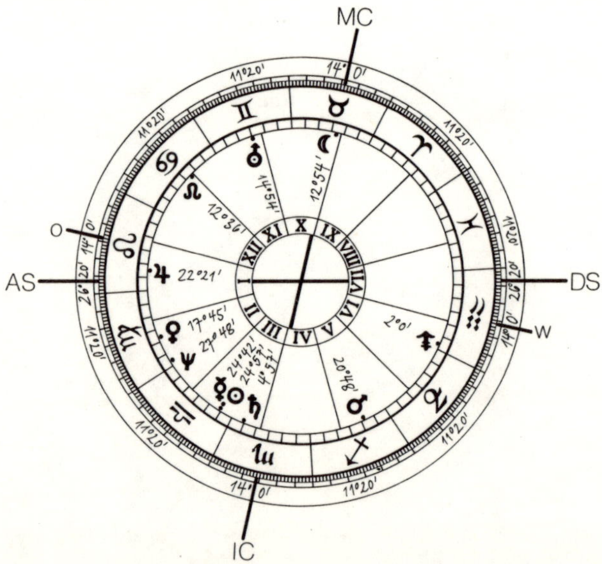

Abb. 41 Heinrich von Kleist, Frankfurt (Oder), 18. Oktober 1777, 1^h 0^m mOZ, äquale Häuser

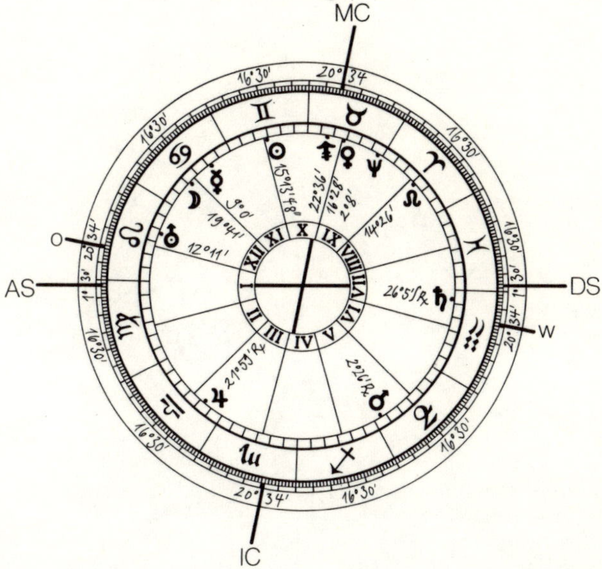

Abb. 42 Thomas Mann, Lübeck, 6. Juni 1875, $10^h\,15^m$ mOZ, äquale Häuser

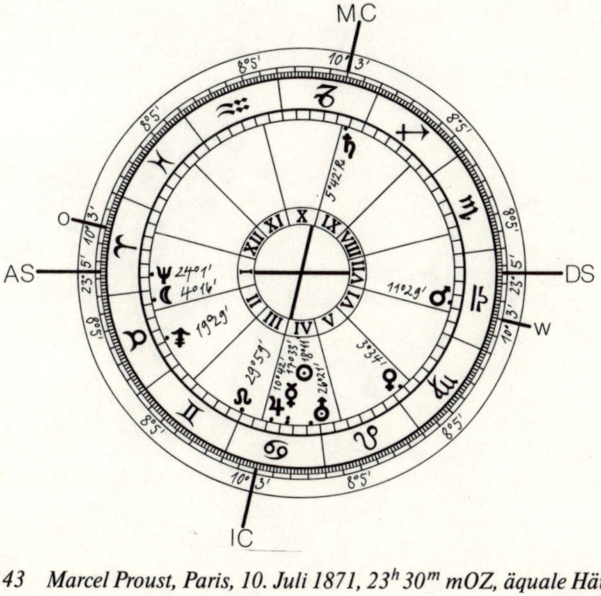

Abb. 43 Marcel Proust, Paris, 10. Juli 1871, $23^h\,30^m$ mOZ, äquale Häuser

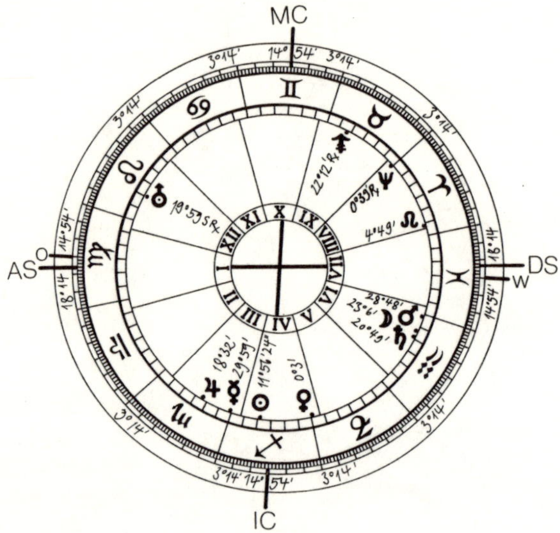

Abb. 44 Rainer Maria Rilke, Prag, 4. Dezember 1875, $0^h 5^m$ mOZ, äquale Häuser

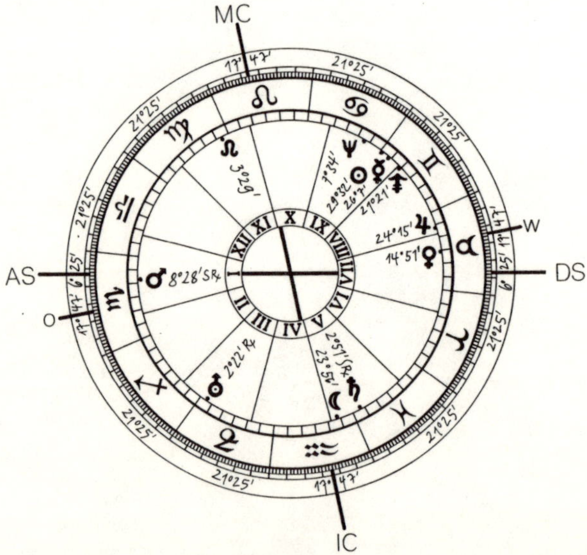

Abb. 45 Jean Paul Sartre, Paris, 21. Juni 1902, $15^h 15^m$ WEZ, äquale Häuser

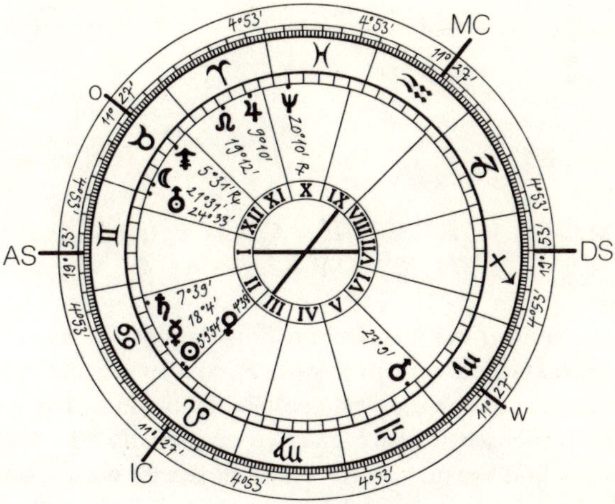

Abb. 46 George Bernard Shaw, Dublin, 26. Juli 1856, $0^h 40^m$ mOZ, äquale Häuser

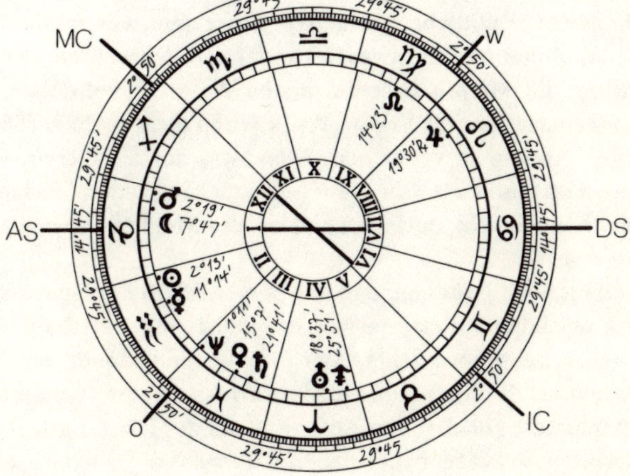

Abb. 47 August Strindberg, Stockholm, 22. Januar 1849, $8^h 0^m$ mOZ, äquale Häuser

MÖGLICHKEITEN UND PROBLEME DER VORAUSSAGE

Bisher sprachen wir nur vom Geburtshoroskop des Menschen, das in der Astrologie auch »Grund-« oder »Radix-«Horoskop genannt wird. Das ist es aber gar nicht, was die meisten Neugierigen interessiert. Die Astrologie ist nicht als eine Wissenschaft vom Menschen, sondern als eine Wahrsagekunst zu Berühmtheit und Verruf gelangt. Man will von ihr wissen, ob sie wirklich künftige Ereignisse voraussagen könne, und je nach dem Eintreffen oder Nichteintreffen solcher Prophezeiungen urteilt man über sie.

Das ist nun zwar sehr einseitig, aber nicht völlig falsch gedacht. Tatsächlich können wir nach den Voraussetzungen der Astrologie annehmen, daß jedes Ereignis im Leben eines Menschen nicht nur in sich selbst einen Sinn habe, sondern daß es auch zum »richtigen« Zeitpunkt geschehe. Es ist denkbar, daß wir diesen Sinnzusammenhang, wenn wir ihn im Ganzen überschauten, auch im Nacheinander seiner Verwirklichung zu erkennen vermöchten.

Allerdings ist der zeitliche Ablauf gegenüber dem, was uns das Geburtshoroskop zeigt, immer nur als etwas Sekundäres zu betrachten. Die kosmische Orientierung, die wir mit unserem ersten Atemzug vollziehen, bleibt bestimmend für unser ganzes Leben. Wir können nicht mehr zurück, um etwa einen neuen Anfang zu versuchen. Alles, was auf die Geburt folgt, ist im Grundhoroskop schon, als Keim gewissermaßen, enthalten. Es kann sich später nur mehr entwickeln, entfalten und aus der Möglichkeit in die Aktualität treten.

Und nun muß ich gestehen, daß mir persönlich die gesamte astrologische Prognostik seit jeher zutiefst unsympathisch ist. Schon deshalb hätte ich nie ein »richtiger«, hauptberuflicher, Astrologe werden können; denn als solcher hätte ich, meinem Publikum zuliebe, vor allem die Zukunft prophezeien müssen. Mein Interesse gilt aber von Anfang an nur der Deutung des Grundhoroskops. Als meine – zugegebenermaßen durchaus subjektiven – Motive hierfür kann ich nur nennen:

1. Der Grundcharakter des Menschen ist mir zentral wichtig, und er läßt sich eben nur durch das Horoskop erkennen, durch keine je zu entwickelnde empirische Methode. Vom Grundcharakter, dem Einzigartigen, Unver-

änderlichen in jedem Individuum, gehen auch jene Wege der Beratung aus, derentwegen allein ich es lohnend finde, mich mit der Astrologie zu beschäftigen. Alle Prognosen dagegen wollen empirische Sachverhalte voraussagen, die in der Regel wenig oder nichts mit dem Grundcharakter zu tun haben. Sie relativieren den Grundcharakter und scheinen mir so zu tun, als wäre er eben doch veränderlich. Das lehne ich prinzipiell ab.

2. Alle Prognosen verführen, ob ihr Urheber das will oder nicht, zum (Aber-) Glauben an ein berechenbar verlaufendes, sich zwangsmäßig vollziehendes Schicksal. Auch wohlklingende Sprüche wie: »Astra inclinant, neque tamen necessitant« (Die Sterne machen geneigt, aber sie zwingen nicht) sind keine wirksamen Heilmittel gegen das fatalistisch-deterministische Denken, das jede prognostizierende Astrologie bei uns selbst und bei anderen begünstigt.
3. Es gibt unzählige verschiedene Methoden der Prognose, aber bis heute ist man sich nicht darüber einig geworden, welche in welchen Hinsichten gelten könne und in welchen nicht. In buntem Durcheinander werden alle gleichzeitig gebraucht und sogar immer neue ersonnen. Für jeden Augenblick meines Lebens kann ich beliebig viele Prognosen erhalten, die sich oft genug diametral widersprechen. Welchen Nutzen hätte ich davon?
4. Astrologische Voraussagen sind zum weit überwiegenden Teil ungünstig. Sie handeln fast nur von drohenden Mißgeschicken bis hin zu großen Katastrophen. Vorteilhafte Chancen scheinen, was alle praktizierenden Astrologen bestätigen, viel weniger spürbar zu sein. Meinem Eindruck nach nimmt die astrologische Prognose deshalb jenen, die an sie glauben, immer mehr den Mut zum Leben und zum spontanen Handeln.
5. Ich habe noch nie nachträglich eine Prognose erhalten (eine Metagnose also), von der ich mir wünschte, ich hätte sie schon vor den Ereignissen gehabt. Ebensowenig spüre ich das Verlangen in mir, solche Prognosen für meine Zukunft zu bekommen.

Dennoch muß ich einräumen, daß die Prognostik, ungeachtet meiner persönlichen Abneigung gegen sie, seit jeher zur Astrologie gehört. Ich werde deshalb jetzt auch über sie berichten, weil andere Leute ja durchaus an Prognosen interessiert sein können und weil ich diese eifrigen Jünger der Astrologie nicht enttäuschen will.

Wie früher schon gesagt, war die Astrologie im Anfang, seit ihren babylonischen Ursprüngen, sogar eine reine Wahrsagelehre, die sich zudem nur mit kollektiven Schicksalen befaßte. Ein Beispiel dafür haben wir noch heute in der uns allen bekannten biblischen Legende vom »Stern der Weisen« (Matth. 2, 1–12). Die »Weisen aus dem Morgenland« (zu »drei Königen« hat erst eine spätere Überlieferung sie gemacht) waren ja sicher in Babylonien lebende (vielleicht jüdische) Astrologen. Sie sahen, wie schon Johannes Kepler es berechnet hat, im Jahr 7 v.Chr. nach unserer jetzigen Zeitrechnung, wie am Morgenhimmel im Zeichen der Fische (Jupiters eigenem Zeichen) eine dreifache Konjunktion von Jupiter und Saturn begann, ein sehr seltenes Ereignis. Da Saturn als Planet der Juden galt, konnte das nach ihrer Auffassung nur bedeuten, daß den Juden ein mächtiger Heilbringer, der langverheißene Messias, erstehen werde. Deshalb reisten sie nach Palästina und erkundigten sich dort beim Judenkönig Herodes. Hier ist uns also ein Stück ältester babylonischer Sterndeutung überliefert, obwohl schon die (offenbar astrologiefremden) Verfasser des Neuen Testaments diesen Text nicht mehr richtig verstanden haben. Die individuelle Geburtsastrologie, wie wir sie heute betreiben, ist zweifellos etwas jüngeren Datums; sie dürfte erst unter hellenistischem Kultureinfluß entstanden sein.

Möglicherweise ohne Kontakt mit Babylon ist ferner die chinesische Astrologie herausgebildet worden, die entweder nie Kontakt mit den Erscheinungen am Himmel hatte oder diesen Kontakt inzwischen verloren hat, sich heute jedenfalls als eine reine Kalenderdeuterei präsentiert. Uns braucht diese »Astrologie ohne Sterne« hier nicht zu beschäftigen.

Um aber auf die neuere, vorwiegend individuelle Prognostik des Westens einzugehen, so ist es deren Grundidee, daß die Geburt nicht nur ein momentaner Vorgang sei, sondern daß sie innerhalb kosmischer Verläufe stattfinde, die sich schon vor ihr abgespielt hätten und nach ihr weiterliefen. Außerdem nimmt man an, daß etwas der Geburt Ähnliches sich später in manchen Hinsichten noch wiederhole. Es gilt nun, diese Gedanken in prognostisch bedeutsame Maße zu übersetzen, also praktikable Voraussagemethoden aus ihnen zu entwickeln.

Da sind in erster Linie die *Primärdirektionen* zu nennen, die Alfred Fankhauser das *Vierminutenmaß* nennt. Hier geht man von der Sternzeit der Geburt aus. In der Häusertabelle stellt man fest, um welche Sternzeiten nach oder vor der Geburt Planeten über Häusermitten, insbesondere über Horizont- und Meridianachse, gegangen sind. Die Differenz zwischen diesen Sternzeiten und jener der Geburt wird jeweils ausgerechnet, und nun nimmt man an, daß je 4 Minuten, die sich hier ergeben, ein Jahr des Lebens bedeuteten. Nach ebensovielen Jahren könne also ein Ereignis im Leben dieses Menschen eintreten, das dem Planetenübergang entspreche. Jede Minute vor oder nach der Geburt bedeutet hiernach 3 Monate (ein Vierteljahr), jede Stunde 15 Jahre, 6 Stunden sind 90 Jahre.

Es gibt aber noch einen anderen Schlüssel für die Primärdirektionen, der den Tag mit 365 statt 360 Jahren gleichsetzt. Nach diesem »Naibod-Schlüssel« müßten also die Ereignisse nach 30 Lebensjahren um ein halbes Jahr später angesetzt werden als nach dem zuerst genannten, dem »ptolemäischen«. Ich kann zwischen beiden nicht entscheiden.

Von ähnlichen Voraussetzungen gehen die *Sekundärdirektionen* oder *Progressionen* aus, die Fankhauser das *Tagmaß* nennt. Man legt hier die Planetenbewegung auf der Ekliptik zugrunde und setzt einen Tag nach oder vor der Geburt gleich einem Jahr des Lebens. Zwei Stunden (Greenwichzeit) entsprechen einem Monat, 4 Minuten einem Tag. Ein *progressives Horoskop*, das genau für die Geburtsstunde 30 Tage nach oder vor der Geburt erstellt ist, soll dann für den 30. Geburtstag gelten.

Wenn man nicht jeden Planeten, sondern nur die Sonne für jedes Lebensjahr um 1 Tag vor- oder zurückrücken läßt, dann aber jeden Planeten um den gleichen Betrag nach vorne oder rückwärts verschiebt, hat man die *Sonnenbogendirektionen* angewendet. Wenn man jeden Planeten für jedes Lebensjahr um 1° nach vorwärts oder rückwärts wandern läßt, gebraucht man das verhältnismäßig einfache Maß *1° = 1 Jahr*.

Für die Profektionen, das *Zweistundenmaß* nach Fankhauser, muß man wieder mit der Häusertabelle arbeiten. Hier gilt 1/12 des Tages, 2 Stunden, als das Zeitmaß, das ein Lebensjahr symbolisieren soll. Dann wird angenommen, daß etwa gleichförmige Ereignisse alle 12 Jahre wiederkehrten. Wem das richtig erscheint, der mag es wohl glauben.

Dagegen ist noch ein völlig anderer Gedankengang möglich als der bisher eingeschlagene. Man kann auch annehmen, daß etwas der Geburt Ähnliches, wenn auch unendlich viel weniger bedeutungsvoll, sich im späteren Leben mit jedem Atemzug wiederhole. Was dann im Menschen neu geboren werde, sei jedesmal wieder auf die gerade herrschende Gestirnstellung hin orientiert. Es könne allerdings nur im Zusammenhang mit dem Geburtshoroskop betrachtet werden, mache aber dessen Inhalte gleichsam in einem dauernden Vorgang des Neugeborenwerdens nacheinander wirklich.

Auf diesem Gedankengang beruht die Lehre von den *Transiten*, die besagt, die augenblicklich am Himmel stehenden Planeten würden dann für einen Menschen bedeutsam, wenn sie auf wichtigen Punkten seines Geburtshoroskops zu stehen kämen. Sie würden dann gewissermaßen zu Geburtshelfern dessen, was sich dort realisieren wolle.

Als sehr bedeutsam sehen viele Astrologen die *Halbsummen* oder *Schnittpunkte* an, d.h. die (nach beiden Richtungen) genau zwischen zwei Radix-Planeten liegenden Punkte der Ekliptik. Ein genau dort stehender Planet (Orbis allerdings höchstens 1°) soll dann gewissermaßen mit beiden Planeten zugleich in Konjunktion stehen. Auch ohne Planetenbesetzung gelten die Punkte der Halbsummen als eine Art von Konjunktion der beiden an ihnen beteiligten Planeten.

Die Transite sind, weil man sie in der gerade geltenden Ephemeride leicht feststellen kann, bei vielen Astrologen besonders beliebt. Manche sagen, daß sie ihre eigenen Transite, vor allem natürlich die ungünstigen, immer sehr deutlich spürten. Insonderheit sind dabei die langsamen äußeren Planeten Saturn, Jupiter und Mars wichtig, noch wichtiger die transsaturnischen, deren ganz langsamer Lauf, trotz ihrer weiten Entfernung und (bei Pluto) ganz geringen Größe höchst bedeutsame Ereignisse herbeiführen soll. Psychoanalytiker behaupten allerdings, sie sähen in den Träumen ihrer Patienten sogar Transite des Mondes widergespiegelt.

Eine Weiterführung des Transit-Gedankens finden wir schließlich im *Solarhoroskop*. Hier nimmt man an, der Wesenskern im Menschen, für den wir die Sonne als Symbol setzen, atme gleichsam im Sonnenrhythmus, und er beginne jedes Jahr einen neuen »Atemzug«, wenn die Sonne genau zu ihrem Geburtsstand zurückgekehrt sei. Auf diesen Augenblick wird deshalb ein Horoskop erstellt, das nun in Verbindung mit dem Geburtshoroskop Aussagen über die Schicksalsthematik des folgenden Lebensjahres möglich machen soll. Vor allem gelten »Wiederholungsaspekte«, die gleich oder ähnlich schon im Grundhoroskop vorkamen, dabei als wichtig. Nicht ganz einig ist man sich darüber, ob das Solarhoroskop für den Geburtsort eines Menschen oder für seinen gegenwärtigen Aufenthaltsort berechnet werden solle. Astrologen, die selbst weit östlich oder westlich von ihrem Geburtsort leben, sprechen sich, soviel ich weiß, mehr für den Geburtsort aus. Jedenfalls haben Solarhoroskope für den Geburtsort den praktischen Vorteil, daß man sie beliebig weit in die Zukunft hinein aufstellen kann, ohne fragen zu müssen, wo der Geborene sich dann gerade aufhalten werde. Auch der von mir empfohlene »Tierkreis Süd« wirft dann keine Probleme auf.

Die Greenwichzeit, für die ein Solarhoroskop gilt, berechnet man stets nach der Formel:

$$SB \times 24 : STB = SZ$$

SB = Sonnenbewegung = Sonnenstand (im Radixhoroskop) – Sonnenstand am Ephemeriden-Vortagstermin (Mittag bzw. Mitternacht) in °,′,″

24 = die Stundenzahl eines Tages

STB = Sonnentagesbewegung zwischen Vor- und Nachtagstermin in °,′,″

SZ = Solarzeit = Greenwichzeit, die zum Ephemeriden-Vortagswert (Mittag bzw. Mitternacht) zu addieren ist, in ^{h},^{m},^{s}

Es gibt in der Astrologie also sehr verschiedene Methoden der Prognose; ich habe hier nur die wichtigsten von ihnen dargestellt. Jede geht von anderen Überlegungen aus, die zwar astrologisch nicht unbedingt zu verwerfen sind, aber auch nicht unbedingt gelten müssen. Ich selbst verbiete niemandem (schon weil ich das nicht kann), sich nach Herzenslust mit astrologischen Prophezeiungen zu beschäftigen. Ich weise nur auf die damit verbundenen Probleme hin und verzichte persönlich auf alle Voraussagen. Auch dafür bitte ich jeden Andersdenkenden um Verständnis.

Ein ganz »richtiger« Astrologe könnte ich allerdings nur dann werden, wenn ich neben einer geradezu medialen Einfühlungsfähigkeit auch das Talent hätte, durch eifriges Rechnen mein bewußtes Denken blockieren und eben deshalb meinen Klienten – unbemerkt von ihm und mir – »anzapfen« zu können. Dabei müßte ich nur alle die vorhin genannten Methoden der Prognostik möglichst zugleich anwenden, mich also nicht nach Anfängermanier auf die Transite allein konzentrieren. Aus der Fülle von widersprüchlichen Angaben, die ich dann für jeden Augenblick seines Lebens erhielte, könnte ich leicht herausfinden, welche Auskünfte mein Klient gerade hören wollte und welche Unglücksprophezeiungen er gerade noch vertrüge. Dann könnte ich ihm auch Fragen beantworten wie: »Wird meine untreue Freundin zurückkommen?« oder: »Werde ich beim Lotteriespiel das große Los ziehen?«

Daß ich all das nicht kann, gibt mir freilich kein Recht, mich über die Arbeit »richtiger« Astrologen nur lustig zu machen. Im Grunde geht ja jeder so vor, der seine Grenzen überschreitet, auch der ganz »wissenschaftliche« Psychologe, der mit seinen Methoden Persönlichkeitsdiagnostik zu treiben vorgibt und vielleicht sogar Ratschläge erteilen will. Man gefährdet dadurch allerdings unter Umständen seinen Klienten, kann ihm aber auch zuweilen wirklich helfen, schon indem man seinem Unbewußten (und dem eigenen) die Gelegenheit gibt, sich einmal frei und unverfälscht auszusprechen.

Auch wenn ich auf alle unseriösen Machenschaften konsequent verzichten will, brauche ich doch immer das möglichst lebendige Zwiegespräch mit meinem Klienten. Es gelingt mir nicht, jemandem, der mir schweigend gegenübersitzt und gar keine Reaktion zeigt, oder der mich gar nur schriftlich ins »Verhör« nimmt, viel Gescheites über seinen Grundcharakter oder sein Schicksal zu sagen. Ich brauche die Fragen, die er mir stellt, um wirklich auf seine aktuelle Problematik eingehen zu können. Kann ich doch nur mit ihm gemeinsam das Symbolbild seines Horoskops, das auf *analoge* Weise dargestellt ist, in unsere *digitale* Begriffssprache übertragen (zu beiden Ausdrükken vgl. Paul Watzlawick u.a., Menschliche Kommunikation, 1969, 2.5). Das ist eine sozusagen dichterische Leistung, die nur im echten Dialog gelingen kann. Ein Computer dagegen, den man auf astrologische Daten programmiert hätte, brächte immer nur den berüchtigten »Horoskopstil« zuwege: er reihte widersprüchliche Aussagen einfach aneinander und überließe es jedem selbst, das für ihn Passende herauszusuchen.

Ebensowenig halte ich mich allerdings auch für berechtigt, meinem Klienten von mir aus Weisungen zu erteilen. Meistens kann ich ja von ihm, der vielleicht schon lange mit einem besonders schwierigen Horoskop leben mußte, im Grunde mehr lernen, als er von mir. Vielleicht erfahre ich von ihm Lösungen für Probleme, die ich selbst auf den ersten Blick für unlösbar gehalten hätte. Am besten sind jedenfalls stets die Einfälle, die ihm selbst schon gekommen sind. Wenn ich doch einmal Ratschläge gebe, versuche ich, das auf möglichst »nichtdirektive« Weise zu tun, dem Klienten also das letzte Wort zu lassen und ihm von mir aus nicht zu widersprechen. Auch deshalb brauche ich das wirkliche Zwiegespräch mit ihm.

Grundsätzlich sehe ich jeden einzelnen Menschen als den Hauptdarsteller seines ganz persönlichen Lebensdramas. Von diesem Drama weiß ich nur eines ganz sicher: daß es einmal tragisch enden wird, mit dem Tod seines Helden. Gerade das wollen allerdings die meisten Menschen nicht gern wahrhaben. Zumindest für sich selbst und für die Personen, die ihnen nahestehen, versuchen sie immer wieder, die Tragödie in ein Kindermärchen oder eine Boulevardkomödie mit Happy-End umzufälschen, ihre wirkliche Tragik also nicht anzuerkennen. Auch dazu sollen ihnen oft die astrologischen Prophezeiungen dienen.

Ich finde freilich Nietzsches Lobpreis des »Amor fati«, der Liebe zum Schicksal, etwas übertrieben, wie so manchen Ausspruch von Nietzsche. Nach der anderen Seite kommt mir Albert Schweitzers Forderung nach »Ehrfurcht vor dem Leben« etwas zu bescheiden vor. Meiner Ansicht nach sollten beide Aussagen vertauscht werden: Das Leben scheint mir unsere Liebe zu verdienen« (»Amor vitae«), das Schicksal hat Anspruch auf unsere Ehrfurcht (»Reverentia fati«). Ich begegne dem Recht jedes einzelnen Menschen auf seinen Grundcharakter und auf sein ganz persönliches Schicksal, auch wenn es von meinem eigenen völlig verschieden ist, mit einem Respekt, den ich auch für die fundamentale Tugend jedes Astrologen halte. Ebenso lasse ich mich selbst oder die Menschen, mit denen ich mich verbunden fühle, nicht gern durch andere gemäß deren Vorurteilen manipulieren.

Soweit die astrologische Voraussage mir diese Ehrfurcht vor eigenem oder fremdem Schicksal nicht zu haben scheint, soweit sie also nur Schleichwege sucht, um den Menschen seinem Grundcharakter entkommen zu lassen oder um herauszufinden, wann und wie er sich durch andere entgegen seiner ursprünglichen Natur beeinflussen lassen könnte, sehe ich in dieser Ehrfurchtslosigkeit ein weiteres Argument gegen alle Prognostik. Wenn sie jedoch dazu dienen soll, den Menschen zur Annahme seines Grundcharakters hinzuführen, ihm eine bewußtere Individuation zu ermöglichen (die Verwirklichung seines »Urtriebes«, wie Alexander Pfänder das nannte), stelle ich meine Einwände gegen sie gerne zurück.

Alle Seelenwanderungslehren verkünden, das Drama des Lebens beginne früher oder später noch einmal, und zwar mit demselben Protagonisten, der inzwischen wiedergeboren sei. Mir selbst fiele es jedoch schwer, diese Kunde zu glauben, weil der später geborene Mensch ja ein anderes Horoskop und somit einen anderen Grundcharakter haben müßte (denn völlig gleiche Konstellationen wären frühestens nach Zehntausenden von Jahren möglich), weil er deshalb auch nicht derselbe Mensch sein könnte. Ich weiß aber, daß es viele Astrologen gibt, denen die Wiederverkörperung in irgendeiner Form als eine zweifelsfrei gewisse Tatsache erscheint, die gerade durch astrologische Befunde auch ein weiteres Mal bewiesen würde.

Ich weiß auch, daß die Astrologie seit jeher besonders dazu neigt, die Grenzen zu überschreiten, die ihren Aussagen nun einmal gezogen sind. Heute, da die Naturwissenschaften dominieren, gehen die Grenzüberschreitungen vor allem in ihrer Richtung, wenigstens soweit man theoretische Aussagen zu machen versucht. Die Astrologie beschäftigt sich aber nun einmal ihrem Wesen nach nicht mit Kausalzusammenhängen, sondern mit Sinnentsprechungen außerhalb der Kausalität. Deshalb denkt sie auch nach der assoziativen und nicht nach der kausalen Logik. Daraus allein ist ja ihr ganzes System nur verständlich.

Es ist aber nicht ganz leicht, diese Unterscheidungen immer ganz klar im Bewußtsein zu behalten, besonders wenn man zwar mit dem kausalen Denken seit langem vertraut ist, von der Logik der Assoziationen aber noch kaum etwas gehört hat. Man gerät dann allzu leicht in die Versuchung, den Entsprechungszusammenhang so zu betrachten, als müsse er doch irgendeine Art von Kausalität sein, wenn auch vielleicht eine feinere und verstecktere. Gerade die Prognostik läßt solche Vorstellungen besonders leicht aufkommen. Den Denkfehler, den man dabei macht, bemerkt man nicht sogleich. Unversehens wird aber aus dem Kosmos ein Über-Mechanismus, und der Mensch wird zum Rädchen innerhalb einer Schicksalsmaschinerie. Der Fatalismus hat sich eingeschlichen.

Um das zu vermeiden, muß man sich immer wieder daran erinnern, daß jede Kausalität, auch wenn sie noch so subtil aufgefaßt wird, einfach als solche, kraft ihrer Definition, sinnlos ist. Kausalität und Sinn schließen einander als Begriffe aus. Sie treffen aber in jedem einzelnen Vorgang, der auf Erden geschieht, zusammen, nur jeweils in verschiedener Verteilung. Es gibt Vorgänge, die fast rein mechanisch sind und damit sinnlos erscheinen, und andere, in denen sich ein Sinn, eine Idee, mit solcher Deutlichkeit offenbart, daß man den kausalen Anteil darüber fast vergessen kann.

Ebenso ist es aber auch im Menschenleben. Jedes Ereignis kann hier in höherem oder geringerem Grade sinnerfüllt sein. Nach beiden Richtungen hin gibt es Grenzwerte, denen wir uns zwar nähern, die wir aber nicht erreichen können. Das Horoskop stellt nun einen solchen Grenzwert dar. Es zeigt uns das Leben so, als gäbe es darin nur den Sinn und keinerlei Kausalität. Die Astrologie vermittelt uns also ein ideelles und kein konkret erscheinungsmäßiges Bild des Menschen.

Der Sinn, der sich in unserem Dasein offenbart, darf aber nicht mit dem Bewußtsein verwechselt werden, das wir von ihm haben oder vielleicht auch nicht haben. Gerade in primitiven Lebensformen ist man mit dem Sinn seiner Existenz oft viel mehr im Einklang, als wenn man über sein Tun und dessen Bedeutung ständig nachdächte. Weil hier auch die kausalen Abhängigkeiten überschaubar sind und sich wenig verändern, kann man als Astrologe einfachen Menschen oft ganz präzise Voraussagen aus ihrem Horoskop machen, die dann mit Sicherheit eintreffen.

Schwieriger wird die Deutung, wenn ein Mensch durch seine stärkere Bewußtheit in den Zwiespalt zwischen Kausalität und Lebenssinn geraten ist. Dann fragt es sich nämlich, welche der beiden Bestimmungen für ihn überwiegen wird. Je mehr er nach der Kausalitäts-Seite hinüberlebt, also von äußeren Einflüssen, fremden Autoritäten, künstlichen Zeitnormen und kollektiven Zwangsvorstellungen determiniert wird, anstatt daß er aus sich selbst heraus handelte, um so geringere Bedeutung hat für ihn sein Horoskop samt den Ereignissen, die darin angezeigt sind. Das heißt aber nicht, daß er in irgendeinem Sinne »freier« geworden wäre als der primitive Mensch. Er ist im Gegenteil sehr viel unfreier.

Wen die Kausalität gefangenhält, der kann sich auch die Astrologie nur als eine neue Art von Kausalität, also von Sinnlosigkeit, vorstellen. Er erwartet von uns, daß wir ihm bestimmte Ereignisse voraussagen, die nun mechanisch eintreffen und die er, wie sein ganzes Leben, passiv über sich ergehen lassen kann. Wenn wir dieses Verlangen zu erfüllen suchen, machen wir uns ethisch mitschuldig an der falschen Einstellung dieses Menschen und riskieren außerdem unseren Ruf als Astrologen.

Denn eine Prognose kann nur dann stimmen, wenn der Betreffende sein Leben auch wirklich lebt, wenn er also in Freiheit den Sinn seiner Existenz erfüllt. Das kann er in primitiv unbewußter, aber auch in bewußter Weise tun. Die Unbewußtheit ist eine Gnade, die man nie mehr zurückgewinnt, wo sie einmal verlorengegangen ist. Dort gibt es dann nur mehr zwei Möglichkeiten: Man kann sich seinem Leben vollends entfremden und der Kausalität verfallen, oder man kann sich durch bewußtes Innewerden der Sinnzusammenhänge wieder auf seinen Schicksalsrhythmus einschwingen und damit die Dimension der Freiheit gewinnen. Ein Weg, auf dem man zu dieser zweiten Möglichkeit vorzudringen vermag, wenn auch keineswegs der einzige, ist das Betrachten des Horoskops.

Der Astrologe hat also nicht Prophezeiungen zu machen, die vielleicht stimmen und vielleicht auch falsch sind, sondern er hat den Menschen, der sich an ihn wendet, auf die Frage nach dem Sinn hinzuführen.

Dabei ist es für uns wichtig, daß auch der oberflächlichste Mensch den Zusammenhang mit dem Sinn, also mit seinem Horoskop, niemals ganz verlieren kann. Auch wenn er uns noch so törichte Zumutungen stellt, wird sich dahinter eine ernsthafte Fragestellung verbergen, die wir nur aufzuspüren brauchen.

Selbstverständlich ist eine solche Beratung nicht so einfach wie das bloße Wahrsagen. Man kann auf Widerstände stoßen, die fast unüberwindlich sind, weil sie in langen Lebensjahren unterhalb der Bewußtseinsschwelle aufgebaut wurden und gerade den Zweck haben, die Fehlhaltung des Menschen zu schützen und zu sichern. Wenn hier kein tieferer Kontakt mehr möglich ist, gibt es für den Astrologen nur ein Gebot, nämlich: Schweigen!

Ist man allerdings gemeinsam mit dem Fragenden bis zur wirklichen Problematik vorgedrungen, dann wird man sehen, daß es gar nicht so wichtig war, welche prognostische Situation im Augenblick bestand. Wir müssen ja doch das gesamte Leben zuletzt in seiner Grundstruktur erkennen, so wie das Geburtshoroskop es uns zeigt. Die Besprechung einzelner Ereignisse bildet nur ein Mittel zu diesem Zweck. Wir sollten unsere Mühe darum nicht auf seitenlange Berechnungen, sondern auf das Erfassen des Wesentlichen verwenden. Ein guter Astrologe kommt fast völlig ohne Prognosen aus.

Freilich wird er dabei nicht in den Ruf eines großen Zauberers geraten, sondern auch für das Bewußtsein derer, die er berät, ein Mensch bleiben. Wem das zuwenig ist, dem steht die Jahrmarktsastrologie zur Verfügung. Sie erlaubt ihm überraschende Vorstöße und verblüffende Erfolge, macht ihn aber vielleicht auch, ohne daß er selbst es merkt, zu einem Verbrecher an der Seele des anderen Menschen. Denn wer sich mit astrologischen Dingen beschäftigt, nimmt damit eine Verantwortung auf sich, die er gar nicht groß und ernst genug auffassen kann.

Es geht hier ja immer um die wichtigsten Fragen des individuellen Daseins. Allein das Nachdenken über sie macht schon, daß man Erfahrungen und Kenntnisse gewinnt, die andere Menschen nicht haben. Auch wer im astrologischen Sinne erst Anfänger ist, vermag mitunter Aussagen zu machen, deren Richtigkeit ihn selbst erstaunt. Noch mehr staunen selbstverständlich solche Leute, die nichts von der Astrologie wissen und deshalb meinen, er müsse zu seinen Weisheiten auf einem übernatürlichen Erkenntnisweg gekommen sein. Sie können dadurch unvermittelt zu gläubigen, ja zu abergläubischen Anhängern der Astrologie werden.

Gerade die rein naturwissenschaftlich orientierten Skeptiker sind hier gefährdet. Ihre dogmatische Einstellung verhindert ja, daß sie sich bewußt mit Dingen beschäftigen, die nicht kausal zu erklären sind. Um so stärker ist ihre heimliche Neugier auf das, »wovon unsere Schulweisheit sich nichts träumen läßt«. Der geringste Eindruck, den sie davon erhalten, kann sich unauslöschlich festsetzen, auch wenn sie selbst es nicht wahrhaben oder allenfalls nur ein spielerisches Interesse zu haben meinen, das sie mit einiger Selbstironie bei sich konstatieren. Ihr Denken ist für die kritische Auseinandersetzung mit solchen Dingen nicht vorbereitet. So entsteht manchmal unmittelbar neben ihrer strengen Wissenschaftlichkeit ein verschwommener Mystizismus, oder sie geraten in ein Verhältnis der Abhängigkeit zu fragwürdigen Autoritäten. Schon die primitiven »Wochenhoroskope« der Zeitungen, die vom astrologischen Standpunkt her indiskutabel sind, haben aus diesem Grund ein großes, sonst sehr »aufgeklärtes«, Publikum, das ihnen blindlings vertraut. Noch eindrucksvoller ist natürlich das individuell gestellte und gedeutete Horoskop.

Man kann darum als Astrologe sehr leicht das herbeiführen, was die Tiefenpsychologie eine »Übertragung« nennt: eine Hörigkeit des anderen Menschen, durch die man selbst, ohne es vielleicht zu merken, zum Träger seltsamer Projektionsbilder aus seiner unbewußten Seelenwelt wird. Damit tauchen Schwierigkeiten auf, die zum Bereich der »großen Psychotherapie« gehören. Nur Menschen, die auf diesem Gebiet besonders ausgebildet und erfahren sind, vermögen solche Schwierigkeiten zu bewältigen. Wer lediglich Astrologe ist, wird oft trotz bester Absicht, und obwohl er sogar die bestehenden Probleme richtig erkannt hat, einen anderen Menschen schädigen, nur weil er dessen unbewußte Fixierungen nicht versteht und nicht auf sie einzugehen imstande ist.

Das ist besonders eine Gefahr des »wissenschaftlichen Astrologen«, wie sich mancher so gerne nennt. Die wissenschaftliche Arbeit hat nämlich ganz andere Gesetze und Notwendigkeiten als die persönliche Einzelberatung. Was exakt im Horoskop steht, braucht darum noch lange nicht der geeignete Rat für eine bestimmte menschliche Situation zu sein. Für die Forschung ist es außerordentlich interessant, ein Leben bis in alle Einzelheiten zu studieren und auch seinen Ablauf über lange Zeiten hin nach prognostischen Methoden zu verfolgen. Sagt man aber dem betreffenden Menschen, der selbst nicht Astrologe ist, etwas über die Ergebnisse solcher Arbeit, so stiftet man damit fast immer Unheil.

Nur in einem Kreis, dessen Mitglieder alle mit dem astrologischen Denken vertraut sind, kann man echte Forschungen betreiben. Dort wird man allerdings immer wieder erstaunt sein über die Tiefe der Einsichten, zu denen man gemeinsam kommt. Allein die Symbolsprache der Astrologie läßt ja das Seelische in seiner Eigenart viel deutlicher erfassen und formulieren als jede rein begriffliche Terminologie. Man erspart sich die Mühsal der immer neuen und immer unzulänglichen Definitionen, und gerade dadurch kann man sich mit voller Konzentration dem eigentlichen Gegenstand der Arbeit zuwenden. Die Voraussetzung für derartige Gespräche ist es aber, daß ihre Teilnehmer an allen Fragen, die den Menschen betreffen, gleich leidenschaftlich interessiert sind, daß sie die Anstrengung eines gründlichen Nachdenkens nicht scheuen und daß jeder einzelne bei sich selbst schon eine gewisse Klarheit geschaffen hat.

Man muß also zunächst sein eigenes Horoskop wirklich verstanden haben. Man muß – und wäre es auch nur für einen Augenblick gewesen – im Innersten seiner selbst gelebt haben, dort, wo sich das Menschendasein als etwas Geistiges, als Idee, offenbart. Dann wird man auch nicht voll Neugier und Angst nach den Transiten schielen, die der nächste Tag vielleicht bringen könnte. Man weiß, daß alle Voraussagekünste einem nicht mehr geben können als eine gewisse Kontrolle darüber, ob man den notwendigen Einklang mit seinem Schicksal schon gefunden hat. Ist das aber der Fall, dann lebt man von selbst in sinnvollen Rhythmen. Man kann Vergangenheit und Zukunft ebenso bejahen wie die Gegenwart, auch ohne daß man sich dauernd mit ihnen zu beschäftigen bräuchte. Ein Wanderer, der durch eine schöne Gegend zieht, schaut ja auch nur dann auf die Landkarte, wenn er sich gelegentlich orientieren will oder einen neuen Weg sucht.

Ist man dagegen mit jemandem zusammen, dem alle astrologischen Gedankengänge noch fremd sind, so tut man gut daran, seine Wissenschaft fein für sich zu behalten und nicht mehr zu sagen als das, was der Augenblick erfordert. Hier darf es keine »wissenschaftliche« Einstellung geben, sondern nur eine psychologische, erzieherische oder therapeutische, kurzum: eine menschliche. Betrachtet man den anderen als ein bloßes Erkenntnisobjekt, so sieht man ihn nicht in seiner wahren Gestalt, und man kann ihm auch nicht helfen, wenn er in Not ist.

Kein Astrologe darf sich damit begnügen, ein Spezialist in seinem engeren Fach zu sein. Die Astrologie ist nur ein kleiner Teil der Gesamtwissenschaft vom Menschen, die in vergangenen Jahrhunderten fast völlig verlorengegangen ist und die es erst wieder aufzubauen gilt. Man muß sich darum mit allem befassen, was über den Menschen zu erfahren ist, sowohl von der Naturwissenschaft als von der Erkenntnis des Seelischen her. Die Astrologie, die selbst ein Ganzes ist, muß wieder einem höheren Ganzen eingegliedert werden.

Wir stehen nun nicht am Ende der Astrologie, sondern eigentlich erst an ihrem Anfang. Ich konnte nur die Ansätze der Arbeit zeigen, nicht ihre fertigen Ergebnisse. Wer zu diesen kommen will, muß sein eigener Führer sein.

Es sind schon viele Bücher über die Astrologie geschrieben worden. Eine Auswahl von ihnen ist im Anhang aufgeführt. Sie können dem, der sie mit kritischer Sorgfalt liest, noch vieles Wesentliche sagen. Zuvor ist es aber wichtig, daß man eigene Erfahrungen gesammelt hat und sich ein eigenes Urteil bilden kann. Denn in der Astrologie, wie anderswo, streiten recht verschiedene »Schulen« oft noch mit großer Heftigkeit gegeneinander. Wer meint, er müsse alles wörtlich nehmen, was da gesagt wird, kann leicht in große Verwirrung geraten.

Alles Lesen zeigt uns fremde Gedanken, aber auch fremde Irrtümer. Zu Einsicht und Erkenntnis muß man sich selbst durcharbeiten.

»Denn zu fragen ist
nach den stillen Dingen
und zu wagen ist,
will man Licht erringen:
Wer nicht suchen kann
wie nur je ein Freier,
bleibt im Trugesbann
siebenfacher Schleier.«

An dieses Wort von Christian Morgenstern mögen wir uns erinnern, wenn wir, jeder auf seinem eigenen Weg, weiter voranzudringen suchen.

SACHREGISTER

(Pfeile →verweisen auf Register oder Inhaltsverzeichnis)

LITERATUR

VERSCHIEDENE BÜCHER ÜBER ASTROLOGIE VON IHREN FREUNDEN UND GEGNERN

Adler, Oskar: *Das Testament der Astrologie.* I. Die allgemeine Grundlegung der Astrologie. Tierkreis und Mensch. Wien, Bad Bocklet, Zürich (W. Krieg), 1950 Weitere Werke von Oskar Adler existieren z.Z. nur in einzelnen vervielfältigten Manuskripten.

Anrich, Elsmarie: *Unser Thema: Astrologie. Ein Briefwechsel.* Stuttgart (Steingrüben), 1949.

Anrich, Elsmarie: *Groß Göttlich Ordnung.* Tübingen (Matthiesen), 1951.

Astrodata: *120 berühmte Persönlichkeiten* (Astrodata-Publikationen, Band II). Basel (Astrodata), 1979 (Horoskope nach Huber, Häuser nach Koch).

Bayer, Karl Th.: *Die Grundprobleme der Astrologie.* Leipzig (Meiner), 1927.

Becker, Udo: *Lexikon der Astrologie.* Freiburg/Br., Basel, Wien (Herder), 1981

Beer, Hans: *Neue Astrologie.* München-Planegg (O.W.Barth). 1951.

Bittner, Karl Gustav: *Sternenweisheit und Mythos.* München-Planegg (O.W.Barth), 1932.

Böttcher, Helmuth M.: *Sterne, Schicksal und Propheten.* München (Bruckmann), 1965.

Boll, Franz: *Sphära.* Leipzig (Teubner), 1913.

Boll, Franz: *Die Entwicklung des astronomischen Weltbildes.* Leipzig (Teubner), 1913.

Boll, Franz und Bezold, Carl: *Sternglaube und Sterndeutung.* 4. Aufl. Berlin (Teubner), 1931.

Brandler-Pracht, Karl: *Tabellen zu: Astrologische Technik* (Astrologische Kollektion). Görlitz (Regulus), 1937.

Carter, Charles E.O.: *Astro-psychologisches Lexikon.* München-Planegg (O.W.Barth), 1930.

Carter, Charles E.O.: *Astrologische Aspekte.* München-Planegg (O.W.Barth), 1931.

Carter, Charles E.O.: *Symbolische Direktionen.* Nachdruck, Waakirchen (Urania), 1978.

Choisnard, Paul: *Langage astrale.* Paris, 1928.

Delsol, Paula: *Chinesische Horoskope.* Genf (Kossodo), 1972.

Doane, Doris Chase: *Time Changes in the USA.* San Francisco, USA (Quarto).

Doane, Doris Chase: *Time Changes in Canada and Mexico.* 2. Aufl., San Francisco, USA (Quarto), 1972.

Doane, Doris Chase: *Time Changes in the World* (except Canada, Mexico, USA). San Francisco, USA (Quarto), 1971.

Ebertin, Reinhold: *Charakter und Schicksal im Kosmogramm.* Aalen (Ebertin), 1950.

Ebertin, Reinhold: *Kombination der Gestirneinflüsse.* Aalen (Ebertin), 1950.

Ebertin, Reinhold: *Kosmopsychologie.* Aalen (Ebertin), 1966.

Ebertin, Reinhold: *Hilfstabellen zur Berechnung der Gestirnstände.* 8. Aufl., Aalen (Ebertin), 1971.

Elliot, Roger: *Der glückbringende Mond. Unser Charakter und Schicksal im Bild der 5000jährigen chinesischen Astrologie.* Bern und München (Scherz), 1975.

Ephemeride, Die deutsche, Band I. 1850–1889
Band II. 1890–1930
Band III. 1931–1950
Band IV. 1951–1960
Band V. 1961–1970
Band VI. 1971–1980
Band VII. 1981–2000
München-Planegg, später Weilheim (O. W. Barth).

Ephemeriden 1890–1950 (Astrologica Band III). Zürich (Metz). 1949.

Ephemeris, The American, 1900 to 1950. Pelham, NY, USA (Astro Computing), 1979.

Ephemeris, The American, 1981 to 1990. Pelham, NY, USA, (Astro Computing), 1977.

Ephemeris, The complete Planetary for 1950 – 2000 A.D. Medford, Mass., USA (Hieratic) 1975. Für Kontinentaleuropa: Zürich (Metz).

Ephemeris, *The concise Planetary for 1950 – 2000 A.D.* Medford, Mass., USA (Hieratic), 1977. Für Kontinentaleuropa: Zürich (Metz).

Evans, Colin: *The New Waite's Compendium of Natal Astrology.* London (Routledge & Kegan Paul), 1967.

Fankhauser, Alfred: *Das wahre Gesicht der Astrologie.* 2. Aufl., Zürich (Orell Füssli), 1943.

Fankhauser, Alfred: *Horoskopie.* 2. Aufl., Zürich (Orell Füssli), 1946.

Fidelsberger, Heinz: *Astrologie 2000. Struktur einer Wissenschaft von morgen.* Wien (Kremayr & Scheriau), 1972.

Freiesleben, Hans-Christian: *Trügen die Sterne? Werden und Wesen der Astrologie.* Stuttgart, 1963.

Gauquelin, Michel: *L'influence des astres. Etude critique et expérimentale.* Paris (Dauphin), 1955.

Gauquelin, Michel: *Die Uhren des Kosmos gehen anders.* Bern, München (Scherz), 1973.

Geißler, Horst Wolfram: *Der ewige Tempel. Studien zur Geschichte, zur Entwicklung und zu den Grundgedanken der Astrologie.* München-Planegg (O.W.Barth), 1949.

Glahn, A. Frank: *Erklärung und systematische Deutung des Geburtshoroskops.* Bad Oldesloe (Uranus), 1924.

Goldmann-Verlag: *Astro-Analysis.* 12 Bände (nach Sonnen-Tierkreiszeichen). München (Goldmann), 1979.

Greene, Liz: *Kosmos und Seele. Wege zur Partnerschaft.* Ein astropsychologischer Ratgeber. Frankfurt a.M. (Krüger), 1978.

Grimm, A. (lbert) M. (ax) / Hoffmann, Georg: *Die geographischen Positionen Europas.* Aalen (Ebertin), 1975.

Gundel, Wilhelm: *Die Quellen der Astrologie.* Leipzig, 1927.

Gundel, Wilhelm: *Sternglaube, Sternreligion und Sternorakel.* Heidelberg (Quelle & Meyer), 2. Aufl., 1959.

Hartmann, Wilhelm: *Die Lösung des uralten Rätsels um Mensch und Stern.* Nürnberg (K. Ulrich), 1950.

Henseling, Robert: *Werden und Wesen der Astrologie.* Stuttgart (Franckh), 1924.

Henseling, Robert: *Umstrittenes Weltbild.* Leipzig (Reclam), 1939.

Hermes Trismegistos: *Die Lehre der 12 Häuser oder Orte,* hgg.v. Reinhold Ebertin. Aalen (Ebertin), o.J.

Herrmann, Joachim: *Das falsche Weltbild. Astrologie und Aberglaube.* Stuttgart (Franckh), 1962 und München (dtv), 1973.

Hiéroz, Jean: *L'astrologie selon Morin de Villefranche.* 2. Aufl., Paris (Editions traditionelles), o.J.

Hoffmann, Georg: *S-M-A-Tabelle (Sternzeit-Meridian-Aszendent) für 0° – 67° geogr. Breite.* Aalen (Ebertin), 1963.

Hoffmeister, Johannes: *Goethe und die Astrologie.* 1930.

Huber, Bruno und Louise: *Das Horoskop. Berechnung und Zeichnung.* Adliswil (API), 1973.

Jessen, Sophus: *Die Problematik der Astrologie.* 1929.

Jones, Marc Edmund: *Sabian Symbols in Astrology (mit 1000 Beispielhoroskopen).* New York (Sabian), 1953.

Kellner, Otto: *Charakterkunde und Astrologie.* Leipzig (Astra), 1927.

Kenton, Warren: *Astrologie. Eine Bilddokumentation.* Frankfurt/M. (Umschau), 1976.

Klöckler, Herbert Frh.v.: *Horoskop, Handschrift und Charakter.* Dresden (Astra), 1925.

Klöckler, Herbert Frh.v.: *Astrologie als Erfahrungswissenschaft.* Leipzig (Reinicke), 1927.

Klöckler, Herbert Frh.v.: *Berufsbegabung und Berufsschicksal.* Leipzig (Astra), 1928.

Klöckler, Herbert Frh.v.: *Kursus der Astroloie.* 3 Bände. 4. Aufl., Freiburg/Br. (Bauer), 1956.

Knappich, Wilhelm: *Der Mensch im Horoskop.* Villach (M.Stadler), 1951.

Knappich, Wilhelm: *Geschichte der Astrologie.* Frankfurt/M. (V.Klostermann), 1967.

Koch, Walter A.: *Häusertabellen für die nördlichen Breiten 46° – 56° nach der Manier des Maginus und Placidus.* 2. Aufl., Göppingen (Selbstverlag), 1947.

Koch, Walter A.: *Interpolationstabellen.* Göppingen (Selbstverlag), 1948.

Koch, Walter A.: *Aspektlehre nach Johannes Kepler.* Hamburg (Kosmobiosoph. Ges.), 1952.

Koch, Walter A.: *Regiomontanus und das Häusersystem des Geburtsortes.* Göppingen (Sirius), 1960.

Koch, Walter A.: *Häusertabellen des Geburtsortes für 0° – 60° nördliche Breite.* Neunkirchen/Saar (E.Schaeck), 1975.

Koch, Walter A. und Knappich, Wilhelm: *Horoskop und Himmelshäuser. 1.Teil. Grundlagen und Altertum.* Göppingen (Sirius), 1959.

Krafft, Karl Ernst: *Astro-Physiologie.* Leipzig, 1928.

Krafft, Karl Ernst: *Typokosmie.* Düsseldorf (Zenit), 1934.

Krafft, Karl Ernst: *Traité d'astro-biologie.* Paris, Brüssel, Lausanne, 1939.

Krause, Arthur: *Die Astrologie.* Leipzig, 1927.

Kühr, Erich Carl: *Berechnung der Ereigniszeiten.* Görlitz (Regulus), 1936.

Kühr, Erich Carl: *Psychologische Horoskopdeutung. Analyse und Synthese.* 2 Bände. Wien (Cerny), 1948 und 1951.

Kündig, Heinrich: *Das Horoskop* (Astrologica Band II). Zürich (Metz), 1950.

Kündig, Heinrich: *Astrologische Prognose* (Astrologica Band VI). Zürich (Metz), 1955.

Kugler, Franz X.: *Sternkunde und Sterndienst in Babylonien.* 2 Bände. Münster/W. (Aschendorf), 1907.

Lankes, Otto: *Das Weltbild der Astrologie, nach den Quellen des Altertums dargestellt.* Dießen (Huber), 1956.

Leo, Alan: *Astrologische Textbücher.* 7 Bände. Leipzig, 1925–1927.

Leo, Alan: *1001 Notable Nativities.* London (Foulsham), 1917 (ohne Angaben von Geburtsdaten).

Lewis, Ursula: *Horoskope – selbst gestellt. Ein Astrologie-Handbuch für das persönliche Horoskop und dessen Deutung.* Frankfurt a.M. (Krüger), 1977.

Libra, Cancer Aquarius: *Astrologie, ihre Technik und Ethik.* Amersfoort (Veen), 1919.

Lindenberg, Hugo: *Sternenbahnen – Menschenwege.* München (Goldmann-TB), 1959.

Löhlein, Herbert A.: *Charakter und Schicksal im Horoskop.* 3. Aufl., Zürich, 1948.

Löhlein, Herbert A.: *Löhleins Handbuch der Astrologie.* München (Lichtenberg), 1968 und (Goldmann-TB), 1973.

Marby, Friedrich Bernhard: *Sonne und Planeten im Tierkreis.* Stuttgart (Spieth), 1975.

Mertz, B(ernd) A.: *Astrologie – verständlich,* Köln (Buch u. Zeit), 1975.

Mertz, B(ernd) A.: *Astrologie.* Niederhausen i.Ts. (Falken), 1979.

Metman, Philipp: *Mythos und Schicksal.* Leipzig (Bibliogr. Inst.), 1936.

Mihira, Varaha: *Lehrbuch der Altindischen Astrologie.* Nachdruck von 1925. Waakirchen (Urania), 1979.

Mrsic, Wilhelm: *Astrologie als Weltanschauung und die Widerlegung ihrer Gegner.* Leipzig (Theosoph.Verl.H.), 1925.

Nilsson, Martin P.: *Die babylonische Grundlage der griechischen Astrologie.* 1958.

Pamir-Verlag: *Richtig leben nach den Sternen. Astrologie und Horoskopie für jedermann.* Erlenbach u. München (Pamir), 1979.

Paris, Ernst-Günter: *Amor Fati.* Schopfheim (Haberer), 1950.

Paris, Ernst-Günter: *Der Schlüssel zum Horoskop. Band 1. Das Grundhoroskop. Berechnung und Deutung.* Waakirchen (Urania), 1978.

Paris, Ernst-Günter: *Der Schlüssel zum Horoskop. Band 2. Die Prognose. Ereignisberechnung und Ereignisdeutung.* Waakirchen (Urania), 1979.

Parker, Derek: *Astrologie ohne Geheimnis.* Düsseldorf, Wien (Econ), 1973.

Parker, Derek und Julia: *Universum der Astrologie.* Reinbek (Rowohlt), 1972.

Phönix und Messmer, Bärbel: *venus ist noch fern. unsere suche nach einer weiblichen astrologie.* München (come out-lesbenverlag), 1979.

Pluto-Tabelle 1851 – 1970. Aalen (Ebertin), 1957.

Prantl, Max: *Astrologie als Tiefenpsychologie und Seelenheilkunde.* Bietigheim (Lorber/Turm), 1967.

Prittwitz, Marieluise v. und Nemitz, Maria: *Unsere Schicksalszeichen.* Stuttgart (Hatje), 1950.

Prónay, Alexander v.: *Die Sterne haben doch recht.* Düsseldorf, Wien (Econ), 1976, u. München (Heyne TB). 1978.

Ptolemaeus, Claudius: *Tetrabiblos,* übers. v. J. W. Pfaff, hgg. v. H. Korsch, Warpke-Billerbeck (Baumgartner), o. J.

Raman, B. V.: *Hindu-Astrologie.* München-Planegg (O.W.Barth), 1938.

Raphael's Astronomical Ephemeris (jährlich), London (Foulsham)

Raphael's Tables of Houses from the Equator to 50° N. and for Leningrad. London (Foulsham), 1950 (Häuser nach Placidus).

Raphael's Tables of Houses for Great Britain (50° – 59°). London (Foulsham), 1882 (Häuser nach Placidus).

Reich, Heinrich: *Das Geheimnis des Tierkreises.* München-Planegg (O.W.Barth), 1949.

Reiners, Ludwig: *Steht es in den Sternen?* München (List), 1951.

Reinicke, Wolfgang: *Astrologie für jedermann.* Genf (Ariston), 1976.

Reinicke, Wolfgang: *Praktische Astrologie.* Genf (Ariston), 1977.

Riemann, Fritz: *Lebenshilfe Astrologie. Gedanken und Erfahrungen.* München (Pfeiffer) 1976.

Riemann, Fritz und Xylander, Ernst v.: *Das fröhliche Horoskop.* Astrologische Verse. 3. Aufl., Bern (Origo), 1978.

Ring, Thomas, *Planeten-Signaturen.* Dießen (Jos.C.Huber), 1938.

Ring, Thomas: *Das Sonnensystem – ein Organismus.* Stuttgart, Berlin (DVA), 1939.

Ring, Thomas: *Das Lebewesen im Rhythmus des Weltraums.* Stuttgart, Berlin (DVA), 1939.

Ring, Thomas: *Menschentypen, in Bildern des Tierkreises gespiegelt.* Leipzig (Hummel), 1939.

Ring, Thomas: *Der Mensch im Schicksalsfeld.* Stuttgart, Berlin (DVA), 1941.

Ring, Thomas: *Astrologische Menschenkunde.* 4 Bände. Freiburg/Br. (Bauer), 1956–1973.

Ring, Thomas: *Astrologie ohne Aberglauben.* 2. Aufl., Düsseldorf, Wien (Econ), 1979.

Ring, Thomas: *Existenz und Wesen in kosmologischer Sicht.* Freiburg/Br. (Aurum), 1975.

Ring, Thomas: *Astrologie neu gesehen.* Freiburg/Br. (Aurum), 1977.

Ring, Thomas: *Genius und Dämon.* Freiburg/Br. (Aurum), 1981.

Rosenberg, Alfons: *Zeichen am Himmel* (Astrologica Band I). Zürich (Metz). 1949.

Rudhyar, Dane: *The Astrology of Personality.* New York, 1936.

Rudhyar, Dane: *Von humanistischer zu transpersonaler Astrologie.* München (Kailash), 1979.

Sakoian, Frances und Acker, Louis S.: *Das große Lehrbuch der Astrologie.* Bern, München (Scherz), 1976, u. München/Zürich (Knaur-TB). 1979.

Schmitz, Oskar A. H.: *Der Geist der Astrologie.* Neubearbeitung. Büdingen (Lebensweiser), 1953.

Schoch, Karl: *Planetentafeln für jedermann für den Zeitraum von 3400 v. Chr. bis 2600 n. Chr.* Berlin-Pankow (Linser), 1927.

Schoeps, Hans-Joachim u.a.: *Astrologie – Trugschluß oder Wissenschaft?* Erlangen (Junge), 1950.

Schult, Arthur: *Astrosophie.* 2 Bände. Bietigheim (Turm), 1971.

Schwab, Friedrich: *Gestirne und menschliches Schicksal.* 2. Aufl., Lorch (Rohm), 1915.

Schwab, Friedrich: *Sternenmächte und Mensch.* Berlin, 1923.

Schwabe, Julius: *Archetyp und Tierkreis.* Basel (Schwabe), 1951.

Schwickert, Friedrich (Sindbad) und Weiß, Adolf: *Bausteine der Astrologie.* 5 Bände. Leipzig, 1925–1927.

Schwickert, Friedrich (Sindbad) und Weiß, Adolf: *Die astrologischen Elemente.* 2. Aufl., München-Planegg (O.W.Barth), 1950.

Schwickert, Gustav: *Nordpolare Aszendenten für 67° – 75° Breite.* Neunkirchen/Saar (E.Schaeck), o.J.

Scorpio: *Heaven Knows What.* Garden City, NY, USA, 1935.

Sebottendorf, Rudolf Frh.v.: *Geschichte der Astrologie:* 1920.

Sementowsky-Kurilo, Nikolaus v.: *Mensch und Gestirn.* Zürich (Artemis), 1947.

Sementowsky-Kurilo, Nikolaus v.: *Synthetische Horoskopdeutung* (Astrologica Band V) Zürich (Metz), 1950.

Sementowsky-Kurilo, Nikolaus v.: *Schicksal im Sternspiegel.* Zürich, Stuttgart (Artemis), 1966.

Sementowsky-Kurilo, Nikolaus v.: *Der Mensch griff nach den Sternen.* Zürich, Stuttgart (Classen), 1970.

Sementowsky-Kurilo, Nikolaus v. und Kündig, Heinrich: *Astrologische Gesetze* (Astrologica Band IV). Zürich (Metz), 1950.

Shulman, Sandra: *Geschichte der Astrologie von der Antike bis zur Gegenwart.* Eltville (Rheingauer), 1978.

Spallart, Johannes v.: *Tierkreis und Schöpfung.* Zürich (Origo), 1965.

Sternberger, Hans: *Tierkreisgeheimnis und Menschenleben.* Pfullingen (Baum), 1964.

Strauß, Heinz Artur: *Was ist Astrologie?* Celle (Kampmann), 1925.

Strauß, Heinz Artur: *Der astrologische Gedanke in der deutschen Vergangenheit.* München, 1926.

Strauß, Heinz Artur: *Astrologie. Grundsätzliche Betrachtungen.* München, 1927.

Strauß, Heinz Artur: *Psychologie und astrologische Symbolik.* Zürich (Rascher) und München (Kindler-TB), o.J.

Strauß, Heinz Artur und Strauß-Kloebe, Sigrid: *Die Astrologie des Johannes Kepler.* München, 1926.

Strauß-Kloebe, Sigrid: *Kosmische Bedingtheit der Psyche.* Weilheim (O.W.Barth), 1968.

Strauß-Kloebe, Sigrid: *Das kosmopsychische Phänomen.* Olten, Freiburg/Br. (Walter), 1977.

Ungern-Sternberg, Olga: *Die inner-seelische Erfahrungswelt am Bilde der Astrologie.* Stuttgart (Spieth), 1975.

Vehlow, Johannes: *Lehrkursus der wissenschaftlichen Geburts-Astrologie.* 7 Bände. 2. Aufl., Zeulenroda/Thür. (B. Sporn), 1933–1942.

Volguine, Alexandre, *Mond-Astrologie.* Warpke-Billerbeck (Baumgartner), 1953.

Voss, Gerhard: *Astrologie – christlich.* Regensburg (Pustet), 1980.

Wassilko-Serecki, Zoe Gräfin v.: *Wege zur Horoskop-Deutung.* Berlin, 1936.

Wemyss, Maurice: *More Notable Nativities.* London (Foulsham), o. J. (ohne Angaben von Geburtsdaten).

Werle, Fritz: *Künstler-Horoskope.* München-Planegg (O.W.Barth), 1926 (ohne Angaben von Geburtsdaten. Horoskope im Quadratschema).

Werle, Fritz: *Das All und die Lebenslinie.* München-Planegg (O.W.Barth), 1932.

Werle, Fritz: *Seelenwelt und Himmelsraum.* München-Planegg (O.W.Barth), 1934.

Werle, Fritz: *Schicksal und Erdraum.* München-Planegg (O.W.Barth), 1935.

Werle, Fritz: *Vom Wesen der Totalität.* München-Planegg (O.W.Barth), 1938.

Werle, Fritz: *Kosmos und Psyche.* Weilheim (O.W.Barth), 1962.

Wiesel, Erich: *Das astrologische Häusersystem.* München-Planegg (O.W.Barth), 1930.

Witte, Alfred: *Regelwerk der Planetenbilder.* Hamburg, 1935.

Wolff, Hans: *Grundlagen der Astrologie.* München (Jati), 1921.

Xylander, Ernst v.: *Psychologie und Kosmobiologie.* Aalen (Ebertin), 1958.

Zehren, Erich: *Das Testament der Sterne.* Berlin (Herbig), 1957.

Zinner, Ernst: *Die Geschichte der Sternkunde.* Berlin (J.Springer), 1931.

Weitere Werke aus dem Origo Verlag, Bern:

Fritz Riemann und Dr. Ernst von Xylander
Das fröhliche Horoskop
Astrologische Verse
Mit Zeichnungen von Christa Kemper
3. revidierte Auflage, 93 Seiten, Leinen

Johannes von Spallart
Tierkreis und Schöpfung
Eine Deutung der 12 Zeichen
191 Seiten, 1 Falttafel, kartoniert

Walpola Rahula
Was der Buddha lehrt
2. Auflage, 223 Seiten, 1 Tafel, Leinen

Lama Anagarika Govinda
Mandala
Der heilige Kreis. Stufen der Meditation
4. Auflage, 168 Seiten, 15 teils farbige Tafeln
und Abbildungen, kartoniert

Willy Schrödter
Das Rosenkreuz
2. Auflage, 96 Seiten

Pierre Mariel
Die wahren Söhne des Lichts
188 Seiten, 8 Tafeln, Leinen

J. N. J. Schmidt
Wurzeln der freimaurerischen Gemeinschaft
Rückblick und Ausblick
126 Seiten, kartoniert

ORIGO VERLAG